M. Schmidt/A. Prinz
BilRUG in der Praxis

FIDES Treuhand GmbH & Co. KG
Wirtschaftsprüfungsgesellschaft
Steuerberatungsgesellschaft

Birkenstraße 37
28195 Bremen

BilRUG
in der Praxis

Erläuterungen und Materialien

von

Marc Schmidt
Dipl.-Kfm., Wirtschaftsprüfer/Steuerberater
Bonn

Dr. Andrea Prinz
Dipl.-Kffr., Wirtschaftsprüferin/Steuerberaterin
München

2016

ottoschmidt

Zitierempfehlung:
M. Schmidt/A. Prinz, BilRUG in der Praxis,
2016, Rz. ...

Bibliografische Information
der Deutschen Nationalbibliothek

Die Deutsche Nationalbibliothek verzeichnet diese
Publikation in der Deutschen Nationalbibliografie;
detaillierte bibliografische Daten sind im Internet
über http://dnb.d-nb.de abrufbar.

Verlag Dr. Otto Schmidt KG
Gustav-Heinemann-Ufer 58, 50968 Köln
Tel. 02 21/9 37 38-01, Fax 02 21/9 37 38-943
info@otto-schmidt.de
www.otto-schmidt.de

ISBN 978-3-504-24325-8

©2016 by Verlag Dr. Otto Schmidt KG, Köln

Das Werk einschließlich aller seiner Teile ist
urheberrechtlich geschützt. Jede Verwertung, die nicht
ausdrücklich vom Urheberrechtsgesetz zugelassen ist,
bedarf der vorherigen Zustimmung des Verlages. Das
gilt insbesondere für Vervielfältigungen, Bearbeitungen,
Übersetzungen, Mikroverfilmungen und die Einspeicherung und Verarbeitung in elektronischen Systemen.

Das verwendete Papier ist aus chlorfrei gebleichten
Rohstoffen hergestellt, holz- und säurefrei, alterungsbeständig und umweltfreundlich.

Einbandgestaltung: Jan P. Lichtenford, Mettmann
Satz: WMTP, Birkenau
Druck und Verarbeitung: VuA, Büttelborn
Printed in Germany

Vorwort

Mit dem Bilanzrichtlinie-Umsetzungsgesetz (BilRUG) wird die EU-Richtlinie 2013/34/EU vom 26.6.2013 in deutsches Recht transformiert. Hauptzielsetzung der Richtlinie ist die Harmonisierung der Rechnungslegung von Einzel- und Konzernunternehmen. Damit ist ein weiterer Bürokratieabbau für kleine und mittlere Unternehmen verbunden.

Das BilRUG ist in seinem Umfang und seinen Auswirkungen nicht mit der letzten großen HGB-Reform durch das BilMoG zu vergleichen. Gleichwohl werden durch das BilRUG einige Änderungen eingeführt, die den Anwender vor neue Herausforderungen stellen. Die zahlreichen Anmerkungen und Diskussionen in der Fachliteratur über einige Änderungen, die im Referentenentwurf bzw. Regierungsentwurf enthalten waren, zeigt die hohe Bedeutung, die diese Reform dennoch mit sich bringt.

Von den materiellen Auswirkungen der Gesetzesänderungen sind insbesondere Kapitalgesellschaften und ihnen gleichgestellte Personenhandelsgesellschaften gem. § 264a HGB betroffen. Schwerpunktmäßig werden insbesondere folgende Änderungen betrachtet:

- Die typisierte Nutzungsdauer für aktivierte selbst geschaffene immaterielle Vermögensgegenstände des Anlagevermögens sowie derivative Geschäfts- oder Firmenwerte, wenn deren individuelle Nutzungsdauer nicht verlässlich geschätzt werden kann
- Die Voraussetzungen für die Inanspruchnahme der Befreiungsregelungen für die Aufstellung, Prüfung und Offenlegung des Jahresabschlusses von Tochterkapitalgesellschaften und Tochterpersonengesellschaften
- Auswirkungen aus der Anhebung der Schwellenwerte der Größenkriterien
- Neudefinition der Umsatzerlöse
- Änderungen der (Konzern-)Anhangangaben
- Ergänzende Vorschriften für bestimmte Unternehmen des Rohstoffsektors zur Aufstellung eines Zahlungsberichts

Dieses Buch gibt einen Überblick über die wesentlichen Gesetzesänderungen und deren Auswirkungen. Unter Hinzuziehungen von Praxisbeispielen werden die Konsequenzen der neuen gesetzlichen Regelungen anschaulich dargestellt. Die Neuregelungen sind erstmals in Jahres- und Konzernabschlüssen für nach dem 31.12.2015 beginnende Geschäftsjahre zu berücksichtigen. Einige Neureglungen können in ihrer Gesamtheit bereits früher freiwillig angewendet werden. Somit ist zu empfehlen, sich frühzeitig mit den neuen Regelungen vertraut zu machen, um ggf. notwendige Anpassungen oder Umstellungen rechtzeitig durchführen zu können.

Abgedruckt sind zum einen alle durch das BilRUG geänderten Vorschriften des HGB, wobei Neuformulierungen und Einfügungen durch Fettdruck und Streichungen durch Kursivdruck hervorgehoben sind. Weiterhin sind zu diesen Änderungen sämtliche Gesetzesmaterialien abgedruckt, also entsprechende Auszüge aus der Regierungsbegründung sowie ggf. aus dem Bericht des Bundestags-Ausschusses für Recht und Verbraucherschutz. Daran schließen sich zu allen wesentlichen Änderungen ausführliche Erläuterungen an, jeweils mit Blick auf die Beratung und Gestaltung und konkretisiert anhand zahlreicher Praxistipps. Ein Anhang mit dem Protokoll der Sachverständigen-Anhörung des Bundestags-Ausschusses für Recht und Verbraucherschutz am 22.4.2015 rundet das Werk ab.

Berücksichtigt sind auch die weiteren Änderungen durch das Bürokratieentlastungsgesetz v. 28.7.2015, das Gesetz zur Umsetzung der Transparenzrichtlinie-Umsetzungsrichtlinie v. 20.11.2015 und das Abschlussprüferaufsichtsreformgesetz 2016.

Bonn/München, Januar 2016　　　　　　　　　　　　　　　Die Verfasser

Inhaltsverzeichnis

	Seite
Vorwort	V
Abkürzungsverzeichnis	XIX
Literaturverzeichnis	XXI

Erster Teil Grundlagen

A.	Einleitung	1
B.	Synopse: Übersicht der wesentlichen Änderungen im HGB	29
C.	Erstanwendungszeitpunkt der Neuerungen durch das BilRUG	34

Zweiter Teil Erläuterungen zu den einzelnen Gesetzesänderungen

A. Einzelabschluss

§ 241a	Befreiung von der Pflicht zur Buchführung und Erstellung eines Inventars	35
§ 253	Zugangs- und Folgebewertung	35
	I. Wesentliche Neuerungen	38
	II. Erläuterungen zu § 253 Abs. 3 Satz 3 und 4 HGB (Nutzungsdauer für aktivierte selbst geschaffene immaterielle Vermögensgegenstände des Anlagevermögens sowie derivative Geschäfts- oder Firmenwerte)	38
	1. Typisierte Nutzungsdauer	38
	2. Auswirkungen auf die Anhangangaben	41
§ 255	Bewertungsmaßstäbe	42
	I. Wesentliche Neuerungen	43
	II. Erläuterung zu § 255 Abs. 1 HGB (Zurechenbarkeit von Anschaffungspreisminderungen)	43
§ 264	Pflicht zur Aufstellung; Befreiung	44
	I. Wesentliche Neuerungen	51
	II. Erläuterungen zu § 264 Abs. 1a HGB (Unternehmensspezifische Angaben)	51
	III. Erläuterungen zu § 264 Abs. 3 HGB (Voraussetzungen für die Inanspruchnahme der Befreiungsvorschrift hinsichtlich der Aufstellung, Prüfung und Offenlegung des Jahresabschlusses für Tochterkapitalgesellschaften)	51

	Seite
1. Voraussetzungen für die Inanspruchnahme der Befreiungsmöglichkeiten nach alter Fassung	51
2. Voraussetzungen für die Inanspruchnahme der Befreiungsmöglichkeiten	52
3. Allgemeine Änderungen und Klarstellungen durch das BilRUG	53
4. Zur Offenlegungspflicht gem. § 264 Abs. 3 Satz 1 Nr. 5 und Satz 2 und 3 HGB	54
5. Zur Anforderung der Einstandspflicht	55
a) Bedeutung	55
b) Zeitlicher und sachlicher Umfang der Einstandspflicht	56
c) Erfüllung der Einstandspflicht	57
IV. Erläuterungen zu § 264 Abs. 4 HGB (Konzernabschlüsse nach dem PublG und freiwillige Konzernabschlüsse)	59
§ 264b Befreiung der offenen Handelsgesellschaften und Kommanditgesellschaften im Sinne des § 264a von der Anwendung der Vorschriften dieses Abschnitts	59
I. Wesentliche Neuerungen	61
II. Erläuterungen zu § 264b HGB (Voraussetzungen für die Inanspruchnahme der Befreiungsvorschrift hinsichtlich der Aufstellung, Prüfung und Offenlegung des Jahresabschlusses für Personenhandelsgesellschaften i.S.d. § 264a HGB)	61
§ 264d Kapitalmarktorientierte Kapitalgesellschaft	63
§ 265 Allgemeine Grundsätze für die Gliederung	63
§ 266 Gliederung der Bilanz	64
§ 267 Umschreibung der Größenklassen	67
I. Wesentliche Neuerungen	69
II. Erläuterungen zu § 267 HGB (Anhebung der Schwellenwerte)	69
1. Regelungsinhalt	69
2. Auswirkungen auf die Prüfungspflicht	73
3. Auswirkungen auf die Pflicht zur Offenlegung	74
§ 267a Kleinstkapitalgesellschaften	75
I. Wesentliche Neuerungen	77
II. Erläuterungen zu § 267a Abs. 3 HGB (Ausschluss bestimmter Unternehmen von den Regelungen für Kleinstkapitalgesellschaften)	77

		Seite
§ 268	Vorschriften zu einzelnen Posten der Bilanz. Bilanzvermerke	79
	I. Wesentliche Neuerungen	82
	II. Erläuterungen zu § 268 Abs. 2, 5 und 7 HGB (Weitere Angabepflichten)	82
	1. Anlagespiegel (§ 268 Abs. 2 i.V.m. § 284 Abs. 3 HGB)	82
	2. Verbindlichkeitenspiegel (§ 268 Abs. 5 HGB)	82
	3. Haftungsverhältnisse (§ 268 Abs. 7 HGB)	83
§ 271	Beteiligungen. Verbundene Unternehmen	83
	I. Wesentliche Neuerungen	84
	II. Erläuterungen zu § 271 Abs. 1 HGB (Definition von Beteiligungen)	84
§ 272	Eigenkapital	85
	I. Wesentliche Neuerungen	87
	II. Erläuterungen zu § 272 Abs. 5 HGB (Ausschüttungssperre für phasengleich vereinnahmte Beteiligungserträge)	87
	1. Überblick	87
	2. Anwendungsbereich der Ausschüttungssperre	88
	3. Auswirkungen der Ausschüttungssperre	91
§ 274a	Größenabhängige Erleichterungen	92
§ 275	Gliederung	92
	I. Wesentliche Neuerungen	95
	II. Erläuterungen zu § 275 Abs. 2 und 3 HGB (Folgeänderungen)	95
§ 276	Größenabhängige Erleichterungen	95
§ 277	Vorschriften zu einzelnen Posten der Gewinn- und Verlustrechnung	96
	I. Wesentliche Neuerungen	98
	II. Erläuterungen zu § 277 Abs. 1 HGB (Neudefinition der Umsatzerlöse)	98
	1. Abgrenzung der Neudefinition der Umsatzerlöse im Vergleich zur bisherigen Fassung	98
	2. Auswirkungen auf die Gewinn- und Verlustrechnung	99
	a) Änderung der Umsatzerlösdefinition	99
	b) Ausstrahlungswirkung der neuen Umsatzerlösdefinition auf den Umfang der Herstellungskosten	102
	c) Verpflichtende Absetzung der mit dem Umsatz verbundenen Steuern	103

Seite

	d) Erweiterte Angabepflichten im Jahr der Erstanwendung	104
	3. Ausstrahlungswirkung auf Positionen der Bilanz	104
	4. Änderung zugehöriger Anhangangaben	105
	III. Erläuterungen zum Wegfall des § 277 Abs. 4 HGB (Außerordentliches Ergebnis)	105
	1. Änderung der Struktur der Gewinn- und Verlustrechnung	105
	2. Verpflichtende Anhangangabe außergewöhnlicher Aufwendungen und Erträge	107

§ 278 Steuern 108

§ 284 Erläuterung der Bilanz und der Gewinn- und Verlustrechnung 109
    I. Wesentliche Neuerungen 111
    II. Erläuterungen zu den Änderungen in § 284 HGB (Darstellungsreihenfolge, Währungsumrechnung und Anlagespiegel) 111
        1. Allgemeine Änderungen (§ 284 Abs. 1 und 2 HGB).. 111
        2. Änderungen zum Anlagespiegel (§ 284 Abs. 3 HGB). 111

§ 285 Sonstige Pflichtangaben 113
    I. Wesentliche Neuerungen 124
    II. Erläuterungen zu den Änderungen in § 285 HGB (Änderungen im Anhang) 124
        1. Einordnung................................... 124
        2. Außerbilanzielle Geschäfte (Nr. 3) 124
        3. Sonstige finanzielle Verpflichtungen (Nr. 3a) 125
        4. Angaben zu gewährten Vorschüssen bzw. Kredite an Organmitglieder (Nr. 9) 125
        5. Angaben zum Anteilsbesitz (Nr. 11 und 11b) 125
        6. Abschreibungszeitraum eines entgeltlich erworbenen Geschäfts- oder Firmenwerts (Nr. 13) 126
        7. Angaben zum Mutterunternehmen des Konzernabschlusses (Nr. 14 und 14a) 127
        8. Genussscheine, Genussrechte, Wandelschuldverschreibungen und vergleichbare Wertpapiere oder Rechte (Nr. 15a) 128
        9. Haftungsverhältnisse (Nr. 27) 129
        10. Latente Steuern (Nr. 30) 129
        11. Außergewöhnliche Aufwendungen und Erträge (Nr. 31) 130
        12. Periodenfremde Aufwendungen und Erträge (Nr. 32) 131
        13. Nachtragsbericht (Nr. 33) 132
        14. Vorschlag über die Ergebnisverwendung (Nr. 34) ... 133

		Seite
§ 286	Unterlassen von Angaben	134
§ 288	Größenabhängige Erleichterungen	135
	I. Wesentliche Neuerungen	137
	II. Erläuterungen zu § 288 HGB (Erleichterungen für kleine und mittelgroße Kapitalgesellschaften)	138
§ 289	Inhalt des Lageberichts	140
	I. Wesentliche Neuerungen	143
	II. Erläuterungen zu § 289 Abs. 2 HGB (Änderungen in der Lageberichterstattung)	143

B. Konzernabschluss

§ 290	Pflicht zur Aufstellung	144
§ 291	Befreiende Wirkung von EU-/EWR-Konzernabschlüssen	145
	I. Wesentliche Neuerungen	147
	II. Erläuterungen zu § 291 HGB (Befreiende Wirkung von IFRS-Konzernabschlüssen)	147
§ 292	Befreiende Wirkung von Konzernabschlüssen aus Drittstaaten	150
	I. Wesentliche Neuerungen	154
	II. Erläuterungen zu § 292 HGB (Gleichwertigkeitserfordernisse bei Drittstaatenabschlüssen)	154
§ 293	Größenabhängige Befreiungen	156
	I. Wesentliche Neuerungen	158
	II. Erläuterungen zu § 293 HGB (Anhebung der Schwellenwerte für die größenabhängige Befreiung)	158
§ 294	Einzubeziehende Unternehmen. Vorlage- und Auskunftspflichten	160
§ 296	Verzicht auf die Einbeziehung	161
§ 297	Inhalt	161
	I. Wesentliche Neuerungen	162
	II. Erläuterungen zu § 297 HGB (Inhalt des Konzernabschlusses)	162

Inhaltsverzeichnis

		Seite

§ 298 Anzuwendende Vorschriften. Erleichterungen 163
     I. Wesentliche Neuerungen 164
     II. Erläuterungen zu § 298 HGB (Änderungen bei Verweisungen und Erleichterungen) 164

§ 301 Kapitalkonsolidierung. 165
     I. Wesentliche Neuerungen 166
     II. Erläuterungen zu § 301 Abs. 2 HGB (Kapitalkonsolidierung bei der erstmaligen Konzernabschlusserstellung) . . 167

§ 307 Anteile anderer Gesellschafter 168
     I. Wesentliche Neuerungen 169
     II. Erläuterungen zu § 307 HGB (Bezeichnung von Anteilen anderer Gesellschafter) 169

§ 309 Behandlung des Unterschiedsbetrags 169
     I. Wesentliche Neuerungen 170
     II. Erläuterungen zu § 309 Abs. 2 HGB (Behandlung eines passivischen Unterschiedsbetrags) 170
          1. Gesetzliche Regelung gem. § 309 Abs. 2 HGB 170
          2. Behandlung eines passivischen Unterschiedsbetrags gem. E-DRS 30 171

§ 310 Anteilmäßige Konsolidierung 173

§ 312 Wertansatz der Beteiligung und Behandlung des Unterschiedsbetrags 173
     I. Wesentliche Neuerungen 175
     II. Erläuterungen zu § 312 HGB (Assoziierte Unternehmen – Änderungen der Equity-Methode) 175
          1. Erstmalige Konzernabschlusserstellung bzw. erstmalige Abbildung eines assoziierten Unternehmens im Konzernabschluss (§ 312 Abs. 3 HGB) 175
          2. Zwischenergebniseliminierung (§ 312 Abs. 5 HGB) . . 176
          3. Latente Steuern (§ 312 Abs. 5 HGB) 176

§ 313 Erläuterung der Konzernbilanz und der Konzern-Gewinn- und Verlustrechnung. Angaben zum Beteiligungsbesitz. . . . 177
     I. Wesentliche Neuerungen 181
     II. Erläuterungen zu § 313 HGB (Änderungen bei konzernspezifischen Angabepflichten) 182
          1. Reihenfolge der Darstellung (§ 313 Abs. 1 HGB) 182
          2. Angaben zum Anteilsbesitz (§ 313 Abs. 2 Nr. 4–8 HGB) 182

Inhaltsverzeichnis

Seite

3. Änderungen der Befreiungsvorschriften (§ 313 Abs. 3 HGB)	183
4. Konzernanlagespiegel (§ 313 Abs. 4 HGB)	184
5. Angabe zu in die Herstellungskosten einbezogenen Fremdkapitalzinsen (§ 313 Abs. 4 HGB)	185

§ 314 Sonstige Pflichtangaben ... 185
    I. Wesentliche Neuerungen ... 193
    II. Erläuterungen zu § 314 HGB (Anpassung an die Angabepflichten im Einzelabschluss und weitere konzernspezifische Angabepflichten) ... 193
        1. Überblick ... 193
        2. Änderung der zum Jahresabschluss analogen Konzernanhangangaben ... 193
            a) Außerbilanzielle Geschäfte (Abs. 1 Nr. 2) ... 193
            b) Sonstige finanzielle Verpflichtungen (Abs. 1 Nr. 2a) ... 194
            c) Abschreibungsdauer eines entgeltlich erworbenen Geschäfts- oder Firmenwerts (Abs. 1 Nr. 20) ... 194
            d) Angabepflichten zu latenten Steuerschulden (Abs. 1 Nr. 22) ... 194
            e) Außergewöhnliche Aufwendungen und Erträge (Abs. 1 Nr. 23) ... 195
            f) Periodenfremde Aufwendungen und Erträge (Abs. 1 Nr. 24) ... 195
            g) Nachtragsbericht (Abs. 1 Nr. 25) ... 195
            h) Angaben zur Ergebnisverwendung (Abs. 1 Nr. 26) ... 196
        3. Angaben zu Arbeitnehmern und Personalaufwand (§ 314 Abs. 1 Nr. 4 HGB) ... 196
        4. Angaben zu den Geschäftsführungsorganen, Aufsichtsrat, Beirat oder ähnlicher Einrichtungen des Mutterunternehmens gewährten Vorschüssen und Krediten (§ 314 Abs. 1 Nr. 6 Buchst. c HGB) ... 197
        5. Angabe zu Aktien, Genussscheinen, Wandelschuldverschreibungen, Optionsscheinen, Optionen oder vergleichbaren Wertpapieren oder Rechten (§ 314 Abs. 1 Nr. 7a und Nr. 7b HGB) ... 197
        6. Angabe zu Geschäften zwischen Mutterunternehmen bzw. Tochterunternehmen und nahestehenden Personen (§ 314 Abs. 1 Nr. 13 HGB) ... 197
        7. Schutzvorschrift zur Angabe von Geschäftsführungsvergütungen (§ 314 Abs. 3 Satz 2 HGB) ... 198

		Seite
§ 315	Inhalt des Konzernlageberichts	199
	I. Wesentliche Neuerungen	203
	II. Erläuterungen zu § 315 HGB (Änderungen in der Konzernlageberichterstattung)	203
	1. Allgemeine Änderungen des § 315 Abs. 2 HGB	203
	2. Zweigniederlassungsberichterstattung (§ 315 Abs. 2 Nr. 3 HGB)	203
	3. Erklärung zur Unternehmensführung (§ 315 Abs. 5 HGB)	205
§ 315a	(IFRS-Konzernabschlüsse)	206

C. Abschlussprüfung

§ 317	Gegenstand und Umfang der Prüfung	207
	I. Wesentliche Neuerungen	209
	II. Erläuterungen zu § 317 Abs. 2 HGB (Prüfungsurteil zum [Konzern-]Lagebericht)	209
§ 322	Bestätigungsvermerk	210
	I. Wesentliche Neuerungen	212
	II. Erläuterungen zu § 322 Abs. 6 HGB (Bestätigungsvermerk zum [Konzern-]Lagebericht)	212
§ 324	Prüfungsausschuss	212

D. Offenlegung

§ 325	Offenlegung	213
	I. Wesentliche Neuerungen	217
	II. Erläuterungen zu § 325 HGB (Inhalt der Offenlegungspflicht)	217
§ 326	Größenabhängige Erleichterungen für kleine Kapitalgesellschaften und Kleinstkapitalgesellschaften bei der Offenlegung	219
§ 327a	Erleichterung für bestimmte kapitalmarktorientierte Kapitalgesellschaften	219
§ 328	Form und Inhalt der Unterlagen bei der Offenlegung, Veröffentlichung und Vervielfältigung	220
	I. Wesentliche Neuerungen	222
	II. Erläuterungen zu § 328 Abs. 1 und 1a HGB (Folgeänderungen zu § 325 HGB)	222
§ 329	Prüfungs- und Unterrichtungspflicht des Betreibers des Bundesanzeigers	223

		Seite
§ 331	Unrichtige Darstellung	223
§ 334	Bußgeldvorschriften	224
§ 335b	Anwendung der Straf- und Bußgeld- sowie der Ordnungsgeldvorschriften auf bestimmte offene Handelsgesellschaften und Kommanditgesellschaften	226

E. Ergänzende Vorschriften für eingetragene Genossenschaften

§ 336	Pflicht zur Aufstellung von Jahresabschluss und Lagebericht	226
	I. Wesentliche Neuerungen	227
	II. Erläuterungen zu § 336 Abs. 2 HGB (Erleichterungen für Kleinstgenossenschaften)	227
§ 337	Vorschriften zur Bilanz	228
§ 338	Vorschriften zum Anhang	229
§ 339	Offenlegung	230
§ 340	(Anwendung auf Kreditinstitute usw.)	230
§ 340a	Anzuwendende Vorschriften	232
§ 340e	Bewertung von Vermögensgegenständen	234
§ 340i	Pflicht zur Aufstellung	235
§ 340l	(Offenlegung)	236
§ 340n	Bußgeldvorschriften	239
§ 341	(Anwendung auf Versicherungsunternehmen)	241
§ 341a	Anzuwendende Vorschriften	242
§ 341b	Bewertung von Vermögensgegenständen	243
§ 341j	Anzuwendende Vorschriften	244
§ 341l	(Offenlegung)	245
§ 341n	Bußgeldvorschriften	246
§ 341o	Festsetzung von Ordnungsgeld	248

F. Ergänzende Vorschriften für bestimmte Unternehmen des Rohstoffsektors

Dritter Unterabschnitt	Ergänzende Vorschriften für bestimmte Unternehmen des Rohstoffsektors	248
Erster Titel	Anwendungsbereich; Begriffsbestimmungen	249
§ 341q	Anwendungsbereich	249
	I. Wesentliche Neuerungen	250
	II. Erläuterungen zu § 341q HGB (Erfasste Unternehmen)	250

	Seite
§ 341r Begriffsbestimmungen	251
I. Wesentliche Neuerungen	253
II. Erläuterungen zu § 341r HGB (Begriffsbestimmungen)	253

Zweiter Titel Zahlungsbericht, Konzernzahlungsbericht und Offenlegung 254

§ 341s Pflicht zur Erstellung des Zahlungsberichts; Befreiungen ... 254
    I. Wesentliche Neuerungen 256
    II. Erläuterungen zu § 341s HGB (Aufstellungspflicht und Befreiungsvorschriften) 256

§ 341t Inhalt des Zahlungsberichts 257
    I. Wesentliche Neuerungen 259
    II. Erläuterungen zu § 341t HGB (Angabepflichten und Abgrenzungen) 259

§ 341u Gliederung des Zahlungsberichts 262
    I. Wesentliche Neuerungen 263
    II. Erläuterungen zu § 341u HGB (Gliederungsvorschriften und Angabepflichten) 263

§ 341v Konzernzahlungsbericht; Befreiung 266
    I. Wesentliche Neuerungen 268
    II. Erläuterungen zu § 341v HGB (Aufstellungspflicht und Befreiungsvorschriften beim Konzernzahlungsbericht) .. 268
        1. Pflicht zur Aufstellung eines Konzernlageberichts ... 268
        2. Befreiung von der Aufstellungspflicht 270

§ 341w Offenlegung 270
    I. Wesentliche Neuerungen 271
    II. Erläuterungen zu § 341w HGB (Gegenstand und Fristen der Offenlegung von [Konzern-]Zahlungsberichten) 272

Dritter Titel Bußgeldvorschriften, Ordnungsgelder 272

§ 341x Bußgeldvorschriften 272
    I. Wesentliche Neuerungen 273
    II. Erläuterungen zu § 341x HGB (Bußgeld bei Verstoß gegen die Erstellungspflichten) 273

	Seite
§ 341y Ordnungsgeldvorschriften	273
I. Wesentliche Neuerungen	275
II. Erläuterungen zu § 341y HGB (Ordnungsgeld bei Verstoß gegen die Offenlegungspflichten)	275
§ 342b Prüfstelle für Rechnungslegung	276

Anhang

Wortprotokoll der 51. Sitzung des Ausschusses für Recht und Verbraucherschutz am 22.4.2015 279

Stichwortverzeichnis 303

Abkürzungsverzeichnis

a.a.O.	am angegebenen Ort
ABl.	Amtsblatt
Abs.	Absatz
ADS	*Adler/Düring/Schmaltz*, Rechnungslegung und Prüfung der Unternehmen, 6. Aufl. 1995 ff.
a.F.	alte Fassung
AktG	Aktiengesetz
Art.	Artikel
BB	Betriebs-Berater (Zeitschrift)
BC	Zeitschrift für Bilanzierung, Rechnungswesen und Controlling
Bd.	Band
Begr.	Begründung
Beil.	Beilage
BGBl.	Bundesgesetzblatt
BilMoG	Bilanzrechtsmodernisierungsgesetz
BilRUG	Bilanzrichtlinie-Umsetzungsgesetz
BT	Bundestag
BT-Drucks.	Bundestags-Drucksache
Buchst.	Buchstabe
ca.	circa
DB	Der Betrieb (Zeitschrift)
d.h.	das heißt
DRS	Deutscher Rechnungslegungsstandard
DRSC	Deutsches Rechnungslegungs Standards Committee e.V.
DStR	Deutsches Steuerrecht (Zeitschrift)
DStZ	Deutsche Steuer-Zeitung (Zeitschrift)
E	Entwurf
EBIT	earnings before interest and taxes
EG	Europäische Gemeinschaft
EGHGB	Einführungsgesetz zum Handelsgesetzbuch
EU	Europäische Union
EuGH	Europäischer Gerichtshof
EuGHE	Entscheidungssammlung des Europäischen Gerichtshofs
EUR	Euro
e.V.	eingetragener Verein
EWG	Europäische Wirtschaftsgemeinschaft
EWR	Europäischer Wirtschaftsraum
f.	folgende
ff.	fortfolgende
gem.	gemäß
GG	Grundgesetz

ggf.	gegebenenfalls
GmbHG	Gesetz betreffend die Gesellschaften mit beschränkter Haftung
GmbHR	GmbH-Rundschau (Zeitschrift)
GuV	Gewinn- und Verlustrechnung
HFA	Hauptfachausschuss
HGB	Handelsgesetzbuch
IAS	International Accounting Standard
i.d.F.	in der Fassung
i.d.R.	in der Regel
IDW	Institut der Wirtschaftsprüfer in Deutschland e.V.
IFRS	International Financial Reporting Standards
i.S.d.	im Sinne des (der)
i.V.m.	in Verbindung mit
KAGB	Kapitalanlagegesetzbuch
Kap.	Kapitel
KapGes.	Kapitalgesellschaft
kösdi	Kölner Steuerdialog (Zeitschrift)
min.	Minute(n)
Mio.	Million(en)
Nr.	Nummer
NZG	Neue Zeitschrift für Gesellschaftsrecht
o.a.	oben angeführt
PS	Prüfungsstandard
Rechtsaussch.	Ausschuss für Recht und Verbraucherschutz
RefE	Referentenentwurf
RegE	Regierungsentwurf
Rn.	Randnummer
RS	Stellungnahme zur Rechnungslegung
Rz.	Randzahl, Randziffer
s.	siehe
S.	Seite
Sec.	Section
Std.	Stunde(n)
StuB	Unternehmensteuern und Bilanzen (Zeitschrift)
Tz.	Textziffer
UBGG	Gesetz über Unternehmensbeteiligungsgesellschaften
Unterabs.	Unterabsatz
v.	vom
WPg.	Die Wirtschaftsprüfung (Zeitschrift)
WPK	Wirtschaftsprüferkammer
WPO	Wirtschaftsprüferordnung
z.B.	zum Beispiel

Literaturverzeichnis

Adler/Düring/Schmaltz, Rechnungslegung und Prüfung der Unternehmen, 6. Aufl. 1995 ff.

Arbeitskreis Bilanzrecht Hochschullehrer Rechtswissenschaft, Ausschüttungssperre bei phasengleicher Dividendenaktivierung nach BilRUG-RegE, BB 2015, 876

Beck'scher Bilanzkommentar (Hrsg. Ellrott/Förschle/Grottel/Kozikowski/Schmidt/Winkeljohann), 9. Aufl. 2014

Behrend-Geisler/Rimmelspacher, Änderungen bei Vermögensgegenständen mit nicht verlässlich schätzbarer Nutzungsdauer durch das BilRUG, DB 2015, Beil. 5, 8

Deubert, Erleichterungen für Tochterunternehmen nach §§ 264 Abs. 3 und 4, § 264b HGB i.d.F. BilRUG, DB 2015, Beil. 5, 41

Fink/Theile, Anhang und Lagebericht nach dem RegE zum Bilanzrichtlinie-Umsetzungsgesetz, DB 2015, 753

Haaker, Inkonsistenzen durch die neue BilRUG-Umsatzdefinition bei einer Gewinn- und Verlustrechnung nach dem Umsatzkostenverfahren, DStR 2015, 963

Henckel/Rimmelspacher, Neuregelung für Kleinstunternehmen durch das BilRUG, DB 2015, Beil. 5, 37

Hermesmeier/Heinz, Die neue Gewinnausschüttungssperre nach § 272 Abs. 5 HGB i.d.F. BilRUG, DB 2015, Beil. 5, 20

IDW, WP Handbuch 2012 – Wirtschaftsprüfung, Rechnungslegung, Beratung, Bd. I, 14. Aufl. 2012

Kirsch, Ergebnisanteile von Beteiligungen im Jahresabschluss: Bilanzielle Darstellung beim Übersteigen der Dividenden (BilRUG), BC 2015, 126

Kirsch, Voraussichtliche Auswirkungen des BilRUG auf die GuV-Rechnung und die GuV-Rechnung betreffenden Angaben, DStR 2015, 664

Kolb/Roß, Änderungen der Gewinn- und Verlustrechnung durch das BilRUG – Neudefinition der Umsatzerlöse und Eliminierung außerordentlicher Posten, WPg. 2015, 869

Kühne/Richter, Einstandspflicht des Mutterunternehmens als Voraussetzung für Erleichterungen bei Tochter-Kapitalgesellschaften nach BilRUG-RegE, BB 2015, 877

Lüdenbach, Verbrauchsteuern nach BilRUG, StuB 2015, 549

Lüdenbach/Freiberg, Die Regelungen des BilRUG im Jahresabschluss – Änderungen im Überblick, StuB 2015, 563

Oser/Orth/Wirtz, Neue Vorschriften zur Rechnungslegung und Prüfung durch das Bilanzrichtlinie-Umsetzungsgesetz, DB 2015, 197

Oser/Orth/Wirtz, Das Bilanzrichtlinie-Umsetzungsgesetz (BilRUG), DB 2015, 1729

Peun/Rimmelspacher, Änderungen in der handelsrechtlichen GuV durch das BilRUG, DB 2015, Beil. 5, 12

Richter, Anpassung der Umsatzerlösdefinition durch das BilRUG – Diskussion der Änderungen unter Berücksichtigung möglicher Folgewirkungen, DB 2015, 385

Rimmelspacher/Meyer, Änderungen im (Konzern-)Anhang durch das BilRUG, DB 2015, Beil. 5, 23

Röser/Roland/Rimmelspacher, Änderungen in der Bestimmung der Größenklassen nach §§ 267, 293 HGB durch das BilRUG, DB 2015, Beil. 5, 4

Schiffers, BilRUG: Änderungen im Jahresabschluss der GmbH, GmbHR 2015, 1018

Strahl, Praxisorientierte Hinweise zur Bilanzierung und Gewinnermittlung – unter Einbeziehung des BilRUG, KöSDI 2015, 19430

Wulf, Änderungen der GuV-Struktur und Neudefinition der Umsatzerlöse durch BilRUG, DStZ 2015, 736

Zwirner, Reform des HGB durch das BilRUG – mehr als nur eine Rechnungslegungsreform – Ein Überblick über die wesentlichen Unterschiede zwischen Referentenentwurf und Regierungsentwurf, DStR 2015, 375

Zwirner/Petersen, Wie reformiert das BilRUG das Bilanzrecht? – Wesentliche Änderungen für Einzel- und Konzernabschluss sowie Offenlegung, WPg. 2015, 811

Erster Teil
Grundlagen

A. Einleitung

Begründung Regierungsentwurf v. 20.2.2015 (BT-Drucks. 18/4050, 41 ff.):

A. Allgemeiner Teil

I. Zielsetzung und Notwendigkeit der Regelungen

Mit diesem Gesetzentwurf soll die Richtlinie 2013/34/EU des Europäischen Parlaments und des Rates über den Jahresabschluss, den konsolidierten Abschluss und damit verbundene Berichte von Unternehmen bestimmter Rechtsformen und zur Aufhebung der Richtlinien 78/660/EWG und 83/349/EWG des Rates (ABl. L 182 vom 29.6.2013, S. 19) (nachfolgend Richtlinie 2013/34/EU) in deutsches Recht umgesetzt werden. Die Richtlinie 2013/34/EU ist nach ihrem Artikel 53 Absatz 1 Unterabsatz 1 bis zum 20. Juli 2015 in nationales Recht umzusetzen. Darüber hinaus werden redaktionelle Anpassungen des Handelsbilanzrechts vorgenommen.

1. Ziel der Richtlinie 2013/34/EU

Mit der Richtlinie 2013/34/EU werden die folgenden seit langem bestehenden europäischen Bilanzrichtlinien überarbeitet und in einer Richtlinie zusammengeführt:

- Vierte Richtlinie des Rates vom 25. Juli 1978 aufgrund von Artikel 54 Absatz 3 Buchstabe g des Vertrages über den Jahresabschluss von Gesellschaften bestimmter Rechtsformen (78/660/EWG), nachfolgend Richtlinie 78/660/EWG, und
- Siebente Richtlinie des Rates vom 13. Juni 1983 aufgrund von Artikel 54 Absatz 3 Buchstabe g des Vertrages über den konsolidierten Abschluss (83/349/EWG), nachfolgend Richtlinie 83/349/EWG.

Die neue Richtlinie 2013/34/EU führt die bisher unterschiedlich geregelten europäischen Rechtsrahmen für die Rechnungslegung auf Ebene einer Gesellschaft und auf Ebene eines Konzerns zusammen und entlastet insbesondere kleine und mittelgroße Unternehmen und Konzerne von bürokratischen Belastungen. Darüber hinaus strebt sie eine höhere Vergleichbarkeit der Jahres- und Konzernabschlüsse von Kapitalgesellschaften und bestimmten Personenhandelsgesellschaften in der Europäischen Union an.

Die Richtlinie bildet zugleich einen Bestandteil der Maßnahmen zur Stärkung des verantwortungsvollen Unternehmertums, indem sie für Unternehmen des Rohstoffsektors zusätzliche Berichtspflichten über ihre Zahlungen an staatliche Stellen einführt.

2. Wesentliche Neuerungen durch die Richtlinie 2013/34/EU

Die Richtlinie 2013/34/EU enthält im Grundsatz eine Zusammenfassung des bereits bisher geltenden europäischen Rechtsrahmens zur Rechnungslegung. Sie enthält aber darüber hinaus eine stärkere Systematisierung und legt im Gegensatz zu den bisherigen Richtlinien nunmehr die Größenklassen von Unternehmen fest. Die Mitgliedstaaten können damit beispielsweise die Größenklasse kleiner Unternehmen nur noch einheitlich festlegen; bisherige Unterschiede im Binnenmarkt werden so beseitigt. Die Richtlinie 2013/34/EU lässt die von Deutschland bereits früher durchgehend ausgenutzten Höchstbeträge der Schwellenwerte weiter zu und eröffnet die Möglichkeit, die Schwellenwerte für kleine Unternehmen weiter zu erhöhen. Demgegenüber werden die heutigen Schwellenwerte für große Unternehmen und Konzerne nur leicht erhöht.

Die Richtlinie 2013/34/EU dient gleichzeitig der Verringerung bürokratischer Belastungen der bilanzierungspflichtigen Kapitalgesellschaften und gleichgestellten haftungsbeschränkten Personenhandelsgesellschaften. Sie führt dazu den Grundsatz der Maximalharmonisierung bei den im Anhang des Jahresabschlusses zur Erläuterung der Bilanz und der Gewinn- und Verlustrechnung zu machenden Angaben (Anhangangaben) für kleine Unternehmen ein (Artikel 16 Absatz 3). Zugleich wird ein abgeschwächter Maximalharmonisierungsansatz bei der Anzahl der zum Jahresabschluss gehörenden Unterlagen (Artikel 4 Absatz 1 Unterabsatz 2) und bei den in diesen Unterlagen darzustellenden Angaben (Artikel 4 Absatz 5) eingeführt. Aus den Änderungen ergeben sich jedenfalls für die handelsrechtliche Rechnungslegung Entlastungen.

Wesentliche Neuerungen finden sich auch in einer stärkeren Verankerung der allgemeinen Grundsätze in einem vor die Klammer gezogenen Kapitel. Hervorzuheben sind dabei der Grundsatz der Wesentlichkeit (Artikel 2 Nummer 16, Artikel 6 Absatz 1 Buchstabe j und Erwägungsgrund 17) und der Grundsatz der wirtschaftlichen Betrachtungsweise (Artikel 6 Absatz 1 Buchstabe h und Erwägungsgrund 16). Diese Grundsätze waren bisher in Einzelvorschriften der Richtlinien 78/660/EWG und 83/349/EWG enthalten und sind im deutschen Recht unter Berücksichtigung der Grundsätze ordnungsmäßiger Buchführung bereits umgesetzt. Der neue zentrale Standort in Kapitel 2 der neuen Bilanzrichtlinie verdeutlicht die Bedeutung dieser Grundsätze. Inhaltliche Änderungen werden aber nicht angestrebt; dem sollte auch die Umsetzung der Richtlinie Rechnung tragen.

Inhaltliche Änderungen ergeben sich vor allem im Bereich der Anhangangaben. Die hier vorgesehene Maximalharmonisierung für kleine Unternehmen führt im deutschen Recht aufgrund des schon bisherigen Ansatzes nur zu geringen Änderungen (z.B. die künftig neue Pflicht, die Anzahl der im Jahresdurchschnitt Beschäftigten im Anhang darzustellen, während einige andere Angaben entfallen). Darüber hinaus ist eine Reihe kleinerer Änderungen erfolgt. Schließlich wird erstmals auf europäischer Ebene die Überprüfung von Angaben im Lagebericht vorgegeben, die im deutschen Recht allerdings schon seit langem bekannt ist.

Das Ziel einer Stärkung der Transparenz des Rohstoffsektors über Zahlungen an staatliche Stellen verfolgt die Richtlinie 2013/34/EU in ihrem Kapitel 10, das erstmals Berichtspflichten großer Kapitalgesellschaften und Unternehmen von öffentlichem Interesse einführt, die im Rohstoffsektor tätig sind. Als Rohstoffsektor definiert die Richtlinie 2013/34/EU die Gewinnung mineralischer Rohstoffe (einschließlich (fossiler) Energierohstoffe) sowie den Holzeinschlag in Primärwäldern. Diese Unternehmen werden verpflichtet, jährlich einen gesonderten Bericht zu erstellen und zu veröffentlichen. In dem Bericht sind die von den Unternehmen an staatliche Stellen weltweit geleisteten Zahlungen darzustellen. Sind Unternehmen in einem Konzernabschluss konsolidiert, ist die Berichterstattung durch das Mutterunternehmen auf konsolidierter Grundlage vorzunehmen, wobei der konsolidierte Bericht an die Stelle von Einzelberichten der konsolidierten Unternehmen tritt. Die Zahlungen sind zusammengefasst für vergleichbare Sachverhalte darzustellen, wobei auch projektspezifisch zu berichten ist. Um die Berichterstattung auf wesentliche Sachverhalte zu konzentrieren, sieht die Richtlinie 2013/34/EU vor, dass nur Zahlungen ab 100 000 Euro berücksichtigt werden müssen.

Im Hinblick auf die angestrebte, weltweit angelegte Berichterstattung europäischer Unternehmen enthält die Richtlinie 2013/34/EU zudem Regelungen über die Gleichwertigkeit gesetzlicher Berichtspflichten in Drittstaaten. Damit soll vor allem die Möglichkeit eröffnet werden, europäischen Unternehmen, deren Wertpapiere an Börsen in den USA gehandelt werden, doppelte Berichtspflichten zu er-

A. Einleitung

sparen. Die USA haben ebenfalls gesetzliche Regelungen über Berichtspflichten erlassen, die von Unternehmen der mineralgewinnenden Industrie zu erfüllen sind. Die Gleichwertigkeit gesetzlicher Berichtspflichten aus Drittstaaten muss von der Europäischen Kommission in einem gesonderten Verfahren festgestellt werden.

3. Übersicht umgesetzter Vorschriften

Allgemein gilt, dass die Vorgaben der Richtlinie 2013/34/EU im Wesentlichen den früheren europäischen Vorgaben der Richtlinien 78/660/EWG und 83/349/EWG entsprechen. Diese Vorgaben sind im bestehenden Recht, vor allem im Handelsgesetzbuch (HGB), bereits umgesetzt. Der Gesetzentwurf dient dazu, die geänderten Vorgaben umzusetzen.

Die folgenden Artikel der Richtlinie 2013/34/EU werden durch die folgenden Bestimmungen des Entwurfs in Verbindung mit dem geltenden Recht umgesetzt:

Richtlinie 2013/34/EU	Umsetzung	Inhalt	Im Entwurf
Artikel 2 Nummer 2	§ 271 Absatz 1 HGB-E	Begriff der Beteiligung	Artikel 1 Nummer 13
Artikel 2 Nummer 5	§ 277 Absatz 1 HGB-E	Begriff der Umsatzerlöse	Artikel 1 Nummer 18
Artikel 2 Nummer 6	§ 255 Absatz 1 Satz 3 HGB-E	Anschaffungspreisminderungen	Artikel 1 Nummer 4
Artikel 3 Absatz 2 bis 4	§ 267 Absatz 1 bis 3 HGB-E	Größenklassen	Artikel 1 Nummer 10
Artikel 3 Absatz 7 und 8	§ 293 HGB-E	Größenklasse Konzern	Artikel 1 Nummer 28
Artikel 3 Absatz 10	§ 267 Absatz 4 und § 293 Absatz 1 HGB-E	Größenklasse, Wechsel	Artikel 1 Nummer 10 und 28
Artikel 3 Absatz 11	§ 267 Absatz 4a HGB-E	Größenklasse, Bilanzsumme	Artikel 1 Nummer 10
Artikel 5	§ 264 Absatz 1a HGB-E und § 297 Absatz 1a HGB-E	Registerangaben im Jahres- und Konzernabschluss	Artikel 1 Nummer 5 Buchstabe c und Artikel 1 Nummer 31
Artikel 9 Absatz 2 Satz 2 und 3	§ 265 Absatz 5 HGB-E	Zwischensummen	Artikel 1 Nummer 8
Artikel 9 Absatz 6	§ 268 Absatz 1 HGB-E	Ausweis des Bilanzgewinns	Artikel 1 Nummer 12 Buchstabe a
Artikel 9 Absatz 7 Buchstabe c	§ 272 Absatz 5 HGB-E	Ausschüttungssperre bei phasengleicher Gewinnausschüttung	Artikel 1 Nummer 14

Richtlinie 2013/34/EU	Umsetzung	Inhalt	Im Entwurf
Artikel 12 Absatz 8, Artikel 28 Absatz 1	§ 284 Absatz 2 Nummer 4, Absatz 3 und § 313 Absatz 4 HGB-E	Anhang und Konzernanhang: Fremdkapitalzinsen bei Herstellungskosten	Artikel 1 Nummer 20 Buchstabe c sowie Artikel 1 Nummer 38 Buchstabe d
Artikel 12 Absatz 11, Artikel 28 Absatz 1	§ 253 Absatz 3 Satz 3 und 4 HGB-E sowie § 285 Nummer 13 und § 314 Absatz 1 Nummer 20 HGB-E	Abschreibung von Geschäfts- oder Firmenwerten und selbst geschaffenen immateriellen Vermögensgegenständen	Artikel 1 Nummer 3 Buchstabe b und c, Nummer 21 Buchstabe f und Nummer 39 Buchstabe a Doppelbuchstabe hh
Artikel 13 Absatz 1	§ 275 HGB-E	Gliederung Gewinn- und Verlustrechnung	Artikel 1 Nummer 16
Artikel 14 Absatz 1	§ 266 Absatz 1 Satz 3 und § 268 Absatz 5 HGB-E	Verbindlichkeitenausweis in der Bilanz	Artikel 1 Nummer 12 Buchstabe c
Artikel 15	§ 284 Absatz 1 HGB-E	Gliederung des Anhangs	Artikel 1 Nummer 20 Buchstabe a
Artikel 16 Absatz 1 Buchstabe d	§ 268 Absatz 7, § 285 Nummer 3a und 27 HGB-E	Anhang: Haftungsverhältnisse außerhalb der Bilanz	Artikel 1 Nummer 12 Buchstabe d und Nummer 21 Buchstabe a und k
Artikel 16 Absatz 1 Buchstabe e	§ 285 Nummer 9 Buchstabe c HGB-E	Anhang: Angaben zu Krediten und Vorschüssen	Artikel 1 Nummer 21 Buchstabe c
Artikel 16 Absatz 1 Buchstabe f	§ 285 Nummer 31 HGB-E	Anhang: Erträge und Aufwendungen von außergewöhnlicher Größenordnung oder Bedeutung	Artikel 1 Nummer 21 Buchstabe m
Artikel 16 Absatz 1 Buchstabe h	§ 285 Nummer 7 HGB und § 288 Absatz 1 HGB-E	Anhang: Arbeitnehmerzahl	(Artikel 1 Nummer 23)
Artikel 16 Absatz 3	§ 288 Absatz 1 HGB-E	Alle Kapitalgesellschaften, Anhang kleiner Unternehmen	Artikel 1 Nummer 23

A. Einleitung

Richtlinie 2013/34/EU	Umsetzung	Inhalt	Im Entwurf
Artikel 16 Absatz 3	§§ 58, 152, 160 Absatz 3, § 240, 261 Absatz 1 AktG-E	Anhang der AG und KGaA	Artikel 4 Nummer 1, 2, 3 Buchstabe b, Nummer 5 und 7 Buchstabe b
Artikel 16 Absatz 3	§ 29 Absatz 4 des Gesetzes betreffend die Gesellschaften mit beschränkter Haftung (GmbHG-E)	Anhang der GmbH	Artikel 6
Artikel 17 Absatz 1 Buchstabe a	§ 284 Absatz 3 HGB-E und die Aufhebung von § 268 Absatz 2 HGB	Anhang: Anlagenübersicht	Artikel 1 Nummer 19 Buchstabe c und Nummer 12 Buchstabe b
Artikel 17 Absatz 1 Buchstabe f	§ 285 Nummer 30 HGB-E	Anhang: Latente Steuern	Artikel 1 Nummer 21 Buchstabe m
Artikel 17 Absatz 1 Buchstabe h und i	§ 160 Absatz 1 Nummer 3 AktG-E	Anhang: Aktien	Artikel 4 Nummer 3 Buchstabe a Doppelbuchstabe aa
Artikel 17 Absatz 1 Buchstabe j	§ 160 Absatz 1 Nummer 5 AktG-E und § 285 Nummer 15a HGB-E	Anhang: Genussrechte u.a.	Artikel 4 Nummer 3 Buchstabe a Doppelbuchstabe bb und Artikel 1 Nummer 21 Buchstabe h
Artikel 17 Absatz 1 Buchstabe l und n	§ 285 Nummer 14 HGB-E	Anhang: Angaben zum Konzern	Artikel 1 Nummer 21 Buchstabe g
Artikel 17 Absatz 1 Buchstabe m und n	§ 285 Nummer 14a HGB	Anhang: Angaben zum Konzern	Artikel 1 Nummer 21 Buchstabe g
Artikel 17 Absatz 1 Buchstabe o	§ 285 Nummer 34 HGB-E	Anhang: Ergebnisverwendung	Artikel 1 Nummer 21 Buchstabe m

Richtlinie 2013/34/EU	Umsetzung	Inhalt	Im Entwurf
Artikel 17 Absatz 1 Buchstabe p	§ 285 Nummer 3 HGB-E	Anhang: Geschäfte außerhalb Bilanz	Artikel 1 Nummer 21 Buchstabe a
Artikel 17 Absatz 1 Buchstabe q	§ 285 Nummer 33 HGB-E	Anhang: Vorgänge nach Bilanzstichtag	Artikel 1 Nummer 21 Buchstabe m
Artikel 18 Absatz 1 Buchstabe a	§ 285 Nummer 4 HGB-E	Anhang: Gliederung Umsatzerlöse	Artikel 1 Nummer 21 Buchstabe a
Artikel 19 Absatz 2	§ 289 Absatz 2 HGB	Lagebericht	Artikel 1 Nummer 24 Buchstabe b
Artikel 20 Absatz 3	§ 317 Absatz 2 Satz 2 und 3 HGB-E	Abschlussprüfung	Artikel 1 Nummer 42
Artikel 23 Absatz 1 und 2	§ 293 HGB-E	Konzerngröße	Artikel 1 Nummer 28
Artikel 23 Absatz 4 Buchstabe b	§ 291 Absatz 2 Satz 1 Nummer 2 HGB-E	Konzernbefreiung EU	Artikel 1 Nummer 26
Artikel 23 Absatz 8	§ 292 HGB-E	Konzernbefreiung Drittstaat	Artikel 1 Nummer 27
Artikel 23 Absatz 9	§ 296 HGB-E	Konsolidierungskreis	Artikel 1 Nummer 30
Artikel 24 Absatz 3 Buchstabe a und c	§ 301 Absatz 2	Kapitalkonsolidierung	Artikel 1 Nummer 33 Buchstabe a
Artikel 24 Absatz 3 Buchstabe f	§ 309 Absatz 2 HGB-E	Unterschiedsbetrag	Artikel 1 Nummer 35
Artikel 24 Absatz 4 und 6	§ 307 Absatz 1 und 2 HGB-E	Anteile Dritter	Artikel 1 Nummer 34
Artikel 27 Absatz 7 i.V.m. Artikel 24 Absatz 7	§ 312 Absatz 5 HGB-E	Anteilmäßige Konsolidierung	Artikel 1 Nummer 37
Artikel 28 Absatz 1 i.V.m. Artikel 15	§ 313 Absatz 1 Satz 1 HGB-E	Gliederung Konzernanhang	Artikel 1 Nummer 38 Buchstabe a Doppelbuchstabe aa

A. Einleitung

Richtlinie 2013/34/EU	Umsetzung	Inhalt	Im Entwurf
Artikel 28 Absatz 1 Buchstabe c i.V.m. Artikel 16 Absatz 1 Buchstabe e	§ 314 Absatz 1 Nummer 6 Buchstabe c HGB-E	Konzernanhang: Vorschüsse und Kredite	Artikel 1 Nummer 39 Buchstabe a Doppelbuchstabe bb
Artikel 28 Absatz 1 i.V.m. Artikel 16 Absatz 1 Buchstabe f	§ 314 Absatz 1 Nummer 23 HGB-E	Konzernanhang: Erträge und Aufwendungen von außergewöhnlicher Größenordnung oder Bedeutung	Artikel 1 Nummer 39 Buchstabe a Doppelbuchstabe jj
Artikel 28 Absatz 1 i.V.m. Artikel 17 Absatz 1 Buchstabe d Unterabsatz 2	§ 314 Absatz 3 HGB-E	Konzernanhang: Nachteile	Artikel 1 Nummer 39 Buchstabe b
Artikel 28 Absatz 1 Buchstabe b i.V.m. Artikel 17 Absatz 1 Buchstabe e	§ 314 Absatz 1 Nummer 4 HGB-E	Konzernanhang: Arbeitnehmerzahl	Artikel 1 Nummer 39 Buchstabe a Doppelbuchstabe aa
Artikel 28 Absatz 1 i.V.m. Artikel 17 Absatz 1 Buchstabe f	§ 314 Absatz 1 Nummer 22 HGB-E	Konzernanhang: Latente Steuern	Artikel 1 Nummer 39 Buchstabe a Doppelbuchstabe jj
Artikel 28 Absatz 1 i.V.m. Artikel 17 Absatz 1 Buchstabe i und j	§ 314 Absatz 1 Nummer 7a und 7b HGB-E	Konzernanhang: Aktien, Genussrechte u.a.	Artikel 1 Nummer 39 Buchstabe a Doppelbuchstabe cc
Artikel 28 Absatz 1 i.V.m. Artikel 17 Absatz 1 Buchstabe k, l und m	§ 313 Absatz 2 HGB-E	Konzernanhang: Konzernunternehmen	Artikel 1 Nummer 38 Buchstabe b
Artikel 28 Absatz 1 i.V.m. Artikel 17 Absatz 1 Buchstabe o	§ 314 Absatz 1 Nummer 26 HGB-E	Konzernanhang: Ergebnisverwendung	Artikel 1 Nummer 39 Buchstabe a Doppelbuchstabe jj

Richtlinie 2013/34/EU	Umsetzung	Inhalt	Im Entwurf
Artikel 28 Absatz 1 i.V.m. Artikel 17 Absatz 1 Buchstabe p	§ 314 Absatz 1 Nummer 2 HGB-E	Konzernanhang: Geschäfte außerhalb Konzernbilanz	Artikel 1 Nummer 39 Buchstabe a Doppelbuchstabe aa
Artikel 28 Absatz 1 i.V.m. Artikel 17 Absatz 1 Buchstabe q	§ 314 Absatz 1 Nummer 25 HGB-E	Konzernanhang: Vorgänge nach Bilanzstichtag	Artikel 1 Nummer 39 Buchstabe a Doppelbuchstabe jj
Artikel 28 Absatz 1 i.V.m. Artikel 18 Absatz 1 Buchstabe a	§ 314 Absatz 1 Nummer 3 HGB-E	Konzernanhang: Gliederung Umsatzerlöse	Artikel 1 Nummer 39 Buchstabe a Doppelbuchstabe aa
Artikel 28 Absatz 1 Buchstabe a	§ 314 Absatz 1 Nummer 13 HGB-E	Konzernanhang: Nahestehende Unternehmen	Artikel 1 Nummer 39 Buchstabe a Doppelbuchstabe ee
Artikel 29 Absatz 1 i.V.m. Artikel 19 Absatz 2	§ 315 Absatz 2 HGB-E	Konzernlagebericht	Artikel 1 Nummer 40 Buchstabe b
Artikel 29 Absatz 1 i.V.m. Artikel 20	§ 315 Absatz 5 HGB-E	Konzernlagebericht	Artikel 1 Nummer 40 Buchstabe d
Artikel 30	§ 325 Absatz 1 bis 1b HGB-E und § 328 Absatz 1 und 1a HGB-E	Offenlegung der Unterlagen	Artikel 1 Nummer 45 Buchstabe a und Nummer 48
Artikel 34 Absatz 1 Unterabsatz 2 Buchstabe a römische Ziffer ii	§ 317 Absatz 2 und § 322 Absatz 6 HGB-E	Abschlussprüfung	Artikel 1 Nummer 42 und 43 Buchstabe b
Artikel 35	§ 322 Absatz 1 HGB-E	Inhalt des Bestätigungsvermerks des Abschlussprüfers	Artikel 1 Nummer 43 Buchstabe a
Artikel 36 Absatz 7	§ 267a Absatz 3 HGB-E	Einschränkung der Größenklasse Kleinstkapitalgesellschaften	Artikel 1 Nummer 11 Buchstabe b

Richtlinie 2013/34/EU	Umsetzung	Inhalt	Im Entwurf
Artikel 37	§ 264 Absatz 3 HGB-E	Befreiung von Tochterunternehmen	Artikel 1 Nummer 5 Buchstabe d
Artikel 38	§ 264b HGB-E	Befreiung von Personenhandelsgesellschaften	Artikel 1 Nummer 6
Artikel 41 bis 46	§§ 341q bis 341y HGB-E	Neue Berichtspflichten von bestimmten Unternehmen des Rohstoffsektors	Artikel 1 Nummer 70
Artikel 53 Absatz 1 Unterabsatz 2	EGHGB-E	Zeitliche Anwendbarkeit	Artikel 2

Von der Mitgliedstaatenoption des Artikels 16 Absatz 2 der Richtlinie 2013/34/EU wird hinsichtlich der Ausdehnung der für mittelgroße Kapitalgesellschaften geltenden Anhangangaben auf kleine Kapitalgesellschaften nur sehr begrenzt Gebrauch gemacht, um die bürokratischen Belastungen kleiner Kapitalgesellschaften zu begrenzen.

II. Wesentlicher Inhalt des Entwurfs

Der Gesetzentwurf sieht Änderungen der bilanzrechtlichen Vorschriften des HGB vor, um die Vorgaben der Richtlinie 2013/34/EU umzusetzen. In dem Gesetzentwurf wird von der Möglichkeit der Anhebung der Schwellenwerte für die Einordnung kleiner, mittelgroßer und großer Kapitalgesellschaften sowie von Konzernen Gebrauch gemacht. Damit sollen die bürokratischen Belastungen für kleinere Kapitalgesellschaften und Konzerne gesenkt werden. Sie werden von bestimmten größenabhängigen Vorgaben freigestellt, die sich aus den bisherigen Schwellenwerten ergaben. Der Gesetzentwurf sieht die Verringerung der Anhangangaben insbesondere für kleine Kapitalgesellschaften vor. Im Einklang mit der Richtlinie 2013/34/EU wird auf solche Anhangangaben verzichtet, die typischerweise nur für das Verständnis von Kapitalgesellschaften ab einer gewissen Größe nachgefragt werden.

Die Richtlinie 2013/34/EU erfordert darüber hinaus erstmals Regelungen für die Transparenz von Unternehmen des Rohstoffsektors über Zahlungen an staatliche Stellen, für die es im HGB bisher keine Entsprechung gibt. Nach Abwägung verschiedener Varianten sollen im HGB zusätzliche Vorschriften in einem neuen Dritten Unterabschnitt des Vierten Abschnitts des Dritten Buchs geschaffen werden. Der Vierte Abschnitt des Dritten Buchs regelt branchenspezifische Sonderregelungen, die von den allgemeinen handelsrechtlichen Vorgaben abweichen. In den ersten beiden Unterabschnitten dieses Abschnitts sind Rechnungslegungsvorgaben für Kreditinstitute und für Versicherungsunternehmen geregelt. Der dritte Unterabschnitt soll künftig die Regelungen für Unternehmen der mineralgewinnenden Industrie und für Unternehmen, die Holzeinschlag in Primärwäldern betreiben, aufnehmen. Bei den Berichten über Zahlungen an staatliche Stellen handelt es sich zwar nicht im klassischen Sinne um Bestandteile der Rechnungslegung. Aber auch die Vorgaben der Richtlinie 2013/34/EU sind in deren Kapitel 10 enthalten, nehmen auf die allgemeinen bilanzrechtlichen Vorgaben Bezug und verwenden die gleiche Terminologie. Eine weitergehende Präzisierung der Vorgaben zu Inhalt und

Gliederung der Zahlungsberichte und Konzernzahlungsberichte ist durch die Richtlinie 2013/34/EU nicht verlangt.

Das deutsche Bilanzrecht wurde durch das Bilanzrechtsmodernisierungsgesetz vom 25. Mai 2009 (BGBl. I S. 1102) (nachfolgend BilMoG) modernisiert und behutsam fortentwickelt. Die Reform ist auf breite Zustimmung gestoßen. Änderungen im Handelsbilanzrecht über die Richtlinienumsetzung hinaus sieht der Gesetzentwurf daher nur sehr begrenzt vor. Es handelt sich dabei insbesondere um einzelne Präzisierungen und Verbesserungen bilanzrechtlicher Vorschriften, um die Anwendbarkeit der Vorschriften zu erleichtern und die Vergleichbarkeit der Rechnungslegung zu erhöhen. Hervorzuheben sind dabei die Harmonisierung der Vorschriften zur Befreiung bestimmter Tochterunternehmen von Pflichten der Rechnungslegung, wenn sie in Konzernabschlüsse einbezogen sind (Änderungen von § 264 Absatz 3 und 4 sowie § 264b HGB) sowie die Vereinfachung der Vorschriften des § 292 HGB und die Aufhebung der Konzernabschlussbefreiungsverordnung.

III. Alternativen

Es besteht keine Möglichkeit, auf gesetzliche Regelungen zur Umsetzung der Richtlinie 2013/34/EU zu verzichten.

Bei der Ausübung von Mitgliedstaatenoptionen aus der Richtlinie 2013/34/EU sieht der Gesetzentwurf im Wesentlichen die Beibehaltung der bisherigen Regelungen im Handelsgesetzbuch vor, zumal die Optionen weitgehend schon in früheren europäischen Vorgaben enthalten waren und der deutsche Gesetzgeber über die Nutzung der Optionen entsprechend entschieden hat. Die Praxis hat sich im Übrigen auf die bestehende Rechtslage eingestellt und keine erheblichen Unzulänglichkeiten festgestellt. Kleine Modifizierungen ergeben sich durch die Neuformulierungen der Richtlinie 2013/34/EU.

Möglich wäre ebenfalls gewesen, die Struktur des Dritten Buchs des HGB im Hinblick auf den Ansatz der Richtlinie 2013/34/EU „Think small first" grundlegend zu verändern. So könnten zwar beispielsweise durchgehend zunächst die für kleine Kapitalgesellschaften notwendigen Vorgaben getroffen und im Anschluss gewissermaßen aufsetzend für größere Kapitalgesellschaften konkretisiert werden. Das würde aber tiefgreifende Veränderungen erfordern und in der Praxis erheblichen Umstellungsaufwand auslösen, zumal sich die Praxis auf das bisherige System eingestellt hat. Dauerhaft würden dadurch auch kaum weitergehende Entlastungen des Verwaltungsaufwands erreicht. Mit Blick auf den zu erwartenden Erfüllungsaufwand, insbesondere den Umstellungsaufwand wurde ein solcher Ansatz daher zurückgestellt.

Alternativ zur Erweiterung des HGB um Vorschriften zur Transparenz im Rohstoffsektor war erwogen worden, die neue Berichtspflicht in einem bestehenden oder neuen Spezialgesetz des Ordnungsrechts zu verankern. Dagegen spricht aber vor allem, dass die mineralgewinnende Industrie bergfreier und grundeigener Rohstoffe einerseits und der Holzeinschlag in Primärwäldern andererseits kaum Gemeinsamkeiten aufweisen und zum anderen die Berichterstattung über weltweit eintretende Sachverhalte eines Unternehmens oder Konzerns mit dem auf das Inland beschränkten Ordnungsgedanken der Spezialgesetze schwer zu vereinbaren ist.

Auch eine Regelung in einer auf § 330 HGB zu stützenden neuen Rechtsverordnung scheidet aus, da die neue Berichtspflicht substanzielle Unterschiede zur Aufstellung von Jahres- und Konzernabschlüssen aufweist.

IV. Gesetzgebungskompetenz

Die Gesetzgebungskompetenz des Bundes folgt aus Artikel 74 Absatz 1 Nummer 1 und 11 des Grundgesetzes (GG). Eine bundesgesetzliche Regelung ist erforderlich, weil die in dem Entwurf angesprochenen Fragen der Rechnungslegung und der Publizität sowie der Gestaltung der vom Bundesamt für Justiz geführten Verfahren in zentralen Punkten die Rechts- und Wirtschaftseinheit im Bundesgebiet berühren und der Entwurf insoweit die Weiterentwicklung bestehender bundesgesetzlicher Kodifikationen zum Gegenstand hat (Artikel 72 Absatz 2 GG). Das Gesetz dient der Wahrung der Rechtseinheit, d.h. der Geltung gleicher Normen im Bundesgebiet. Da das Bilanzrecht bereits bundesrechtlich geregelt ist und es um die Fortentwicklung und Modernisierung dieses Rechts geht, kommt nur eine bundesgesetzliche Regelung in Betracht und nicht eine landesgesetzliche.

V. Vereinbarkeit mit dem Recht der Europäischen Union und völkerrechtlichen Verträgen

Die Regelungen des Entwurfs sind mit dem Recht der Europäischen Union und mit völkerrechtlichen Verträgen, die die Bundesrepublik Deutschland abgeschlossen hat, vereinbar.

VI. Gesetzesfolgen

1. Rechts- und Verwaltungsvereinfachung

Der Gesetzentwurf sieht eine Reihe von Rechtsvereinfachungen und Klarstellungen vor, die dazu dienen, die Rechnungslegung insbesondere der Kapitalgesellschaften zu vereinfachen und deren Vergleichbarkeit zu erhöhen. Neue Vorschriften werden insbesondere zur Einführung der Berichtspflichten von Unternehmen des Rohstoffsektors über deren Zahlungen an staatliche Stellen vorgeschlagen; dies entspricht den zwingenden europäischen Vorgaben. Gleichwohl sind die Regelungsvorschläge weitgehend an die bestehende handelsrechtliche Rechnungslegung angepasst, um unterschiedliche Terminologie oder widersprüchliche Anforderungen zu vermeiden.

2. Nachhaltigkeitsaspekte

Der Gesetzentwurf steht im Einklang mit den Leitgedanken der Bundesregierung zur nachhaltigen Entwicklung im Sinne der Nationalen Nachhaltigkeitsstrategie. Er dient dazu, kleine Kapitalgesellschaften von derzeit umfangreichen Vorgaben für die Rechnungslegung zu entlasten und enthält insoweit Deregulierungsmaßnahmen, die zu einer Kostenentlastung für die Wirtschaft führen. Dies stärkt den Wirtschaftsstandort Deutschland. Eine steigende Wirtschaftsleistung ist zentraler Indikator für zunehmenden Wohlstand in der Gesellschaft und Verbesserung der Lebensqualität (Indikator 10 der Nationalen Nachhaltigkeitsstrategie). Die neuen Berichtspflichten für Unternehmen des Rohstoffsektors dienen im Hinblick auf die Berichterstattung über Zahlungen in Drittstaaten auch der Entwicklungszusammenarbeit (Indikator 20 der Nationalen Nachhaltigkeitsstrategie).

3. Haushaltsausgaben ohne Erfüllungsaufwand

Die Regelungen adressieren überwiegend die Wirtschaft. Im Hinblick auf die Änderungen der bilanzrechtlichen Vorgaben wird insgesamt nicht mit Haushaltsauswirkungen gerechnet; Mehr- und Minderbelastungen für die Fallbearbeitung im Bundesamt für Justiz durch Veränderungen der zu prüfenden Rechtspflichten gleichen sich aus.

Im Hinblick auf die Überprüfung der neuen Berichtspflichten von Unternehmen des Rohstoffsektors über Zahlungen an staatliche Stellen benötigt das Bundesamt für Justiz einmalig ca. 70 000 Euro, um die Informationstechnik an die neuen Vorgaben anzupassen. Diese Mittel stehen im Haushalt des Bundesamtes für Justiz im Rahmen der Weiterentwicklung der Software bereits zur Verfügung.

4. Erfüllungsaufwand

a) Erfüllungsaufwand für Bürgerinnen und Bürger

Für Bürgerinnen und Bürger entsteht kein Erfüllungsaufwand.

b) Erfüllungsaufwand für die Wirtschaft

aa) Überblick

Der Gesetzentwurf führt insgesamt zu einer Entlastung der Wirtschaft beim jährlichen Erfüllungsaufwand um ca. 87 Mio. Euro (laufender Aufwand) und einmaligem Umstellungsaufwand von 126 Mio. Euro.

Die Vorschläge des Entwurfs haben auf den Erfüllungsaufwand für die Wirtschaft bei folgenden Informationspflichten Auswirkungen:

- IP 200610160907261 „Pflicht zur Jahres- und Konzernabschlusserstellung, Prüfung und Offenlegung für alle Kapitalgesellschaften" (§§ 264, 325 HGB),
- IP 200610131547162 „Pflicht zur Aufstellung von Jahresabschluss und Lagebericht einschließlich Offenlegung für eingetragene Genossenschaften" (§§ 336, 339 HGB),
- IP 200610060815531 „Pflicht zur Aufstellung einschließlich Prüfung und Offenlegung von Jahres- und Konzernabschluss für Kreditinstitute und Finanzdienstleistungsinstitute" (§§ 340, 340l HGB) und
- IP 200610131041013 „Pflicht zur Aufstellung von Jahres- und Konzernabschluss und Lagebericht für Versicherungsunternehmen und Pensionsfonds einschließlich Prüfung und Offenlegung" (§§ 341, 341l HGB).

Änderungen ergeben sich sowohl aufgrund der Änderung der einzelnen bilanzrechtlichen Vorgaben als auch aufgrund der Anhebung der Schwellenwerte für die Größenklassen von Kapitalgesellschaften und Genossenschaften.

Darüber hinaus wird eine neue Informationspflicht für die Wirtschaft eingeführt, indem bestimmte Unternehmen der Rohstoffwirtschaft Berichte über ihre Zahlungen an staatliche Stellen zu erstellen und offenzulegen haben.

bb) Im Einzelnen:

(1) Bilanzrechtliche Änderungen

Für die Schätzung des Erfüllungsaufwands, der durch bilanzrechtliche Änderungen verursacht wird, werden die in der WebSKM-Datenbank von Destatis eingetragenen Fallzahlen angesetzt. Da innerhalb der Genossenschaften erstmals eine neue Kategorie der Kleinstgenossenschaft eingerichtet werden soll, ist ein neues Segment zu bilden. Es wird davon ausgegangen, dass ca. 2.300 Genossenschaften die Kriterien einer Kleinstgenossenschaft erfüllen und die Zahl der größeren kleinen Genossenschaften dementsprechend nur noch 1625 beträgt.

Nach Angaben des Statistischen Bundesamtes wird ein durchschnittlicher Stundensatz von 39,10 Euro/Stunde zugrunde gelegt.

Der jährliche Mehraufwand für die Wirtschaft aus den bilanzrechtlichen Änderungen wird auf insgesamt 2,3 Mio. Euro geschätzt. Dieser setzt sich wie folgt zusammen:

A. Einleitung

Informationspflicht	Fallzahl	Saldo Zeitaufwand je Fall in min	Lohnsatz Euro/Std	Saldo Personalkosten in Euro	Saldo Sachkosten in Euro	Saldo Erfüllungsaufwand (gerundet) in Euro
200610160907261 A Kleine Kapitalgesellschaften	121 648	–20	39,1	–1 585 479		–1 600 000
200610160907261 B Mittelgroße Kapitalgesellschaften	37 009	120	39,1	2 894 104		2 900 000
200610160907261 C Große Kapitalgesellschaften	7 964	150	39,1	778 481		780 000
200610160907261 D Konzerne	800	225	39,1	117 300		120 000
200610131547162 A Kleine Genossenschaften	1 625	–20	39,1	–21 179		–20 000
200610131547162 B Mittelgroße Genossenschaften	1 043	120	39,1	81 563		80 000
200610131547162 C Große Genossenschaften	181	150	39,1	17 693		20 000
200610131547162 (D) Kleinstgenossenschaften	2 300	–95	39,1	–142 389	–18 400	–160 000
200610131041013 Versicherungsunternehmen und Pensionsfonds	646	150	39,1	63 147		60 000
200610060815531 Kreditinstitute und Finanzdienstleistungsinstitute	1 617	150	39,1	158 062		160 000
SUMME (gerundet)						2 300 000

Darüber hinaus wird von einem einmaligen Umstellungsaufwand zur Einarbeitung in die Neuregelungen in Form eines Zusatzaufwands von 12,6 Mio. Euro ausgegangen. Dieser setzt sich wie folgt zusammen:

Informationspflicht	Fallzahl	Saldo Zeitaufwand je Fall in min	Lohnsatz Euro/Std	Saldo Personalkosten in Euro	Saldo Sachkosten in Euro	Saldo Erfüllungsaufwand (gerundet) in Euro
200610160907261 A Kleine Kapitalgesellschaften	121 648	120	39,1	9 512 874		9 500 000

Informationspflicht	Fallzahl	Saldo Zeitaufwand je Fall in min	Lohnsatz Euro/ Std	Saldo Personalkosten in Euro	Saldo Sachkosten in Euro	Saldo Erfüllungsaufwand (gerundet) in Euro
20061016090726 1 B Mittelgroße Kapitalgesellschaften	37 009	90	39,1	2 170 578		2 200 000
20061016090726 1 C Große Kapitalgesellschaften	7 964	90	39,1	467 089		470 000
20061016090726 1 D Konzerne	800	120	39,1	62 560		60 000
20061013154716 2 A Kleine Genossenschaften	1 625	120	39,1	127 075		130 000
20061013154716 2 B Mittelgroße Genossenschaften	1 043	90	39,1	61 172		60 000
20061013154716 2 C Große Genossenschaften	181	90	39,1	10 616		11 000
20061013154716 2 (D) Kleinstgenossenschaften	2 300	20	39,1	29 977		30 000
20061013104101 3 Versicherungsunternehmen und Pensionsfonds	646	90	39,1	37 888		40 000
20061006081553 1 Kreditinstitute und Finanzdienstleistungsinstitute	1 617	90	39,1	94 837		90 000
SUMME (gerundet)						12 600 000

(2) Größenklassen

Die Anhebung der Schwellenwerte für die Größenklassen nach § 267 HGB und § 293 HGB führt dazu, dass einzelne bisher als mittelgroß oder groß eingestufte Kapitalgesellschaften als klein oder mittelgroß gelten sowie dass einzelne bisher der Konzernrechnungslegung unterworfene Konzerne aufgrund ihrer Größe von der Berichtspflicht ausgenommen sind.

Es wird geschätzt, dass ca. 7000 bisher mittelgroße Kapitalgesellschaften künftig als klein und ca. 300 bisher große Kapitalgesellschaften künftig als mittelgroß einzustufen sind. Zudem dürften ca. 30 Konzerne von der Berichtspflicht ausgenommen werden. Darüber hinaus ergeben sich Änderungen auch bei den Genossenschaften. Es wird geschätzt, dass 200 mittelgroße Genossenschaften künftig als klein und zehn große Genossenschaften künftig als mittelgroß einzustufen sind.

A. Einleitung

Die Umstufung in niedrigere Größenklassen führt zu einer Entlastung beim jährlichen Erfüllungsaufwand in Höhe von insgesamt 118 Mio. Euro, die sich wie folgt zusammensetzt:

Informationspflicht	Fallzahl	Saldo Personalkosten je Fall in Euro	Saldo Erfüllungsaufwand (gerundet) in Euro
200610160907261 B Mittelgroße Kapitalgesellschaften	7 000	–12 570	–88 000 000
200610160907261 C Große Kapitalgesellschaften	300	–97 040	–29 100 000
200610160907261 D Konzerne	30	–11 800	–350 000
200610131547162 B Mittelgroße Genossenschaften	200	–4 360	–870 000
200610131547162 C Große Genossenschaften	10	–33 260	–330 000
SUMME (gerundet)			–119 000 000

Mit der veränderten Einstufung ergibt sich zugleich eine einmalige Mehrbelastung aus Umstellungsaufwand der Wirtschaft von insgesamt 2,4 Mio. Euro, die sich wie folgt zusammensetzt:

Informationspflicht	Fallzahl	Zeitaufwand je Fall in min	Lohnsatz Euro/Std	Saldo Personalkosten je Fall in Euro	Saldo Erfüllungsaufwand (gerundet) in Euro
200610160907261 B Mittelgroße Kapitalgesellschaften	7 000	480	39,10	2 189 600	2 200 000
200610160907261 C Große Kapitalgesellschaften	300	480	39,10	93 840	90 000
200610160907261 D Konzerne	30	480	39,10	9 384	9 000
200610131547162 B Mittelgroße Genossenschaften	200	480	39,10	62 560	60 000
200610131547162 C Große Genossenschaften	10	480	39,10	3 128	3 000
SUMME (gerundet)					2 400 000

(3) Transparenz im Rohstoffsektor

Hinsichtlich der völlig neuen Pflichten zur Berichterstattung über Zahlungen an staatliche Stellen ist der Erfüllungsaufwand erstmals zu ermitteln. Dabei handelt es sich um eine neue Informationspflicht mit Regelungsstandort in §§ 341s, 341q sowie 341w Absatz 1 und 2 HGB-E. Die Schätzung des Erfüllungsaufwands ist mit zahlreichen Unsicherheiten verbunden, da Erfahrungswerte zu vergleichbaren Berichten fehlen. Dabei ist zu vermuten, dass einige Unternehmen schon heute Berichte über Zahlungen an staatliche Stellen erstellen. Die Berichtstiefe und der Umfang dieser Berichte bleiben aber hinter den neuen Vorgaben zurück; so dürfte insbesondere die weltweite und projektgenaue Berichterstattung völlig neu sein. Im Rahmen einer vorläufigen Schätzung wird von einem einmaligen Aufwand von ca. 111 Mio. Euro und laufendem Aufwand in Höhe von ca. 29 Mio. Euro ausgegangen. Das ergibt sich bei Annahme von 60 betroffenen Unternehmen. Ausgegangen wird bei dem Ansatz des Aufwands pro Fall von der von der Europäischen Kommission vorgelegten Folgenabschätzung zum Richtlinienvorschlag vom 25. Oktober 2011.

(a) Fallzahl

Es wird davon ausgegangen, dass ca. 60 Unternehmen von der neuen Berichtspflicht betroffen sind. Im Referentenentwurf war noch von 110 Unternehmen ausgegangen worden; inzwischen sind nach erneuter Prüfung etwas genauere Daten verfügbar. Die geringere Fallzahl beruht insbesondere darauf, dass zahlreiche deutsche Unternehmen von im EWR-Ausland ansässigen Unternehmen konsolidiert werden. Damit sind auch die Berichte über Zahlungen an staatliche Stellen von diesen ausländischen Mutterunternehmen zu erstellen und befreien die deutschen Unternehmen von einer eigenen Berichterstattung.

Für die Bestimmung der Fallzahl wurde eine Studie der Bundesanstalt für Geowissenschaften und Rohstoffe (BGR) herangezogen und mit der von der Bundesanstalt für Finanzdienstleistungen zum Stichtag 1. Juli 2013 erstellten und veröffentlichten Liste von kapitalmarktorientierten Unternehmen einerseits und mit den im Unternehmensregister gespeicherten Rechnungslegungsunterlagen andererseits abgeglichen.

Es wird davon ausgegangen, dass sich die 60 Unternehmen wie folgt zusammensetzen:

Beschreibung	*Bergbau und Steine/Erden*	*Holzeinschlag*
Kapitalmarktorientierte Kapitalgesellschaften – Mutterunternehmen	13	0
Kapitalmarktorientierte Kapitalgesellschaften – eigenständige Unternehmen	0	0
Große Kapitalgesellschaften – Mutterunternehmen	35	0
Große Kapitalgesellschaften – eigenständige Unternehmen	12	0

Für die Schätzung des Erfüllungsaufwands wird damit von 60 betroffenen Fällen ausgegangen, von denen 13 kapitalmarktorientierte Kapitalgesellschaften und 47 sonstige große Kapitalgesellschaften sind. Dabei konnten für den Bereich Holzein-

A. Einleitung

schlag in Primärwäldern bisher keine betroffenen Unternehmen festgestellt werden.

(b) Erfüllungsaufwand

Die Europäische Kommission hat in ihrer Folgenabschätzung zum Richtlinienvorschlag vom 25. Oktober 2011 für 171 kapitalmarktorientierte Unternehmen der mineralgewinnenden Industrie einen Gesamtaufwand von ca. 740 Mio. Euro (Einmalaufwand) bzw. 192 Mio. Euro (laufender Aufwand) ermittelt. Für 419 nicht kapitalmarktorientierte Unternehmen der mineralgewinnenden Industrie hat die Europäische Kommission einen Einmalaufwand von ca. 397 Mio. Euro und einen laufenden Aufwand von ca. 103 Mio. Euro angesetzt. Für 26 Unternehmen (darunter sechs kapitalmarktorientierte Unternehmen), die Holzeinschlag in Primärwäldern betreiben, hat die Europäische Kommission einen Einmalaufwand von ca. 8 Mio. Euro und laufenden Aufwand von ca. 2 Mio. Euro angesetzt.

Der Folgenabschätzung der Europäischen Kommission liegt eine Extrapolation auf der Basis von im Jahre 2010 durchgeführten Unternehmensbefragungen zu Grunde. Grundlegende Zweifel an der Richtigkeit dieser Ausgangsdaten bestehen nicht. Aufgrund der zwischenzeitlichen Kostensteigerungen und mit Blick darauf, dass die Europäische Kommission bei ihrer Folgenabschätzung von einer weniger detaillierten projektbezogenen Berichterstattung ausgegangen war (es wurde ein umfassenderer Projektbegriff unterstellt), erscheint es sachgerecht, einen Zuschlag von 10 Prozent auf die damals ermittelten Kosten anzusetzen. Eine Differenzierung zwischen Mutterunternehmen und eigenständigen Unternehmen lässt die Kommissionsberechnung demgegenüber nicht zu.

Danach ergibt sich folgende Belastung der Wirtschaft:

Fallgruppe	*Fallzahl*	*Einmalaufwand*	*Jahresaufwand*
Bergbau/Steine und Erden – kapitalmarktorientiert	13	61 883 000 Euro	16 056 000 Euro
Bergbau/Steine und Erden – nicht kapitalmarktorientiert	47	48 985 000 Euro	12 709 000 Euro
Holzeinschlag	0	0 Euro	0 Euro
SUMME		**110 868 000 Euro**	**28 765 000 Euro**

c) Erfüllungsaufwand der Verwaltung

Der Erfüllungsaufwand der Verwaltung wird durch die geänderten Vorgaben nur geringfügig geändert.

Im Hinblick auf die bilanzrechtlichen Regelungen und die Anhebung der Schwellenwerte ist zwar mit Umstellungsaufwand insbesondere beim Bundesamt für Justiz zu rechnen. Dieser Aufwand wird aber vor allem darin bestehen, die Mitarbeiterinnen und Mitarbeiter mit den neuen Regelungen vertraut zu machen. Dauerhafter Mehr- oder Minderaufwand wird nicht erwartet.

Hinsichtlich der Transparenz im Rohstoffsektor wird das Bundesamt für Justiz neue Aufgaben auszuführen haben, indem die Offenlegung der Zahlungs- und Konzernzahlungsberichte überwacht wird. Zudem ist die Einleitung von Bußgeldverfahren wegen Verstößen gegen inhaltliche Vorgaben für die Berichterstattung zu prüfen. Es wird aber davon ausgegangen, dass die meisten der von der Berichtspflicht erfassten 60 Unternehmen ihren Pflichten rechtzeitig und richtig nachkommen werden, so dass nur in Einzelfällen Kontrollaufwand entsteht; der Erfüllungsaufwand dürfte damit marginal sein. Durch die Anlehnung an das Verfahren zur Durchsetzung der Offenlegungspflicht hinsichtlich der Jahres- und Konzernabschlüsse wird der Mehraufwand zum Teil auch durch den Betreiber des Bundesanzeigers aufgefangen, der nach § 341w Absatz 3 HGB-E in Verbindung mit § 329 HGB Prüfungspflichten haben wird.

5. Weitere Kosten

Kosten für die sozialen Sicherungssysteme sowie Auswirkungen auf das Preisniveau, insbesondere auf das Verbraucherpreisniveau, ergeben sich nicht.

6. Steuerliche Auswirkungen

Der Gesetzentwurf ist grundsätzlich auf Steuerneutralität ausgelegt. Die Änderungen der Berichtspflichten von Kapitalgesellschaften zu außerordentlichen Erträgen und Aufwendungen und zu Ereignissen nach dem Bilanzstichtag zielen im Grundsatz auf eine Verbesserung der Vergleichbarkeit der Angaben im Anhang des Jahresabschlusses ab. Mit der Streichung der betreffenden Posten in der Gewinn- und Verlustrechnung bzw. im Lagebericht ist keine Auswirkung auf den Jahresüberschuss bzw. den Jahresfehlbetrag verbunden. Die Streichung bedeutet nur, dass eine verpflichtende gesonderte Darstellung in diesen Unterlagen unterbleibt; auf die Ermittlung des Jahresüberschusses bzw. Jahresfehlbetrags hat dies im Ergebnis keinen Einfluss.

Steuerrechtliche Anpassungen sind nicht erforderlich. Insbesondere werden die steuerrechtliche Gewinnermittlung und die nach steuerrechtlichen Vorschriften bestehenden Aufzeichnungs- und Übermittlungspflichten nicht berührt.

Ohne Einfluss auf das Steuerrecht ist ferner die Einführung neuer Berichtspflichten von Unternehmen des Rohstoffsektors über Zahlungen an staatliche Stellen. Zwar handelt es sich bei diesen Zahlungen zum Teil auch um Steuern. Die Regelung ist aber auf die Offenlegung eines gesonderten Berichts beschränkt.

7. Gleichstellungspolitische Auswirkungen

Die vorgeschlagenen Regelungen haben keine Auswirkungen von gleichstellungspolitischer Bedeutung.

VII. Befristung; Evaluation

Eine Befristung kommt nicht in Betracht, weil die Richtlinie 2013/34/EU keine Befristung vorsieht. Eine Evaluation der neuen Regelungen auf nationaler Ebene erscheint mit Blick auf den zwingenden Charakter der europäischen Vorgaben nicht sachdienlich; eine Evaluation der Richtlinie 2013/34/EU ist im Übrigen nach Artikel 48 der Richtlinie zum 21. Juli 2018 durch die Europäische Kommission vorzunehmen. Gelangt die Kommission zum Ergebnis, die Richtlinie nicht zu ändern, wäre eine nationale Evaluation nicht erforderlich. Ergibt die Evaluation Änderungsbedarf, wird die Kommission einen Vorschlag zur Änderung der Richtlinie vorlegen, der im Gesetzgebungsverfahren auf europäischer Ebene zu beraten wäre. Für eine gesonderte nationale Evaluation besteht daneben kein Bedürfnis.

A. Einleitung

Bericht des Ausschusses für Recht und Verbraucherschutz v. 17.6.2015 (BT-Drucks. 18/5256, 74 ff.):

I. Überweisung

Der Deutsche Bundestag hat die Vorlage auf **Drucksache 18/4050** in seiner 89. Sitzung am 27. Februar 2015 beraten und an den Ausschuss für Recht und Verbraucherschutz zur federführenden Beratung und an den Finanzausschuss, den Ausschuss für Wirtschaft und Energie sowie den Ausschuss für wirtschaftliche Zusammenarbeit und Entwicklung zur Mitberatung überwiesen.

Die Vorlage auf **Drucksache 18/4351** hat der Deutsche Bundestag mit Drucksache 18/4495, Nr. 1.2 am 27. März 2015 an den Ausschuss für Recht und Verbraucherschutz zur federführenden Beratung und an den Finanzausschuss, den Ausschuss für Wirtschaft und Energie sowie den Ausschuss für wirtschaftliche Zusammenarbeit und Entwicklung zur Mitberatung überwiesen.

II. Stellungnahmen der mitberatenden Ausschüsse

Der **Finanzausschuss** hat die Vorlagen auf Drucksachen 18/4050, 18/4351 in seiner 45. Sitzung am 17. Juni 2015 beraten und empfiehlt die Annahme des Gesetzentwurfs mit den Stimmen der Fraktionen der CDU/CSU und SPD bei Stimmenthaltung der Fraktionen DIE LINKE. und BÜNDNIS 90/DIE GRÜNEN.

Der **Ausschuss für Wirtschaft und Energie** hat die Vorlagen auf Drucksachen 18/4050, 18/4351 in seiner 46. Sitzung am 17. Juni 2015 beraten. Er empfiehlt mit den Stimmen der Fraktionen der CDU/CSU und SPD bei Stimmenthaltung der Fraktionen DIE LINKE. und BÜNDNIS 90/DIE GRÜNEN die Annahme des aus der Beschlussempfehlung ersichtlichen Änderungsantrags der Fraktionen der CDU/CSU und SPD. Er empfiehlt mit den Stimmen der Fraktionen CDU/CSU, SPD und BÜNDNIS 90/DIE GRÜNEN gegen die Stimmen der Fraktion DIE LINKE. die Ablehnung des unter III. dieses Berichts wiedergegebenen Änderungsantrags der Fraktion DIE LINKE. Er empfiehlt mit den Stimmen der Fraktionen der CDU/CSU und SPD bei Stimmenthaltung der Fraktionen DIE LINKE. und BÜNDNIS 90/DIE GRÜNEN die Annahme des Gesetzentwurfs der Bundesregierung auf Drucksachen 18/4050, 4351 in der Fassung des angenommenen Änderungsantrags. Er empfiehlt mit den Stimmen der Fraktionen CDU/CSU, SPD und DIE LINKE. bei Stimmenthaltung der Fraktion BÜNDNIS 90/DIE GRÜNEN die Annahme der aus der Beschlussempfehlung ersichtlichen Entschließung der Fraktionen der CDU/CSU und SPD. Er empfiehlt Kenntnisnahme der Vorlage auf Drucksache 18/4351.

Der **Ausschuss für wirtschaftliche Zusammenarbeit und Entwicklung** hat die Vorlagen auf Drucksachen 18/4050, 18/4351 in seiner 37. Sitzung am 17. Juni 2015 beraten. Er empfiehlt mit den Stimmen der Fraktionen der CDU/CSU und SPD bei Stimmenthaltung der Fraktionen DIE LINKE. und BÜNDNIS 90/DIE GRÜNEN die Annahme des Gesetzentwurfs auf Drucksache 18/4050 in der Fassung des aus der Beschlussempfehlung ersichtlichen Änderungsantrags der Fraktionen der CDU/CSU und SPD. Er empfiehlt ebenfalls Kenntnisnahme der Vorlage auf Drucksache 18/4351.

Der **Parlamentarische Beirat für nachhaltige Entwicklung** hat sich in seiner 22. Sitzung am 25. Februar 2015 mit der Vorlage auf Drucksache 18/4050 (Bundesratsdrucksache 23/15) befasst und festgestellt, dass eine Nachhaltigkeitsrelevanz des Gesetzentwurfs aufgrund des Bezugs zur nationalen Nachhaltigkeitsstrategie durch die Indikatoren wirtschaftliche Zukunftsvorsorge und wirtschaftliche Leistungsfähigkeit gegeben sei. Hinsichtlich der Auswirkungen auf den Indikator Entwicklungszusammenarbeit sei die Darstellung der Nachhaltigkeitsprüfung nicht plausibel. Eine Prüfbitte sei aber nicht erforderlich.

III. Beratungsverlauf und Beratungsergebnisse im federführenden Ausschuss

Zu Buchstabe a

Der Ausschuss für Recht und Verbraucherschutz hat die Vorlage auf Drucksache 18/4050 in seiner 43. Sitzung am 4. März 2015 anberaten und beschlossen, eine öffentliche Anhörung durchzuführen, die er in seiner 51. Sitzung am 22. April 2015 durchgeführt hat. An dieser Anhörung haben folgende Sachverständige teilgenommen:

Dr. Heidi Feldt Berlin	Beratung entwicklungs- und umweltpolitischer Prozesse, unabhängige Beraterin
Prof. Dr. Joachim Hennrichs	Arbeitskreis Bilanzrecht Hochschullehrer Rechtswissenschaft Lehrstuhl für Bürgerliches Recht, Bilanz- und Steuerrecht, Köln
Andreas Hübers	ONE, Berlin, Politischer Referent
Prof. Dr. Klaus-Peter Naumann Düsseldorf	Institut der Wirtschaftsprüfer in Deutschland e.V. (IDW), Sprecher des Vorstands
Hans-Jürgen Säglitz	Gesamtverband der Deutschen Versicherungswirtschaft e.V., Berlin
Prof. Dr. iur. Matthias Schüppen	Vereinigung zur Mitwirkung an der Entwicklung des Bilanzrechts für Familiengesellschaften e.V., Stuttgart Rechtsanwalt.

Hinsichtlich der Ergebnisse der Anhörung wird auf das Protokoll der 51. Sitzung am 22. April 2015[1] mit den anliegenden Stellungnahmen der Sachverständigen verwiesen.

Zu den Buchstaben a und b

Der **Ausschuss für Recht und Verbraucherschutz** hat die Vorlagen auf Drucksachen 18/4050, 18/4351 in seiner 55. Sitzung am 20. Mai 2015 vertagt und in seiner 58. Sitzung am 17. Juni 2015 abschließend beraten und empfiehlt die Annahme des Gesetzentwurfs in der aus der Beschlussempfehlung ersichtlichen Fassung mit den Stimmen der Fraktionen der CDU/CSU und SPD bei Stimmenthaltung der Fraktionen DIE LINKE. und BÜNDNIS 90/DIE GRÜNEN. Die Änderungen entsprechen einem Änderungsantrag, den die Fraktionen der CDU/CSU und SPD in den Ausschuss für Recht und Verbraucherschutz eingebracht haben und der mit den Stimmen der Fraktionen der CDU/CSU und SPD bei Stimmenthaltung der Fraktionen DIE LINKE. und BÜNDNIS 90/DIE GRÜNEN angenommen wurde. Gleichzeitig empfiehlt er die Annahme der aus der Beschlussempfehlung ersichtlichen Entschließung mit den Stimmen der Fraktionen der CDU/CSU und SPD bei Stimmenthaltung der Fraktionen DIE LINKE. und BÜNDNIS 90/DIE GRÜNEN. Die Entschließung wurde von den Fraktionen der CDU/CSU und SPD in den Ausschuss für Recht und Verbraucherschutz eingebracht.

Im Laufe der Beratungen hatte die **Fraktion DIE LINKE.** einen Änderungsantrag in den Ausschuss für Recht und Verbraucherschutz mit folgendem Wortlaut eingebracht:

Der Ausschuss wolle beschließen:

Dem Bundestag wird empfohlen, den Gesetzentwurf auf Drucksache 18/4050 mit folgenden Änderungen anzunehmen:

---

[1] Das Protokoll ist abgedruckt im Anhang ab S. 279.

A. Einleitung

I. Artikel 1 – „Änderung des Handelsgesetzbuches" – wird wie folgt geändert:
   1. Nummer 5 wird wie folgt geändert:
      a) Der Buchstabe a) wird aufgehoben und die Buchstaben b) bis d) werden zu den Buchstaben a) bis c).
      b) Der neue Buchstabe c) wird wie folgt gefasst:
      „Die Absätze 3 und 4 werden aufgehoben."
   2. Nummer 6 wird wie folgt gefasst:
      „§ 264b wird aufgehoben."
   3. Nummer 10 wird wie folgt geändert:
      a) In Buchstabe a) aa) wird die Angabe „6 000 000" durch die Angabe „5 000 000" ersetzt.
      b) In Buchstabe a) bb) wird die Angabe „12 000 000" durch die Angabe „10 000 000" ersetzt.
   4. Nummer 58 b) wird folgender Buchstabe cc) angefügt:
      „cc) Satz 4 wird gestrichen."
   5. Nummer 64 wird folgender Buchstabe c) angefügt:
      „c) Absatz 2 Satz 4 wird gestrichen."
   6. In Nummer 70 wird in dem neuen § 341x Absatz 2 die Angabe „fünfzigtausend" durch die Angabe „fünfhunderttausend" ersetzt.

II. Artikel 3 – „Änderung des Publizitätsgesetzes" – wird wie folgt geändert:
   1. Nummer 1 wird wie folgt gefasst:
      „1. In § 3 Abs. 1 Nr. 1 werden die Wörter ‚oder § 264b' gestrichen."
   2. Die bisherigen Nummern 1 bis 8 werden die Nummern 2 bis 9.
   3. Der neuen Nummer 2 wird folgender Buchstabe e) angefügt:
      „e) Absatz 6 wird aufgehoben."

III. Artikel 8 – „Änderung sonstigen Bundesrechts" – wird wie folgt geändert:
   1. Der Gliederungseinheit (10) – Änderung des Vermögensanlagegesetzes – wird folgende Nummer 6 angefügt:
      „6. In § 24 Abs. 1 S. 2 wird das Komma nach der Angabe ‚1' und die Wörter ‚Absatz 3, 4 und § 264b' gestrichen."
   2. Die Gliederungseinheit (17) – Änderung des Kapitalanlagengesetzbuches – werden folgende Nummer angefügt:
      a) „7. In § 46 S. 2 wird das Komma nach der Angabe ‚1' und die Wörter ‚Absatz 3, 4 und § 264b' gestrichen."
      b) „8. In § 135 Abs. 2 S. 2 wird das Komma nach der Angabe ‚4' und die Wörter ‚Absatz 3, 4 und § 264b' gestrichen."
   3. Folgende Gliederungseinheiten werden angefügt:
      a) „(24) In § 6b Abs. 1 S. 1 des Energiewirtschaftsgesetzes vom 7. Juli 2005 (BGBl. I S. 1970, 3621), das zuletzt durch … geändert worden ist, wird der zweite Halbsatz gestrichen."

b) „(25) Satz 2 des § 9 Abs. 1 des Allgemeines Eisenbahngesetz vom 27. Dezember 1993 (BGBl. I S. 2378, 2396; 1994 I S. 2439), das zuletzt durch ... geändert worden ist, wird gestrichen."

Begründung

Zu Artikel 1 – Änderung HGB Zu Nummer 1

§ 264 Abs. 3, 4 HGB regelt die Befreiung von Vorschriften über Inhalt, Prüfung und Offenlegung des Jahresabschlusses von Tochtergesellschaften. Dieser Befreiungstatbestand wurde erstmals mit dem „Kapitalaufnahmeerleichterungsgesetz" (Drucksache 13/7141) eingeführt. Eine stichhaltige Begründung findet sich nicht. Es wurde lediglich angeführt, dass für einen Einzelabschluss kein „Bedürfnis bestünde" und die entsprechenden Richtlinien eine Befreiungsoption vorsähen. Gleichlautend erfolgt die Begründung zur Einführung des § 264b HGB (siehe auch Nummer 2) mit dem „Kapitalgesellschaften- und Co-Richtlinie-Gesetz" (Drucksache 14/1806). Was aus damaliger Sicht – zudem unionsrechtswidrig (EuGH, Urteil vom 6.2.2014 – C-528/12 –) als Wettbewerbsstärkung „deutscher Konzerne" (vgl. Drs. 13/7141) startete, hat sich inzwischen zu einem echten Wettbewerbsnachteil kleiner und mittelständischer Unternehmen im Inland entwickelt (vgl. umfassend Jarass/Obermair, „Faire und effiziente Unternehmensbesteuerung", 2015, S. 116 f.). Es gibt inzwischen eine Vielzahl von Konzernen, insbesondere im Einzel- und Großhandel sowie im Dienstleistungssektor, die mit einem Mutterunternehmen im europäischen Ausland für den regionalen Markt jeweils Tochtergesellschaften als Betriebs- und Vertriebsstätte betreiben (vgl. Beispiel bei Jarass/Obermair, a.a.O.). In der Regel nutzen diese Gesellschaften die Möglichkeit nach § 264 Abs. 3 HGB. Die auf dem regionalen Markt tätigen kleinen und mittelständischen Unternehmen sind diesen regionalen Tochtergesellschaften als unmittelbare Konkurrenten gegenüber im Nachteil. Sie müssen Jahresabschlüsse nach §§ 264 HGB erstellen, prüfen lassen und offenlegen. Damit haben sie nicht nur einen erhöhten Verwaltungs- und Kostenaufwand. Im Gegensatz zu ihren Konkurrenten in Form der Konzerntöchter können sie nicht Einblick in die Geschäftsunterlagen nehmen und die Entwicklung der Konkurrenz beobachten. Der Einblick in den Konzernabschluss ist für die individuelle und regionale Geschäftsentwicklung der einzelnen Töchter ohne Aussagekraft. Darüber hinaus besteht kein schutzwürdiges Bedürfnis auf Befreiung. Die von § 264 Abs. 3 HGB betroffenen Gesellschaften sind formell und materiell eigenständige juristische Personen. Es ist nicht ersichtlich, warum diese allein aufgrund ihrer Einbindung in ein Unternehmensgeflecht besser gestellt werden sollen, als die übrigen Gesellschaften. Der Gesetzgeber hat dies – jedenfalls mit Blick auf Konzernmütter im Ausland – im Kapitalaufnahmeerleichterungsgesetz noch genauso gesehen. Wer kein Interesse daran hat, dass die Geschäftsentwicklung einzelner Vertriebs- und Betriebsstätten im Detail verfolgt werden kann, darf diese nicht in Konzernstruktur mit rechtlich selbständigen Töchtern betreiben, sondern sollte unselbständige Niederlassungen eröffnen, vgl. dazu § 325a HGB. Unbestreitbar ist die Information aktueller und potenzieller Gesellschaftsgläubiger durch die Offenlegung ein wichtiges Instrumentarium des Gläubiger- und Verbraucherschutzes (Bräuer, „Die Pflicht zur Offenlegung der Rechnungslegung – Plädoyer für die Beibehaltung auch für Klein(st)unternehmen", NZG 2011, 53, 54). Zwar erhöht die Aufhebung der Befreiungsmöglichkeit den Verwaltungsaufwand bei den Konzerntöchtern. Dieser Aspekt ist vor allem vor dem Hintergrund, dass die Konzerntöchter trotz der Befreiung nach § 264 Abs. 3 HGB weiterhin buchführungspflichtig sind und Jahresabschlüsse erstellen müssen (Baumbach/Hopt/Merkt HGB § 264 Rn. 27), aus den vorgenannten Gründen insgesamt nachrangig (dazu auch Bräuer, a.a.O., S. 55).

A. Einleitung

Zu Nummer 2

§ 264a HGB stellt bestimmte Personenhandelsgesellschaften mangels Haftung einer natürlichen Person Kapitalgesellschaften systemgerecht gleich (vgl. Begr. BT-Drs. 14/1806). Dementsprechend sieht § 264b HGB wie § 264 Abs. 3, 4 HGB eine Befreiung dieser Gesellschaften von bestimmten Erstellungs- und Offenlegungspflichten vor, sofern sie Konzerntöchter sind und die gesetzlichen Vorgaben erfüllen. Die Aufhebung des § 264b HGB ist Folgeänderung aus Nummer 1 und stellt diese Personenhandelsgesellschaften lediglich vollständig den Kapitalgesellschaften gleich.

Zu Nummer 3

Die Rücknahme der Erhöhung der Schwellenwerte für die Kategorisierung der Gesellschaften und der daraus resultierende Verzicht auf Erleichterungen beruht auf den Empfehlungen des Sachverständigen Schüppen anlässlich der öffentlichen Anhörung im Ausschuss für Recht und Verbraucherschutz am 22.4.2015. Zur Begründung wird auf dessen Stellungnahme vom 19.4.2015 sowie das Protokoll der öffentlichen Anhörung verwiesen (vgl. auch Bräuer a.a.O.).

Zu Nummer 6

Die Änderung beruht auf der Empfehlung des Sachverständigen Hübers anlässlich der öffentlichen Anhörung im Ausschuss für Recht und Verbraucherschutz am 22.4.2015. § 341x HGB-E regelt als Bußgeldvorschrift die Sanktionen für die Verletzung der Erstellungspflichten des Zahlungsberichtes. Der Entwurf sieht eine Geldbuße bis fünfzigtausend Euro vor. Art. 51 der umzusetzenden Richtlinie 2013/34/EU verlangt, dass die Sanktionen „abschreckend" sind. In Anbetracht der Adressaten der Zahlungsberichtspflicht – u.a. international agierende Konzerne des Rohstoffsektors – sind 50 000 EUR keine abschreckende Sanktion.

Der Änderungsantrag wurde mit den Stimmen der Fraktionen CDU/CSU, SPD und BÜNDNIS 90/DIE GRÜNEN gegen die Stimmen der Fraktion DIE LINKE. abgelehnt.

Die **Fraktion der CDU/CSU** trug zu dem Gesetzentwurf und dem Änderungsantrag der Koalitionsfraktionen vor, viele Vorgaben des Gesetzes ergäben sich aus der umzusetzenden Richtlinie. Hintergrund des Änderungsantrags sei unter anderem, dass die Europäische Kommission im Prozess der Richtlinienumsetzung versuche, Einfluss auf die mitgliedstaatlichen Regierungen zu nehmen, ohne dass die Parlamente hier eingebunden seien. Insofern verdeutliche der Änderungsantrag nunmehr, welche Regelungen durch EU-Recht determiniert seien und mit welchen Regelungen Umsetzungsspielräume ausgefüllt würden. Zur phasengleichen Gewinnvereinnahmung finde sich eine Klarstellung in der Begründung der Beschlussempfehlung. Klargestellt werde ebenfalls, dass der Verlustausgleich nach bisherigem deutschem Recht für die Einbeziehung eines Unternehmens in den Konsolidierungskreis für den Konzernabschluss ausreiche. Die Entschließung beziehe sich auf ein bilanzrechtliches Problem, das nicht Gegenstand der Richtlinie, gleichwohl aber in der öffentlichen Anhörung diskutiert worden sei: Durch die anhaltende Niedrigzinsphase sei eine neue Regelung für den Abzinsungszinssatz für Rückstellungen, insbesondere Pensionsrückstellungen, zu treffen, um Ausschüttungsbegrenzungen und möglicherweise sogar Unternehmensinsolvenzen zu vermeiden.

Die **Fraktion der SPD** schloss sich den Ausführungen der Fraktion der CDU/CSU an. Viele Aspekte, die sich aus der Anhörung ergeben hätten, seien in der Begründung der Beschlussempfehlung berücksichtigt. Mit der Entschließung solle ein bilanzrechtlicher Anreiz gegeben werden, Pensionsrückstellungen zu bilden. Dieser Anreiz solle nicht durch eine Dauerniedrigzinsphase verloren gehen, weshalb ein längerer Bezugszeitraum für die Zinsberechnung angestrebt werde. Gleichzeitig sollten Steuersenkungen vermieden werden. Wegen des hohen Beratungsbedarfs zu diesen Fragen und der am 20. Juli 2015 endenden Umsetzungsfrist der Bilanzrechtsrichtlinie habe man sich entschlossen, mit der Entschließung eine Änderung der bilanzrechtlichen Vorschrift des § 253 HGB in diesem Sinne aufzuzeigen. Sie halte dies für einen Weg, der für alle Fraktionen zustimmungsfähig sei.

Die **Fraktion BÜNDNIS 90/DIE GRÜNEN** kritisierte die kurzfristige Übersendung des Änderungsantrags und der Entschließung. Eine Erläuterung im Ausschuss durch die einbringenden Fraktionen könne die eigenständige parlamentarische Kontrolle durch die Oppositionsfraktionen nicht ersetzen. Da eine Prüfung des Änderungsantrags nunmehr nicht mehr möglich sei, könne sie – entgegen ihrer ursprünglichen Absicht – nicht zustimmen.

IV. Zur Begründung der Beschlussempfehlung

Zu Buchstabe a

Im Folgenden werden lediglich die vom Ausschuss für Recht und Verbraucherschutz empfohlenen Änderungen gegenüber der ursprünglichen Fassung des Gesetzentwurfs erläutert. Soweit der Ausschuss die unveränderte Annahme des Gesetzentwurfs empfiehlt, wird auf die Begründung in Drucksache 18/4050 verwiesen.

1. Allgemeines

Der Ausschuss begrüßt das Anliegen und die wesentliche Ausgestaltung des Gesetzentwurfs, bei der Umsetzung der Richtlinie 2013/34/EU des Europäischen Parlaments und des Rates vom 26. Juni 2013 über den Jahresabschluss, den konsolidierten Abschluss und damit verbundene Berichte von Unternehmen bestimmter Rechtsformen, zur Änderung der Richtlinie 2006/43/EG des Europäischen Parlaments und des Rates und zur Aufhebung der Richtlinien 78/660/EWG und 83/349/EWG des Rates (ABl. L 182 vom 29.6.2013, S. 19) das bewährte deutsche Handelsbilanzrecht weitgehend zu bewahren und Änderungen nur vorzunehmen, soweit sie von der Richtlinie gefordert werden.

Für die Unternehmen, aber auch für die Nutzer der Rechnungslegungsunterlagen ist Kontinuität in den Eckpfeilern der gesetzlichen Rahmenbedingungen wichtig, zumal die letzte große Reform des Handelsbilanzrechts mit dem Bilanzrechtsmodernisierungsgesetz 2009 erst wenige Jahre zurückliegt. Das deutsche Handelsbilanzrecht bezieht in § 243 Absatz 1 und in § 264 Absatz 2 Satz 1 HGB die Grundsätze ordnungsmäßiger Buchführung bewusst ein, so dass etwa eine Definition und Festschreibung des in den Grundsätzen ordnungsmäßiger Buchführung verankerten Wesentlichkeitsprinzips wie in Artikel 6 der Richtlinie nicht notwendig erscheint.

Zugleich begrüßt der Ausschuss die mit dem Gesetzentwurf angestrebten Verbesserungen wie die Entlastung vor allem kleinerer Unternehmen von bestimmten inhaltlichen Vorgaben der Rechnungslegung und die weitere Harmonisierung der Anforderungen an die handelsrechtlichen Konzern- und Jahresabschlüsse. Der Ausschuss unterstützt insbesondere und uneingeschränkt die Entlastung kleinerer Unternehmen, die durch die Anhebung der Schwellenwerte für die Einstufung als „kleine" Kapitalgesellschaft unter voller Ausschöpfung der Mitgliedstaatenoption nach der Richtlinie 2013/34/EU erreicht wird. Dies wird zu einer erheblichen Entlastung bei diesen Unternehmen führen und setzt ein Signal zur weiteren Reduzierung der Bürokratiekosten. Ebenso unterstützt der Ausschuss die Entlastung kleinster Genossenschaften durch die Ausweitung der bisher auf Kapitalgesellschaften begrenzten Erleichterungen für Kleinstunternehmen. Kleinstgenossenschaften können künftig von erheblichen Entlastungen Gebrauch machen.

A. Einleitung

Hervorzuheben ist außerdem die vom Ausschuss ausdrücklich unterstützte Einführung einer neuen Berichtspflicht von bestimmten großen Unternehmen des Rohstoffsektors über ihre Zahlungen an staatliche Stellen, mit der spezifisch die Transparenz im Rohstoffsektor erhöht und ein Beitrag zur guten Regierungsführung und Korruptionsbekämpfung vor allem in rohstoffreichen Entwicklungs- und Schwellenländern geleistet wird.

Der Ausschuss hat das von zwei Experten im Rahmen der Anhörung vorgetragene Petitum geprüft, den Sanktionsrahmen für Rohstoffunternehmen, die die neue Berichtspflicht nicht ordnungsgemäß erfüllen, zu verschärfen. Der Ausschuss hält eine solche Verschärfung im Rahmen des Bilanzrichtlinie-Umsetzungsgesetzes jedoch nicht für erforderlich. In diesem Zusammenhang ist auch darauf hinzuweisen, dass der Sanktionsrahmen für die unterlassene oder fehlerhafte Offenlegung der entsprechenden Zahlungsberichte bei kapitalmarktorientierten Unternehmen künftig auf bis zu 10 Millionen Euro erhöht werden wird, sobald die neue und bis zum 27. November 2015 in deutsches Recht umzusetzende Änderungsrichtlinie zur Transparenzrichtlinie (Richtlinie 2013/50/EU) umgesetzt wird. Nur für nicht kapitalmarktorientierte und damit in der Regel weniger bedeutende Rohstoffunternehmen bleibt der Sanktionsrahmen des Gesetzentwurfs für ein Bilanzrichtlinie-Umsetzungsgesetz maßgeblich und ist auch dort mit der engen Anlehnung an den Sanktionsrahmen für Jahres- und Konzernabschlüsse angemessen. Damit wird eine effektive Durchsetzung der neuen Berichtspflicht durch Erzwingung der Offenlegung der Berichte und durch Ahndung von verschuldeten Verstößen sichergestellt.

Allerdings sieht der Ausschuss mit Sorge, dass die Richtlinie in Einzelpunkten zu erheblichem Umstellungsbedarf bei den Unternehmen führen wird. Als besonders kritisch sieht der Ausschuss dabei die mit der Richtlinie 2013/34/EU notwendigen Änderungen im Hinblick auf die Definition der Umsatzerlöse (§ 277 HGB) an. Die Rechnungslegung steht insoweit vor einem erheblichen Wechsel, ohne dass ein erheblicher Mehrwert durch diesen Wechsel erkennbar wäre. Offenbar hat diese Änderung im Rahmen der Verhandlungen über die Richtlinie kaum eine Rolle gespielt; auch die Erwägungsgründe enthalten keine Anhaltspunkte zu dem von der Kommission schon in ihrem Entwurf der Richtlinie enthaltenen Änderungsvorschlag. Anders als bei der Streichung des Postens für außerordentliche Erträge und Aufwendungen in der Gewinn- und Verlustrechnung erfolgt bei den Umsatzerlösen auch keine Angleichung, sondern eine Entfernung von den internationalen Rechnungslegungsstandards (IFRS). Die Umsatzerlöse sind zudem eine wichtige Kennzahl, von der nicht nur bilanzrechtliche Fragen, sondern häufig auch vertragliche Vereinbarungen mit Dritten wie beispielsweise Rabatte, Provisionen oder Tantiemen abhängen. Mit der Ausweitung der Definition der Umsatzerlöse um andere Erträge wird diese Kennzahl nach oben verschoben, ohne dass sich die Substanz der Ertragslage verändert. Die Unternehmen müssen daher nunmehr genau analysieren, ob sich hinsichtlich daran anknüpfender Vertragsklauseln ein gesetzlicher Anpassungsanspruch oder ein darüber hinausgehender Änderungsbedarf besteht.

Auch wenn diese Regelung jetzt national umzusetzen ist, sollte sich die Bundesregierung auf europäischer Ebene noch einmal dafür einsetzen, dass europaweit dieselbe Auslegung dieser Bestimmung erfolgt, um Vergleichbarkeit zu gewährleisten. Österreich (§ 189a Nummer 5 des Unternehmensgesetzbuchs in der Fassung des Rechnungslegungs-Änderungsgesetzes 2014, BGBl. Österreich 2015 Teil I, S. 1) und das Vereinigte Königreich (Sec. 474 Absatz 1 des Companies Act 2006 in der Fassung des S. I. 2015/980 „The Companies, Partnerships and Groups (Accounts and Reports) Regulations 2015" vom 26. März 2015, abrufbar im Internet unter www.legislation.gov.uk/id/uksi/2015/980) haben die neue Richtlinie bereits in gleicher Weise wie im Gesetzentwurf umgesetzt und sich dabei ebenso für eine 1:1-Umsetzung des Wortlauts der Richtlinie entschieden.

Für den Fall, dass sich herausstellen sollte, dass andere Mitgliedstaaten beim bisherigen Begriff der Umsatzerlöse bleiben, fordert der Ausschuss die Bundesregierung auf, in einem zweiten Schritt auf europäischer Ebene ein Verfahren zur Änderung der Richtlinie 2013/34/EU anzuregen, damit auf europäischer Ebene die jetzt zur Umsetzung anstehende Änderung rückgängig gemacht wird. Damit trägt sie dem Verständnis des Ausschusses Rechnung, insoweit „gleitend" auf das europäische Recht zu verweisen. Gleiches gilt auch für verschiedene weitere Vorschriften (dazu im Folgenden).

Das Bundesministerium der Justiz und für Verbraucherschutz sollte dem Ausschuss innerhalb von fünf Jahren berichten, wie die Richtlinie 2013/34/EU in den einzelnen Mitgliedstaaten in Bezug auf die Umsatzerlöse umgesetzt wurde, ob ein Verfahren zur Änderung der Richtlinie 2013/34/EU angeregt wurde und welche Erfahrungen aus der Praxis vorliegen.

2. Zu den einzelnen Vorschriften

Im Folgenden werden lediglich die vom Ausschuss für Recht und Verbraucherschutz beschlossenen Änderungen gegenüber der ursprünglichen Fassung des Gesetzentwurfs erläutert. Soweit der Ausschuss das Gesetz unverändert angenommen hat, wird auf die jeweilige Begründung Drucksache 18/4050 verwiesen.

Die Änderungen betreffen im Wesentlichen die Vorschriften zur Befreiung von Tochterunternehmen, Personenhandelsgesellschaften und Mutterunternehmen von Rechnungslegungsvorgaben. Der Gesetzentwurf wird dabei im Grundsatz unterstützt. Dem Ausschuss erscheint es aber erforderlich, sich mit den Anregungen der Experten aus der Anhörung zu befassen und die Textfassung punktuell zu ergänzen.

Die im Gesetzentwurf vorgesehene Ausschüttungssperre für noch nicht vereinnahmte Beteiligungserträge hat mit Blick auf die phasengleiche Gewinnvereinnahmung unterschiedliche Reaktionen der Experten in der Anhörung hervorgerufen. Auch insoweit unterstützt der Ausschuss den Gesetzentwurf, hält aber einige Erläuterungen für geboten.

Die Streichung des Unternehmenswahlrechts zur vorgezogenen Anwendung aller neuen Vorschriften in der Übergangsvorschrift im Einführungsgesetz zum Handelsgesetzbuch, im Publizitätsgesetz sowie in den Einführungsgesetzen zum Aktiengesetz und zum Gesetz betreffend die Gesellschaften mit beschränkter Haftung entspricht dem Anliegen des Bundesrates, das der Ausschuss teilt.

1 Die Reform durch das Bilanzrichtlinie-Umsetzungsgesetz (BilRUG) schließt sich an die beiden vorhergehenden gemeinschaftsrechtlich veranlassten Reformen, das Bilanzrechtsmodernisierungsgesetz (BilMoG) vom 25.5.2009 und das Kleinstkapitalgesellschaften-Bilanzrechtsänderungsgesetz (MicroBilG) vom 20.12.2012 an. Mit dem BilRUG wird insbesondere die EU-Richtlinie 2013/34/EU[1] (Bilanzrichtlinie) vom 26.6.2013 in deutsches Recht transformiert und werden somit die Harmonierungsbestrebungen zu den Rechnungslegungsvorschriften innerhalb der Europäischen Union weiter vorangetrieben. Dem deutschen Gesetzgeber war es ein Anliegen, die Bilanzrichtlinie möglichst 1:1 in deutsches Recht zu transformieren. Hauptzielsetzung der Richtlinie ist die **Harmonisierung der Rechnungslegung von Einzel- und Konzernunternehmen**. Die Bilanzrichtlinie

---

1 Richtlinie 2013/34/EU, ABl. EU Nr. L 182 v. 29.6.2013, 19 ff.

A. Einleitung

fasst die bislang in separaten Richtlinien (4. und 7. EG-Richtlinie) gefassten Regelungen zur Rechnungslegung für den Einzel- und den Konzernabschluss zusammen. Eine weitere Zielsetzung der BilRUG-Reform besteht darin, die bürokratische Belastung für kleine und mittlere Unternehmen weiter zu reduzieren. Dies soll insbesondere durch viele neu eingeführte größenabhängige Erleichterungen erzielt werden.

Dem Referentenentwurf des BilRUG vom 27.7.2014 folgte am 23.1.2015 der Regierungsentwurf. Die finale Gesetzesfassung wurde am 18.6.2015 vom Deutschen Bundestag verabschiedet und am 22.7.2015 im Bundesgesetzblatt veröffentlicht.[1] Das Gesetz ist am 23.7.2015, dem Tag nach der Verkündung, in Kraft getreten.

Das Bilanzrichtlinie-Umsetzungsgesetz ist ein **Artikelgesetz** und führt insbesondere zu Änderungen im Handelsgesetzbuch (HGB), Publizitätsgesetz (PublG), Aktiengesetz (AktG) und dem Gesetz betreffend die Gesellschaften mit beschränkter Haftung (GmbHG). Durch das BilRUG wird die EU-Bilanzrichtlinie in deutsches Recht transformiert. Vor diesem Hintergrund haben viele Änderungen lediglich **klarstellenden Charakter** bzw. keine Auswirkungen für die Bilanzierungspraxis. Gleichwohl bringt das BilRUG auch viele **materielle Änderungen** mit sich. Von diesen materiellen Gesetzesänderungen sind insbesondere Kapitalgesellschaften und ihnen gleichgestellte Personenhandelsgesellschaften gem. § 264a HGB betroffen. Die Anpassung der Schwellenwerte der Größenklassen des § 267 HGB zieht vor allem Erleichterungen für kleine Unternehmen nach sich, die von den Prüfungspflichten und der Veröffentlichung der Gewinn- und Verlustrechnung sowie von Angaben im Anhang befreit werden, wenn die entsprechenden Größenkriterien nicht überschritten werden. Nach Angaben im Regierungsentwurf wird geschätzt, dass ca. 7000 bisher mittelgroße Kapitalgesellschaften künftig als klein und ca. 300 bisher große Kapitalgesellschaften künftig als mittelgroß einzustufen sind. Zudem dürften ca. 30 Konzerne von der Berichtspflicht ausgenommen werden. Somit richtet sich dieses Buch an eine Vielzahl von Unternehmen, insbesondere an den in Deutschland sehr ausgeprägten Mittelstand, und an ihre Berater.

Das BilRUG ist in seinem Umfang und seinen Auswirkungen nicht mit der letzten großen HGB-Reform durch das BilMoG zu vergleichen. Gleichwohl werden durch das BilRUG einige Änderungen eingeführt, die den Anwender vor neue Herausforderungen stellen. Allein der Umfang des Gesetzes i.d.F. des Regierungsentwurfs, welches inkl. der Gesetzesbegründung 112 Seiten umfasst, lässt schon erahnen, dass mit dem BilRUG auch einige Änderungen im deutschen Bilanzrecht vollzogen werden, die nicht nur klarstellenden Charakter aufweisen. Die zahlreichen Anmerkungen und Diskussionen, die im Vorfeld in der Fachliteratur über einige Änderungen, die im Referentenentwurf bzw. Regierungsentwurf

---

1 BGBl. I 2015, 1245 ff.

enthalten sind, geführt wurden, zeigt die **hohe Bedeutung**, die diese Reform mit sich bringt. Ein Teil dieser geführten Diskussion wurde in der endgültigen Gesetzesfassung aufgegriffen und umgesetzt. Andere Kritikpunkte und Anmerkungen wurden lediglich mittels einer entsprechenden Erläuterung innerhalb der Gesetzesbegründung aufgegriffen, um Klarheit für die Bilanzierungspraxis zu schaffen.

5   Neben den vielfältigen Änderungen, die insbesondere das HGB durch die BilRUG-Reform erfährt, wurden jedoch auch innerhalb des Gesetzgebungsverfahrens Aspekte bzw. Richtlinieninhalte diskutiert, die **nicht im Rahmen des BilRUG umgesetzt** wurden. Zum einen wurde der in der Bilanzrichtlinie enthaltene Grundsatz der wirtschaftlichen Betrachtungsweise und der Wesentlichkeit nicht explizit in das HGB aufgenommen. Eine Auslassung dieser Anforderungen kann hinsichtlich der **Wesentlichkeit** damit begründet werden, dass der Wesentlichkeitsgrundsatz bereit in den geltenden (nicht) kodifizierten GoB verankert ist. Hinsichtlich der **wirtschaftlichen Betrachtungsweise** besteht indes keine umfassende prinzipielle Regelung, sondern existieren nur punktuelle Vorschriften, beispielsweise bei der Zuordnungsvorschrift von Vermögensgegenständen bei abweichendem wirtschaftlichem Eigentum. Eine GoB-ähnliche Regelung beinhaltet das HGB zur wirtschaftlichen Betrachtungsweise nicht. Zum anderen wurde die Frage nach der **Festlegung des Diskontierungszinses**, der für die Rückstellungsbewertung gem. § 253 Abs. 2 HGB herangezogen werden soll, hinterfragt. Hintergrund dieser Diskussion ist die nunmehr über einige Monate hinweg andauernde Niedrigzinsphase, die ein Absinken des Diskontierungszinses und korrespondierend hierzu eine Erhöhung der langfristigen Rückstellungen, insbesondere der Pensionsrückstellungen, nach sich zieht. Dies kann für Unternehmen mit erheblichen bilanziellen Mehraufwendungen und Ergebnisbelastungen verbunden sein. Das BilRUG hat zu keiner Änderung hinsichtlich der Rückstellungsbewertung geführt. Zurzeit untersucht die Bundesregierung, ob eine Anpassung der Zinssatzermittlung gem. § 253 Abs. 2 HGB, d.h. eine weitere Zinsglättung durch die Verlängerung des zugrunde liegenden Durchschnittszeitraums notwendig ist. Auch wurde in das HGB keine Regelung zu „transactions under common control" aufgenommen, durch die von einer zwingenden Neubewertung von Tochterunternehmen, die innerhalb eines Konzernverbunds veräußert werden, durch Zulassung der Buchwertfortführung abgesehen werden kann. Im Schrifttum wird diese Auffassung bereits mehrheitlich vertreten, die gesetzlichen Normen wurden indes nicht angepasst. Somit bleibt die Bewertungsfrage bei Transaktionen im Konzernverbund weiterhin mit Rechtsunsicherheiten behaftet.

6   Dieses Buch soll dem Leser einen Überblick über die **wesentlichen Gesetzesänderungen** und deren Auswirkungen geben. Es soll in übersichtlicher Weise veranschaulicht werden, welche Konsequenzen die neuen gesetzlichen Regelungen für die praktische Anwendung haben. Hierbei beschränken sich die Darstellungen auf die **Änderungen der Vorschriften im HGB**,

da diese die weitreichendsten und bedeutendsten Änderungen für die Bilanzierungspraxis beinhalten. Die gesetzlichen Vertreter und andere im Unternehmen mit dieser Thematik betraute Personen sollten frühzeitig über die mit dem BilRUG einhergehenden Neuerungen informiert werden, um ggf. notwendige Änderungen oder Umstellungen rechtzeitig durchführen zu können, damit den gesetzlichen Neuregelungen im Zeitpunkt des Inkrafttretens entsprochen werden kann. Die Neuregelungen sind grundsätzlich erstmals auf Jahres- und Konzernabschlüsse für das nach dem 31.12.2015 beginnende Geschäftsjahr zu anzuwenden. Einige Neuerungen können in ihrer Gesamtheit bereits früher freiwillig angewendet werden (s. näher Rz. 8 ff.).

B. Synopse: Übersicht der wesentlichen Änderungen im HGB

7

Vorschriften im HGB	Inhalt der Neuregelung
§ 253 Abs. 1 und 3 HGB: Zugangs- und Folgebewertung	Bewertung des Deckungsvermögens zum beizulegenden Zeitwert bei Kleinstkapitalgesellschaften nur dann, wenn keine Erleichterung der §§ 264 Abs. 1 Satz 5, 266 Abs. 1 Satz 4, 275 Abs. 5 und 326 Abs. 2 HGB in Anspruch genommen werden.
	Festlegung einer typisierten Nutzungsdauer von zehn Jahren für aktivierte selbst geschaffene immaterielle Vermögensgegenstände des Anlagevermögens und für derivative Geschäfts- oder Firmenwerte, wenn deren individuelle Nutzungsdauer nicht verlässlich geschätzt werden kann (Ausnahmeregelung).
§ 255 Abs. 1 HGB: Bewertungsmaßstäbe	Klarstellung: Anschaffungspreisminderungen sind nur dann von den AK abzusetzen, wenn sie dem Vermögensgegenstand einzeln zugeordnet werden können.
§ 264 Abs. 1, 1a und 3 HGB: Pflicht zur Aufstellung und Befreiungen	Keine Angabepflicht von eigenen Aktien unter der Bilanz für Kleinstkapitalgesellschaften in der Rechtsform der KGaA.
	Angabepflicht von Firma, Sitz, Registergericht und Nummer im Jahresabschluss.
	Neufassung der Voraussetzungen zur Inanspruchnahme von Erleichterungen bei der Aufstellung, Prüfung und/oder Offenlegung des Jahresabschlusses von Tochterkapitalgesellschaften; insbesondere Einstandspflicht des Mutterunternehmens.
§ 264b HGB: Befreiungen für Personenhandelsgesellschaften i.S.d. § 264a HGB	Angleichung an die Erleichterungsvoraussetzungen des § 264 Abs. 3 HGB, insbesondere bzgl. der Offenlegungspflichten.

Vorschriften im HGB	Inhalt der Neuregelung
§ 265 Abs. 5 HGB: Allgemeine Grundsätze für die Gliederung	Klarstellung: Zulässigkeit der Einfügung neuer Posten und Zwischensummen in das allgemeine Gliederungsschema.
§ 267 Abs. 1, 2, 4 und 4a HGB: Umschreibung der Größenklassen	Anhebung der finanziellen Schwellenwerte für kleine (+ 24 %) und mittelgroße (+ 4 %) Kapitalgesellschaften.
	Klarstellung: Nach einem Formwechsel gilt die allgemeine Regel zur Größenklassifizierung (Zwei-Jahres-Regel).
	Einführung einer allgemein gültigen Bilanzsummendefinition.
§ 267a Abs. 3 HGB: Kleinstkapitalgesellschaften	Ausschluss von Holdinggesellschaften aus dem Anwendungsbereich der Kleinstkapitalgesellschaften.
§ 268 Abs. 5 und 7 HGB: Vorschriften zu einzelnen Posten der Bilanz	Verpflichtung zur Aufstellung eines detaillierten Verbindlichkeitenspiegels.
	Verpflichtende Angabe von Haftungsverhältnissen im Anhang.
§ 271 Abs. 1 HGB: Beteiligungen	Klarstellung: Bei Überschreitung des fünften Teils der Anteile an Unternehmen gilt lediglich eine Beteiligungsvermutung.
§ 272 Abs. 5 HGB: Eigenkapital	Implementierung einer Gewinnausschüttungssperre; kein Anwendungsfall innerhalb der nationalen Rechnungslegung.
§ 275 Abs. 2 und 3 HGB: Gliederung der GuV	Wegfall des außerordentlichen Ergebnisses (ao. Aufwendungen und Erträge); Einführung des Zwischenergebnisses „Ergebnis nach Steuern".
§ 277 Abs. 1 HGB: Vorschriften zu einzelnen Posten der GuV	Änderung der Umsatzerlösdefinition: Wegfall der Merkmale „gewöhnliche Geschäftstätigkeit" sowie „typische" Erzeugnisse und Waren.
	Verpflichtung, direkt mit dem Umsatz verbundene Steuern von den Umsatzerlösen abzusetzen.
§ 278 HGB: Steuern	Wird aufgehoben, da Regelung obsolet ist.
§ 284 Abs. 1, 2 und 3 HGB: Erläuterung der Bilanz und der GuV	Klarstellung: Verpflichtung zur Darstellung der Anhangangaben in der Reihenfolge der einzelnen Posten der Bilanz und der GuV.
	Streichung der separaten Angabepflicht zur Erläuterung der Währungsumrechnung; diese wird bereits von § 284 Abs. 2 Nr. 1 HGB gefordert.
	Zwingende Darstellung der Entwicklung des Anlagevermögens im Anhang; Erweiterung der Angabepflichten im Rahmen des Anlagespiegels (Fremdkapitalzinsen).

B. Synopse zu den wesentlichen Änderungen im HGB

Vorschriften im HGB	Inhalt der Neuregelung
§ 285 HGB: Sonstige Pflichtangaben im Anhang	Diverse Änderungen einzelner Anhangangaben des § 285 HGB (Klarstellungen sowie materielle Änderungen).
§ 286 HGB: Unterlassen von Angaben	Modifikation bestehender Ausnahmen zu Angabepflichten.
§ 288 HGB: Größenabhängige Erleichterungen	Erweiterung der Erleichterungen für kleine und mittelgroße Kapitalgesellschaften.
§ 289 Abs. 2 HGB: Inhalt des Lageberichts	Verlagerung des Nachtragsberichts in den Anhang (Streichung des § 289 Abs. 2 Nr. 1 HGB).
	Klarstellende Änderung des § 289 Abs. 2 HGB in eine „muss"-Vorschrift.
§ 291 Abs. 2 HGB: Befreiende Wirkung von EU/EWR-Konzernabschlüssen	Änderungen haben nur klarstellenden Charakter; Klarstellung, dass auch IFRS-Konzernabschlüsse befreiende Wirkung haben können.
§ 292 Abs. 1 und 2 HGB: Befreiende Wirkung von Konzernabschlüssen aus Drittstaaten	Ein Konzernabschluss aus einem Drittstaat kann nur dann befreiende Wirkung entfalten, wenn ein befreiender Konzernlagebericht nach Maßgabe des Rechts eines Mitgliedstaats von EU oder EWR erstellt wurde oder einem nach diesen Vorgaben erstellten Konzernlagebericht gleichwertig ist.
	Klarstellung, dass auch IFRS-Konzernabschlüsse befreiende Wirkung haben können.
	Der Abschlussprüfer des befreienden Konzernabschlusses muss einen (ggf. auch einen eingeschränkten) Bestätigungsvermerk erteilt haben.
	Bei Prüfung des befreienden Konzernabschlusses durch einen nicht nach EU-rechtlichen Vorgaben zugelassenen Abschlussprüfer ist die Bescheinigung der Wirtschaftsprüferkammer gem. § 134 Abs. 2a oder Abs. 4 Satz 8 WPO offenlegungspflichtig.
§ 293 Abs. 1 und 2 HGB: Größenabhängige Befreiungen von der Pflicht zur Konzernrechnungslegung	Anhebung der finanziellen Schwellenwerte für die Konzernrechnungslegungspflicht (+ 4 %).
	Verpflichtende Anwendung des § 267 Abs. 4a HGB zur Bestimmung der Konzernbilanzsumme.
§ 294 Abs. 1 HGB: Einzubeziehende Unternehmen, Vorlage- und Auskunftspflichten	Verpflichtende Angabe der Rechtsform des Tochterunternehmens.
§ 296 Abs. 1 HGB: Verzicht auf die Einbeziehung	Klarstellung: Nur „unangemessene" Verzögerungen lassen einen Verzicht auf die Einbeziehung in den Konzernabschluss zu.

Vorschriften im HGB	Inhalt der Neuregelung
§ 297 Abs. 1a HGB: Inhalt des Konzernabschlusses	Angabepflicht von Firma, Sitz, Registergericht und Nummer des Mutterunternehmens im Konzernabschluss.
§ 298 Abs. 1 und 2 HGB: Anzuwendende Vorschriften Erleichterungen	Klarstellung: Anwendungspflicht der für die Personenhandelsgesellschaften bestehenden Besonderheiten des § 264c HGB.
	Klarstellung: Keine Anwendung der Regelungen zu der Ausschüttungssperre der §§ 268 Abs. 8 und 272 Abs. 5 HGB
	Aufhebung der Erleichterungsvorschrift, innerhalb der Konzernbilanz das Vorratsvermögen in einem Posten zusammenzufassen.
§ 301 Abs. 2 HGB: Kapitalkonsolidierung	Grundsätzlich verpflichtender Einbezug der konsolidierungspflichtigen Unternehmen mit den Wertansätzen zum Zeitpunkt der erstmaligen Konzernabschlusserstellung.
	Ausnahme: In eng abgegrenzten Ausnahmefällen dürfen bei der erstmaligen Aufstellung des Konzernabschlusses die historischen Werte zum Erwerbszeitpunkt im Rahmen der Erstkonsolidierung herangezogen werden.
§ 307 HGB: Anteile anderer Gesellschafter	Verpflichtende Bezeichnung von Anteilen anderer Gesellschafter als „nicht beherrschende Anteile".
§ 309 Abs. 2 HGB: Behandlung des Unterschiedsbetrags	Die gesetzliche Regelung bestimmt eine grundsätzlich ergebniswirksame Auflösung eines passivischen Unterschiedsbetrags, wenn dieses Vorgehen mit den Regelungen der §§ 297 und 298 HGB in Einklang steht. Die Behandlung eines passivischen Unterschiedsbetrags hat sich auch zukünftig an den ergänzenden Vorgaben des DRSC (E-DRS 30) zu orientieren.
§ 312 Abs. 3 und 5 HGB: Wertansatz der Beteiligung und Behandlung des Unterschiedsbetrags	Bei erstmaliger Konzernabschlusserstellung bzw. erstmaliger Abbildung des assoziierten Unternehmens im Konzernabschluss sind für den Wertansatz der Beteiligung und die Ermittlung des Unterschiedsbetrags die Werte zum Zeitpunkt der erstmaligen Abbildung des assoziierten Unternehmens im Konzernabschluss heranzuziehen.
	Aufhebung des Wahlrechts zur anteilsmäßigen Zwischenergebniseliminierung.
	Klarstellung, dass auch bei der Equity-Methode die Verpflichtung zur Bildung latenter Steuern besteht.

B. Synopse zu den wesentlichen Änderungen im HGB

Vorschriften im HGB	Inhalt der Neuregelung
§ 313 Abs. 1 und 2 HGB: Erläuterung der Konzernbilanz und der Konzern-GuV, Angaben zum Beteiligungsbesitz	Klarstellung: Verpflichtung zur Darstellung der Anhangangaben in der Reihenfolge der einzelnen Posten der Bilanz und der GuV.
	Streichung der separaten Angabepflicht zur Erläuterung der Währungsumrechnung; diese wird bereits von § 313 Abs. 1 Nr. 1 HGB gefordert.
	Erweiterung der Angaben zum Konzernanteilsbesitz um die Angabe persönlich haftender Gesellschafter sowie um Angaben zu übergeordneten Mutterunternehmen.
§ 314 HGB: Sonstige Pflichtangaben im Konzernanhang	Diverse Änderungen einzelner Anhangangaben des § 314 HGB (Klarstellungen sowie materielle Änderungen).
§ 315 Abs. 2 und 5 HGB: Inhalt des Konzernlageberichts	Klarstellende Änderung des § 315 Abs. 2 HGB in eine „muss"-Vorschrift.
	Verlagerung des Nachtragsberichts in den Konzernanhang.
	Einführung einer Zweigniederlassungsberichterstattung.
	Verpflichtung zur Erklärung zur Unternehmensführung im Konzernlagebericht.
§ 317 Abs. 2 HGB: Gegenstand und Umfang der Prüfung	Erweiterung des Prüfungsumfangs der Lageberichterstattung auf die Einhaltung der für die Aufstellung des (Konzern-)Lageberichts zu beachtenden gesetzlichen Vorschriften.
§ 322 Abs. 1 und 6 HGB: Bestätigungsvermerk	Pflicht, zumindest den Gegenstand der Prüfung zu beschreiben und angewandte Rechnungslegungsgrundsätze in einem einleitenden Abschnitt anzugeben.
	Verpflichtende Berichterstattung über die Beachtung der gesetzlichen Vorschriften bei Aufstellung des Lageberichts im Bestätigungsvermerk.
§ 325 Abs. 1–1b HGB: Offenlegung	Klarstellung, dass die Veröffentlichung grundsätzlich in deutscher Sprache erfolgen muss.
	Wegfall der Möglichkeit zur Veröffentlichung eines ungeprüften Abschlusses und anschließender Nachreichung des Bestätigungsvermerks bzw. des Versagungsvermerks.
	Verpflichtung zur Veröffentlichung des Beschlusses über die Ergebnisverwendung, wenn dieser nicht bereits im Jahresabschluss enthalten ist.
§§ 341q–341y HGB: Ergänzende Bestimmungen für bestimmte Unternehmen des Rohstoffsektors	Verpflichtende Einführung eines (Konzern-)Zahlungsberichts (country-by-country reporting).

C. Erstanwendungszeitpunkt der Neuerungen durch das BilRUG

8 Grundsätzlich sind die Neuregelungen des BilRUG erstmals auf Jahres- und Konzernabschlüsse sowie Lage- und Konzernlageberichte für **nach dem 31.12.2015** beginnende Geschäftsjahre anzuwenden.[1] Eine vorzeitige Anwendung sämtlicher Neuerungen ist ausgeschlossen. Das noch im Regierungsentwurf bestehende Wahlrecht zur freiwilligen vorzeitigen Anwendung der BilRUG-Neuerungen ist in der finalen Gesetzesfassung nicht mehr enthalten.

9 Von dem grundsätzlichen Erstanwendungszeitpunkt bestehen zwei **Ausnahmen**. Die erste Ausnahme betrifft die Möglichkeit zur vorzeitigen Anwendung der **erhöhten Schwellenwerte** und der **Neudefinition der Umsatzerlöse** (§§ 267, 267a Abs. 1, § 277 Abs. 1 sowie § 293 HGB). Die erhöhten Schwellenwerte und die Neudefinition der Umsatzerlöse dürfen bereits erstmals auf Jahres- und Konzernabschlüsse sowie Lage- und Konzernlageberichte für das nach dem 31.12.2013 beginnende Geschäftsjahr angewendet werden.[2]

10 ⮕ Praxistipp: Die Regelungen zur Erstanwendung eröffnen dem Bilanzersteller das Wahlrecht, die erhöhten Schwellenwerte für Geschäftsjahre, die nach dem 31.12.2013 oder nach dem 31.12.2014 beginnen, anzuwenden. Eine freiwillige vorzeitige Anwendung der erhöhten Schwellenwerte fordert zwangsweise zugleich die Anwendung der neuen Umsatzerlösdefinition. Wird von dem Wahlrecht der vorzeitigen Anwendung Gebrauch gemacht, ist hierauf im Anhang hinzuweisen.

Der spätmöglichste Anwendungszeitpunkt der erhöhten Schwellenwerte betrifft somit Geschäftsjahre die nach dem 31.12.2015 beginnen.

11 Eine weitere Ausnahme zum generellen Erstanwendungszeitpunkt besteht für die Regelungen zum **Zahlungsbericht** bzw. **Konzernzahlungsbericht**. Die Vorschriften der §§ 341q ff. HGB sind erstmals auf Zahlungsberichte bzw. Konzernzahlungsberichte für ein nach dem 23.7.2015 beginnendes Geschäftsjahr anzuwenden.[3] Diese gesonderte Regelung zur Erstanwendung betrifft somit nur Unternehmen mit abweichendem Wirtschaftsjahr. Diese haben ggf. die Regelungen zum Zahlungsbericht bzw. Konzernzahlungsbericht schon vorzeitig anzuwenden. Für Unternehmen mit kalenderjahrgleichem Wirtschaftsjahr bleibt es bei dem allgemeinen Erstanwendungszeitpunkt, d.h. für das nach dem 31.12.2015 beginnende Geschäftsjahr.

---

[1] Art. 75 Abs. 1 EGHGB.
[2] Art. 75 Abs. 2 EGHGB; zur Anwendung der erhöhten Schwellenwerte und der daraus abzuleitenden Größenklassifizierung der Kapitalgesellschaft s. die detaillierten Ausführungen in Rz. 51 ff.
[3] Art. 75 Abs. 3 EGHGB.

Zweiter Teil
Erläuterungen zu den einzelnen Gesetzesänderungen

A. Einzelabschluss

§ 241a
Befreiung von der Pflicht zur Buchführung und Erstellung eines Inventars

¹Einzelkaufleute, die an den Abschlussstichtagen von zwei aufeinander folgenden Geschäftsjahren nicht mehr als **jeweils 600 000**¹ Euro Umsatzerlöse und **jeweils 60 000**¹ Euro Jahresüberschuss aufweisen, brauchen die §§ 238 bis 241 nicht anzuwenden. ²Im Fall der Neugründung treten die Rechtsfolgen schon ein, wenn die Werte des Satzes 1 am ersten Abschlussstichtag nach der Neugründung nicht überschritten werden.

Begründung Regierungsentwurf v. 20.2.2015 (BT-Drucks. 18/4050, 56):

Mit der Einfügung des Wortes „jeweils" wird redaktionell klargestellt, dass für das Überschreiten der in § 241 Satz 1 HGB genannten Schwellenwerte nicht die aufgerechneten Beträge von zwei aufeinander folgenden Geschäftsjahren maßgeblich sind. Das entspricht der Intention des Bilanzrechtsmodernisierungsgesetzes vom 25. Mai 2009 (BGBl. I S. 1102) (BilMoG). Abzustellen ist vielmehr auf die letzten zwölf Monate vor dem Abschluss des Geschäftsjahres. Die Klarstellung erleichtert den hier betroffenen Kleinstgewerbetreibenden die Selbsteinstufung.

§ 253
Zugangs- und Folgebewertung

(1) ¹Vermögensgegenstände sind höchstens mit den Anschaffungs- oder Herstellungskosten, vermindert um die Abschreibungen nach den Absätzen 3 bis 5, anzusetzen. ²Verbindlichkeiten sind zu ihrem Erfüllungsbetrag und Rückstellungen in Höhe des nach vernünftiger kaufmännischer Beurteilung notwendigen Erfüllungsbetrages anzusetzen. ³Soweit sich die Höhe von Altersversorgungsverpflichtungen ausschließlich nach dem beizulegenden Zeitwert von Wertpapieren im Sinn des § 266 Abs. 2 A. III. 5 bestimmt, sind Rückstellungen hierfür zum beizulegenden Zeitwert dieser Wertpapiere anzusetzen, soweit er einen garantierten Mindestbetrag übersteigt. ⁴Nach § 246 Abs. 2 Satz 2 zu verrechnende Vermögensgegenstände sind mit ihrem beizulegenden Zeitwert zu bewerten. ⁵Kleinstkapitalgesellschaften (§ 267a) dürfen eine Bewertung zum beizulegenden Zeitwert nur vornehmen, wenn sie von keiner der in § 264 Absatz 1 Satz 5, § 266 Absatz 1 Satz 4, § 275 Absatz 5 und § 326 Absatz 2 vorgesehenen Erleichterungen Gebrauch machen. ⁶**Macht eine Kleinst-**

---

1 Durch das Bürokratieentlastungsgesetz v. 28.7.2015 (BGBl. I 2015, 1400) wurde in § 241a Satz 1 HGB die Angabe „500 000" durch die Angabe „600 000" und die Angabe „50 000" durch die Angabe „60 000" ersetzt.

kapitalgesellschaft von mindestens einer der in Satz 5 genannten Erleichterungen Gebrauch, erfolgt die Bewertung der Vermögensgegenstände nach Satz 1, auch soweit eine Verrechnung nach § 246 Absatz 2 Satz 2 vorgesehen ist.

(2) ¹Rückstellungen mit einer Restlaufzeit von mehr als einem Jahr sind mit dem ihrer Restlaufzeit entsprechenden durchschnittlichen Marktzinssatz der vergangenen sieben Geschäftsjahre abzuzinsen. ²Abweichend von Satz 1 dürfen Rückstellungen für Altersversorgungsverpflichtungen oder vergleichbare langfristig fällige Verpflichtungen pauschal mit dem durchschnittlichen Marktzinssatz abgezinst werden, der sich bei einer angenommenen Restlaufzeit von 15 Jahren ergibt. ³Die Sätze 1 und 2 gelten entsprechend für auf Rentenverpflichtungen beruhende Verbindlichkeiten, für die eine Gegenleistung nicht mehr zu erwarten ist. ⁴Der nach den Sätzen 1 und 2 anzuwendende Abzinsungszinssatz wird von der Deutschen Bundesbank nach Maßgabe einer Rechtsverordnung ermittelt und monatlich bekannt gegeben. ⁵In der Rechtsverordnung nach Satz 4, die nicht der Zustimmung des Bundesrates bedarf, bestimmt das Bundesministerium der Justiz **und für Verbraucherschutz**[1] im Benehmen mit der Deutschen Bundesbank das Nähere zur Ermittlung der Abzinsungszinssätze, insbesondere die Ermittlungsmethodik und deren Grundlagen, sowie die Form der Bekanntgabe.

(3) ¹Bei Vermögensgegenständen des Anlagevermögens, deren Nutzung zeitlich begrenzt ist, sind die Anschaffungs- oder die Herstellungskosten um planmäßige Abschreibungen zu vermindern. ²Der Plan muss die Anschaffungs- oder Herstellungskosten auf die Geschäftsjahre verteilen, in denen der Vermögensgegenstand voraussichtlich genutzt werden kann. **³Kann in Ausnahmefällen die voraussichtliche Nutzungsdauer eines selbst geschaffenen immateriellen Vermögensgegenstands des Anlagevermögens nicht verlässlich geschätzt werden, sind planmäßige Abschreibungen auf die Herstellungskosten über einen Zeitraum von zehn Jahren vorzunehmen.** ⁴Satz 3 findet auf einen entgeltlich erworbenen Geschäfts- oder Firmenwert entsprechende Anwendung. ⁵Ohne Rücksicht darauf, ob ihre Nutzung zeitlich begrenzt ist, sind bei Vermögensgegenständen des Anlagevermögens bei voraussichtlich dauernder Wertminderung außerplanmäßige Abschreibungen vorzunehmen, um diese mit dem niedrigeren Wert anzusetzen, der ihnen am Abschlussstichtag beizulegen ist. ⁶Bei Finanzanlagen können außerplanmäßige Abschreibungen auch bei voraussichtlich nicht dauernder Wertminderung vorgenommen werden.

(4) ¹Bei Vermögensgegenständen des Umlaufvermögens sind Abschreibungen vorzunehmen, um diese mit einem niedrigeren Wert anzusetzen, der sich aus einem Börsen- oder Marktpreis am Abschlussstichtag ergibt. ²Ist ein Börsen- oder Marktpreis nicht festzustellen und übersteigen die Anschaffungs- oder Herstellungskosten den Wert, der den Vermögens-

---

1 Durch die 10. Zuständigkeitsanpassungsverordnung v. 31.8.2015 (BGBl. I 2015, 1474) wurde in § 253 Abs. 2 Satz 5 HGB das Wort „Justiz" durch die Wörter „Justiz und für Verbraucherschutz" ersetzt.

gegenständen am Abschlussstichtag beizulegen ist, so ist auf diesen Wert abzuschreiben.

(5) ¹Ein niedrigerer Wertansatz nach Absatz 3 Satz 5 oder 6 und Absatz 4 darf nicht beibehalten werden, wenn die Gründe dafür nicht mehr bestehen. ²Ein niedrigerer Wertansatz eines entgeltlich erworbenen Geschäfts- oder Firmenwertes ist beizubehalten.

Begründung Regierungsentwurf v. 20.2.2015 (BT-Drucks. 18/4050, 56 f.):

Abs. 1: Bei der Änderung des Absatzes 1 Satz 6 handelt es sich um eine redaktionelle Klarstellung im Nachgang zum MicroBilG. Die neue Formulierung präzisiert den Anwendungsbereich des Absatzes 6 im Lichte des Artikels 36 Absatz 3 der Richtlinie 2013/34/EU.

Abs. 3: Die Erweiterung des Absatzes 3 beruht auf Artikel 12 Absatz 11 Unterabsatz 2 der Richtlinie 2013/34/EU. Nach Artikel 12 Absatz 11 der Richtlinie 2013/34/EU werden immaterielle Vermögensgegenstände des Anlagevermögens während der Nutzungsdauer des jeweiligen immateriellen Vermögensgegenstands abgeschrieben. Kann die Nutzungsdauer eines entgeltlich erworbenen Geschäfts- oder Firmenwerts oder von Entwicklungskosten ausnahmsweise nicht verlässlich geschätzt werden, schreibt die Richtlinie vor, dass die Abschreibung innerhalb eines von dem Mitgliedstaat festzusetzenden höchstzulässigen Zeitraums vorzunehmen ist, wobei der höchstzulässige Zeitraum mindestens fünf und höchstens zehn Jahre zu betragen hat.

Der Gesetzentwurf sieht in Umsetzung dieser Vorgabe vor, für die Abschreibung entgeltlich erworbener Geschäfts- oder Firmenwerte einerseits und für die Abschreibung selbst geschaffener immaterieller Vermögensgegenstände des Anlagevermögens andererseits eine Sonderregelung einzuführen, um Fälle nicht verlässlich schätzbarer Nutzungsdauern zu regeln. Die Regelung hinsichtlich selbst geschaffener immaterieller Vermögensgegenstände dient der Umsetzung der Richtlinie im Hinblick auf die Entwicklungskosten dieser Gegenstände, erfasst aber zur Vermeidung einer Aufspaltung der Abschreibungsmodalitäten eines Gegenstands den gesamten Vermögensgegenstand einschließlich der in seinem Wert enthaltenen sonstigen Herstellungskosten.

Vorgeschlagen wird, den höchstzulässigen Abschreibungszeitraum auf zehn Jahre festzulegen. Der Kaufmann muss allerdings immer zunächst prüfen, ob er die verbleibende Nutzungsdauer des Geschäfts- oder Firmenwerts verlässlich schätzen kann. Ist das möglich, ist diese Nutzungsdauer auch für die Abschreibung zu Grunde zu legen. Ist eine verlässliche Schätzung hingegen ausnahmsweise nicht möglich, ist die Abschreibung über zehn Jahre vorzunehmen. Der Zeitraum, über den die Abschreibung erfolgt, ist nach § 285 Nummer 13 HGB-E im Anhang und nach § 314 Absatz 1 Nummer 20 im Konzernanhang zu erläutern.

Die Festlegung auf zehn Jahre für den Sonderfall, dass die Nutzungsdauer nicht verlässlich geschätzt werden kann, schöpft den Spielraum der Richtlinie vollständig aus. Sofern im Einzelfall Anhaltspunkte für eine bestimmbare kürzere Nutzungsdauer bestehen sollten, bleibt es bei der allgemeinen Regelung.

Abs. 5: Die Änderung von Absatz 5 Satz 1 ist eine Folgeänderung zur Änderung von Absatz 3.

Bericht des Ausschusses für Recht und Verbraucherschutz v. 17.6.2015 (BT-Drucks. 18/5256, 80):

Abs. 3: Der Gesetzentwurf sieht vor, die Abschreibung eines entgeltlich erworbenen Geschäfts- oder Firmenwerts über einen Zeitraum von 10 Jahren vorzuschreiben, wenn die tatsächliche Nutzungsdauer nicht verlässlich geschätzt werden kann. Damit nutzt der Gesetzentwurf den in der Richtlinie 2013/34/EU enthaltenen Spielraum maximal aus. Der Ausschuss unterstützt die mit der Umsetzung verbundene Vereinheitlichung der Abschreibung in Fällen, in denen Unternehmen für eine verlässliche Schätzung der Nutzungsdauer keine Anhaltspunkte haben und nach heutiger Rechtslage Unsicherheiten bestehen. Der Ausschuss hat zwar erwogen, ob statt der zehnjährigen Frist eine fünfjährige Frist vorgeschrieben werden sollte. Je länger die Nutzungsdauer ist, desto größer sind Risiko und Auswirkungen einer unter Umständen notwendigen außerplanmäßigen Abschreibung des Geschäfts- oder Firmenwerts. Da es sich allerdings um einen eng begrenzten Ausnahmefall handelt und sich auch andere Mitgliedstaaten (zum Beispiel Österreich und das Vereinigte Königreich) für eine zehnjährige Abschreibungsfrist entschieden haben, sollte es bei der im Gesetzentwurf vorgesehenen Frist bleiben.

I. Wesentliche Neuerungen

12 – Festlegung einer typisierten Nutzungsdauer von zehn Jahren für selbst geschaffene immaterielle Vermögensgegenstände des Anlagevermögens sowie derivative Geschäfts- oder Firmenwerte, wenn die tatsächliche individuelle Nutzungsdauer nicht verlässlich schätzbar ist.

– Verpflichtende (Konzern-)Anhangangabe zum Abschreibungszeitraum eines derivativen Geschäfts- oder Firmenwerts gem. § 285 Nr. 13 HGB bzw. § 314 Abs. 1 Nr. 20 HGB

II. Erläuterungen zu § 253 Abs. 3 Satz 3 und 4 HGB (Nutzungsdauer für aktivierte selbst geschaffene immaterielle Vermögensgegenstände des Anlagevermögens sowie derivative Geschäfts- oder Firmenwerte)

1. Typisierte Nutzungsdauer

13 Mit dem BilMoG[1] wurde das **Aktivierungswahlrecht** für selbst geschaffene immaterielle Vermögensgegenstände des Anlagevermögens in § 248 Abs. 2 Satz 1 HGB eingeführt. Grund hierfür war die Orientierung am Vollständigkeitsgebot des § 246 Abs. 1 Satz 1 HGB, dem durch die Einführung des Aktivierungswahlrechts in größerem Umfang entsprochen werden sollte.

Auch für die im Rahmen des Aktivierungswahlrechts angesetzten immateriellen Vermögensgegenstände des Anlagevermögens gelten die allgemeinen Vorschriften zur **Folgebewertung**. Demensprechend sind diese aufgrund ihrer i.d.R. zeitlich begrenzten Nutzbarkeit gem. § 253 Abs. 3 Satz 1 und 2 HGB planmäßig abzuschreiben. Gleiches gilt für einen gem. § 246 Abs. 1 Satz 4 HGB aktivierten derivativen Geschäfts- oder Firmenwert, der definitorisch als zeitlich begrenzt nutzbarer Vermögensgegenstand klassifiziert wird.

---

1 Bilanzrechtsmodernisierungsgesetz (BilMoG) v. 25.5.2009, BGBl. I 2009, 1102.

Die Bilanzierung von derivativen Geschäfts- oder Firmenwerten bzw. von selbst geschaffenen immateriellen Vermögensgegenständen des Anlagevermögens stellt den Bilanzierenden bereits heute vor eine große Herausforderung, da diese mit hohen Objektivierungs- und Werthaltigkeitsproblemen verbunden ist. Durch das BilRUG wird versucht, diese Unsicherheit in geringem Maße zu beseitigen. Grundsätzlich wird davon ausgegangen, dass die individuelle Nutzungsdauer eines aktivierten derivativen Geschäfts- oder Firmenwerts bzw. selbst geschaffener immaterieller Vermögensgegenstände des Anlagevermögens **verlässlich geschätzt** werden kann, so dass diese über ihre Nutzungsdauer planmäßig abgeschrieben werden können. Ist eine verlässliche Schätzung der Nutzungsdauer dieser Vermögensgegenstände nicht möglich, schreibt § 253 Abs. 3 Satz 3 und 4 HGB eine zu unterstellende **typisierte Nutzungsdauer** von zehn Jahren vor. Es handelt sich um eine Sonderregelung für solche Fälle, bei denen eine verlässliche Schätzung der Nutzungsdauer ausnahmsweise nicht möglich ist. Wegen des Ausnahmecharakters der Regelung ist diese sehr restriktiv anzuwenden. 14

Eine Schätzung ist immer mit **Unsicherheit** verbunden. Fraglich ist daher, wann eine Schätzung als nicht mehr verlässlich einzustufen ist. Eine Orientierungshilfe bietet E-DRS 32[1], der immaterielle Vermögensgegenstände im Konzernabschluss behandelt. In E-DRS 32 wird eine verlässliche Schätzung immer dann abgelehnt, „wenn die der Schätzung zugrunde liegenden Faktoren nicht mehr plausibel, nachvollziehbar und willkürfrei bestimmt werden können".[2] Eine willkürliche Festlegung der Nutzungsdauer, d.h. wenn die Festlegung der Nutzungsdauer nicht intersubjektiv nachvollziehbar ist, darf vom Bilanzierenden nicht vorgenommen werden. 15

Da es sich bei dem neu eingeführten § 253 Abs. 3 Satz 3 und 4 HGB um eine **Ausnahmeregelung** handelt, hat der Bilanzierende immer zunächst zu prüfen, ob er die (verbleibende) Nutzungsdauer eines derivativen Geschäfts- oder Firmenwerts verlässlich schätzen kann. Ist eine verlässliche Schätzung möglich, ist die individuell bestimmbare Nutzungsdauer der planmäßigen Abschreibung zugrunde zu legen. Diese kann sowohl kürzer als auch länger als zehn Jahre sein. Ist eine verlässliche Schätzung ausnahmsweise nicht möglich, kommt die typisierte Nutzungsdauer von zehn Jahren zur Anwendung.[3] Dies ist beispielsweise dann der Fall, wenn keine Informationen oder Erfahrungswerte vorliegen, aus denen zumindest eine Bandbreite möglicher Nutzungsdauern und deren Eintrittswahrscheinlichkeiten abgeleitet werden können. Unter diesen Umständen ist eine verlässliche Schätzung der Nutzungsdauer nicht möglich und die typisierte Nutzungsdauer von zehn Jahren heranzuziehen. Ein weiterer Ausnahmefall besteht dann, wenn zwar eine Bandbreite möglicher Nut- 16

---
1 E-DRS 32 v. 13.5.2015.
2 E-DRS 32 Tz. 99.
3 Begr. RegE, BT-Drucks. 18/4050, 56 f.

zungsdauern bestimmt werden kann, die einzelnen Schätzwerte jedoch stark voneinander abweichen und die dazugehörigen Eintrittswahrscheinlichkeiten nicht verlässlich schätzbar sind. In diesem Fall kann keine willkürfreie und somit verlässliche Schätzung der Nutzungsdauer erfolgen. Die Ausnahmeregelung des § 253 Abs. 3 Satz 3 und 4 HGB ist anzuwenden.[1]

17 Die Anwendung der Ausnahmeregel darf indes nicht dazu führen, dass durch diese eine **willkürliche Bilanzierung** herbeigeführt wird. Kann eine Bandbreite möglicher Nutzungsdauern geschätzt werden, jedoch keine verlässliche Schätzung der zugehörigen Eintrittswahrscheinlichkeit vorgenommen werden, so stellt die typisierte Nutzungsdauer von zehn Jahren eine willkürliche Alternative dar, wenn die Bandbreite der möglichen Nutzungsdauern zwischen einem und acht Jahren liegt. Diese Vorgehensweise würde auch dem allgemeinen Vorsichtsprinzip zuwider laufen. Bestehen somit Anhaltspunkte für eine kürzere Nutzungsdauer, so bleibt es bei den allgemeinen Regelungen und die kürzere Nutzungsdauer ist der Folgebewertung zugrunde zu legen.[2]

18 Die Bilanzrichtlinie[3] sieht ein Mitgliedstaatenwahlrecht vor, die typisierte Nutzungsdauer für immaterielle Vermögensgegenstände und Geschäfts- oder Firmenwerte zwischen mindestens fünf und maximal zehn Jahren festzulegen, wenn eine verlässliche Schätzung der Nutzungsdauer nicht möglich ist. Der deutsche Gesetzgeber hat diesen Spielraum ausgenutzt und die höchstmögliche Nutzungsdauer von **zehn Jahren** festgelegt.

Im Zuge dieser Sonderregelung wurde auch die **Angabepflicht zum Abschreibungszeitraum** eines derivativen Geschäfts- oder Firmenwerts in § 285 Nr. 13 HGB bzw. für den Konzernanhang in § 314 Abs. 1 Nr. 20 HGB neu geregelt. Bisher war eine Anhangangabe nur verpflichtend, wenn eine betriebliche Nutzungsdauer von mehr als fünf Jahren zugrunde gelegt wurde (§§ 285 Nr. 13, 314 Abs. 1 Nr. 20 HGB a.F.). Zukünftig ist eine Angabe über den festgelegten Abschreibungszeitraum von derivativen Geschäfts- oder Firmenwerten stets zwingend erforderlich. Eine analoge Angabepflicht für den Abschreibungszeitraum von selbst geschaffenen immateriellen Vermögensgegenständen des Anlagevermögens wird indes nicht gesetzlich gefordert. Jedoch ist im Rahmen der allgemeinen Angaben zu den angewandten Bewertungsmethoden gem. § 284 Abs. 2 Nr. 1 HGB bzw. § 313 Abs. 1 Satz 2 Nr. 1 HGB über die Anwendung der Ausnahmeregelung zu berichten.

---

1 Vgl. *Behrendt-Geisler/Rimmelspacher*, DB 2015, Beil. 5, 9.
2 Begr. RegE, BT-Drucks. 18/4050, 57.
3 Richtlinie 2013/34/EU des Europäischen Parlaments und des Rates vom 26.6.2013 über den Jahresabschluss, den konsolidierten Abschluss und damit verbundene Berichte von Unternehmen bestimmter Rechtsformen.

2. Auswirkungen auf die Anhangangaben

Die Neuregelungen des § 253 Abs. 3 Satz 3 und 4 HGB sind erstmals auf selbst geschaffene immaterielle Vermögensgegenstände des Anlagevermögens anzuwenden, die **nach dem 31.12.2015** aktiviert wurden bzw. auf derivative Geschäfts- oder Firmenwerte, die aus Erwerben in Geschäftsjahren, die nach dem 31.12.2015 beginnen, resultieren.[1] Fraglich ist, ob eine Anwendung der Neuregelung betreffend die immateriellen Vermögensgegenstände auch bei einem abweichenden Wirtschaftsjahr bereits auf alle Vermögensgegenstände, die nach dem 31.12.2015 aktiviert wurden, durch die gewählte Formulierung gewollt ist. Dies ist grundsätzlich abzulehnen, da eine vorzeitige Anwendung der gesamten BilRUG-Neuregelungen nicht gestattet ist.[2] Somit scheint es sachgerecht, die Regelung für selbstgeschaffene immaterielle Vermögensgegenstände des Anlagevermögens anzuwenden, die in einem Geschäftsjahr aktiviert wurden, das nach dem 31.12.2015 beginnt.

19

⇨ **Praxistipp:** Die Nutzungsdauer eines selbst geschaffenen immateriellen Vermögensgegenstands des Anlagevermögens lässt sich in der Praxis oft anhand von Erfahrungswerten der Produktlebenszyklen der Erzeugnisse schätzen, für die der immaterielle Vermögensgegenstand genutzt wird.

20

Zur Ermittlung der Nutzungsdauer eines derivativen Geschäfts- oder Firmenwerts kann hilfsweise auf die Ausführungen zur Konzernrechnungslegung des E-DRS 30 Tz. 121 zurückgegriffen werden:

„Die folgenden Anhaltspunkte können für die Schätzung der voraussichtlichen (Rest-)Nutzungsdauer relevant sein:

a) die voraussichtliche Bestandsdauer und Entwicklung des erworbenen Unternehmens einschließlich der gesetzlichen oder vertraglichen Regelungen,

b) der Lebenszyklus der Produkte des erworbenen Unternehmens,

c) die Auswirkungen von zu erwartenden Veränderungen der Absatz- und Beschaffungsmärkte sowie der wirtschaftlichen, rechtlichen und politischen Rahmenbedingungen auf das erworbene Unternehmen,

d) die Höhe und der zeitliche Verlauf von Erhaltungsaufwendungen, die erforderlich sind, um den erwarteten ökonomischen Nutzen des erworbenen Unternehmens zu realisieren, sowie die Fähigkeit des Unternehmens, diese Aufwendungen aufzubringen,

e) die Laufzeit wesentlicher Absatz- und Beschaffungsverträge des erworbenen Unternehmens,

f) die voraussichtliche Dauer der Tätigkeit wichtiger Schlüsselpersonen für das erworbene Unternehmen,

g) das erwartete Verhalten von (potentiellen) Wettbewerbern des erworbenen Unternehmens sowie

h) die Branche und deren zu erwartende Entwicklung."

---
1 Art. 75 Abs. 4 EGHGB.
2 Art. 75 Abs. 1 EGHGB.

Zur Ermittlung der Nutzungsdauer von selbst geschaffenen immateriellen Vermögensgegenständen des Anlagevermögens können hilfsweise die Ausführungen zur Konzernrechnungslegung des E-DRS 32 Tz. 96 f. herangezogen werden:

„Die unternehmensindividuelle Nutzungsdauer ist anhand von rechtlichen, wirtschaftlichen und sonstigen Faktoren zu bestimmen.

Dabei können beispielsweise folgende Kriterien herangezogen werden:

a) voraussichtliche Nutzung des immateriellen Vermögensgegenstands unter Berücksichtigung der unternehmensindividuellen Gegebenheiten,

b) Produktlebenszyklen vergleichbarer und ähnlich genutzter immaterieller Vermögensgegenstände,

c) technische, technologische oder andere Arten der Veralterung,

d) wirtschaftliche Stabilität der Branche, in der der immaterielle Vermögensgegenstand zum Einsatz kommt,

e) Abhängigkeit der Nutzungsdauer des immateriellen Vermögensgegenstands von der Nutzungsdauer anderer Vermögensgegenstände des Unternehmens."

Die neu eingeführte Anhangangabe über die zugrunde gelegte Nutzungsdauer wird voraussichtlich dazu führen, eine konkrete Nutzungsdauer festzulegen. Eine Angabe, dass keine Schätzung der Nutzungsdauer möglich ist und deswegen 10 Jahre angesetzt wurden, wird von den Bilanzierenden wahrscheinlich zur Vermeidung einer negativen Außenwirkung vermieden werden.

§ 255
Bewertungsmaßstäbe

(1) ¹Anschaffungskosten sind die Aufwendungen, die geleistet werden, um einen Vermögensgegenstand zu erwerben und ihn in einen betriebsbereiten Zustand zu versetzen, soweit sie dem Vermögensgegenstand einzeln zugeordnet werden können. ²Zu den Anschaffungskosten gehören auch die Nebenkosten sowie die nachträglichen Anschaffungskosten. ³Anschaffungspreisminderungen, **die dem Vermögensgegenstand einzeln zugeordnet werden können,** sind abzusetzen.

(2) ¹Herstellungskosten sind die Aufwendungen, die durch den Verbrauch von Gütern und die Inanspruchnahme von Diensten für die Herstellung eines Vermögensgegenstands, seine Erweiterung oder für eine über seinen ursprünglichen Zustand hinausgehende wesentliche Verbesserung entstehen. ²Dazu gehören die Materialkosten, die Fertigungskosten und die Sonderkosten der Fertigung sowie angemessene Teile der Materialgemeinkosten, der Fertigungsgemeinkosten und des Werteverzehrs des Anlagevermögens, soweit dieser durch die Fertigung veranlasst ist. ³Bei der Berechnung der Herstellungskosten dürfen angemessene Teile der Kosten der allgemeinen Verwaltung sowie angemessene Aufwendungen für soziale Einrichtungen des Betriebs, für freiwillige soziale Leistungen und

für die betriebliche Altersversorgung einbezogen werden, soweit diese auf den Zeitraum der Herstellung entfallen. ⁴Forschungs- und Vertriebskosten dürfen nicht einbezogen werden.

(2a) ¹Herstellungskosten eines selbst geschaffenen immateriellen Vermögensgegenstands des Anlagevermögens sind die bei dessen Entwicklung anfallenden Aufwendungen nach Absatz 2. ²Entwicklung ist die Anwendung von Forschungsergebnissen oder von anderem Wissen für die Neuentwicklung von Gütern oder Verfahren oder die Weiterentwicklung von Gütern oder Verfahren mittels wesentlicher Änderungen. ³Forschung ist die eigenständige und planmäßige Suche nach neuen wissenschaftlichen oder technischen Erkenntnissen oder Erfahrungen allgemeiner Art, über deren technische Verwertbarkeit und wirtschaftliche Erfolgsaussichten grundsätzlich keine Aussagen gemacht werden können. ⁴Können Forschung und Entwicklung nicht verlässlich voneinander unterschieden werden, ist eine Aktivierung ausgeschlossen.

(3) ¹Zinsen für Fremdkapital gehören nicht zu den Herstellungskosten. ²Zinsen für Fremdkapital, das zur Finanzierung der Herstellung eines Vermögensgegenstands verwendet wird, dürfen angesetzt werden, soweit sie auf den Zeitraum der Herstellung entfallen; in diesem Falle gelten sie als Herstellungskosten des Vermögensgegenstands.

(4) ¹Der beizulegende Zeitwert entspricht dem Marktpreis. ²Soweit kein aktiver Markt besteht, anhand dessen sich der Marktpreis ermitteln lässt, ist der beizulegende Zeitwert mit Hilfe allgemein anerkannter Bewertungsmethoden zu bestimmen. ³Lässt sich der beizulegende Zeitwert weder nach Satz 1 noch nach Satz 2 ermitteln, sind die Anschaffungs- oder Herstellungskosten gemäß § 253 Abs. 4 fortzuführen. ⁴Der zuletzt nach Satz 1 oder 2 ermittelte beizulegende Zeitwert gilt als Anschaffungs- oder Herstellungskosten im Sinn des Satzes 3.

Begründung Regierungsentwurf v. 20.2.2015 (BT-Drucks. 18/4050, 57):

Die Präzisierung folgt Artikel 2 Nummer 6 der Richtlinie 2013/34/EU. Sie dürfte insbesondere mit Blick auf mengen- oder umsatzabhängige Boni von Bedeutung sein, die nur dann anschaffungspreismindernd wirken, wenn die Preisminderungen einzelnen Vermögensgegenständen zugeordnet werden können. Grundlegende Änderungen der bisherigen Praxis sind mit der Neuformulierung nicht beabsichtigt.

I. Wesentliche Neuerungen

– Absetzung der Anschaffungspreisminderungen von den Anschaffungskosten nur bei einzelner Zuordenbarkeit. 21

II. Erläuterung zu § 255 Abs. 1 HGB (Zurechenbarkeit von Anschaffungspreisminderungen)

Eine **Klarstellung** wird durch die Neufassung des § 255 Abs. 1 Satz 3 HGB vorgenommen. Danach sind nur solche Anschaffungspreisminderungen 22 von den Anschaffungskosten abzusetzen, die dem Vermögensgegenstand einzeln zugeordnet werden können. Andernfalls sind diese ertragswirksam innerhalb der Umsatzerlöse bzw. in den sonstigen betrieblichen Erträgen zu erfassen.

Die Präzisierung der Vorschrift soll klarstellen, dass insbesondere mengen- oder umsatzabhängige Boni nur dann anschaffungspreismindernd wirken, wenn die Preisminderungen **einzelnen Vermögensgegenständen zugeordnet** werden können. Eine materielle Änderung durch die Neufassung wird nicht erwartet.[1] Einer generellen Ablehnung der Zurechenbarkeit von mengen- oder umsatzabhängigen Boni oder anderen Rückvergütungsformen zu einzelnen Vermögensgegenständen ist nicht zu folgen und würde dem Prinzip der Erfolgsneutralität von Anschaffungsvorgängen widersprechen.[2] Zudem würde eine zu strikte Auslegung der Norm dazu führen, dass durch Anschaffungsvorgänge Umsatzerlöse generiert werden, was als nicht sachgerechte und somit nicht gewollte Bilanzierungskonsequenz erachtet werden kann.

23 ➲ **Praxistipp:** In der Praxis dürfte es in vielen Fällen möglich sein, mengen- oder umsatzabhängige Bonus- oder sonstige Rabattmodelle einzelnen Vermögensgegenständen zuzurechnen. Die Zurechnung der Boni zu bestimmten Vermögensgegenständen und der Bestandsnachweis der entsprechenden Vermögensgegenstände zum Bilanzstichtag können ggf. durch unterstellte Verbrauchsfolgefiktionen vereinfachend geleistet werden.[3] Durch entsprechende Dokumentation können auch weiterhin die gewährten Preisnachlässe anschaffungspreismindernd verbucht werden.

§ 264
Pflicht zur Aufstellung; Befreiung

(1) ¹Die gesetzlichen Vertreter einer Kapitalgesellschaft haben den Jahresabschluß (§ 242) um einen Anhang zu erweitern, der mit der Bilanz und der Gewinn- und Verlustrechnung eine Einheit bildet, sowie einen Lagebericht aufzustellen. ²Die gesetzlichen Vertreter einer kapitalmarktorientierten Kapitalgesellschaft, die nicht zur Aufstellung eines Konzernabschlusses verpflichtet ist, haben den Jahresabschluss um eine Kapitalflussrechnung und einen Eigenkapitalspiegel zu erweitern, die mit der Bilanz, Gewinn- und Verlustrechnung und dem Anhang eine Einheit bilden; sie können den Jahresabschluss um eine Segmentberichterstattung erweitern. ³Der Jahresabschluß und der Lagebericht sind von den gesetzlichen Vertretern in den ersten drei Monaten des Geschäftsjahrs für das vergangene Geschäftsjahr aufzustellen. ⁴Kleine Kapitalgesellschaften (§ 267 Abs. 1) brauchen den Lagebericht nicht aufzustellen; sie dürfen

---
1 Begr. RegE, BT-Drucks. 18/4050, 57.
2 Vgl. *Oser/Orth/Wirtz*, DB 2015, 197 ff.
3 Vgl. *Oser/Orth/Wirtz*, DB 2015, 1733 f.

§ 264 – Pflicht zur Aufstellung; Befreiung

den Jahresabschluß auch später aufstellen, wenn dies einem ordnungsgemäßen Geschäftsgang entspricht, jedoch innerhalb der ersten sechs Monate des Geschäftsjahres. ⁵Kleinstkapitalgesellschaften (§ 267a) brauchen den Jahresabschluss nicht um einen Anhang zu erweitern, wenn sie

1. die in §§ *251* und **§** *268 Absatz 7* genannten Angaben,
2. die in § 285 Nummer 9 Buchstabe c genannten Angaben und
3. im Falle einer Aktiengesellschaft oder *Kommanditgesellschaft auf Aktien* die in § 160 Absatz **3 Satz 2** des Aktiengesetzes genannten Angaben

unter der Bilanz angeben.

(1a) ¹In dem Jahresabschluss sind die Firma, der Sitz, das Registergericht und die Nummer, unter der die Gesellschaft in das Handelsregister eingetragen ist, anzugeben. ²Befindet sich die Gesellschaft in Liquidation oder Abwicklung, ist auch diese Tatsache anzugeben.

(2) ¹Der Jahresabschluß der Kapitalgesellschaft hat unter Beachtung der Grundsätze ordnungsmäßiger Buchführung ein den tatsächlichen Verhältnissen entsprechendes Bild der Vermögens-, Finanz- und Ertragslage der Kapitalgesellschaft zu vermitteln. ²Führen besondere Umstände dazu, daß der Jahresabschluß ein den tatsächlichen Verhältnissen entsprechendes Bild im Sinne des Satzes 1 nicht vermittelt, so sind im Anhang zusätzliche Angaben zu machen. ³Die gesetzlichen Vertreter einer Kapitalgesellschaft, die Inlandsemittent im Sinne des § 2 Absatz 7 des Wertpapierhandelsgesetzes und keine Kapitalgesellschaft im Sinne des § 327a ist, haben bei der Unterzeichnung schriftlich zu versichern, dass nach bestem Wissen der Jahresabschluss ein den tatsächlichen Verhältnissen entsprechendes Bild im Sinne des Satzes 1 vermittelt oder der Anhang Angaben nach Satz 2 enthält. ⁴Macht eine Kleinstkapitalgesellschaft von der Erleichterung nach Absatz 1 Satz 5 Gebrauch, sind nach Satz 2 erforderliche zusätzliche Angaben unter der Bilanz zu machen. ⁵Es wird vermutet, dass ein unter Berücksichtigung der Erleichterungen für Kleinstkapitalgesellschaften aufgestellter Jahresabschluss den Erfordernissen des Satzes 1 entspricht.

(3) ¹Eine Kapitalgesellschaft, die als Tochterunternehmen in den Konzernabschluss eines Mutterunternehmens mit Sitz in einem Mitgliedstaat der Europäischen Union oder einem anderen Vertragsstaat des Abkommens über den Europäischen Wirtschaftsraum einbezogen ist, braucht die Vorschriften dieses Unterabschnitts und des Dritten und Vierten Unterabschnitts dieses Abschnitts nicht anzuwenden, wenn alle folgenden Voraussetzungen erfüllt sind:

1. alle Gesellschafter des Tochterunternehmens haben der Befreiung für das jeweilige Geschäftsjahr zugestimmt;
2. das Mutterunternehmen hat sich bereit erklärt, für die von dem Tochterunternehmen bis zum Abschlussstichtag eingegangenen Verpflichtungen im folgenden Geschäftsjahr einzustehen;

3. der Konzernabschluss und der Konzernlagebericht des Mutterunternehmens sind nach den Rechtsvorschriften des Staates, in dem das Mutterunternehmen seinen Sitz hat, und im Einklang mit folgenden Richtlinien aufgestellt und geprüft worden:

   a) Richtlinie 2013/34/EU des Europäischen Parlaments und des Rates vom 26. Juni 2013 über den Jahresabschluss, den konsolidierten Abschluss und damit verbundene Berichte von Unternehmen bestimmter Rechtsformen und zur Änderung der Richtlinie 2006/43/EG des Europäischen Parlaments und des Rates und zur Aufhebung der Richtlinien 78/660/EWG und 83/349/EWG des Rates (ABl. L 182 vom 29.6.2013, S. 19),

   b) Richtlinie 2006/43/EG des Europäischen Parlaments und des Rates vom 17. Mai 2006 über Abschlussprüfungen von Jahresabschlüssen und konsolidierten Abschlüssen, zur Änderung der Richtlinien 78/660/EWG und 83/349/EWG des Rates und zur Aufhebung der Richtlinie 84/253/EWG des Rates (ABl. L 157 vom 9.6.2006, S. 87), die durch die Richtlinie 2013/34/EU (ABl. L 182 vom 29.6.2013, S. 19) geändert worden ist;

4. die Befreiung des Tochterunternehmens ist im Anhang des Konzernabschlusses des Mutterunternehmens angegeben und

5. für das Tochterunternehmen sind nach § 325 Absatz 1 bis 1b offengelegt worden:

   a) der Beschluss nach Nummer 1,

   b) die Erklärung nach Nummer 2,

   c) der Konzernabschluss,

   d) der Konzernlagebericht und

   e) der Bestätigungsvermerk zum Konzernabschluss und Konzernlagebericht des Mutterunternehmens nach Nummer 3.

²Hat bereits das Mutterunternehmen einzelne oder alle der in Satz 1 Nummer 5 bezeichneten Unterlagen offengelegt, braucht das Tochterunternehmen die betreffenden Unterlagen nicht erneut offenzulegen, wenn sie im Bundesanzeiger unter dem Tochterunternehmen auffindbar sind; § 326 Absatz 2 ist auf diese Offenlegung nicht anzuwenden. Satz 2 gilt nur dann, wenn das Mutterunternehmen die betreffende Unterlage in deutscher oder in englischer Sprache offengelegt hat oder das Tochterunternehmen zusätzlich eine beglaubigte Übersetzung dieser Unterlage in deutscher Sprache nach § 325 Absatz 1 bis 1b offenlegt.

(4) Absatz 3 ist nicht anzuwenden, wenn eine Kapitalgesellschaft das Tochterunternehmen eines Mutterunternehmens ist, das einen Konzernabschluss nach den Vorschriften des Publizitätsgesetzes aufgestellt hat, und wenn in diesem Konzernabschluss von dem Wahlrecht des § 13 Absatz 3 Satz 1 des Publizitätsgesetzes Gebrauch gemacht worden ist; § 314 Absatz 3 bleibt unberührt.

§ 264 – Pflicht zur Aufstellung; Befreiung

Begründung Regierungsentwurf v. 20.2.2015 (BT-Drucks. 18/4050, 57 ff.):

Überschrift: Die Ergänzung der Überschrift dient dazu, den Rechtsanwender darauf hinzuweisen, dass § 264 HGB neben der Pflicht zur Aufstellung des Jahresabschlusses auch Befreiungsvorschriften enthält.

Abs. 1: Absatz 1 Satz 5 wurde mit dem MicroBilG eingeführt. Danach müssen Kleinstkapitalgesellschaften im Einklang mit Artikel 36 Absatz 1 Buchstabe b der Richtlinie 2013/34/EU unter bestimmten Voraussetzungen den Jahresabschluss nicht um einen Anhang erweitern. Eine dieser Voraussetzungen ist, dass unter der Bilanz Angaben zu eigenen Aktien zu machen sind. Der Gesetzentwurf sieht vor, diese Voraussetzung auf Aktiengesellschaften zu beschränken und die bisherige Erfassung auch der Kommanditgesellschaften auf Aktien (KGaA) zu streichen. Die Streichung trägt der Tatsache Rechnung, dass sich Artikel 36 Absatz 1 Buchstabe b der Richtlinie 2013/34/EU in Verbindung mit Artikel 24 Absatz 2 sowie Artikel 1 Absatz 1 (nebst Anhang I) der Richtlinie 2012/30/EU des Europäischen Parlaments und des Rates vom 25. Oktober 2012 zur Koordinierung der Schutzbestimmungen, die in den Mitgliedstaaten den Gesellschaften im Sinne des Artikels 54 Absatz 2 des Vertrages über die Arbeitsweise der Europäischen Union im Interesse der Gesellschafter sowie Dritter für die Gründung der Aktiengesellschaft sowie für die Erhaltung und Änderung ihres Kapitals vorgeschrieben sind, um diese Bestimmungen gleichwertig zu gestalten (nachfolgend Richtlinie 2012/30/EU) ausschließlich auf Aktiengesellschaften bezieht. KGaA können daher auch dann von der Pflicht zur Erstellung eines Anhangs befreit werden, wenn sie keine Angaben zu eigenen Aktien machen. Des Weiteren geht der Pflichtenkatalog des § 160 Absatz 1 Nummer 2 AktG, der in Teilen bereits vor dem Zeitpunkt der Umsetzung der Vorläuferrichtlinie zur Richtlinie 2012/30/EU in nationales Recht existierte (vgl. Bundestagsdrucksache 8/1678, S. 17), über denjenigen des Artikels 24 Absatz 2 der Richtlinie 2012/30/EU hinaus. Die aufgrund allein nationaler Vorgaben erforderlichen Angaben sollten nicht Tatbestandsvoraussetzung für eine Befreiung von der Pflicht zur Erstellung eines Anhangs sein. Die Änderungsvorschläge dienen damit der weiteren Entlastung kleinster Kapitalgesellschaften.

Abs. 1a: Der neu eingeführte Absatz 1a dient der Umsetzung des Artikels 5 der Richtlinie 2013/34/EU. Damit wird vorgeschrieben, dass im Jahresabschluss Angaben zur Identifikation der Kapitalgesellschaft anzugeben sind, insbesondere die Firma, den Sitz (nach Maßgabe des Gesellschaftsvertrags oder der Satzung) und Angaben zum Register. Die Angaben können beispielsweise in der Überschrift des Jahresabschlusses, auf einem gesonderten Deckblatt oder an anderer herausgehobener Stelle gemacht werden, um auf die Kerndaten der Kapitalgesellschaft hinzuweisen. In der Praxis werden diese Angaben überwiegend schon heute dem Jahresabschluss vorangestellt, um eine eindeutige Zuordnung zu ermöglichen. Umstellungsaufwand dürfte damit nicht entstehen.

Abs. 3: In Absatz 3 wird wie schon heute die in Artikel 37 der Richtlinie 2013/34/EU enthaltene Option ausgeübt, Kapitalgesellschaften, die Tochterunternehmen intensiv integrierter Konzerne sind, unter bestimmten Voraussetzungen von Vorgaben der Rechnungslegung auszunehmen. Die Regelung war bereits unter der Richtlinie 78/660/EWG eingeführt worden. Die Neuregelung dient der Bereinigung von Redaktionsversehen und einer sprachlichen Optimierung. Zugleich sollen im Zuge der früheren Ausweitung der Befreiungsvorschrift auf Tochterunternehmen mit Mutterunternehmen, deren Sitz im EU- oder EWR-Ausland liegt, aufgetretene Zweifelsfragen bereinigt werden. Die Befreiung ist als Unternehmenswahlrecht ausgestaltet und erlaubt es Tochterunternehmen, die Kapitalgesellschaften sind, unter bestimmten Voraussetzungen darauf zu verzichten, die Vorschriften des Ersten, Dritten und Vierten Unterabschnitts des Zweiten Abschnitts des Dritten Buchs über die Aufstellung der Jahresabschlüsse, die Abschlussprüfung und die Offenlegung anzuwenden. Sie bleiben in jedem Fall verpflichtet, die Vorschriften des Ersten Abschnitts des Dritten Buchs anzuwenden und damit einen – allerdings vereinfachten – Jahresabschluss aufzustellen.

Voraussetzung für die Inanspruchnahme der Befreiung ist, dass alle Gesellschafter des Tochterunternehmens der Befreiung für das konkrete Geschäftsjahr zugestimmt haben und dass das Mutterunternehmen sich bereit erklärt hat, für die von dem Tochterunternehmen eingegangenen Verpflichtungen einzustehen (Artikel 37 Absatz 2 und 3 der Richtlinie 2013/34/EU).

Anlässlich der Neufassung der europäischen Vorgaben sollten die Voraussetzungen von § 264 Absatz 3 HGB enger an den Text der Richtlinie angepasst werden. Die Befreiung des Tochterunternehmens ist nur dann möglich, wenn die Nutzer der offenzulegenden Jahresabschlüsse des Tochterunternehmens – vor allem Vertragspartner und Kreditgeber – zur Einschätzung wirtschaftlicher Chancen und Risiken auch den Konzernabschluss des Mutterunternehmens zu Grunde legen können. Das setzt beispielsweise voraus, dass sie durch die Verpflichtungserklärung des Mutterunternehmens so gestellt werden, dass es für ihre Forderungen im Wesentlichen auf die Vermögensverhältnisse des Mutterunternehmens ankommt, auch wenn das Tochterunternehmen Vertragspartner ist. Notwendig ist dazu zumindest, dass das Mutterunternehmen etwaige Verluste des Tochterunternehmens (Jahresfehlbeträge) wie nach § 302 des Aktiengesetzes ausgleicht. Darüber hinaus muss das Mutterunternehmen aber auch Engpässe in der Liquidität des Tochterunternehmens ausgleichen, selbst wenn das Tochterunternehmen einen Jahresüberschuss ausgewiesen hat. Ein unmittelbarer Schuldbeitritt zu den Verpflichtungen des Tochterunternehmens ist dazu nicht erforderlich. Die Verpflichtung kann aber beispielsweise durch eine Nachschusspflicht oder eine Patronatserklärung gegenüber dem Tochterunternehmen begründet werden.

Die Einstandspflicht des Mutterunternehmens muss zu dem Zeitpunkt bestehen, zu dem das Tochterunternehmen die Befreiungsmöglichkeit nutzen will. Das bedeutet, dass bei Verzicht auf die Offenlegung des Jahresabschlusses zumindest während der gesetzlichen Offenlegungsfrist (und damit auch zur Zeit der entfallenden Aufstellung, Prüfung und Feststellung des Jahresabschlusses) durchgehend eine Einstandspflicht des Mutterunternehmens besteht. Ein späteres Erlöschen der Einstandspflicht ist unschädlich. Die entsprechende Einstandspflicht muss die Verpflichtungen des Tochterunternehmens abdecken, die bis zum Abschlussstichtag des Tochterunternehmens, auf den sich die Befreiung bezieht, entstanden sind.

Voraussetzung ist weiter, dass das Tochterunternehmen in den Konzernabschluss des Mutterunternehmens einbezogen ist und die Einbeziehung im Konzernanhang angegeben ist. Der Konzernabschluss des Mutterunternehmens und der Konzernlagebericht müssen außerdem im Einklang mit der Richtlinie 2013/34/EU und der Richtlinie 2006/43/EG des Europäischen Parlaments und des Rates vom 17. Mai 2006 über Abschlussprüfungen von Jahresabschlüssen und konsolidierten Abschlüssen, zur Änderung der Richtlinien 78/660/EWG und 83/349/EWG des Rates und zur Aufhebung der Richtlinie 84/253/EWG des Rates (nachfolgend Richtlinie 2006/43/EG) aufgestellt und geprüft worden sein; diese schon bisher bestehende Voraussetzung wird nunmehr im Einklang mit Artikel 37 Absatz 5 und 7 der Richtlinie 2013/34/EU klargestellt. Schließlich müssen der Konzernabschluss und der Konzernlagebericht des Mutterunternehmens mit dem Bestätigungsvermerk des Abschlussprüfers, der Gesellschafterbeschluss zur Befreiung und eine Erklärung über die Verpflichtungsübernahme für das Tochterunternehmen nach § 325 HGB offengelegt werden. Damit erhalten Dritte zwar keine unmittelbaren Informationen über das Tochterunternehmen, aber über die Vermögens-, Finanz- und Ertragslage des Konzerns, dessen Mutterunternehmen für Verbindlichkeiten des Tochterunternehmens haftet. Die genannten Voraussetzungen müssen kumulativ vorliegen, um die Befreiung in Anspruch nehmen zu können.

Absatz 3 regelt wie bisher keine Pflichten des Mutterunternehmens, sondern ausschließlich die Bedingungen für das Wahlrecht des Tochterunternehmens. Mit der Offenlegung des Konzernabschlusses und weiterer Unterlagen durch das Tochterunternehmen kann unnötiger Aufwand verbunden sein. Notwendig und ausreichend ist es, wenn Dritte im Bundesanzeiger unter dem Tochterunternehmen den offengelegten Konzernabschluss, den Konzernlagebericht und den Bestätigungsvermerk des Abschlussprüfers oder der Abschlussprüfungsgesellschaft auffinden können. Dazu genügt es, wenn bei der Suche nach dem Tochterunternehmen im Bundesanzeiger der Konzernabschluss und die anderen Unterlagen des Mutterunternehmens angezeigt werden und diese Unterlagen für den Einsicht nehmenden Dritten dort auf die gleiche Weise zugänglich sind wie ein ordnungsgemäß nach § 325 offengelegter Einzelabschluss. Mit dem Ausschluss der Anwendung von § 326 Absatz 2 wird klargestellt, dass Kleinstkapitalgesellschaften, die Tochterunternehmen sind, entweder die Hinterlegungsoption des § 326 Absatz 2 oder die Befreiung nach § 264 Absatz 3 anwenden können. Eine Kombination beider Regelungen scheidet aus. Klargestellt wird darüber hinaus, dass die Unterlagen in deutscher oder englischer Sprache offengelegt worden sein müssen oder eine beglaubigte Übersetzung dieser Unterlagen in die deutsche Sprache vom Tochterunternehmen offengelegt werden muss. Die Offenlegung richtet sich jeweils nach § 325 Absatz 1 bis 1b HGB-E.

Abs. 4: Die Änderung von Absatz 4 dient der Klarstellung und geht davon aus, dass die Befreiung von bestimmten Vorgaben der Rechnungslegung auch dann gilt, wenn das Mutterunternehmen einen Konzernabschluss aufstellt, ohne dazu verpflichtet zu sein. Stellt das Mutterunternehmen den Konzernabschluss aber im Einklang mit den Vorschriften des Publizitätsgesetzes auf und weicht es dabei in Ausübung des Wahlrechts aus § 13 Absatz 3 Satz 1 des Publizitätsgesetzes von der für Kapitalgesellschaften geltenden Pflicht zur Darstellung der Organbezüge ab, können seine Tochterunternehmen die Befreiung nach Absatz 3 nicht in Anspruch nehmen. Unberührt bleibt die Möglichkeit, im Konzernabschluss die nach § 314 Absatz 3 HGB-E geregelten Erleichterungen zu nutzen. Das entspricht dem Sinn der bisherigen Regelung. Die Neuregelung beseitigt insoweit etwaige Unklarheiten infolge des MicroBilG.

Bericht des Ausschusses für Recht und Verbraucherschutz v. 17.6.2015
(BT-Drucks. 18/5256, 80 f.):

Abs. 3 und 4: Der Ausschuss hat intensiv erwogen, ob die Änderung von § 264 Absatz 3 und 4 HGB zwingend durch die Richtlinie 2013/34/EU veranlasst ist, hält aber die im Gesetzentwurf gefundene Lösung auch unter Einbeziehung der in der Anhörung vertretenen unterschiedlichen Positionen für richtig und notwendig. Die Richtlinie 2013/34/EU sieht in Artikel 37 eine Option für die weitreichende Befreiung von Tochterunternehmen von den an sich geltenden Vorgaben der Richtlinie vor. Der Ausschuss begrüßt es, dass der Gesetzentwurf an der Nutzung der Option und damit an einer erheblichen Entlastung für die Unternehmen festhält. Damit werden wesentliche bürokratische Belastungen für Tochterunternehmen vermieden.

Gegenüber dem Gesetzentwurf sind allerdings einzelne Anpassungen angezeigt.

Die Änderung im Eingangsteil von § 264 Absatz 3 Satz 1 HGB-E ist eine redaktionelle Anpassung, die aus der Praxis angeregt wurde. Statt „die folgenden Voraussetzungen" lautet der Text nunmehr „alle folgenden Voraussetzungen".

Die Änderungen in § 264 Absatz 3 Satz 1 Nummer 2 HGB-E dienen der Präzisierung der Anforderungen an die Einstandsverpflichtung des Mutterunternehmens einer Kapitalgesellschaft, um eine Befreiung der Kapitalgesellschaft von den Vorgaben der §§ 264 ff. HGB über die Aufstellung, Prüfung und Offenlegung von Jahresabschlüssen zu erreichen. Nach Artikel 37 der Richtlinie 2013/34/EU, den der Gesetzentwurf wörtlich umsetzt, muss das Mutterunternehmen sich bereit erklärt haben, für die Verpflichtungen des Tochterunternehmens einzustehen. Gemeint ist damit nicht zwingend eine Außenhaftung des Mutterunternehmens gegenüber Gläubigern des Tochterunternehmens. Es reicht eine Innenhaftung gegenüber dem Tochterunternehmen. Eine infolge eines Beherrschungs- oder Gewinnabführungsvertrages eintretende gesetzliche Verlustübernahme nach § 302 AktG und eine konzernrechtliche Verbundenheit der Unternehmen reicht für diese Einstandspflicht im Regelfall aus. Entscheidend ist, dass das Mutterunternehmen sicherstellt, dass das Tochterunternehmen jederzeit zur Erfüllung seiner Verpflichtungen in der Lage ist und es bei Bedarf mit den notwendigen Mitteln ausstattet. Der Ausschuss geht daher davon aus, dass mit der Streichung des Hinweises auf § 302 AktG keine Änderung der bisherigen Praxis notwendig ist.

Es sollte allerdings eine Präzisierung des Gesetzestextes hinsichtlich des Kreises der von der Einstandspflicht erfassten Verpflichtungen und zur Dauer der Einstandspflicht erfolgen. Das Mutterunternehmen hat für alle Verpflichtungen des Tochterunternehmens einzustehen, die am Bilanzstichtag bestehen, auch wenn sie in früheren Geschäftsjahren entstanden sind. Zugleich kann die Einstandspflicht aber im Regelfall auf die Dauer eines Jahres begrenzt werden, weil nach Ablauf eines Jahres nach dem Bilanzstichtag Daten aus einem neuen Geschäftsjahr zur Verfügung stehen. Zu diesem Zeitpunkt wird den Informationsbedürfnissen der Nutzer der Jahresabschlüsse dadurch Rechnung getragen, dass entweder der Jahresabschluss des Tochterunternehmens für das neue Geschäftsjahr offengelegt oder erneut unter Offenlegung des Konzernabschlusses für das neue Geschäftsjahr von der Befreiung Gebrauch gemacht wird.

Im Hinblick auf § 264 Absatz 3 Satz 1 Nummer 3 HGB-E, der die Richtlinie 1:1 umsetzt, ist darauf hinzuweisen, dass nicht nur ein nach dem HGB oder dem entsprechenden nationalen Recht des Sitzstaates des Mutterunternehmens aufgestellter Konzernabschluss, sondern auch ein in Anwendung der in § 315a HGB bezeichneten internationalen Rechnungslegungsstandards (IFRS) aufgestellter Konzernabschluss befreiende Wirkung vermitteln kann, wenn die weiteren Voraussetzungen des § 264 Absatz 3 HGB erfüllt sind. Das entspricht der früheren Rechtslage und ergibt sich aus der Bezugnahme von § 264 Absatz 3 Satz 1 Nummer 3 HGB-E auf die Rechtsvorschriften des Sitzstaates und damit auch auf die unmittelbar geltende Verordnung (EG) Nr. 1606/2002 des Europäischen Parlaments und des Rates vom 19. Juli 2002 betreffend die Anwendung internationaler Rechnungslegungsstandards (ABl. L 243 vom 11.9.2002, S. 1), die zuletzt durch die Verordnung (EG) Nr. 297/2008 des Europäischen Parlaments und des Rates vom 11. März 2008 (ABl. L 97 vom 9.4.2008, S. 62) geändert worden ist, und für inländische Fälle auf § 315a HGB.

Die Änderung in § 264 Absatz 3 Satz 3 HGB-E dient der Klarstellung, dass sich die Anforderung zur Sprache (Deutsch oder Englisch) auf die vom Mutterunternehmen nach § 325 HGB oder nach § 326 Absatz 1 oder 2 HGB offengelegten Unterlagen (Konzernabschluss, Konzernlagebericht und Bestätigungsvermerk) bezieht. Die Auffindbarkeit dieser Unterlagen unter dem Tochterunternehmen wird von Artikel 37 der Richtlinie 2013/34/EU gefordert. Sie wird für die bereits im Bundesanzeiger veröffentlichten Unterlagen vom Betreiber des Bundesanzeigers technisch so umgesetzt, dass keine weitere Handlung dieser Tochterunternehmen erforderlich ist.

I. Wesentliche Neuerungen

- Verpflichtung zur Angabe von Firma, Sitz, Registergericht und Handelsregisternummer der Gesellschaft im Jahresabschluss.
- Klarstellung: Lediglich Tochterkapitalgesellschaften können von den Befreiungsvorschriften Gebrauch machen; eine Selbstbefreiung des Mutterunternehmens scheidet nach wie vor aus.
- Die Prüfung des Konzernabschlusses, in den das Tochterunternehmen einbezogen wurde, muss mit einem (ggf. eingeschränkten) Bestätigungsvermerk abschließen.
- Die Offenlegung der erforderlichen Unterlagen kann zukünftig zentral durch das Mutterunternehmen für das Tochterunternehmen und wahlweise in englischer oder deutscher Sprache erfolgen.
- Einführung der Verpflichtung zur Einstandspflicht des Mutterunternehmens für die von dem Tochterunternehmen bis zum Abschlussstichtag eingegangenen Verpflichtungen im folgenden Geschäftsjahr.

24

II. Erläuterungen zu § 264 Abs. 1a HGB (Unternehmensspezifische Angaben)

Der durch das BilRUG neu eingeführte § 264 Abs. 1a HGB fordert im Jahresabschluss Firma, Sitz, Registergericht und Handelsregisternummer der Gesellschaft anzugeben. Befindet sich die Gesellschaft in Liquidation oder Abwicklung, ist auch diese Tatsache anzugeben. Das Gesetz gibt nicht konkret vor, wo diese **Angaben zum Unternehmen** zu machen sind. Der Bilanzierende hat ein Wahlrecht, die Angaben z.B. in einer erweiterten Überschrift des Jahresabschlusses, auf einem gesonderten Deckblatt oder im Anhang zu machen.

25

⇨ **Praxistipp:** Sinnvollerweise sind die geforderten Angaben künftig zu Beginn des Anhangs zu machen, wo bereits jetzt in gängiger Praxis einige der geforderten Angaben ausgewiesen werden.

III. Erläuterungen zu § 264 Abs. 3 HGB (Voraussetzungen für die Inanspruchnahme der Befreiungsvorschrift hinsichtlich der Aufstellung, Prüfung und Offenlegung des Jahresabschlusses für Tochterkapitalgesellschaften)

1. Voraussetzungen für die Inanspruchnahme der Befreiungsmöglichkeiten nach alter Fassung

Die Regelung des § 264 Abs. 3 HGB a.F. bot bereits bisher Tochterkapitalgesellschaften die Möglichkeit, unter bestimmten Voraussetzungen die Vorschriften des Ersten, Dritten und Vierten Unterabschnitts des zweiten Abschnitts des Dritten Buchs nicht anzuwenden und somit eine **Befrei-**

26

ung hinsichtlich der Aufstellung, Prüfung und Offenlegung des Jahresabschlusses in Anspruch zu nehmen. Eine Aufstellung des Jahresabschlusses nach den Vorschriften des Ersten Abschnitts des Dritten Buchs blieb hiervon unberührt.

Bisher war die Inanspruchnahme der Befreiungsvorschrift an die Voraussetzungen geknüpft, dass die Gesellschafter der Befreiung für das jeweilige Geschäftsjahr zugestimmt haben und dieser Beschluss gem. § 325 HGB offen gelegt wurde (§ 264 Abs. 3 Nr. 1 HGB a.F.), sowie die Erklärung des Mutterunternehmens zur Verlustübernahme nach Maßgabe oder in analoger Anwendung des § 302 AktG (§ 264 Abs. 3 Nr. 2 HGB a.F.). Außerdem musste das Tochterunternehmen in den Konzernabschluss des Mutterunternehmens einbezogen worden sein (§ 264 Abs. 3 Nr. 3 HGB a.F.) und die Befreiung des Tochterunternehmens zum einen im Anhang des offengelegten Konzernabschlusses angegeben und zum anderen im Bundesanzeiger für das Tochterunternehmen gesondert mitgeteilt worden sein (§ 264 Abs. 3 Nr. 4 HGB a.F.).

2. Voraussetzungen für die Inanspruchnahme der Befreiungsmöglichkeiten

27 Durch das BilRUG werden teilweise nur klarstellende Änderungen an dem bisherigen § 264 Abs. 3 HGB vorgenommen. Teilweise führen die Änderungen aber auch zu materiellen Auswirkungen für die Praxis. Bevor die Änderungen detailliert dargestellt werden, soll zunächst ein Überblick über die neuen Voraussetzungen der Inanspruchnahme der Befreiungsmöglichkeiten gegeben werden.

Um eine Befreiung von den Aufstellungs-, Prüfungs- und Offenlegungspflichten in Anspruch nehmen zu können, müssen die folgenden **Voraussetzungen** gem. § 264 Abs. 3 HGB **kumulativ** erfüllt sein:

1. Zustimmungsbeschluss aller Gesellschafter des Tochterunternehmens für die Befreiung für das jeweilige Geschäftsjahr,
2. Erklärung des Mutterunternehmens, für die vom Tochterunternehmen bis zum Bilanzstichtag eingegangenen Verpflichtungen einzustehen,
3. Aufstellung und Prüfung des Konzernabschlusses und des Konzernlageberichts des Mutterunternehmens nach der Bilanzrichtlinie (2013/34/EU) und der Abschlussprüferrichtlinie (2006/43/EG),
4. Angabe der Befreiung des Tochterunternehmens im Konzernanhang des Mutterunternehmens,
5. Veröffentlichung folgender Unterlagen für das Tochterunternehmen:
   – Zustimmungsbeschluss der Gesellschafter (s. Nr. 1),
   – Erklärung zur Einstandsverpflichtung des Mutterunternehmens (s. Nr. 2),
   – Konzernabschluss,

– Konzernlagebericht,

– Bestätigungsvermerk zum Konzernabschluss und Konzernlagebericht des Mutterunternehmens.

Das Tochterunternehmen wird seiner Veröffentlichungsverpflichtung gerecht, wenn einzelne oder alle Unterlagen bereits vom Mutterunternehmen für das Tochterunternehmen in deutscher oder englischer Sprache offengelegt wurden und sie im Bundesanzeiger unter dem Tochterunternehmen aufzufinden sind.

⟶ **Praxistipp:** Der gem. § 264 Abs. 3 Satz 1 Nr. 1 HGB geforderte Gesellschafterbeschluss muss einstimmig erfolgen, d.h. alle Gesellschafter müssen der Befreiung zustimmen. Es ist außerdem darauf zu achten, dass die Voraussetzungen, die im Einflussbereich des Tochterunternehmens liegen (insbesondere Nr. 1 und Nr. 2), sofern von inhaltlichen Erleichterungen Gebrauch gemacht werden soll, z.B. keinen Anhang oder Lagebericht aufzustellen, bis zum Ablauf der Aufstellungsfrist, jedoch spätestens bis zur Feststellung des Jahresabschlusses erfüllt sein müssen. Soll dagegen lediglich die Befreiungsmöglichkeit der Offenlegung in Anspruch genommen werden, so ist es ausreichend, wenn die Voraussetzungen bis zum Ablauf der Offenlegungsfrist gem. § 325 Abs. 1 Satz 2 HGB vorliegen.

28

Zukünftig ist es nicht mehr erforderlich, wie bisher von § 264 Abs. 3 Nr. 4 Buchst. b HGB a.F. gefordert, die Inanspruchnahme der Erleichterungsvorschriften durch das Tochterunternehmen unter Angabe des Mutterunternehmens im Bundesanzeiger gesondert mitzuteilen.

3. Allgemeine Änderungen und Klarstellungen durch das BilRUG

An einigen Punkten haben die Änderungen des § 264 Abs. 3 HGB durch das BilRUG lediglich klarstellenden Charakter. So wird die Befreiungsmöglichkeit nur Tochterunternehmen eröffnet, eine Selbstbefreiung für das Mutterunternehmen, wie es im Rahmen des § 264b HGB möglich ist, scheidet somit nach wie vor aus. Zudem wird in § 264 Abs. 3 Satz 1 Nr. 3 HGB klargestellt, dass der Konzernabschluss und der Konzernlagebericht im Einklang mit der Bilanz- und Abschlussprüferrichtlinie (Richtlinien 2013/34/EU und 2006/43/EG) aufgestellt und geprüft sein müssen. § 264 Abs. 3 Satz 1 Nr. 5 Buchst. e HGB fordert, dass der Bestätigungsvermerk über die Prüfung des Konzernabschlusses des Mutterunternehmens offengelegt werden muss. Die Möglichkeit zur Befreiung scheitert daher, wenn bei der Konzernabschlussprüfung des Mutterunternehmens kein positives Prüfungsurteil im Rahmen eines ggf. eingeschränkten Bestätigungsvermerks, sondern ein Versagungsvermerk erteilt wurde.[1]

29

---

1 Ausdrücklich wurde die Voraussetzung der Erteilung eines Bestätigungsvermerks in der Begründung des RegE (BT-Drucks. 18/4050, 70) zu § 292 HGB aufgenommen.

30 ▶ **Praxistipp:** Nicht nur ein HGB-Konzernabschluss, sondern auch ein gem. § 315a HGB aufgestellter IFRS-Konzernabschluss kann befreiende Wirkung für ein Tochterunternehmen haben, wenn auch die anderen Voraussetzungen des § 264 Abs. 3 HGB erfüllt werden.

4. Zur Offenlegungspflicht gem. § 264 Abs. 3 Satz 1 Nr. 5 und Satz 2 und 3 HGB

31 § 264 Abs. 3 Satz 1 Nr. 5 HGB fordert, dass der Beschluss zur Inanspruchnahme der Befreiungsmöglichkeit gem. Nr. 1, die Erklärung über die Einstandspflicht des Mutterunternehmens gem. Nr. 2, der Konzernabschluss und der Konzernlagebericht sowie der Bestätigungsvermerk zur Konzernabschlussprüfung des Mutterunternehmens für das Tochterunternehmen gem. § 325 Abs. 1–1b HGB offengelegt werden müssen. Die Offenlegungsverpflichtung trifft grundsätzlich die gesetzlichen Vertreter des Tochterunternehmens. Da diese Bedingungen für die Inanspruchnahme der Befreiungsmöglichkeit für das Tochterunternehmen bzw. die gesetzlichen Vertreter mit hohem Aufwand verbunden sind, wird abweichend zur bisherigen gesetzlichen Regelung gem. § 264 Abs. 3 Satz 2 HGB die Möglichkeit eingeräumt, dass der Offenlegungsverpflichtung des Tochterunternehmens auch dann genügt wird, wenn der vom Mutterunternehmen offengelegte **Konzernabschluss**, Konzernlagebericht und Bestätigungsvermerk des Abschlussprüfers im **Bundesanzeiger** unter dem Tochterunternehmen aufgefunden werden können und somit für Dritte zugänglich sind.

32 ▶ **Praxistipp:** Dem Bundesanzeiger muss bei der Veröffentlichung der Unterlagen gem. § 264 Abs. 3 Satz 1 Nr. 5 i.V.m. Satz 2 HGB durch das Mutterunternehmen ausdrücklich angezeigt werden, dass die Veröffentlichung *für* das Tochterunternehmen erfolgt. Dies ist notwendig, da andernfalls die entsprechenden Unterlagen nicht unter dem Suchbegriff des Tochterunternehmens aufgefunden werden können.

33 Weiterhin wird durch § 264 Abs. 3 Satz 3 HGB die Möglichkeit eröffnet, die Veröffentlichung der geforderten Unterlagen durch das Mutterunternehmen **in deutscher oder in englischer Sprache** vorzunehmen. Durch die Öffnung der Vorschrift soll es auch Tochterunternehmen mit Muttergesellschaften in der EU oder im EWR-Raum möglich werden, die Befreiungsmöglichkeit des § 264 Abs. 3 HGB zu nutzen, ohne dass das Mutterunternehmen eine deutsche Übersetzung der offenzulegenden Unterlagen erstellen muss. Die Veröffentlichung der geforderten Unterlagen in englischer Sprache kann jedoch nur durch das Mutterunternehmen für das Tochterunternehmen erfolgen. Sind nicht sämtliche Dokumente gem. § 264 Abs. 3 Satz 1 Nr. 5 HGB durch das Mutterunternehmen für das Tochterunternehmen veröffentlicht worden, so muss das Tochterunternehmen seiner originären Veröffentlichungspflicht selbst nachkommen und ggf. einen englischen Konzernabschluss und Lagebericht sowie den

dazugehörigen Bestätigungsvermerk ins Deutsche übersetzen lassen. Der Gesetzgeber verlangt gem. § 264 Abs. 3 Satz 3 HGB für diesen Fall vom Tochterunternehmen eine beglaubigte Übersetzung. Die anderen zu veröffentlichenden Unterlagen (Gesellschafterbeschluss und Verpflichtungserklärung) dürften regelmäßig ohnehin in deutscher Sprache vorliegen.

Bei **Kleinstkapitalgesellschaften** ist zu beachten, dass sie entweder die Hinterlegungsoption gem. § 326 Abs. 2 HGB oder die Befreiungsmöglichkeit zur Offenlegung gem. § 264 Abs. 3 HGB nutzen können. Eine Anwendung beider Vorschriften schließt § 264 Abs. 3 Satz 1 Nr. 5 HGB aus. Der Offenlegungsverpflichtung des § 264 Abs. 3 Satz 1 Nr. 5 HGB kann somit nicht durch Hinterlegung der genannten Unterlagen beim Bundesanzeiger entsprochen werden. 34

5. Zur Anforderung der Einstandspflicht

a) Bedeutung

Die meiste Aufmerksamkeit ist der Änderung des § 264 Abs. 3 Satz 1 Nr. 2 HGB gewidmet worden. Durch das BilRUG soll nun die geforderte Verpflichtung des Mutterunternehmens, für die Verbindlichkeiten des Tochterunternehmens einzustehen, näher an den Text der der Vorschrift zugrunde liegenden Bilanzrichtlinie[1] angepasst werden. Der neue Gesetzestext fordert, dass sich 35

„das Mutterunternehmen (...) bereit erklärt [hat], für die von dem Tochterunternehmen bis zum Abschlussstichtag eingegangenen Verpflichtungen im folgenden Geschäftsjahr einzustehen".

Welche Konsequenzen diese Neuformulierung für die Praxis hat und welche Erfordernisse hinter der geforderten Einstandspflicht des Mutterunternehmens stehen, wurde intensiv diskutiert. Um eine sinnvolle Interpretation der Neuregelung abzuleiten, ist zunächst der **Sinn und Zweck** dieser Regelung zu hinterfragen. Nimmt ein Tochterunternehmen die Befreiungsmöglichkeiten hinsichtlich der Aufstellung, Prüfung oder Offenlegung des Jahresabschlusses in Anspruch, so verlieren die Bilanzadressaten, insbesondere die Gläubiger des Unternehmens, zumindest in Teilen eine wichtige Informationsgrundlage über das Unternehmen. Dieser Informationsverlust soll durch die Offenlegung des Konzernabschlusses des Mutterunternehmens, in den das Tochterunternehmen einbezogen wird, kompensiert werden. Die geforderte Einstandspflicht des Mutterunternehmens gegenüber dem Tochterunternehmen soll den Gläubiger in die Lage versetzten, seine **Risikoeinschätzung** anhand der wirtschaftlichen Verhältnisse des Mutterunternehmens vornehmen zu können. Die Gläubiger sollen auf die im Konzernabschluss ausgewiesene

---

1 Richtlinie 2013/34/EU des Europäischen Parlaments und des Rates vom 26.6 2013 über den Jahresabschluss, den konsolidierten Abschluss und damit verbundene Berichte von Unternehmen bestimmter Rechtsformen.

Haftungsmasse zurückgreifen können, wenn sie ihre Ansprüche gegenüber der Tochtergesellschaft geltend machen.[1]

b) Zeitlicher und sachlicher Umfang der Einstandspflicht

36 Die Neufassung des § 264 Abs. 3 Satz 1 Nr. 2 HGB schreibt sowohl den sachlichen als auch den zeitlichen Umfang der Einstandspflicht des Mutterunternehmens vor. So erstreckt sich sachlich die Einstandspflicht des Mutterunternehmens auf sämtliche Verpflichtungen, die das Tochterunternehmen **bis zum Abschlussstichtag** eingegangen ist. In überwiegender Meinung wird davon ausgegangen, dass der Terminus „Verpflichtung" weiter zu fassen ist als der Begriff der „Verbindlichkeiten". Somit umfasst die Einstandspflicht des Mutterunternehmens nicht nur die bilanziell erfassten Verbindlichkeiten und Rückstellungen, sondern auch nicht in der Bilanz enthaltene Eventualverbindlichkeiten und Verpflichtungen aus am Abschlussstichtag bestehenden schwebenden Geschäften.[2]

37 In zeitlicher Hinsicht erstreckt sich die Einstandspflicht auf das auf die Inanspruchnahme der Erleichterungen **folgende Geschäftsjahr**. In der Gesetzesbegründung wird angeführt, dass die Dauer der Einstandspflicht auf ein Jahr begrenzt werden kann, da nach einem Jahr entweder ein Einzelabschluss des Tochterunternehmens veröffentlicht werde oder eine erneute Einstandspflicht des Mutterunternehmens für ein weiteres Geschäftsjahr zum Tragen kommt. Hierdurch wird dem Informationsbedürfnis der Jahresabschlussadressaten in vollem Umfang Rechnung getragen.[3]

38 Die Verpflichtung des Mutterunternehmens, für die Verbindlichkeiten des Tochterunternehmens einzustehen, muss zu dem Zeitpunkt bestehen, zu dem das Tochterunternehmen die **Befreiungsmöglichkeit nutzen** will. Der gesetzlich kodifizierte Verpflichtungszeitraum von einem Jahr fügt sich systematisch in die Vorschrift ein, denn die Einstandspflicht des Mutterunternehmens soll die fehlende Offenlegung des Tochterunternehmens ersetzen und besteht somit während der gesetzlichen Offenlegungsfrist gem. § 325 Abs. 1 Satz 1 HGB. Zu einer Diskrepanz in Bezug auf diesen vom Gesetzgeber gewollten zeitlichen Gleichlauf zwischen Verpflichtungsübernahme und Offenlegungsfrist kann es in dem Fall kommen, wenn das Tochterunternehmen ein Rumpfgeschäftsjahr bildet. Der Gesetzeswortlaut des § 264 Abs. 3 Satz 1 Nr. 2 HGB sagt eindeutig, dass die Einstandspflicht nur für das folgende Geschäftsjahr eingegangen werden muss. Bildet das Tochterunternehmen ein Rumpfwirtschaftsjahr, z.B. wegen eines anstehenden Verkaufs, so kann die Einstandspflicht aufgrund des nachfolgenden verkürzten Geschäftsjahres vorzeitig beendet werden, wenngleich die Offenlegungsfrist weiterhin 12 Monate beträgt.[4]

---

1 Begr. RegE, BT-Drucks. 18/4050, 58.
2 Vgl. *Oser/Orth/Wirtz*, DB 2015, 1730; vgl. *Deubert*, DB 2015, Beil. 5, 44.
3 Bericht des Rechtsaussch., BT-Drucks. 18/5256, 80.
4 Vgl. *Deubert*, DB 2015, Beil. 5, 44.

c) Erfüllung der Einstandspflicht

Neben der zeitlichen und sachlichen Dimension der Einstandspflicht stand besonders in der Diskussion, wie das Mutterunternehmen dieser in der Praxis genügen kann. In der Begründung zum Regierungsentwurf wurde gefordert, dass dem Erfordernis der Einstandspflicht nur entsprochen werden kann, wenn zum einen eine gem. § 302 AktG im Rahmen eines Beherrschungs- oder Gewinnabführungsvertrags bestehende Verlustübernahmeverpflichtung seitens des Mutterunternehmens existiert. Zum anderen müsse das Mutterunternehmen auftretende Liquiditätsengpässe des Tochterunternehmens ausgleichen.[1] Weiterhin war fraglich, ob die Einstandspflicht eine Außenhaftung des Mutterunternehmens gegenüber den Gläubigern des Tochterunternehmens begründet oder weiterhin lediglich von einer Innenhaftung zwischen Mutter- und Tochterunternehmen auszugehen ist.

39

Im Rahmen des Berichts des BT-Rechtsausschusses wurden diese Zweifel weitestgehend ausgeräumt. Eine für die Praxis materielle Änderung wird demnach nicht erwartet. Der nun geforderten Einstandspflicht des § 264 Abs. 3 Satz 1 Nr. 2 HGB soll wie bisher durch eine **Innenhaftung des Mutterunternehmens** gegenüber dem Tochterunternehmen genügt werden. Eine Außenhaftung wird nicht gefordert. Eine gesetzliche Verlustübernahmeverpflichtung infolge eines Beherrschungs- oder Gewinnabführungsvertrags analog § 302 AktG und eine konzernrechtliche Verbundenheit der Unternehmen wird für die geforderte Einstandspflicht im Regelfall weiterhin als ausreichend erachtet.[2]

40

Gleichwohl wird in dem Bericht des BT-Rechtsausschusses ausdrücklich gefordert, dass durch die Einstandspflicht des Mutterunternehmens das Tochterunternehmen in die Lage versetzt werden soll, seine Verpflichtungen jederzeit erfüllen zu können. Diese Pflicht korrespondiert mit einer Verpflichtung seitens des Mutterunternehmens, für ausreichend Liquidität beim Tochterunternehmen zu sorgen.[3] Die Forderung, dass mögliche Liquiditätsengpässe des Tochterunternehmens von dem Mutterunternehmen auszugleichen sind, geht materiell jedoch über die bisherigen Anforderungen an die Verlustübernahme hinaus. Dass sich dennoch **keine materiellen Änderungen für die Praxis** aus dieser weitreichenderen Anforderung ergeben, kann wie folgt begründet werden: Der Aussage, dass auch zukünftig eine Verlustübernahmeverpflichtung nach § 302 AktG ausreichend ist, liegt der Gedanke zugrunde, dass dem Tochterunternehmen im Regelfall durch die Verlustübernahme bereits frühzeitig genügend liquide Mittel zugeführt werden, so dass keine Liquiditätsengpässe zu erwarten sind. Ausgleichspflichtige Verluste werden i.d.R. zeitlich vor einem Liquiditätsengpass anfallen. Selbst wenn in Ausnahmesituationen der Liquiditätsengpass bei zunächst positiver Ertragslage eintritt, stellt dies ei-

41

---
1 Begr. RegE, BT-Drucks. 18/4050, 58.
2 Bericht des Rechtsaussch., BT-Drucks. 18/5256, 80.
3 Bericht des Rechtsaussch., BT-Drucks. 18/5256, 80.

ne Gefährdung der gonig concern-Prämisse dar. Sollte der Jahresabschluss in Abkehr von der Fortführungsannahme aufgestellt werden, so findet im Regelfall eine Umbewertung der Vermögensgegenstände und Schulden statt, die regelmäßig zu Verlusten führt, die sodann gem. § 302 AktG ausgleichspflichtig sind.[1] Eine gesonderte Verpflichtung, wie beispielsweise zur Abgabe einer harten Patronatserklärung oder zur Abgabe einer Nachschussverpflichtung, wie es noch in der Gesetzesbegründung des Regierungsentwurfs gefordert wurde, wird daher im Bericht des BT-Rechtsausschusses bei Vorliegen einer Verlustübernahme gem. § 302 AktG als nicht mehr notwendig angesehen.

42 ◗ **Praxistipp:** Besteht mit dem Tochterunternehmen, das die Befreiungsmöglichkeiten des § 264 Abs. 3 HGB in Anspruch nehmen will, eine ertragsteuerliche Organschaft, so ist die aufgrund der Organschaft verpflichtend abzugebende Verlustübernahmeverpflichtung gem. § 302 AktG für die Erfüllung der geforderten Einstandspflicht des Mutterunternehmens auch weiterhin ausreichend. Weitere Anforderungen werden an das Mutterunternehmen auch zukünftig nicht gestellt, um das Erfordernis der Einstandspflicht zu erfüllen.

43 In der Gesetzesbegründung wird jedoch kein Bezug darauf genommen, ob eine **freiwillige Verlustübernahmeverpflichtung** analog § 302 AktG die Anforderung gleichermaßen erfüllt. Da jedoch lt. Gesetzesbegründung keine materiellen Änderungen für die Praxis erwartet werden, kann wie bisher davon ausgegangen werden, dass auch eine freiwillige Verlustübernahmeverpflichtung analog § 302 AktG ausreichend sein sollte, um den Anforderungen des § 264 Abs. 3 HGB zu genügen.

44 Die Auslegung der Neufassung des § 264 Abs. 3 Satz 1 Nr. 2 HGB eröffnet den Unternehmen zukünftig ein **Wahlrecht**, wie sie ihre Einstandspflicht gegenüber ihrem Tochterunternehmen erfüllen. Sie können zum einen wie bisher eine Verlustübernahmeverpflichtung eingehen oder ihrer Einstandspflicht auf andere Weise genügen. Bei der Ausübung des Wahlrechts sind sie nicht an das Stetigkeitsgebot gebunden, so dass sie das Wahlrecht **jährlich neu** ausüben können.[2] Fraglich ist, mit welchen Mitteln neben einer Verlustausgleichsverpflichtung der Einstandspflicht nachgekommen werden kann. In der Begründung zum Gesetzentwurf wird ausgeführt, dass das Mutterunternehmen seiner Einstandspflicht genügen kann, wenn es dem Tochterunternehmen gegenüber eine **Nachschusspflicht** eingeht oder eine **Patronatserklärung** abgibt. Da eine Innenhaftung zur Erfüllung der Einstandspflicht als ausreichend erachtet wird, sei ein unmittelbarer Schuldbeitritt zu den Verpflichtungen des Tochterunternehmens nicht erforderlich.[3] Für Zwecke der Einstandspflicht ist jedoch nicht die Nachschusspflicht gem. § 26 Abs. 1 GmbHG gemeint, da diese erst durch einen

---

1 Vgl. *Deubert*, DB 2015, Beil. 5, 43 f.
2 Vgl. *Oser/Orth/Wirtz*, DB 2015, 1730.
3 Begr. RegE, BT-Drucks. 18/4050, 58.

entsprechenden Beschluss der Gesellschafter entsteht, somit im Ermessen der Muttergesellschaft steht und daher dem geforderten Gläubigerschutz nicht ausreichend Rechnung trägt. Wird eine Patronatserklärung abgegeben, so muss es sich um eine harte Patronatserklärung handeln, da nur innerhalb einer harten Patronatserklärung vom Mutterunternehmen Liquiditäts- oder Kapitalausstattungsgarantien in Bezug auf das Tochterunternehmen abgegeben werden.[1]

IV. Erläuterungen zu § 264 Abs. 4 HGB (Konzernabschlüsse nach dem PublG und freiwiliige Konzernabschlüsse)

Die Änderungen, die durch das BilRUG in § 264 Abs. 4 HGB vorgenommen wurden, haben lediglich klarstellenden Charakter. Danach kann die Befreiungsvorschrift des § 264 Abs. 3 HGB auch von Tochtergesellschaften in Anspruch genommen werden, wenn das Mutterunternehmen einen Konzernabschluss im Einklang mit den Vorschriften des PublG (§§ 11 ff. PublG) oder einen freiwilligen Konzernabschluss aufstellt. Das Mutterunternehmen muss somit nicht die Rechtsform einer Kapitalgesellschaft haben. Einzige Voraussetzung ist bei Aufstellung eines Konzernabschlusses nach dem PublG, dass vom Wahlrecht des § 13 Abs. 3 Satz 1 PublG und somit der Nichtangabe der Organbezüge kein Gebrauch gemacht wird. 45

§ 264b
Befreiung der offenen Handelsgesellschaften und Kommanditgesellschaften im Sinne des § 264a von der Anwendung der Vorschriften dieses Abschnitts

Eine Personenhandelsgesellschaft im Sinne des § 264a Absatz 1 ist von der Verpflichtung befreit, einen Jahresabschluss und einen Lagebericht nach den Vorschriften dieses Abschnitts aufzustellen, prüfen zu lassen und offenzulegen, wenn alle folgenden Voraussetzungen erfüllt sind:

1. die betreffende Gesellschaft ist einbezogen in den Konzernabschluss und in den Konzernlagebericht

   a) eines persönlich haftenden Gesellschafters der betreffenden Gesellschaft oder

   b) eines Mutterunternehmens mit Sitz in einem Mitgliedstaat der Europäischen Union oder einem anderen Vertragsstaat des Abkommens über den Europäischen Wirtschaftsraum, wenn in diesen Konzernabschluss eine größere Gesamtheit von Unternehmen einbezogen ist;

---

1 Vgl. *Kühne/Richter*, BB 2015, 878; vgl. *Deubert*, DB 2015, Beil. 5, 42 f.

2. die in § 264 Absatz 3 Satz 1 Nummer 3 genannte Voraussetzung ist erfüllt;

3. die Befreiung der Personenhandelsgesellschaft ist im Anhang des Konzernabschlusses angegeben und

4. für die Personenhandelsgesellschaft sind der Konzernabschluss, der Konzernlagebericht und der Bestätigungsvermerk nach § 325 Absatz 1 bis 1b offengelegt worden; § 264 Absatz 3 Satz 2 und 3 ist entsprechend anzuwenden.

Begründung Regierungsentwurf v. 20.2.2015 (BT-Drucks. 18/4050, 59):

Die Regelung in § 264b HGB beruhte bisher auf der Ausübung der Option in Artikel 57a der Richtlinie 78/660/EWG. Durch die Neuregelung wird der Text sprachlich vereinfacht und an Artikel 38 Absatz 2 der Richtlinie 2013/34/EU angepasst.

Mit der Neufassung werden die Voraussetzungen für das Wahlrecht für Kapitalgesellschaften und Personenhandelsgesellschaften teilweise angeglichen. Zugleich werden die beiden Befreiungsfallgruppen (persönlich haftender Gesellschafter oder Mutterunternehmen einer größeren Gesamtheit von Unternehmen) stärker hervorgehoben. Nach Artikel 38 Absatz 2 Buchstabe b Nummer ii der Richtlinie 2013/34/EU ist eine Personenhandelsgesellschaft, die in den Konzernabschluss eines Mutterunternehmens, das nicht persönlich und unbeschränkt für die betreffende Gesellschaft haftet, einbezogen ist, nur dann befreit, wenn der Konzernabschluss für eine größere Gesamtheit von Unternehmen aufgestellt wird. Diese Voraussetzung wird in § 264b HGB-E nunmehr klargestellt und dürfte mindestens drei in den Konzernabschluss einbezogene Unternehmen erfordern. Möglich bleibt weiterhin, dass die Personenhandelsgesellschaft selbst den Konzernabschluss mit befreiender Wirkung aufstellt; notwendig ist aber auch in diesem Fall eine größere Gesamtheit von in den Konzernabschluss einbezogenen Unternehmen.

Wie im bisherigen Recht ist der Konzernabschluss für das Tochterunternehmen im Bundesanzeiger offenzulegen (§ 264b Nummer 3 HGB-E in Verbindung mit § 264 Absatz 3 Satz 1 Nummer 5 HGB-E). Die Erleichterungen von § 264 Absatz 3 Satz 2 und 3 HGB-E gelten auch für Personenhandelsgesellschaften. Die Begründung zu § 264 Absatz 3 HGB-E ist damit insoweit auch für die Befreiung von Personenhandelsgesellschaften maßgeblich.

Bericht des Ausschusses für Recht und Verbraucherschutz v. 17.6.2015 (BT-Drucks. 18/5256, 81):

Der Ausschuss unterstützt das Anliegen des Gesetzentwurfs, die Regelung des § 264b HGB etwas zu vereinfachen. Wichtig ist aber, zu erreichen, dass auch die an der Spitze eines Konzerns stehende Personenhandelsgesellschaft wie bisher von der Erleichterung profitieren kann. Dazu ist eine Klarstellung erforderlich, die Zweifel der Praxis beseitigt.

Im Hinblick auf die in § 264b HGB-E eingeführte Bezeichnung der „größeren Gesamtheit von Unternehmen" stellt der Ausschuss fest, dass die Richtlinie 2013/34/EU keine Anhaltspunkte für das Begriffsverständnis enthält. Im Hinblick darauf, dass eine Personenhandelsgesellschaft im Sinn des § 264a HGB aber einen voll haftenden Gesellschafter in Form einer Kapitalgesellschaft haben muss, bilden alle von § 264a HGB erfassten Personenhandelsgesellschaften mit ihren Gesellschaftern mindestens zwei Unternehmen. Daher kann die „größere Gesamtheit" erst ab drei Unternehmen angenommen werden.

§ 264b – Befreiung konzernangehöriger oHG und KG

I. Wesentliche Neuerungen

- Der Konzernabschluss des Mutterunternehmens mit Sitz in einem EU- oder EWR-Staat muss eine größere Gesamtheit von Unternehmen umfassen (mind. drei Unternehmen).
- Klarstellung: Selbstbefreiung des Mutterunternehmens weiterhin möglich.
- Prüfung des befreienden Konzernabschlusses muss mit einem (ggf. eingeschränkten) Bestätigungsvermerk abschließen.
- Die Offenlegung der erforderlichen Unterlagen kann zukünftig zentral durch das Mutterunternehmen für das Tochterunternehmen und wahlweise in englischer oder deutscher Sprache erfolgen.

46

II. Erläuterungen zu § 264b HGB (Voraussetzungen für die Inanspruchnahme der Befreiungsvorschrift hinsichtlich der Aufstellung, Prüfung und Offenlegung des Jahresabschlusses für Personenhandelsgesellschaften i.S.d. § 264a HGB)

Personenhandelsgesellschaften i.S.d. § 264a HGB, d.h. solche, bei denen nicht mindestens eine natürliche Person mittelbarer oder unmittelbarer persönlicher Vollhafter ist, sind von der Anwendung der Vorschriften der §§ 264 ff. HGB **befreit**, wenn die folgenden **Voraussetzungen** des § 264b HGB **kumulativ** erfüllt sind:

47

1. Einbezug der Personenhandelsgesellschaft in den Konzernabschluss und den Konzernlagebericht
   - eines persönlich haftenden Gesellschafters oder
   - eines Mutterunternehmens mit Sitz in einem EU- oder EWR-Staat, der eine größere Gesamtheit von Unternehmen umfasst,
2. Aufstellung und Prüfung des Konzernabschlusses und des Konzernlageberichts des Mutterunternehmens nach der Bilanz-Richtlinie (2013/34/EU) und der Abschlussprüfungs-Richtlinie (2006/43/EG),
3. Angabe der Befreiung der Personenhandelsgesellschaft im Konzernanhang des Mutterunternehmens,
4. Veröffentlichung folgender Unterlagen für die Personenhandelsgesellschaft:
   - Konzernabschluss,
   - Konzernlagebericht,
   - Bestätigungsvermerk der Prüfung des Konzernabschlusses des Mutterunternehmens.

Die Personenhandelsgesellschaft wird ihrer Veröffentlichungsverpflichtung gerecht, wenn einzelne oder alle Unterlagen bereits vom Mutterunternehmen für das Tochterunternehmen in deutscher oder englischer Sprache offengelegt wurden und sie im Bundesanzeiger unter der Personenhandelsgesellschaft aufzufinden sind.

Durch den gewählten Wortlaut wird es Mutterunternehmen wie bisher ermöglicht, sich selbst von der Offenlegung des eigenen Jahresabschlusses zu befreien, wenn sie einen befreienden Konzernabschluss aufstellen. Denn im Unterschied zu § 264 Abs. 3 HGB wird in § 264b HGB nicht von „Tochtergesellschaften", sondern von „Personenhandelsgesellschaften" gesprochen. Die Muttergesellschaft in der Rechtsform einer Personenhandelsgesellschaft wird von der Befreiungsmöglichkeit wie bisher mit eingeschlossen.

48 Neu eingeführt durch das BilRUG ist die Voraussetzung, dass der Konzernabschluss eines Mutterunternehmens mit Sitz in einem EU- oder EWR-Staat eine größere Gesamtheit von Unternehmen umfassen muss. Ausweislich des Berichts des BT-Rechtsausschusses ist von einer größeren Gesamtheit auszugehen, wenn **mindestens drei Unternehmen in den Konzernabschluss einbezogen** sind, da im Regelfall die Personengesellschaft und die Komplementär-GmbH schon zwei Unternehmen sind. Die zusätzliche Regelung soll implizieren, dass diese Zweierkonstellation allein nicht ausreichend ist und somit mindestens drei Unternehmen in den Konzernabschluss einbezogen werden müssen.[1]

49 Die Befreiungsvoraussetzungen für Personenhandelsgesellschaften sind weitgehend an die **Voraussetzungen für Kapitalgesellschaften** angepasst worden. § 264b Nr. 2 HGB verweist direkt auf § 264 Abs. 3 Satz 1 Nr. 3 HGB, während § 264b Nr. 3 und Nr. 4 HGB analog zu den Vorschriften des § 264 Abs. 3 Nr. 4 und Nr. 5 Buchst. c–e HGB ausgestaltet sind. Somit müssen entsprechend zu den Voraussetzungen des § 264 Abs. 3 HGB auch bei der Befreiung von Personenhandelsgesellschaften der Konzernabschluss und der Konzernlagebericht im Einklang mit der Bilanz- und Abschlussprüferrichtlinie (Richtlinien 2013/34/EU und 2006/43/EG) aufgestellt und geprüft sein. Weiterhin muss die Befreiung der Personenhandelsgesellschaft im Konzernanhang des Mutterunternehmens angegeben sein. Auch Personenhandelsgesellschaften müssen die Offenlegungspflichten des § 264b Nr. 4 HGB erfüllen, wonach der Konzernabschluss und Konzernlagebericht sowie der Bestätigungsvermerk gem. § 325 Abs. 1–1b HGB offenzulegen sind. Aufgrund der analogen Anwendung des § 264 Abs. 3 Satz 2 und 3 HGB gem. § 264b Nr. 4 Halbs. 2 HGB werden Personenhandelsgesellschaften der Offenlegungsverpflichtung gerecht, wenn das Mutterunternehmen den Konzernabschluss, den Konzernlagebericht sowie den Bestätigungsvermerk des Abschlussprüfers gem. § 325 HGB für die Tochterpersonenhandelsgesellschaft offenlegt und diese Unterlagen im Bundesanzeiger unter der Personenhandelsgesellschaft gefunden werden können. Die Offenlegung der Unterlagen durch das Mutterunternehmen für das Tochterunternehmen ist in deutscher

---

1 Bericht des Rechtsaussch., BT-Drucks. 18/5256, 81; vgl. hierzu auch *Zwirner/Petersen*, WPg. 2015, 813.

oder englischer Sprache möglich. Auch hier ist in analoger Anwendung zu § 264 Abs. 3 HGB zu beachten, dass die Befreiungsmöglichkeit nicht in Anspruch genommen werden kann, wenn für den Konzernabschluss kein positives Prüfungsurteil in Form eines Bestätigungsvermerks, sondern ein Versagungsvermerk erteilt wurde (zur Offenlegungspflicht des Tochterunternehmens und der Erfüllung der Offenlegungspflicht durch das Mutterunternehmen gem. § 264b Nr. 4 i.V.m. § 264 Abs. 3 Satz 2 und 3 HGB s. Rz. 31 ff.).

➲ **Praxistipp:** Zukünftig ist es nicht mehr erforderlich, wie bisher von § 264b Nr. 3 Buchst. b HGB a.F. gefordert, die Befreiung der Personenhandelsgesellschaft unter Angabe des Mutterunternehmens im Bundesanzeiger gesondert mitzuteilen. 50

§ 264d
Kapitalmarktorientierte Kapitalgesellschaft

Eine Kapitalgesellschaft ist kapitalmarktorientiert, wenn sie einen organisierten Markt im Sinn des § 2 Abs. 5 des Wertpapierhandelsgesetzes durch von ihr ausgegebene Wertpapiere im Sinn des § 2 **Absatz 1** des Wertpapierhandelsgesetzes in Anspruch nimmt oder die Zulassung solcher Wertpapiere zum Handel an einem organisierten Markt beantragt hat.

Begründung Regierungsentwurf v. 20.2.2015 (BT-Drucks. 18/4050, 59):

Die Änderung in Nummer 7 dient der Bereinigung eines früheren Redaktionsversehens, das in der unterbliebenen Anpassung mehrerer handelsrechtlicher Vorschriften an die Änderung von § 2 Absatz 1 des Wertpapierhandelsgesetzes besteht.

§ 265
Allgemeine Grundsätze für die Gliederung

(1) ¹Die Form der Darstellung, insbesondere die Gliederung der aufeinanderfolgenden Bilanzen und Gewinn- und Verlustrechnungen, ist beizubehalten, soweit nicht in Ausnahmefällen wegen besonderer Umstände Abweichungen erforderlich sind. ²Die Abweichungen sind im Anhang anzugeben und zu begründen.

(2) ¹In der Bilanz sowie in der Gewinn- und Verlustrechnung ist zu jedem Posten der entsprechende Betrag des vorhergehenden Geschäftsjahrs anzugeben. ²Sind die Beträge nicht vergleichbar, so ist dies im Anhang anzugeben und zu erläutern. ³Wird der Vorjahresbetrag angepaßt, so ist auch dies im Anhang anzugeben und zu erläutern.

(3) Fällt ein Vermögensgegenstand oder eine Schuld unter mehrere Posten der Bilanz, so ist die Mitzugehörigkeit zu anderen Posten bei dem Posten, unter dem der Ausweis erfolgt ist, zu vermerken oder im Anhang anzuge-

ben, wenn dies zur Aufstellung eines klaren und übersichtlichen Jahresabschlusses erforderlich ist.

(4) ¹Sind mehrere Geschäftszweige vorhanden und bedingt dies die Gliederung des Jahresabschlusses nach verschiedenen Gliederungsvorschriften, so ist der Jahresabschluß nach der für einen Geschäftszweig vorgeschriebenen Gliederung aufzustellen und nach der für die anderen Geschäftszweige vorgeschriebenen Gliederung zu ergänzen. ²Die Ergänzung ist im Anhang anzugeben und zu begründen.

(5) ¹Eine weitere Untergliederung der Posten ist zulässig; dabei ist jedoch die vorgeschriebene Gliederung zu beachten. ²Neue Posten **und Zwischensummen** dürfen hinzugefügt werden, wenn ihr Inhalt nicht von einem vorgeschriebenen Posten gedeckt wird.

(6) Gliederung und Bezeichnung der mit arabischen Zahlen versehenen Posten der Bilanz und der Gewinn- und Verlustrechnung sind zu ändern, wenn dies wegen Besonderheiten der Kapitalgesellschaft zur Aufstellung eines klaren und übersichtlichen Jahresabschlusses erforderlich ist.

(7) Die mit arabischen Zahlen versehenen Posten der Bilanz und der Gewinn- und Verlustrechnung können, wenn nicht besondere Formblätter vorgeschrieben sind, zusammengefaßt ausgewiesen werden, wenn

1. sie einen Betrag enthalten, der für die Vermittlung eines den tatsächlichen Verhältnissen entsprechenden Bildes im Sinne des § 264 Abs. 2 nicht erheblich ist,

    oder

2. dadurch die Klarheit der Darstellung vergrößert wird; in diesem Falle müssen die zusammengefaßten Posten jedoch im Anhang gesondert ausgewiesen werden.

(8) Ein Posten der Bilanz oder der Gewinn- und Verlustrechnung, der keinen Betrag ausweist, braucht nicht aufgeführt zu werden, es sei denn, daß im vorhergehenden Geschäftsjahr unter diesem Posten ein Betrag ausgewiesen wurde.

Begründung Regierungsentwurf v. 20.2.2015 (BT-Drucks. 18/4050, 59):
Die Ergänzung in Absatz 5 Satz 2 gibt die mit Artikel 9 Absatz 2 Satz 3 der Richtlinie 2013/34/EU eingeführteMöglichkeit ergänzender Zwischensummen an die Kapitalgesellschaften weiter.

§ 266
Gliederung der Bilanz

(1) ¹Die Bilanz ist in Kontoform aufzustellen. ²Dabei haben **mittelgroße und große Kapitalgesellschaften (§ 267 Absatz 2 und 3)** auf der Aktivseite die in Absatz 2 und auf der Passivseite die in Absatz 3 bezeichneten Posten gesondert und in der vorgeschriebenen Reihenfolge auszuweisen. ³Kleine Kapitalgesellschaften (§ 267 Abs. 1) brauchen nur eine verkürzte

Bilanz aufzustellen, in die nur die in den Absätzen 2 und 3 mit Buchstaben und römischen Zahlen bezeichneten Posten gesondert und in der vorgeschriebenen Reihenfolge aufgenommen werden. ⁴Kleinstkapitalgesellschaften (§ 267a) brauchen nur eine verkürzte Bilanz aufzustellen, in die nur die in den Absätzen 2 und 3 mit Buchstaben bezeichneten Posten gesondert und in der vorgeschriebenen Reihenfolge aufgenommen werden.

(2) Aktivseite

A. Anlagevermögen:
    I. Immaterielle Vermögensgegenstände:
        1. Selbst geschaffene gewerbliche Schutzrechte und ähnliche Rechte und Werte;
        2. entgeltlich erworbene Konzessionen, gewerbliche Schutzrechte und ähnliche Rechte und Werte sowie Lizenzen an solchen Rechten und Werten;
        3. Geschäfts- oder Firmenwert;
        4. geleistete Anzahlungen;
    II. Sachanlagen:
        1. Grundstücke, grundstücksgleiche Rechte und Bauten einschließlich der Bauten auf fremden Grundstücken;
        2. technische Anlagen und Maschinen;
        3. andere Anlagen, Betriebs- und Geschäftsausstattung;
        4. geleistete Anzahlungen und Anlagen im Bau;
    III. Finanzanlagen:
        1. Anteile an verbundenen Unternehmen;
        2. Ausleihungen an verbundene Unternehmen;
        3. Beteiligungen;
        4. Ausleihungen an Unternehmen, mit denen ein Beteiligungsverhältnis besteht;
        5. Wertpapiere des Anlagevermögens;
        6. sonstige Ausleihungen.

B. Umlaufvermögen:
    I. Vorräte:
        1. Roh-, Hilfs- und Betriebsstoffe;
        2. unfertige Erzeugnisse, unfertige Leistungen;
        3. fertige Erzeugnisse und Waren;
        4. geleistete Anzahlungen;

II. Forderungen und sonstige Vermögensgegenstände:
1. Forderungen aus Lieferungen und Leistungen;
2. Forderungen gegen verbundene Unternehmen;
3. Forderungen gegen Unternehmen, mit denen ein Beteiligungsverhältnis besteht;
4. sonstige Vermögensgegenstände;
III. Wertpapiere:
1. Anteile an verbundenen Unternehmen;
2. sonstige Wertpapiere;
IV. Kassenbestand, Bundesbankguthaben, Guthaben bei Kreditinstituten und Schecks.
C. Rechnungsabgrenzungsposten.
D. Aktive latente Steuern.
E. Aktiver Unterschiedsbetrag aus der Vermögensverrechnung.

(3) Passivseite

A. Eigenkapital:
I. Gezeichnetes Kapital;
II. Kapitalrücklage;
III. Gewinnrücklagen:
1. gesetzliche Rücklage;
2. Rücklage für Anteile an einem herrschenden oder mehrheitlich beteiligten Unternehmen;
3. satzungsmäßige Rücklagen;
4. andere Gewinnrücklagen;
IV. Gewinnvortrag/Verlustvortrag;
V. Jahresüberschuß/Jahresfehlbetrag.
B. Rückstellungen:
1. Rückstellungen für Pensionen und ähnliche Verpflichtungen;
2. Steuerrückstellungen;
3. sonstige Rückstellungen.
C. Verbindlichkeiten:
1. Anleihen
davon konvertibel;
2. Verbindlichkeiten gegenüber Kreditinstituten;
3. erhaltene Anzahlungen auf Bestellungen;

4. Verbindlichkeiten aus Lieferungen und Leistungen;
5. Verbindlichkeiten aus der Annahme gezogener Wechsel und der Ausstellung eigener Wechsel;
6. Verbindlichkeiten gegenüber verbundenen Unternehmen;
7. Verbindlichkeiten gegenüber Unternehmen, mit denen ein Beteiligungsverhältnis besteht;
8. sonstige Verbindlichkeiten,

   davon aus Steuern,

   davon im Rahmen der sozialen Sicherheit.
D. Rechnungsabgrenzungsposten.
E. Passive latente Steuern.

Begründung Regierungsentwurf v. 20.2.2015 (BT-Drucks. 18/4050, 59):
Bei der Änderung handelt es sich um eine redaktionelle Änderung, um die im Dritten Buch des HGB übliche Reihenfolge der Größenklassen (klein, mittelgroß und groß) auch in § 266 zu berücksichtigen. Inhaltliche Änderungen sind damit nicht verbunden.

§ 267
Umschreibung der Größenklassen

(1) Kleine Kapitalgesellschaften sind solche, die mindestens zwei der drei nachstehenden Merkmale nicht überschreiten:

1. 6 000 000 Euro Bilanzsumme.

2. **12 000 000 Euro** Umsatzerlöse in den zwölf Monaten vor dem Abschlußstichtag.

3. Im Jahresdurchschnitt fünfzig Arbeitnehmer.

(2) Mittelgroße Kapitalgesellschaften sind solche, die mindestens zwei der drei in Absatz 1 bezeichneten Merkmale überschreiten und jeweils mindestens zwei der drei nachstehenden Merkmale nicht überschreiten:

1. 20 000 000 Euro Bilanzsumme.

2. **40 000 000 Euro** Umsatzerlöse in den zwölf Monaten vor dem Abschlußstichtag.

3. Im Jahresdurchschnitt zweihundertfünfzig Arbeitnehmer.

(3) ¹Große Kapitalgesellschaften sind solche, die mindestens zwei der drei in Absatz 2 bezeichneten Merkmale überschreiten. ²Eine Kapitalgesellschaft im Sinn des § 264d gilt stets als große.

(4) ¹Die Rechtsfolgen der Merkmale nach den Absätzen 1 bis 3 Satz 1 treten nur ein, wenn sie an den Abschlußstichtagen von zwei aufeinanderfolgenden Geschäftsjahren über- oder unterschritten werden. ²Im Falle der Umwandlung oder Neugründung treten die Rechtsfolgen schon ein,

wenn die Voraussetzungen des Absatzes 1, 2 oder 3 am ersten Abschlußstichtag nach der Umwandlung oder Neugründung vorliegen. ³**Satz 2 findet im Falle des Formwechsels keine Anwendung, sofern der formwechselnde Rechtsträger eine Kapitalgesellschaft oder eine Personenhandelsgesellschaft im Sinne des § 264a Absatz 1 ist.**

(4a) ¹Die Bilanzsumme setzt sich aus den Posten zusammen, die in den Buchstaben A bis E des § 266 Absatz 2 aufgeführt sind. ²Ein auf der Aktivseite ausgewiesener Fehlbetrag (§ 268 Absatz 3) wird nicht in die Bilanzsumme einbezogen.

(5) Als durchschnittliche Zahl der Arbeitnehmer gilt der vierte Teil der Summe aus den Zahlen der jeweils am 31. März, 30. Juni, 30. September und 31. Dezember beschäftigten Arbeitnehmer einschließlich der im Ausland beschäftigten Arbeitnehmer, jedoch ohne die zu ihrer Berufsausbildung Beschäftigten.

(6) Informations- und Auskunftsrechte der Arbeitnehmervertretungen nach anderen Gesetzen bleiben unberührt.

Begründung Regierungsentwurf v. 20.2.2015 (BT-Drucks. 18/4050, 60):

Abs. 1 und 2: Mit dem Gesetzesentwurf werden die Schwellenwerte des § 267 Absatz 1 und 2 HGB erneut angehoben. Die Anhebung geht auf Artikel 3 Absatz 2 bis 4 der Richtlinie 2013/34/EU zurück; die dort eingeräumten Möglichkeiten werden in vollem Umfang übernommen. Damit geht eine erhebliche Kostensenkung für die begünstigten, vor allem kleinen Unternehmen einher. Der bisher ausdrücklich in § 267 Absatz 1 Nummer 1 HGB und § 267 Absatz 2 Nummer 1 HGB vorgesehene Abzug eines auf der Aktivseite ausgewiesenen Fehlbetrags (§ 268 Absatz 3) ist künftig schon Bestandteil der neu eingefügten Definition der Bilanzsumme in § 267 Absatz 4a HGB-E und kann in § 267 Absatz 1 und 2 daher gestrichen werden.

In der Übergangsregelung des EGHGB-E ist vorgesehen, dass die neue Fassung des § 267 Absatz 1 und 2 HGB-E bereits erstmals auf Jahresabschlüsse für nach dem 31. Dezember 2013 beginnende Geschäftsjahre angewandt werden kann. Wird davon Gebrauch gemacht, ist bei der Einstufung nach § 267 Absatz 4 HGB auf zwei aufeinander folgende Geschäftsjahre abzustellen. Das bedeutet, dass bei der Einstufung für den Jahresabschluss zu dem nach dem 31. Dezember 2013 beginnenden Geschäftsjahr die Bilanzsumme, Umsatzerlöse und Beschäftigtenzahl nicht nur für den Schluss dieses Geschäftsjahres, sondern zumindest auch des Vorjahres zu betrachten sind. Entsprechend der Praxis bei früheren Anhebungen der Schwellenwerte werden bei dieser Betrachtung die neuen Schwellenwerte rückbezogen. Eine Kapitalgesellschaft ist damit zum Abschlussstichtag 31. Dezember 2014 auch dann klein, wenn sie zu diesem Stichtag und zum 31. Dezember 2013 oder zum 31. Dezember 2013 und zum 31. Dezember 2012 zwei der drei Merkmale nach der Änderung (Bilanzsumme 6 Mio. Euro, Umsatzerlöse 12 Mio. Euro, 50 Beschäftigte im Jahresdurchschnitt) nicht überschritten hat. Für die Aufstellung der Jahresabschlüsse zu den früheren Abschlussstichtagen verbleibt es hingegen dabei, dass die bisherigen Merkmale anzuwenden sind (Bilanzsumme 4,84 Mio. Euro, Umsatzerlöse 9,68 Mio. Euro, 50 Beschäftigte im Jahresdurchschnitt). Das entspricht auch der Zielsetzung der Richtlinie 2013/34/EU. Die Entlastungen werden damit zum frühestmöglichen Zeitpunkt weitergegeben. Ergänzend ist darauf hinzuweisen, dass die Unternehmen nach der Übergangsregelung von der vorgezogenen Anwendung der erhöhten Schwellenwerte nur Gebrauch machen dürfen, wenn sie auch die neue Definition der Umsatzerlöse nach § 277 Absatz 1 zu Grunde legen. Hintergrund ist, dass Jahresabschlüsse der Information von Abschlussadressaten dienen und deshalb möglichst vergleichbar sein müssen. Werden Kriterien für eine vereinfachte Rechnungslegung geändert, sollten diese Änderungen zu einem Stichtag und nicht partiell erfolgen. Ansonsten drohen gerade in der Umsetzungsphase stark schwankende Einordnungen in die Größenklassen. Weiterer Hintergrund ist, dass der europäische Gesetzgeber die Erhöhung der Schwellenwerte und die breitere Definition der Umsatzerlöse gleichzeitig eingeführt hat und die Erhöhung diese geänderte Definition berücksichtigt.

Abs. 4: § 267 Absatz 4 Satz 3 HGB wird an Artikel 3 Absatz 10 der Richtlinie 2013/14/EU angepasst. Grundsätzlich treten die Rechtsfolgen der Größenklasse nach § 267 Absatz 4 Satz 1 HGB nur ein, wenn die Merkmale an zwei aufeinanderfolgenden Abschlussstichtagen über- oder unterschritten werden. Für Fälle der Neugründung oder Umwandlung wird auf diese Kontinuität verzichtet und das Über- oder Unterschreiten am ersten Abschlussstichtag nach der Neugründung oder Umwandlung für maßgeblich erklärt. Davon macht § 267 Absatz 4 Satz 3 HGB-E nun für den Fall des Formwechsels eine Ausnahme, so dass insoweit wieder die allgemeine Regelung (Kontinuität über zwei aufeinanderfolgende Geschäftsjahre) gilt.

Abs. 4a: Zur Klarstellung wird für alle Unternehmenskategorien der Begriff der Bilanzsumme entsprechend Artikel 3 Absatz 11 der Richtlinie 2013/34/EU erläutert. Nach § 274 angesetzte aktive latente Steuern sind in die Berechnung der Bilanzsumme einzubeziehen. Ein auf der Aktivseite nach § 268 Absatz 3 ausgewiesener Fehlbetrag wird hingegen in die Berechnung der Bilanzsumme nicht einbezogen; dies entspricht dem geltenden Recht. Da diese Begriffsbestimmung künftig für die §§ 267, 267a und 293 HGB maßgeblich sein wird, kann in den anderen Vorschriften der einschränkende Zusatz „unter Abzug eines auf der Aktivseite ausgewiesenen Fehlbetrags" gestrichen werden. Damit werden diese Vorschriften leichter lesbar.

Die bisher für Kleinstkapitalgesellschaften geregelte Definition der Bilanzsumme in § 267a Absatz 1 Satz 2 kann damit ebenfalls entfallen.

I. Wesentliche Neuerungen

– Anhebung der Schwellenwerte für kleine und mittelgroße Kapitalgesellschaften. 51
– Einführung einer Bilanzsummendefinition.
– Rückausnahme für den Fall des Formwechsels zur regulären Zwei-Jahres Regel bei der Bestimmung der Größenklasse.

II. Erläuterungen zu § 267 HGB (Anhebung der Schwellenwerte)

1. Regelungsinhalt

Die **Schwellenwerte** des § 267 HGB für **kleine und mittelgroße Kapitalge-** 52
sellschaften werden durch das BilRUG nochmals **erhöht**. Die Anhebung der Schwellenwerte soll maßgeblich zur Zielsetzung des BilRUG beitragen, eine Bürokratieentlastung für kleine und mittlere Unternehmen herbeizuführen. Für die Einordnung in die einzelnen Größenklassen gelten folgende Schwellenwerte:

53 Eine Kapitalgesellschaft ist als **kleine** Gesellschaft einzustufen, wenn sie an zwei aufeinanderfolgenden Stichtagen mindestens zwei der drei nachfolgenden Werte nicht überschreitet (§ 267 Abs. 1 HGB):

Bilanzsumme	Umsatzerlöse	Anzahl Arbeitnehmer im Jahresdurchschnitt
6 000 000 Euro	12 000 000 Euro	50

Im Vergleich zu den bisherigen Schwellenwerten ist eine signifikante Erhöhung der Grenzwerte von Bilanzsumme und Umsatzerlöse von rd. 24 % vorgenommen worden. Die Anzahl der Arbeitnehmer ist hingegen unverändert geblieben. Es wird erwartet, dass durch die Anhebung der Schwellenwerte ca. 7000 bisher mittelgroße Kapitalgesellschaften nach Maßgabe der erhöhten Schwellenwerte als kleine Kapitalgesellschafen einzustufen sind.[1] Somit können zukünftig deutlich mehr Unternehmen die größenabhängigen Erleichterungen für kleine Unternehmen in Anspruch nehmen.

54 Eine Kapitalgesellschaft ist als **mittelgroße** Gesellschaft einzustufen, wenn sie an zwei aufeinanderfolgenden Stichtagen mindestens zwei der drei nachfolgenden Werte nicht überschreitet (§ 267 Abs. 2 HGB):

Bilanzsumme	Umsatzerlöse	Anzahl Arbeitnehmer im Jahresdurchschnitt
20 000 000 Euro	40 000 000 Euro	250

Die Grenzwerte von Bilanzsumme und Umsatzerlöse für die Klassifizierung als mittelgroße Kapitalgesellschaft sind nur geringfügig um rd. 4 % angehoben worden. Auch hier ist die Anzahl der Arbeitnehmer unverändert. Die nur geringfügige Anhebung der Schwellenwerte für mittelgroße Kapitalgesellschaften hat schätzungsweise Auswirkungen auf ca. 300 Unternehmen, die nicht mehr als große, sondern nunmehr nach Maßgabe der erhöhten Schwellenwerte als mittelgroße Kapitalgesellschaften einzustufen sind.[2]

Die Schwellenwerte für Kleinstkapitalgesellschaften gem. § 267a HGB bleiben unverändert.

55 In einem neuen § 267 Abs. 4a HGB wird nun erstmals definiert, wie die **Bilanzsumme** für die Einstufung in die entsprechende Größenklasse zu ermitteln ist. Sie umfasst die Positionen des § 266 Abs. 2 Buchst. A–E HGB der Aktivseite:

A) Anlagevermögen

B) Umlaufvermögen

---

[1] Begr. RegE, BT-Drucks. 18/4050, 52.
[2] Begr. RegE, BT-Drucks. 18/4050, 52.

C) Rechnungsabgrenzungsposten

D) Aktive latente Steuern

E) Aktiver Unterschiedsbetrag aus der Vermögensverrechnung

In die Ermittlung der Bilanzsumme sind somit auch aktive latente Steuern einzubeziehen, soweit von dem Aktivierungswahlrecht des § 274 Abs. 1 Satz 2 HGB Gebrauch gemacht wurde. Ein auf der Aktivseite ausgewiesener Fehlbetrag ist nach der gesetzlichen Regelung nicht in die Ermittlung der Bilanzsumme mit einzubeziehen. Die Definition der Bilanzsumme gilt auch für die Beurteilung der Größenklasse nach § 267a HGB für Kleinstkapitalgesellschaften und § 293 HGB im Bereich der Konzernrechnungslegung.

Eine materielle Änderung für die Praxis ergibt sich aus der nun bestehenden Bilanzsummendefinition nicht, denn sie entspricht der **bisherigen** im handelsrechtlichen Schrifttum vorgenommenen **Bilanzsummenermittlung**. Positiv zu beurteilen ist, dass nunmehr auch gesetzlich klargestellt wird, dass aktive latente Steuern in die Bilanzsummenermittlung mit einzubeziehen sind. Eine Veränderung ergibt sich lediglich für die Ermittlung der Bilanzsumme bei Kleinstkapitalgesellschaften, da der bisherige § 267a HGB die Berücksichtigung aktiver latenter Steuern bei der Ermittlung der Bilanzsumme ausgeschlossen hat. 56

➲ **Praxistipp:** In die Ermittlung der Bilanzsumme sind gem. § 267 Abs. 4a HGB auch wahlweise angesetzte aktive latente Steuern einzubeziehen. Somit sollte bei der Wahlrechtsausübung überprüft werden, ob der Ansatz aktiver latenter Steuer zur Überschreitung des Schwellenwerts der Bilanzsumme und somit gegebenenfalls zur Einstufung in die nächsthöhere Größenkategorie, verbunden mit dem Wegfall von größenabhängigen Erleichterungen führt. Dies ist insbesondere bei der Einstufung als Kleinstkapitalgesellschaft zu beachten, wenn latente Steuern aktiviert wurden, da die neue Bilanzsummendefinition des § 267 Abs. 4a HGB auch auf diese anzuwenden ist und von der bisherigen Bilanzsummendefinition des § 267a HGB abweicht. 57

Eine weitere Neuerung wird im Rahmen des BilRUG durch Ergänzung des § 267 Abs. 4 HGB vorgenommen. § 267 Abs. 4 Satz 1 HGB legt fest, dass die Rechtsfolgen der einzelnen Größenklassen erst dann eintreten, wenn diese an den Abschlussstichtagen von **zwei aufeinanderfolgenden Geschäftsjahren** über- oder unterschritten werden. Von dieser Regelung wurden bisher in Satz 2 sämtliche Fälle von **Neugründungen** und **Umwandlungen** ausgenommen. Für diese treten die Rechtsfolgen der jeweiligen Größenklasse bereits bei Vorliegen der Größenkriterien am ersten Abschlussstichtag nach Neugründung oder Umwandlung ein. Von dieser Ausnahmeregelung war bisher auch der Formwechsel als Sonderfall der Umwandlung mit erfasst, obwohl dies wenig sinnvoll erscheint. Mit § 267 Abs. 4 Satz 3 HGB wird nun eine **Rückausnahme für Fälle des** 58

Formwechsels geschaffen. § 267 Abs. 4 Satz 3 HGB schreibt vor, dass die grundsätzlich für Umwandlungen und Neugründungen geltende abweichende Regelung im Fall des Formwechsels nicht anzuwenden ist. Beim Formwechsel bleibt es daher bei der allgemeinen Regelung, so dass eine Kontinuität über zwei aufeinanderfolgende Geschäftsjahre für die Größenklassifizierung vorliegen muss.[1]

59 Anwendbar ist diese Rückausnahme für diejenigen Formwechsel gem. § 191 UmwG, bei denen der Rechtsträger vor und nach dem Formwechsel in den Anwendungsbereich der Bilanzrichtlinie 2013/34/EU fällt, somit sowohl vor als auch nach dem Formwechsel eine **Kapitalgesellschaft** oder eine **Personenhandelsgesellschaft i.S.d. § 264a HGB** ist. Einen weiteren Anwendungsbereich eröffnet § 336 Abs. 1 HGB, so dass auch der Formwechsel von einer Kapitalgesellschaft oder Personenhandelsgesellschaft i.S.d. § 264a HGB in eine eingetragene Genossenschaft, bzw. einer eingetragenen Genossenschaft in eine Kapitalgesellschaft (§ 258 UmwG) unter die Rückausnahme fällt und somit die allgemeine Zwei-Jahres-Regel Anwendung findet. Hat der formwechselnde Rechtsträger vor oder nach dem Formwechsel eine andere Rechtsform, z.B. eine Körperschaft des öffentlichen Rechts, so bleibt es bei der generellen Ausnahmeregelung für Umwandlungsfälle und die Rechtsfolgen der entsprechenden Größenklasse treten bereits mit Klassifizierung am ersten Abschlussstichtag ein.[2]

60 Grundsätzlich sind die Neuregelungen durch das BilRUG für die nach dem **31.12.2015** beginnende Geschäftsjahre verpflichtend anzuwenden. Die erhöhten Schwellenwerte können jedoch bereits auf Geschäftsjahre angewendet werden, die nach dem 31.12.2013 beginnen. Es besteht somit ein Wahlrecht zur vorzeitigen Anwendung bei kalenderjahrgleichen Geschäftsjahren zum 31.12.2014, zum 31.12.2015 oder spätestens zum 31.12.2016. Zu beachten ist jedoch, dass die Wahlrechtsausübung, d.h. vorzeitige Anwendung der erhöhten Schwellenwerte, auch die Berücksichtigung der neuen Umsatzerlösdefinition des § 277 Abs. 1 HGB erfordert.[3]

61 ➲ **Praxistipp:** Bei vorzeitiger Anwendung der erhöhten Schwellenwerte ist zu beachten, dass ggf. durch die Ausweitung der Umsatzerlösdefinition der Schwellenwert der Umsatzerlöse überschritten werden kann und einer gewollten „Abstufung" in eine unter der bisherigen Größenklasse liegende Klasse entgegensteht.

62 Die Einstufung in die o.a. Größenklassen ist **bei vorzeitiger Anwendung** wie folgt vorzunehmen: Unterschreitet eine Kapitalgesellschaft, die bisher als mittelgroß eingestuft wurde zum 31.12.2014 sowie zum 31.12.2013 die Schwellenwerte gem. § 267 Abs. 1 HGB, so ist sie zum 31.12.2014 als kleine Kapitalgesellschaft zu behandeln. Überschreitet eine kleine Kapitalge-

---
1 Begr. RegE, BT-Drucks. 18/4050, 60.
2 Begr. RefE, S. 66; vgl. Röser/Roland/Rimmelspacher, DB 2015, Beil. 5, 5.
3 Art. 75 Abs. 2 EGHGB.

sellschaft die Schwellenwerte des § 267 Abs. 1 HGB zum 31.12.2014 erstmalig, d.h. zum 31.12.2013 und 31.12.2012 wurden sie noch unterschritten, so ist sie auch zum 31.12.2014 als kleine Kapitalgesellschaft einzustufen, da die Schwellenwerte nicht an zwei aufeinanderfolgenden Stichtagen überschritten wurden. Analog ist für eine Klassifizierung als mittelgroße Gesellschaft zu verfahren. Die neuen Schwellenwerte sind für die Größeneinordnung der Kapitalgesellschaft rückwirkend auf das Vorjahr anzuwenden, berühren jedoch nicht die vorgenommene Klassifizierung für die Bilanzstichtage bis zum 31.12.2013. Hier bleibt es für die Einstufung bei den bisher geltenden Schwellenwerten.[1]

2. Auswirkungen auf die Prüfungspflicht

Auswirkungen der vorzeitigen Anwendung der Schwellenwerte ergeben sich insbesondere auf die Prüfungspflicht des § 316 Abs. 1 HGB. Von der Prüfungspflicht sind **kleine Kapitalgesellschaften ausgenommen**. Die Wirtschaftsprüferkammer (WPK) hat sich zu den Folgeproblemen aus einer vorzeitigen Anwendung der erhöhten Schwellenwerte bezogen auf die Prüfungspflicht geäußert.[2] Probleme ergeben sich dann, wenn eine Gesellschaft unter Anwendung der bisher geltenden Schwellenwerte zum 31.12.2014 als „mittelgroß" zu klassifizieren ist, während eine vorzeitige Anwendung der erhöhten Schwellenwerte zu einer Einstufung als „kleine" Kapitalgesellschaft führt und korrespondierend dazu keine gesetzliche Verpflichtung zur Jahresabschlussprüfung mehr besteht. 63

Haben Gesellschaft und Wirtschaftsprüfer auf Basis der bisherigen Größenklassifikation als mittelgroße Gesellschaft bereits einen **Vertrag über die Prüfung des Jahresabschlusses** zum 31.12.2014 geschlossen, so bestehen für die Gesellschaft folgende Möglichkeiten in Abhängigkeit von der aktuellen Situation: 64

- Hat die Abschlussprüfung noch nicht begonnen, kann die Gesellschaft von dem Vertrag über die Prüfung des Jahresabschlusses zum 31.12.2014 gem. § 313 Abs. 3 BGB zurücktreten. Es besteht jedoch auch die Möglichkeit, die Prüfung als freiwillige Abschlussprüfung durchzuführen.

- Wurde mit der Abschlussprüfung bereits begonnen und ist diese noch nicht abgeschlossen, hat auch hier die Gesellschaft die Möglichkeit, von dem Vertrag über die Prüfung des Jahresabschlusses zum 31.12.2014 gem. § 313 Abs. 3 BGB zurückzutreten. In diesem Fall hat der Wirtschaftsprüfer einen Honoraranspruch auf die bereits erbrachte Leistung. Die Prüfung kann jedoch auch als freiwillige Abschlussprüfung fortgesetzt werden.

- Ist die Abschlussprüfung bereits abgeschlossen und der Prüfungsbericht ausgeliefert, ist eine nachträgliche Umqualifizierung der Pflicht-

---
1 Begr. RegE, BT-Drucks. 18/4050, 60.
2 Hinweis der WPK zu den neuen HGB-Schwellenwerten nach BilRUG v. 12.1.2015, abrufbar auf www.wpk.de.

prüfung in eine freiwillige Prüfung nicht möglich. Es ergeben sich bezogen auf die Prüfung keine Konsequenzen.

65 ⮕ **Praxistipp:** Gesellschaftsvertraglich kann ggf. festgelegt sein, dass auch im Fall einer Kategorisierung als „kleine Kapitalgesellschaft" eine Prüfung des Jahresabschlusses auf freiwilliger Basis zu erfolgen hat. Es sollte somit vor Rücktritt vom Vertrag über die Prüfung des Jahresabschlusses zum 31.12.2014 überprüft werden, ob bei Wegfall der gesetzlichen Prüfungspflicht nicht aufgrund von gesellschaftsrechtlichen Regelungen weiterhin eine Prüfungspflicht besteht.

3. Auswirkungen auf die Pflicht zur Offenlegung

66 Die vorzeitige Anwendung der erhöhten Schwellenwerte kann sich positiv auf die Offenlegungsverpflichtung gem. § 325 HGB auswirken. Ist die Gesellschaft bis zum Inkrafttreten des BilRUG einer Offenlegungsverpflichtung des Jahresabschlusses zum 31.12.2014 noch nicht nachgekommen, so kann sie, bei vorzeitiger Anwendung der erhöhten Schwellenwerte und einer daraus resultierenden abweichenden Einstufung als „kleine" Kapitalgesellschaft, von den **Erleichterungen gem. § 326 HGB** Gebrauch machen. Kleine Kapitalgesellschaften sind lediglich dazu verpflichtet, die Bilanz und den Anhang beim Betreiber des Bundesanzeigers elektronisch einzureichen. Der Anhang braucht die Angaben, die die Gewinn- und Verlustrechnung betreffen, nicht zu enthalten.[1]

Ist in einem solchen Fall die Jahresabschlussprüfung zum 31.12.2014 bereits abgeschlossen und ein finaler Prüfungsbericht ausgeliefert, entfällt die Verpflichtung, gem. § 325 Abs. 1 Satz 2 HGB den erteilten Bestätigungsvermerk offenzulegen.[2]

67 Wird eine Kapitalgesellschaft nach den erhöhten Schwellenwerten nicht mehr als große, sondern als mittelgroße Kapitalgesellschaft gem. § 267 Abs. 2 HGB eingestuft, so kann diese die **Offenlegungserleichterungen des § 327 HGB** in Anspruch nehmen. Eine mittelgroße Kapitalgesellschaft muss die Bilanz nur in der für kleine Kapitalgesellschafen geltenden Form beim Bundesanzeiger einreichen. Wird von dieser Erleichterung Gebrauch gemacht, sind die zusätzlichen Angabepflichten im Anhang gem. § 327 Satz 2 HGB zu beachten. Außerdem braucht eine mittelgroße Kapitalgesellschaft bei der Veröffentlichung des Anhangs die Angaben zur Aufgliederung der Verbindlichkeiten (§ 285 Nr. 2 HGB), die Angabe des Materialaufwands bei Anwendung des Umsatzkostenverfahrens (§ 285 Nr. 8 Buchst. a HGB) sowie die Erläuterung zu den sonstigen Rückstellungen (§ 285 Nr. 12 HGB) nicht zu machen.

---

[1] Hinweis der WPK zu den neuen HGB-Schwellenwerten nach BilRUG v. 12.1.2015, abrufbar auf www.wpk.de.
[2] Hinweis der WPK zu den neuen HGB-Schwellenwerten nach BilRUG v. 12.1.2015, abrufbar auf www.wpk.de.

⮕ **Praxistipp:** Eine Überprüfung der Klassifizierung nach Maßgabe der 68
neuen Schwellenwerte sollte in jedem Fall durchgeführt werden, da
hierdurch ggf. die Offenlegung gem. § 325 Abs. 1 Satz 2 HGB vermieden bzw. von Erleichterungsvorschriften Gebrauch gemacht werden
kann. In Fällen, in denen die Schwellenwerte nur knapp überschritten werden und es möglich erscheint, dass mindestens zwei der drei
neuen Schwellenwerte an zwei aufeinanderfolgenden Abschlussstichtagen nicht überschritten werden, sollte geprüft werden, ob durch bilanzpolitische Maßnahmen ein Unterschreiten der Schwellenwerte
noch erreicht werden kann.

Das Absenken der Bilanzsumme könnte beispielsweise durch die
Wahlrechtsausübung zur außerplanmäßigen Abschreibung für Finanzanlagevermögen gem. § 253 Abs. 3 HGB, durch die außerplanmäßige Tilgung von Finanzierungsverbindlichkeiten oder Sale-and-lease-back-Gestaltungen im Bereich des Anlagevermögens erreicht
werden. Umsatzerlöse können beispielsweise durch die Verschiebung
von Lieferungen und Leistungen in das folgende Geschäftsjahr beeinflusst werden.

§ 267a
Kleinstkapitalgesellschaften

(1) Kleinstkapitalgesellschaften sind kleine Kapitalgesellschaften, die
mindestens zwei der drei nachstehenden Merkmale nicht überschreiten:

1. 350 000 Euro Bilanzsumme *nach Abzug eines auf der Aktivseite ausgewiesenen Fehlbetrags (§ 268 Absatz 3);*
2. 700 000 Euro Umsatzerlöse in den zwölf Monaten vor dem Abschlussstichtag;
3. im Jahresdurchschnitt zehn Arbeitnehmer.

²*§ 267 Absatz 4 bis 6 gilt entsprechend.*

(2) Die in diesem Gesetz für kleine Kapitalgesellschaften (§ 267 Absatz 1)
vorgesehenen besonderen Regelungen gelten für Kleinstkapitalgesellschaften entsprechend, soweit nichts anderes geregelt ist.

(3) Keine Kleinstkapitalgesellschaften sind:

1. Investmentgesellschaften im Sinne des § 1 Absatz 11 des Kapitalanlagegesetzbuchs,

2. Unternehmensbeteiligungsgesellschaften im Sinne des § 1a Absatz 1 des Gesetzes über Unternehmensbeteiligungsgesellschaften oder

3. Unternehmen, deren einziger Zweck darin besteht, Beteiligungen an anderen Unternehmen zu erwerben sowie die Verwaltung und Verwertung dieser Beteiligungen wahrzunehmen, ohne dass sie unmittelbar oder mittelbar in die Verwaltung dieser Unternehmen eingreifen, wo-

bei die Ausübung der ihnen als Aktionär oder Gesellschafter zustehenden Rechte außer Betracht bleibt.

Begründung Regierungsentwurf v. 20.2.2015 (BT-Drucks. 18/4050, 61):

Abs. 1: Bei der Streichung des § 267a Absatz 1 Satz 2 HGB handelt es sich um eine Folgeänderung zu § 267 Absatz 4a HGB-E.

Abs. 3: In einem neuen Absatz 3 wird entsprechend Artikel 36 Absatz 7 der Richtlinie 2013/34/EU klargestellt, dass die möglichen Erleichterungen für Kleinstkapitalgesellschaften bei der Bilanzierung und Offenlegung bei Investmentgesellschaften und Beteiligungsgesellschaften, die in den Anwendungsbereich der Richtlinie fallen, nicht gewährt werden können. Bisher ergab sich dies überwiegend schon aus Spezialgesetzen (z.B. § 8 Absatz 1 und 2 des Gesetzes über Unternehmensbeteiligungsgesellschaften in der Fassung der Bekanntmachung vom 9. September 1998 (BGBl. I S. 2765), § 19d des Investmentgesetzes in der Fassung des Gesetzes vom 21. Dezember 2007 (BGBl. I S. 3089) bzw. aus dem Kapitalanlagegesetzbuch für verschiedene Investmentfonds, soll aber zur Verdeutlichung für alle Fälle unmittelbar in § 267a HGB verankert werden.

Zugleich wird in Umsetzung von Artikel 2 Nummer 15 in Verbindung mit Artikel 36 Absatz 7 der Richtlinie 2013/34/EU der Kreis der erfassten Beteiligungsgesellschaften erweitert, die Erleichterungen für Kleinstkapitalgesellschaften nicht anwenden dürfen. Betroffen sind Unternehmen, deren einziger Zweck darin besteht, Beteiligungen an anderen Unternehmen zu erwerben sowie die Verwaltung und Verwertung dieser Beteiligungen wahrzunehmen, ohne dass sie unmittelbar oder mittelbar in die Verwaltung dieser Unternehmen eingreifen. Außer Betracht bleiben die Eingriffsrechte, die ihnen nach dem Gesetz oder nach einem Vertrag in ihrer Eigenschaft als Aktionäre oder Gesellschafter zustehen.

Beteiligungen sind nach § 271 Absatz 1 HGB Anteile an anderen Unternehmen, die bestimmt sind, dem eigenen Geschäftsbetrieb durch Herstellung einer dauernden Verbindung zu dienen Unternehmen zu dienen. Dies wird ab einem Anteil von 20 Prozent vermutet. Typischer Anwendungsfall von § 267a Absatz 3 Nummer 3 HGB-E dürfte damit eine Holding-Kapitalgesellschaft sein, sofern sie nicht bereits die Voraussetzungen des § 267a Absatz 3 Nummer 2 HGB-E erfüllt. Beschränkt sich die Kapitalgesellschaft aber nicht auf das Halten und Verwalten einer Beteiligung im eigenen Interesse, sondern übt sie beispielsweise nach Maßgabe des Gesellschaftsvertrags auch die Geschäftsführung für das andere Unternehmen aus, dürfte die Ausnahme nicht anzuwenden und das Unternehmen unter den Voraussetzungen von § 267a Absatz 1 HGB als Kleinstkapitalgesellschaft zu behandeln sein.

Bericht des Ausschusses für Recht und Verbraucherschutz v. 17.6.2015 (BT-Drucks. 18/5256, 81):

Abs. 1 Satz 1 Nr. 1: Es handelt sich um eine redaktionelle Änderung. Der Gesetzentwurf führt eine Definition der Bilanzsumme in § 267 Absatz 4a HGB-E ein und greift dabei auch das Gebot auf, einen auf der Aktivseite ausgewiesenen Fehlbetrag im Sinne des § 268 Absatz 3 HGB nicht in die Bilanzsumme einzubeziehen. Damit kann der Text der Vorschriften, in denen eine bestimmte Bilanzsumme Rechtsfolgen auslöst, vereinfacht werden. Während der Gesetzentwurf diese Vereinfachung im Rahmen des § 267 und des § 293 HGB bereits berücksichtigt, fehlt eine entsprechende Folgeänderung noch in § 267a Absatz 1 Satz 1 Nummer 1 HGB, die ergänzt werden sollte.

I. Wesentliche Neuerungen

- Ausschluss von Holdinggesellschaften aus dem Anwendungsbereich der Kleinstkapitalgesellschaften.
- Ausdehnung der Erleichterungsvorschrift auf Kleinstschaften.

69

II. Erläuterungen zu § 267a Abs. 3 HGB (Ausschluss bestimmter Unternehmen von den Regelungen für Kleinstkapitalgesellschaften)

Die mit dem MicroBilG geschaffene Erleichterung durch die Einführung der besonderen Vorschriften für Kleinstkapitalgesellschaften, wird durch das BilRUG in ihrem **Anwendungsbereich eingeschränkt**. In der bislang geltenden Fassung des § 267a HGB erschien es problematisch, dass Holdinggesellschaften mit hohen Bilanzsummen, aber fehlenden Umsatzerlösen und einer nur geringen Arbeitnehmeranzahl die Erleichterungsvorschriften für Kleinstkapitalgesellschaften in Anspruch nehmen dürfen. Kleinstkapitalgesellschaften sind von der Aufstellung eines Anhangs befreit, sie müssen lediglich eine geringere Gliederungstiefe in Bilanz und GuV anwenden und müssen, um ihrer Offenlegungsverpflichtung nachzukommen, die entsprechenden Unterlagen lediglich beim Bundesanzeiger hinterlegen (Hinterlegungsbekanntmachung).

70

Der bisherige § 267a HGB wird um einen Absatz 3 erweitert. § 267a Abs. 3 HGB schließt nunmehr folgende Gesellschaften von dem Anwendungsbereich der Kleinstkapitalgesellschaften aus:

71

- Investmentgesellschaften i.S.d. § 1 Abs. 11 KAGB (Nr. 1)
- Unternehmensbeteiligungsgesellschaften i.S.d. § 1a Abs. 1 UBGG (Nr. 2)
- Unternehmen, deren einziger Zweck darin besteht, Beteiligungen an anderen Unternehmen zu erwerben sowie die Verwaltung und Verwertung dieser Beteiligungen wahrzunehmen, ohne dass sie unmittelbar oder mittelbar in die Verwaltung dieser Unternehmen eingreifen (Nr. 3)

Welche Gesellschaften unter **Investment- oder Unternehmensbeteiligungsgesellschaften** fallen, ist durch den Verweis zu den gesetzesspezifischen Definitionen im KAGB und UBGG klar abgegrenzt. Praktische Konsequenzen hat die Einführung der ersten beiden Ausschlusskategorien kaum, denn sowohl Investment- als auch Unternehmensbeteiligungsgesellschaften waren schon bisher von den Erleichterungsmög-

72

lichkeiten für Kleinstkapitalgesellschaften aufgrund spezialgesetzlicher Vorschriften im UBGG[1] und InvG bzw. KAGB[2] ausgeschlossen.[3]

73 Die Unternehmen, die in die dritte Ausschlusskategorie fallen, sind klassische **Holdinggesellschaften**. Sie dürfen, bezogen auf ihre Beteiligungen, lediglich eigene Verwaltungs- und Verwertungstätigkeiten ausüben, nicht jedoch mittelbar oder unmittelbar in die Verwaltung und Verwertung der Beteiligungsgesellschaften selbst eingreifen. Hierbei bleiben Eingriffsrechte, die der Gesellschaft gesetzlich oder vertraglich in ihrer Eigenschaft als Aktionär oder Gesellschafter zustehen, außer Betracht (wie z.B. Stimm- und Auskunftsrechte oder Weisungsbefugnisse gem. § 37 Abs. 1 GmbHG). In den Anwendungsbereich fallen somit klassische Finanzholding-Kapitalgesellschaften, die lediglich Beteiligungen erwerben, verwalten und veräußern und keine weiteren Verwaltungstätigkeiten bei der Beteiligungsgesellschaft ausüben. Nicht in den Anwendungsbereich fallen Holdinggesellschaften, die auf Basis von vertraglichen Regelungen, z.B. Gesellschaftsvertrag, Geschäftsführungsaufgaben der Beteiligungsgesellschaften übernehmen und somit aktiv in das laufende Tagesgeschäft der Beteiligungsgesellschaft eingreifen, sog. Führungs- oder Funktionsholdings. Beispielsweise fallen Komplementär-Gesellschaften, die Geschäftsführungstätigkeiten für Untergesellschaften wahrnehmen, nicht in den Ausschlussbereich des § 267a Abs. 3 Nr. 3 HGB Diese dürfen regelmäßig weiterhin die Erleichterungen für Kleinstkapitalgesellschaften in Anspruch nehmen.[4] Gleiches gilt bei Bestehen eines Beherrschungsvertrags oder bei Vorliegen einer umsatzsteuerlichen Organschaft, da hier die personelle und wirtschaftliche Eingliederung, und somit das mittelbare bzw. unmittelbare Tätigwerden in der Untergesellschaft, Voraussetzung ist.[5] Die reine Möglichkeit, in die Verwaltung der Beteiligungsgesellschaften eingreifen zu können, wird indes als nicht ausreichend erachtet, um in den Anwendungsbereich der Regelungen für Kleinstkapitalgesellschaften gelangen zu können. Vielmehr kommt es auf die im Gesetzeswortlaut formulierte tatsächlich ausgeübte Tätigkeit an, um nicht in den Ausschlussbereich des § 267a Abs. 3 HGB zu gelangen.[6]

74 Es wird die Auffassung vertreten, dass die Abgrenzung der Holdinggesellschaften, denen die Erleichterung der Kleinstkapitalgesellschaften-Regelung versagt wird, nicht zu streng am Gesetzeswortlaut erfolgen darf, um Missbrauchspotenziale zu reduzieren. So darf es sich bei der Verwaltungs-

---

1 § 8 Abs. 1 und 2 UBGG.
2 § 38 Abs. 1 KAGB i.V.m. § 340a Abs. 1 HGB.
3 Die Einführung des Ausschlusses von Investment- oder Unternehmensbeteiligungsgesellschaften in § 267a HGB ist nicht ganz deckungsgleich mit den in den Spezialgesetzen bestehenden Ausnahmevorschriften; s. hierzu *Strahl*, kösdi 2015, S. 19434 bzw. *Henckel/Rimmelspacher*, DB 2015, Beil. 5, 38.
4 Begr. RegE, BT-Drucks. 18/4050, 61.
5 Vgl. *Oser/Orth/Wirtz*, DB 2015, 197 ff.
6 Vgl. *Lüdenbach/Freiberg*, StuB 2015, 567.

tätigkeit bei der Beteiligungsgesellschaft nicht um lediglich untergeordnete sog. „**Bagatelltätigkeiten**" handeln. Auch wird die Übernahme von Beratungs- oder Finanzierungstätigkeiten als nicht ausreichend erachtet, da diese auch durch Dritte wahrgenommen werden können und kein Eingreifen in die Verwaltung der Untergesellschaft mit sich bringen.[1]

Durch das BilRUG wird nun auch **Kleinstgenossenschaften** die Inanspruchnahme der Erleichterungsvorschrift für Kleinstkapitalgesellschaften gem. § 336 Abs. 2 Satz 3 HGB ermöglicht. Die Erleichterung kann jedoch nur unter Beachtung der genossenschaftsspezifischen Regelungen der §§ 337 Abs. 4 und 338 Abs. 4 HGB in Anspruch genommen werden. 75

§ 268
Vorschriften zu einzelnen Posten der Bilanz
Bilanzvermerke

(1) ¹Die Bilanz darf auch unter Berücksichtigung der vollständigen oder teilweisen Verwendung des Jahresergebnisses aufgestellt werden. ²Wird die Bilanz unter Berücksichtigung der teilweisen Verwendung des Jahresergebnisses aufgestellt, so tritt an die Stelle der Posten „Jahresüberschuß/Jahresfehlbetrag" und „Gewinnvortrag/Verlustvortrag" der Posten „Bilanzgewinn/Bilanzverlust"; ein vorhandener Gewinn- oder Verlustvortrag ist in den Posten „Bilanzgewinn/Bilanzverlust" einzubeziehen und in der Bilanz *oder im Anhang* gesondert anzugeben. ³**Die Angabe kann auch im Anhang gemacht werden.**

(2) *¹In der Bilanz oder im Anhang ist die Entwicklung der einzelnen Posten des Anlagevermögens darzustellen. ²Dabei sind, ausgehend von den gesamten Anschaffungs- und Herstellungskosten, die Zugänge, Abgänge, Umbuchungen und Zuschreibungen des Geschäftsjahrs sowie die Abschreibungen in ihrer gesamten Höhe gesondert aufzuführen. ³Die Abschreibungen des Geschäftsjahrs sind entweder in der Bilanz bei dem betreffenden Posten zu vermerken oder im Anhang in einer der Gliederung des Anlagevermögens entsprechenden Aufgliederung anzugeben.*

(3) Ist das Eigenkapital durch Verluste aufgebraucht und ergibt sich ein Überschuß der Passivposten über die Aktivposten, so ist dieser Betrag am Schluß der Bilanz auf der Aktivseite gesondert unter der Bezeichnung „Nicht durch Eigenkapital gedeckter Fehlbetrag" auszuweisen.

(4) ¹Der Betrag der Forderungen mit einer Restlaufzeit von mehr als einem Jahr ist bei jedem gesondert ausgewiesenen Posten zu vermerken. ²Werden unter dem Posten „sonstige Vermögensgegenstände" Beträge für Vermögensgegenstände ausgewiesen, die erst nach dem Abschlußstichtag rechtlich entstehen, so müssen Beträge, die einen größeren Umfang haben, im Anhang erläutert werden.

---
1 Vgl. *Henckel/Rimmelspacher*, DB 2015, Beil. 5, 38 f.

(5) ¹Der Betrag der Verbindlichkeiten mit einer Restlaufzeit bis zu einem Jahr **und der Betrag der Verbindlichkeiten mit einer Restlaufzeit von mehr als einem Jahr sind** bei jedem gesondert ausgewiesenen Posten zu vermerken. ²Erhaltene Anzahlungen auf Bestellungen sind, soweit Anzahlungen auf Vorräte nicht von dem Posten „Vorräte" offen abgesetzt werden, unter den Verbindlichkeiten gesondert auszuweisen. ³Sind unter dem Posten „Verbindlichkeiten" Beträge für Verbindlichkeiten ausgewiesen, die erst nach dem Abschlußstichtag rechtlich entstehen, so müssen Beträge, die einen größeren Umfang haben, im Anhang erläutert werden.

(6) Ein nach § 250 Abs. 3 in den Rechnungsabgrenzungsposten auf der Aktivseite aufgenommener Unterschiedsbetrag ist in der Bilanz gesondert auszuweisen oder im Anhang anzugeben.

(7) Für die in § 251 bezeichneten Haftungsverhältnisse sind

1. **die Angaben zu nicht auf der Passivseite auszuweisenden Verbindlichkeiten und Haftungsverhältnissen im Anhang zu machen,**

2. **dabei die Haftungsverhältnisse jeweils gesondert unter Angabe der gewährten Pfandrechte und sonstigen Sicherheiten anzugeben und**

3. **dabei Verpflichtungen betreffend die Altersversorgung und Verpflichtungen gegenüber verbundenen oder assoziierten Unternehmen jeweils gesondert zu vermerken.**

(8) ¹Werden selbst geschaffene immaterielle Vermögensgegenstände des Anlagevermögens in der Bilanz ausgewiesen, so dürfen Gewinne nur ausgeschüttet werden, wenn die nach der Ausschüttung verbleibenden frei verfügbaren Rücklagen zuzüglich eines Gewinnvortrags und abzüglich eines Verlustvortrags mindestens den insgesamt angesetzten Beträgen abzüglich der hierfür gebildeten passiven latenten Steuern entsprechen. ²Werden aktive latente Steuern in der Bilanz ausgewiesen, ist Satz 1 auf den Betrag anzuwenden, um den die aktiven latenten Steuern die passiven latenten Steuern übersteigen. ³Bei Vermögensgegenständen im Sinn des § 246 Abs. 2 Satz 2 ist Satz 1 auf den Betrag abzüglich der hierfür gebildeten passiven latenten Steuern anzuwenden, der die Anschaffungskosten übersteigt.

Begründung Regierungsentwurf v. 20.2.2015 (BT-Drucks. 18/4050, 61 f.):

Abs. 1: Die Änderung in Absatz 1 Satz 2 ist wegen der Maximalharmonisierung des Anhangs für kleine Kapitalgesellschaften nach Artikel 16 Absatz 3 und aufgrund von Artikel 9 Absatz 6 in Verbindung mit Artikel 4 Absatz 5 der Richtlinie 2013/34/EU notwendig. Bisher war eine Pflichtangabe für Bilanz und Anhang hinsichtlich des Gewinn- oder Verlustvortrags vorgeschrieben. Die geänderte Formulierung sieht im Regelfall eine Pflicht zum Ausweis in der Bilanz vor. Kapitalgesellschaften sollen aber weiterhin ein Wahlrecht haben, die Angaben stattdessen im Anhang zu machen, falls sie dies wollen.

Abs. 2: Nach Artikel 17 Absatz 1 Buchstabe a der Richtlinie 2013/34/EU sind die Angaben über die Anschaffungs- und Herstellungskosten, Zu- und Abgänge und Abschreibungen zu den verschiedenen Posten des Anlagevermögens künftig zwingend im Anhang darzustellen, soweit die Kapitalgesellschaft mittelgroß oder groß ist. Für kleine Kapitalgesellschaften bleibt es wie bisher dabei, dass die Angabe freiwillig ist.

Um dieser geänderten Vorgabe für mittelgroße und große Kapitalgesellschaften zu entsprechen, muss sichergestellt werden, dass die Angabe in jedem Fall im Anhang erfolgt; ein alternativer Ausweis in der Bilanz ist nicht mehr zulässig, so dass Absatz 2 zu streichen ist und die Vorgaben in § 284 Absatz 3 zu konzentrieren sind.

Abs. 5: Absatz 5 regelt den Ausweis der Verbindlichkeiten in der Bilanz und verlangt im Einklang mit Anhang III Buchstabe C der Passiva der Richtlinie 2013/34/EU die Aufgliederung der Verbindlichkeiten nach ihrer Restlaufzeit. Schon bisher ist der Betrag der Verbindlichkeiten mit einer bis zu einjährigen Restlaufzeit zu jedem gesondert auszuweisenden Posten zu vermerken. Aufgrund von Anhang III der Richtlinie 2013/34/EU ist nunmehr auch der Betrag der Verbindlichkeiten mit mehr als einjähriger Restlaufzeit zu jedem gesondert auszuweisenden Posten (einschließlich des Postens C. Verbindlichkeiten, also des Gesamtbetrags) zu vermerken. Das wird mit der Änderung von Absatz 5 Satz 1 umgesetzt. Für die Verbindlichkeiten mit mehr als einjähriger Restlaufzeit wird damit eine ausdrückliche Darstellung verlangt; bisher ergab sich ihr Bestand indirekt aus der Differenz zwischen den gesamten Verbindlichkeiten jedes Postens und der gesondert ausgewiesenen Verbindlichkeiten mit bis zu einjähriger Restlaufzeit.

Für kleine Kapitalgesellschaften ist zudem Artikel 14 Absatz 1 der Richtlinie 2013/34/EU zu beachten, der Mitgliedstaaten die Beschränkung der Bilanzgliederung auf die mit Buchstaben und römischen Zahlen bezeichneten Posten gestattet; allerdings gilt dies nur dann, wenn die in Anhang III bei dem Posten D. II der Aktiva und dem Posten C der Passiva in Klammern verlangten Angaben zusammengefasst für alle betreffenden Posten gemacht werden. Von diesem Wahlrecht ist in § 266 Absatz 1 Satz 3 HGB schon heute Gebrauch gemacht worden. Gesondert auszuweisen bleibt der Gesamtposten nach § 266 Absatz 3 Buchstabe C HGB (Verbindlichkeiten). Kleine Kapitalgesellschaften haben deshalb nur für den Gesamtposten Verbindlichkeiten anzugeben, in welcher Höhe Verbindlichkeiten mit bis zu einjähriger Restlaufzeit und in welcher Höhe Verbindlichkeiten mit mehr als einjähriger Restlaufzeit bestehen.

Kapitalgesellschaften können diese Vorgaben auch dadurch erfüllen, dass sie einen Verbindlichkeitenspiegel erstellen, der zumindest die in § 266 Absatz 3 Buchstabe C HGB genannten Posten einzeln darstellt und nach § 265 Absatz 2 HGB die Vorjahreszahlen angibt und ggf. erläutert.

Unabhängig von dieser die Bilanz betreffenden Vorgabe bleibt die Vorgabe für den Anhang bestehen, den Gesamtbetrag der Verbindlichkeiten mit einer mehr als fünfjährigen Restlaufzeit nach § 285 Nummer 1 Buchstabe a anzugeben.

Aus Artikel 14 Absatz 1 der Richtlinie 2013/34/EU ergibt sich demgegenüber kein Änderungsbedarf hinsichtlich des § 268 Absatz 4 HGB, der den Ausweis der Forderungen betrifft. Kleine Kapitalgesellschaften haben die gesamten Forderungen und sonstigen Vermögensgegenstände nach § 266 Absatz 2 Buchstabe B II. als Posten in der Bilanz auszuweisen und insoweit auch gesonderte Angaben zum Betrag der Forderungen mit einer Restlaufzeit von mehr als einem Jahr zu machen.

Abs. 7: Die Änderungen in Absatz 7 gehen auf Artikel 16 Absatz 1 Buchstabe d der Richtlinie 2013/34/EU zurück. Danach sind für alle Kapitalgesellschaften der Gesamtbetrag etwaiger finanzieller Verpflichtungen, Garantien oder Eventualverbindlichkeiten, die nicht Gegenstand der Bilanz sind, und damit zusammenhängende Informationen anzugeben. Artikel 16 verlangt im Gegensatz zum bisherigen deutschen Recht zwingend eine Angabe im Anhang (nach § 268 Absatz 7 HGB heute auch „unter der Bilanz" möglich). Für Unternehmen anderer Rechtsform als Kapitalgesellschaften und haftungsbeschränkte Personenhandelsgesellschaften bleibt die allgemeine Regelung in § 251 HGB unberührt, da sie keinen Anhang erstellen müssen. § 268 Absatz 7 wird daher so geändert, dass der Pflichtausweis der nach § 251 HGB geforderten Angaben im Anhang statt unter der Bilanz gefordert wird. Zugleich werden die in Artikel 16 Absatz 1 Buchstabe d der Richtlinie 2013/34/EU geforderten neuen zusätzlichen Angaben zu Verpflichtungen betreffend die Altersversorgung und Angaben zu Verpflichtungen gegenüber assoziierten Unternehmen in § 268 Absatz 7 HGB-E ergänzt.

Die Änderung in § 268 Absatz 7 HGB-E führt dazu, dass Folgeänderungen bei den Vorschriften über den Anhang in § 285 HGB und über den Konzernanhang in § 314 HGB vorzunehmen sind.

Bericht des Ausschusses für Recht und Verbraucherschutz v. 17.6.2015 (BT-Drucks. 18/5256, 81):

Bei der Ersetzung des Wortes „oder" durch das Wort „und" in Ziffer 1 handelt es sich um eine redaktionelle Änderung, um sicherzustellen, dass eine Kapitalgesellschaft alle nach § 251 HGB erforderlichen Angaben im Anhang macht.

I. Wesentliche Neuerungen

76 – Wegfall des Wahlrechts die Entwicklung der einzelnen Posten des Anlagevermögens in der Bilanz oder im Anhang darzustellen; zukünftig verpflichtende Angabe im Anhang (§ 284 Abs. 3 HGB)

– Erweiterter Verbindlichkeitenspiegel wird als Anhangangabe verpflichtend vorgeschrieben.

– Verbindlichkeiten oder Haftungsverhältnisse gem. § 251 HGB sind zukünftig verpflichtend im Anhang anzugeben.

II. Erläuterungen zu § 268 Abs. 2, 5 und 7 HGB (Weitere Angabepflichten)

1. Anlagespiegel (§ 268 Abs. 2 i.V.m. § 284 Abs. 3 HGB)

77 Mit dem BilRUG ist das **Wahlrecht**, die Entwicklung des Anlagevermögens wahlweise in der Bilanz oder im Anhang darzustellen, **entfallen**. § 268 Abs. 2 HGB wurde aufgehoben. Die Vorschrift zur Darstellung der Entwicklung des Anlagevermögens ist nun innerhalb der Anhangangaben im § 284 Abs. 3 HGB verortet (s. hierzu Rz. 133 ff.).

2. Verbindlichkeitenspiegel (§ 268 Abs. 5 HGB)

78 Bisher wurde in § 268 Abs. 5 HGB a.F. die gesonderte Angabe der Verbindlichkeiten mit einer Restlaufzeit von bis zu einem Jahr für jeden gem. § 266 Abs. 3 C HGB ausgewiesenen Posten gefordert. Daneben hat § 285 Nr. 2 HGB a.F. die Angabe der Verbindlichkeiten mit einer Restlaufzeit von mehr als fünf Jahren gefordert. Somit konnte auch bisher implizit darauf geschlossen werden, wie hoch die Verbindlichkeiten mit einer Restlaufzeit zwischen einem und fünf Jahren sind. Diese Angabe wird nun

von § 268 Abs. 5 Satz 1 HGB direkt gefordert, wonach auch der Betrag der Verbindlichkeiten mit einer **Restlaufzeit von mehr als einem Jahr** anzugeben ist. Die Angaben der einzelnen Restlaufzeiten sind für jeden gesonderten Posten als auch in Summe anzugeben. Die Angabepflicht kann wie bisher durch die Aufstellung eines Verbindlichkeitenspiegels im Anhang erfüllt werden.[1]

Kleine Kapitalgesellschaften sind nur dazu verpflichtet, eine Aufgliederung der Restlaufzeiten für den Gesamtposten der Verbindlichkeiten anzugeben, da sie gem. § 266 Abs. 1 Satz 3 HGB lediglich eine verkürzte Bilanz ohne detaillierte Aufgliederungen der Verbindlichkeiten aufstellen müssen.

3. Haftungsverhältnisse (§ 268 Abs. 7 HGB)

Mit dem BilRUG wurde § 268 Abs. 7 HGB neu gefasst. Zukünftig entfällt das Wahlrecht, nicht auf der Passivseite auszuweisende Verbindlichkeiten oder Haftungsverhältnisse gem. § 251 HGB entweder unter der Bilanz oder im Anhang anzugeben. Eine **verpflichtende Angabe** im Anhang ist in § 268 Abs. 7 Nr. 1 HGB kodifiziert. Korrespondierend hierzu wurde § 285 Nr. 27 HGB angepasst. 79

Die Angabepflichten des § 268 Abs. 7 HGB erstrecken sich weiterhin auf die gesonderte Angabe gewährter Pfandrechte und sonstiger Sicherheiten (§ 268 Abs. 7 Nr. 2 HGB) sowie Altersversorgungsverpflichtungen und Verpflichtungen gegenüber verbundenen oder assoziierten Unternehmen (§ 268 Abs. 7 Nr. 3 HGB). Materiell wurde lediglich eine gesonderte Angabepflicht von **Verpflichtungen gegenüber assoziierten Unternehmen** eingeführt. Die gesonderte Angabepflicht der Verpflichtungen betreffend die Altersversorgung entspricht dem bisherigen Art. 28 Abs. 2 EGHGB und bringt somit keine materielle Änderung mit sich.

§ 271
Beteiligungen. Verbundene Unternehmen

(1) ¹Beteiligungen sind Anteile an anderen Unternehmen, die bestimmt sind, dem eigenen Geschäftsbetrieb durch Herstellung einer dauernden Verbindung zu jenen Unternehmen zu dienen. ²Dabei ist es unerheblich, ob die Anteile in Wertpapieren verbrieft sind oder nicht. ³**Eine Beteiligung wird vermutet, wenn die Anteile an einem Unternehmen insgesamt den fünften Teil des Nennkapitals dieses Unternehmens oder, falls ein Nennkapital nicht vorhanden ist, den fünften Teil der Summe aller Kapitalanteile an diesem Unternehmen überschreiten.** ⁴Auf die Berechnung ist § 16 Abs. 2 und 4 des Aktiengesetzes entsprechend anzuwenden. ⁵Die Mitgliedschaft in einer eingetragenen Genossenschaft gilt nicht als Beteiligung im Sinne dieses Buches.

---

1 Begr. RegE, BT-Drucks. 18/4050, 62.

(2) Verbundene Unternehmen im Sinne dieses Buches sind solche Unternehmen, die als Mutter- oder Tochterunternehmen (§ 290) in den Konzernabschluß eines Mutterunternehmens nach den Vorschriften über die Vollkonsolidierung einzubeziehen sind, das als oberstes Mutterunternehmen den am weitestgehenden Konzernabschluß nach dem Zweiten Unterabschnitt aufzustellen hat, auch wenn die Aufstellung unterbleibt, oder das einen befreienden Konzernabschluß nach **den §§ 291 oder 292** aufstellt oder aufstellen könnte; Tochterunternehmen, die nach § 296 nicht einbezogen werden, sind ebenfalls verbundene Unternehmen.

Begründung Regierungsentwurf v. 20.2.2015 (BT-Drucks. 18/4050, 62):

Abs. 1: Die Änderung in Buchstabe a (§ 271 Absatz 1 Satz 3 HGB) dient der Umsetzung von Artikel 2 Nummer 2 der Richtlinie 2013/34/EU und der Übernahme der geänderten Definition einer Beteiligung. Damit wird zugleich eine sprachliche Vereinfachung von § 285 Nummer 11 HGB und § 313 Absatz 1 Nummer 4 HGB ermöglicht, die auf diese Definition verweisen können. Mit der Änderung wird klargestellt, dass das Halten von mehr als zwanzig Prozent der Anteile eine widerlegliche Vermutung für das Vorliegen einer Beteiligung nach sich zieht. Die Vermutung kann widerlegt werden, wenn ausnahmsweise trotz der Kapitalbeteiligung keine dauernde Verbindung der Unternehmen angestrebt wird.

Abs. 2: Die Änderung in Buchstabe b (§ 271 Absatz 2 HGB) ist eine Folgeänderung zur Änderung von § 292 HGB.

I. Wesentliche Neuerungen

80 – Klarstellung, dass bei Überschreitung des fünften Teils der Anteile an Unternehmen lediglich eine Beteiligungsvermutung gilt.

II. Erläuterungen zu § 271 Abs. 1 HGB (Definition von Beteiligungen)

81 Die bisherige Regelung des § 271 Abs. 1 Satz 3 HGB a.F. enthält die Aussage, dass im Zweifel eine Kapitalgesellschaft als Beteiligung einzustufen ist, wenn die Anteile an dieser Kapitalgesellschaft 20 % des Nennkapitals überschreiten. In § 271 Abs. 1 Satz 3 HGB wird nun explizit aufgenommen, dass es sich lediglich um eine **Beteiligungsvermutung** handelt, wenn Anteile an einem Unternehmen insgesamt den fünften Teil des Nennkapitals oder, falls ein Nennkapital nicht vorhanden ist, den fünften Teil der Summe aller Kapitalanteile an diesem Unternehmen überschreiten. Somit werden nicht nur Kapitalgesellschaften, sondern auch Personengesellschaften in den Anwendungsbereich der Norm eingeschlossen. Bei Personengesellschaften, bei denen das Eigenkapital regelmäßig mehrere Kapitalkonten umfasst, ist auf das „Festkapital", das sog. Kapitalkonto I abzustellen, das i.d.R. für die Verteilung der Gesellschafterrechte maßgeblich ist.[1]

---

1 Vgl. *Lüdenbach/Freiberg*, StuB 2015, 569.

Die Beteiligungsvermutung kann widerlegt werden, wenn aufgezeigt wird, dass keine dauernde Verbindung der Unternehmen angestrebt wird.[1]

§ 272
Eigenkapital

(1) ¹Gezeichnetes Kapital ist das Kapital, auf das die Haftung der Gesellschafter für die Verbindlichkeiten der Kapitalgesellschaft gegenüber den Gläubigern beschränkt ist. ²Es ist mit dem Nennbetrag anzusetzen. ³Die nicht eingeforderten ausstehenden Einlagen auf das gezeichnete Kapital sind von dem Posten „Gezeichnetes Kapital" offen abzusetzen; der verbleibende Betrag ist als Posten „Eingefordertes Kapital" in der Hauptspalte der Passivseite auszuweisen; der eingeforderte, aber noch nicht eingezahlte Betrag ist unter den Forderungen gesondert auszuweisen und entsprechend zu bezeichnen.

(1a) ¹Der Nennbetrag oder, falls ein solcher nicht vorhanden ist, der rechnerische Wert von erworbenen eigenen Anteilen ist in der Vorspalte offen von dem Posten „Gezeichnetes Kapital" abzusetzen. ²Der Unterschiedsbetrag zwischen dem Nennbetrag oder dem rechnerischen Wert und den Anschaffungskosten der eigenen Anteile ist mit den frei verfügbaren Rücklagen zu verrechnen. ³Aufwendungen, die Anschaffungsnebenkosten sind, sind Aufwand des Geschäftsjahrs.

(1b) ¹Nach der Veräußerung der eigenen Anteile entfällt der Ausweis nach Absatz 1a Satz 1. ²Ein den Nennbetrag oder den rechnerischen Wert übersteigender Differenzbetrag aus dem Veräußerungserlös ist bis zur Höhe des mit den frei verfügbaren Rücklagen verrechneten Betrages in die jeweiligen Rücklagen einzustellen. ³Ein darüber hinausgehender Differenzbetrag ist in die Kapitalrücklage gemäß Absatz 2 Nr. 1 einzustellen. ⁴Die Nebenkosten der Veräußerung sind Aufwand des Geschäftsjahrs.

(2) Als Kapitalrücklage sind auszuweisen

1. der Betrag, der bei der Ausgabe von Anteilen einschließlich von Bezugsanteilen über den Nennbetrag oder, falls ein Nennbetrag nicht vorhanden ist, über den rechnerischen Wert hinaus erzielt wird;

2. der Betrag, der bei der Ausgabe von Schuldverschreibungen für Wandlungsrechte und Optionsrechte zum Erwerb von Anteilen erzielt wird;

3. der Betrag von Zuzahlungen, die Gesellschafter gegen Gewährung eines Vorzugs für ihre Anteile leisten;

4. der Betrag von anderen Zuzahlungen, die Gesellschafter in das Eigenkapital leisten.

(3) ¹Als Gewinnrücklagen dürfen nur Beträge ausgewiesen werden, die im Geschäftsjahr oder in einem früheren Geschäftsjahr aus dem Ergebnis gebildet worden sind. ²Dazu gehören aus dem Ergebnis zu bildende gesetzli-

---

[1] Begr. RegE, BT-Drucks. 18/4050, 62.

che oder auf Gesellschaftsvertrag oder Satzung beruhende Rücklagen und andere Gewinnrücklagen.

(4) ¹Für Anteile an einem herrschenden oder mit Mehrheit beteiligten Unternehmen ist eine Rücklage zu bilden. ²In die Rücklage ist ein Betrag einzustellen, der dem auf der Aktivseite der Bilanz für die Anteile an dem herrschenden oder mit Mehrheit beteiligten Unternehmen angesetzten Betrag entspricht. ³Die Rücklage, die bereits bei der Aufstellung der Bilanz zu bilden ist, darf aus vorhandenen frei verfügbaren Rücklagen gebildet werden. ⁴Die Rücklage ist aufzulösen, soweit die Anteile an dem herrschenden oder mit Mehrheit beteiligten Unternehmen veräußert, ausgegeben oder eingezogen werden oder auf der Aktivseite ein niedrigerer Betrag angesetzt wird.

(5) ¹Übersteigt der auf eine Beteiligung entfallende Teil des Jahresüberschusses in der Gewinn- und Verlustrechnung die Beträge, die als Dividende oder Gewinnanteil eingegangen sind oder auf deren Zahlung die Kapitalgesellschaft einen Anspruch hat, ist der Unterschiedsbetrag in eine Rücklage einzustellen, die nicht ausgeschüttet werden darf. ²Die Rücklage ist aufzulösen, soweit die Kapitalgesellschaft die Beträge vereinnahmt oder einen Anspruch auf ihre Zahlung erwirbt.

Begründung Regierungsentwurf v. 20.2.2015 (BT-Drucks. 18/4050, 63):

§ 272 über das Eigenkapital wird um einen neuen Absatz 5 erweitert, um Artikel 9 Absatz 7 Buchstabe c der Richtlinie 2013/34/EU umzusetzen. In Bezug auf die Behandlung von Beteiligungen in Jahresabschlüssen sah die Richtlinie 78/660/EWG in ihrem Artikel 59 Absatz 6 vor, dass der auf die Beteiligung entfallende Teil des Ergebnisses unter einem gesonderten Posten mit entsprechender Bezeichnung in der Gewinn- und Verlustrechnung auszuweisen ist; diese Regelung ist in der Richtlinie 2013/34/EU nur noch für den Konzernabschluss vorgesehen (Artikel 27 Absatz 6). Diese Vorgabe ist in § 312 Absatz 4 Satz 2 HGB bereits umgesetzt.

Aus Artikel 9 Absatz 7 Buchstabe b und c der Richtlinie 2013/34/EU ergibt sich weiterhin der Grundsatz, dass eine phasengleiche Gewinnausschüttung bei der Beteiligung und dem beteiligten Unternehmen (insbesondere im Mutter-Tochter-Verhältnis) möglich ist. Von der diese Möglichkeit einschränkenden Mitgliedstaatenoption in Artikel 9 Absatz 7 Buchstabe b, den Ausweis der Erträge auf die bereits gezahlten oder als Forderungen entstandenen Dividenden und Gewinnanteile zu beschränken, wird wie bisher kein Gebrauch gemacht. Daher ist nach Artikel 9 Absatz 7 Buchstabe c der Richtlinie 2013/34/EU der Unterschiedsbetrag, um den der Gewinnanteil aus der Beteiligung die bereits eingegangenen Zahlungen und entstandene Forderungen auf Gewinnausschüttung übersteigt, in eine Rücklage einzustellen und die Ausschüttung zu versagen.

Bericht des Ausschusses für Recht und Verbraucherschutz v. 17.6.2015 (BT-Drucks. 18/5256, 81 f.):

Im Hinblick auf die in § 272 Absatz 5 HGB-E vorgesehene Bildung einer ausschüttungsgesperrten Rücklage für noch nicht an die Kapitalgesellschaft ausgeschüttete Beteiligungserträge ist Kritik geäußert worden. In der Anhörung wurden hierzu unterschiedliche Auffassungen vertreten. Der Ausschuss hat ausführlich erwogen, ob die Regelung notwendig ist, und dabei das Ergebnis der Anhörung erörtert. Für den Gesetzentwurf spricht, dass Artikel 9 Absatz 7 Buchstabe c der Richtlinie 2013/34/EU ausdrücklich eine Ausschüttungssperre verlangt und der Gesetzentwurf diese Vorgabe 1:1 umsetzt. Eine Nichtumsetzung führt zum Risiko der Vertragsverletzung. Es sollte daher am Gesetzentwurf festgehalten werden. Klargestellt werden muss allerdings, dass die Rücklage wieder aufgelöst werden kann, sobald der Beteiligungsertrag ausgeschüttet oder durch Entstehung eines Anspruchs der Kapitalgesellschaft auf Ausschüttung dieser zugeordnet worden ist. Im Übrigen ist darauf hinzuweisen, dass es für die Entstehung eines Anspruchs der Kapitalgesellschaft im Sinne des § 272 Absatz 5 HGB-E genügt, dass die Kapitalgesellschaft den Beteiligungsertrag so gut wie sicher vereinnahmen wird, auch wenn ein Beschluss des Beteiligungsunternehmens zur Gewinnverwendung noch aussteht. Das dürfte in der Regel anzunehmen sein, wenn die Kapitalgesellschaft Erträge aus einem Tochterunternehmen vereinnahmt. Auf einen Anspruch im Rechtssinne kommt es dabei nach Auffassung des Ausschusses nicht an.

Die Bundesregierung wurde gleichzeitig gebeten, das Verständnis von Artikel 9 Absatz 7 der Richtlinie 2013/34/EU auf europäischer Ebene noch einmal anzusprechen. Sollte sich daraus ergeben, dass der europäische Gesetzgeber die eingetretene Änderung der Vorgaben nicht beabsichtigt hat und nur auf die sog. Equity-Methode bezogen sehen sollte wie in der Vorgängerrichtlinie, sollte die Bundesregierung auch hier ein Verfahren der Kommission zur Korrektur der Richtlinie anregen.

I. Wesentliche Neuerungen

– Implementierung einer Gewinnausschüttungssperre; kein Anwendungsfall innerhalb der nationalen Rechnungslegung. 82

II. Erläuterungen zu § 272 Abs. 5 HGB (Ausschüttungssperre für phasengleich vereinnahmte Beteiligungserträge)

1. Überblick

In einem neu eingefügten § 272 Abs. 5 HGB wird eine Ausschüttungssperre für solche Beträge kodifiziert, die in der Gewinn- und Verlustrechnung als Beteiligungserträge ausgewiesen wurden, jedoch **noch nicht bei der Gesellschaft eingegangen** sind oder für die noch **kein Anspruch auf Zahlung** besteht. Die Ausschüttungssperre umfasst den Unterschiedsbetrag zwischen in der Gewinn- und Verlustrechnung ausgewiesenen Beteiligungserträgen und den Gewinnanteilen, die entweder bereits zahlungswirksam eingegangen sind oder auf die ein Zahlungsanspruch besteht. Die entsprechenden Beträge, auf die weder ein Zahlungsanspruch besteht noch die zahlungswirksam wurden, sind in eine Rücklage einzustellen und somit innerhalb der Gewinn- und Verlustrechnung zu neutralisieren.[1] Dieser neu eingeführte Absatz zielt auf eine Ausschüttungssperre phasengleich vereinnahmter Beteiligungserträge ab. 83

Über die Sinnhaftigkeit der Einführung dieser Ausschüttungssperre wurde in der Literatur viel diskutiert. Zum einen wurde der Anwendungsbereich innerhalb der nationalen Rechnungslegung hinterfragt, zum anderen wurden die weitreichenden Konsequenzen aufgezeigt, die eine

---

1 Begr. RegE, BT-Drucks. 18/4050, 63.

wirksame Ausschüttungssperre nach sich ziehen würde. Beide Aspekte sollen im Folgenden kurz dargestellt werden.

2. Anwendungsbereich der Ausschüttungssperre

84 Die Ausschüttungssperre des neuen § 272 Abs. 5 HGB wurde eingeführt, um Art. 9 Abs. 7 Buchst. c der Bilanzierungsrichtlinie (2013/34/EU) zu entsprechen. Es sollen solche Beteiligungserträge ausschüttungsgesperrt werden, die weder zugeflossen sind noch auf die ein Anspruch auf Zahlung besteht. Zu welchem **Zeitpunkt** der Zufluss erfolgt sein bzw. der Zahlungsanspruch bestehen muss, lässt der Gesetzgeber offen. Nach dem Sinn der Regelung ist hier nicht auf den Bilanzstichtag, sondern auf das Ende der Aufstellungsphase des Jahresabschlusses abzustellen. Die Ausschüttungssperre soll in erster Linie dem Gläubigerschutz dienen. Sind Beteiligungserträge bis zum Ende der Aufstellungsphase und somit vor Offenlegung des Abschlusses eingegangen bzw. besteht bis zu diesem Zeitpunkt ein Zahlungsanspruch, so besteht kein Gefährdungspotenzial für die Gläubiger und somit keine Notwendigkeit für eine Ausschüttungssperre.[1]

85 In der Gewinn- und Verlustrechnung werden einerseits Beteiligungserträge gezeigt, die unterjährig **zugeflossen** sind oder auf die bis zum Abschlussstichtag ein **rechtlicher Anspruch** besteht. Rechtlich begründet ist ein Anspruch auf Dividendenzahlung bei Kapitalgesellschaften mit Gewinnverwendungsbeschluss, bei Personengesellschaften entsteht der rechtliche Anspruch auf den Gewinnanteil frühestens mit Feststellung des Jahresabschlusses.

86 Seit dem Tomberger-Urteil[2] hat sich in der Bilanzierungspraxis in Bezug auf die Realisierung von Beteiligungserträgen eine wirtschaftliche Betrachtungsweise durchgesetzt. Ein Beteiligungsertrag ist nicht erst dann realisiert, wenn ein rechtlicher Anspruch besteht, vielmehr ist er bereits in der Gewinn- und Verlustrechnung zu zeigen, wenn ein **wirtschaftlicher Anspruch** besteht. In der Gewinn- und Verlustrechnung sind daher auch solche Beteiligungserträge ausgewiesen, auf die kein rechtlicher, jedoch ein wirtschaftlicher d.h. bilanzrechtlicher Anspruch besteht. Diese Ansicht ist mit dem Realisationsprinzip vereinbar, denn Beteiligungserträge dürfen nach den handelsrechtlichen Regelungen dann ausgewiesen werden, wenn ihr Anspruch zumindest „so gut wie sicher" ist.

87 Dividendenerträge gelten als wirtschaftlich realisiert und sind zwangsweise phasengleich zu vereinnahmen, wenn folgende **Voraussetzungen kumulativ erfüllt** sind:

---

[1] Vgl. *Hermesmeier/Heinz*, DB 2015, Beil. 5, 20; vgl. Arbeitskreis Bilanzrecht Hochschullehrer Rechtswissenschaften (AKBR), BB 2015, 876.
[2] EuGH v. 27.6.1996 – C-234/94, EuGHE 1996, I-3133 = GmbHR 1996, 521.

1. Die Muttergesellschaft muss Allein- oder Mehrheitsgesellschafter der Tochtergesellschaft sein, so dass diese allein einen Gewinnverwendungsbeschluss fassen kann;
2. zwischen den beiden Gesellschaften muss ein Mutter-Tochter-Verhältnis vorliegen;
3. das Geschäftsjahr der Tochtergesellschaft muss spätestens mit dem der Muttergesellschaft enden;
4. die Feststellung des Jahresabschlusses und der Beschluss über die Gewinnverwendung der Tochtergesellschaft müssen noch vor Abschluss der Prüfung des Jahresabschlusses der Muttergesellschaft erfolgen.

➲ **Praxistipp:** Liegt bis zum Abschluss der Prüfung des Jahresabschlusses der Muttergesellschaft lediglich ein Gewinnverwendungsvorschlag des Tochterunternehmens vor, so besteht ein Wahlrecht bezüglich der Aktivierung des Dividendenanspruchs und der korrespondierenden Buchung eines Beteiligungsertrags. 88

Beteiligungserträge von Tochterpersonengesellschaften gelten gem. der **IDW-Stellungnahme RS HFA 18**[1] dann als realisiert, wenn: 89

- das Geschäftsjahr der Personenhandelsgesellschaft spätestens mit dem des Gesellschafters endet;

- alle maßgeblichen Bilanzierungs- und Bewertungsentscheidungen bis zum Abschluss der Prüfung des Jahresabschlusses des Gesellschafters festgelegt sind, d.h. der Jahresabschluss der Personenhandelsgesellschaft muss festgestellt oder zumindest von einem persönlich haftenden Gesellschafter verbindlich aufgestellt worden sein; ist die Personenhandelsgesellschaft prüfungspflichtig, so ist eine verbindliche Fassung des Jahresabschlusses erst nach Beendigung der Prüfung anzunehmen;

- der Gewinnanteil nicht durch gesetzliche Regelungen oder gesellschaftsvertragliche Vereinbarungen der individuellen Verfügungsmacht des Gesellschafters entzogen ist.

Die aufgestellten Grundsätze zur phasengleichen Vereinnahmung von Beteiligungserträgen zeigen, dass eine Realisierung der Erträge und somit ein Ausweis in der Gewinn- und Verlustrechnung erst erfolgen darf, wenn zumindest ein bilanzrechtlicher Anspruch auf die Zahlung besteht. Ein Ausweis von Zahlungsansprüchen in der Gewinn- und Verlustrechnung, auf die kein bilanzrechtlicher Anspruch besteht, d.h. die nicht „so gut wie sicher" sind, ist in der nationalen Rechnungslegung ausgeschlossen.

In der Diskussion stand, ob **phasengleich vereinnahmte Beteiligungserträge** unter den Anwendungsbereich der Ausschüttungssperre fallen. Auf diese besteht zum Bilanzstichtag bzw. teilweise bis zum Ende des Aufstellungszeitraums noch kein rechtlicher Anspruch. Fraglich war, wie die 90

---
1 Vgl. IDW RS HFA 18: Bilanzierung von Anteilen an Personenhandelsgesellschaften im handelsrechtlichen Jahresabschluss, Rz. 13 ff.

mit dem BilRUG neu eingeführte Norm auszulegen ist, um den Anwendungsbereich der Ausschüttungssperre abgrenzen zu können. Insbesondere stellt sich die Frage, welche Qualität der bestehende Zahlungsanspruch haben muss. Stützt man sich bei der Auslegung des Zahlungsanspruchs auf die bilanzielle Sicht, so läuft die neu eingeführte Ausschüttungssperre leer.

91 In der Literatur wurde viel diskutiert, ob der **bilanzrechtliche Anspruch** ausreicht, um nicht in den Anwendungsbereich der neu eingeführten Ausschüttungssperre zu fallen, oder ob ein rechtlicher Zahlungsanspruch vorliegen muss. Eine Klarstellung erfolgte innerhalb der Gesetzesbegründung. Demnach soll bereits der bilanzrechtliche Anspruch ausreichen, um einen Anspruch gem. § 272 Abs. 5 HGB zu begründen. Auf den rechtlichen Anspruch kommt es nicht an. Aus der Neueinführung des § 272 Abs. 5 HGB resultieren somit keinerlei praktische Konsequenzen. Die Ausschüttungssperre hat innerhalb der nationalen Rechnungslegung keinen Anwendungsfall, da sämtliche in der Gewinn- und Verlustrechnung ausgewiesenen Beteiligungserträge entweder bereits zugeflossen sind, oder es besteht ein (bilanz-)rechtlicher Zahlungsanspruch. Somit fallen auch phasengleich vereinnahmte Beteiligungserträge nicht in den Anwendungsbereich dieser Norm. Es erscheint somit fraglich, warum die Ausschüttungssperre im Rahmen des BilRUG in das HGB implementiert wurde. Begründet wird die Aufnahme der Ausschüttungssperre in nationales Recht, um der Transformation der Richtlinieninhalte der Bilanzrichtlinie 2013/34/EU Rechnung zu tragen und so dem Risiko einer Vertragsverletzung zu entgehen.[1]

92 ➲ **Praxistipp:** Innerhalb der nationalen Rechnungslegung ist somit kein Anwendungsfall erkennbar, der die neu eingeführte Ausschüttungssperre auslöst. Auch phasengleich vereinnahmte Beteiligungserträge, auf die grundsätzlich ein bilanzrechtlicher Anspruch besteht und die somit zulässigerweise aktiviert werden, werden nicht von der Ausschüttungssperre des § 272 Abs. 5 HGB erfasst.

93 Abweichend zu dieser in der Praxis vorherrschenden Sichtweise werden in der Literatur Auffassungen vertreten, die das Bestehen eines bilanzrechtlichen Anspruchs differenzierter betrachten, was dazu führen würde, dass der neu eingeführten Ausschüttungssperre doch noch ein Anwendungsbereich eröffnet würde. Der bilanzrechtliche Anspruch ist demnach zum Stichtag nur dann bereits verwirklicht, wenn die Beschlussfassung über die Gewinnverwendung **werterhellenden Charakter** hat und somit auf den Bilanzstichtag zurückwirkt. Ist der gefasste Gewinnverwendungsbeschluss von Tatsachen beeinflusst worden, die erst im neuen Geschäftsjahr eingetreten sind, so ist eine Werterhellung abzulehnen. Der Gewinnverwendungsbeschluss ist in diesem Fall wertbegründend, was dazu führt, dass die entsprechenden Beteiligungserträge in den Anwendungs-

---
[1] Bericht des Rechtsaussch., BT-Drucks. 18/5256, 81 f.

bereich des § 272 Abs. 5 HGB fallen würden und in eine Rücklage einzustellen sind. Der Gewinnverwendungsbeschluss wirkt nicht mehr auf den Bilanzstichtag zurück. Zum Bilanzstichtag bestand somit kein „so gut wie sicherer", d.h. kein bilanzrechtlicher Anspruch.[1]

In der Praxis dürfte die Abgrenzung, wann der Gewinnverwendungsbeschluss werterhellenden und wann er wertbegründenden Charakter hat, **nur in Ausnahmefällen konkret bestimmbar** sein, so dass im Regelfall davon auszugehen ist, dass er werterhellend ist und somit zum Stichtag bereits ein „so gut wie sicherer" und somit bilanzieller Anspruch bestand. Es kann daher davon ausgegangen werden, dass in der Regel phasengleich vereinnahmte Beteiligungserträge nicht in den Anwendungsbereich des § 272 Abs. 5 HGB fallen und für die Ausschüttungssperre kein Anwendungsfall erkennbar ist. 94

3. Auswirkungen der Ausschüttungssperre

Obwohl im nationalen Recht **kein Anwendungsbereich für die Ausschüttungssperre** existiert, soll aus Vollständigkeitsgründen dargestellt werden, wie mögliche ausschüttungsgesperrte Beträge zu behandeln sind. Beträge, die unter die Ausschüttungssperre des § 272 Abs. 5 HGB fallen (würden), sind in eine Rücklage einzustellen. Der Jahresabschluss ist daher im Anwendungsfall der Ausschüttungssperre unter zumindest teilweiser Gewinnverwendung aufzustellen. In der praktischen Umsetzung kann im Rahmen der Gewinnverwendung ein Posten „Einstellung in die ausschüttungsgesperrte Rücklage nach § 272 Abs. 5 HGB" neu eingefügt werden. Die gebildete Rücklage nach § 272 Abs. 5 HGB ist Bestandteil des Eigenkapitals und vermindert den auszuweisenden Bilanzgewinn. Sie ist innerhalb der Gewinnrücklagen auszuweisen. 95

Weitreichende Konsequenzen hat die Dotierung dieser Rücklage in **tief gegliederten Konzernstrukturen**. Ausschüttungsgesperrte Beteiligungserträge können von übergeordneten Gesellschaften nicht mehr phasengleich vereinnahmt werden. Somit kann es vorkommen, dass Beteiligungserträge mehrere Jahre benötigen, um an die Konzernspitze durchgeleitet zu werden. Insbesondere zeigen sich negative Auswirkungen in mehrstufigen Personenhandelsgesellschaftsstrukturen. Steuerlich wird durch die transparente Besteuerung der Personenhandelsgesellschaft stets eine phasengleiche Vereinnahmung der Gewinnanteile vorgenommen. Sind diese jedoch auf der ersten Stufe aufgrund einer Ausschüttungssperre in einer Rücklage einzustellen, so steht dieser Gesellschaft nicht mehr in vollem Umfang wie bisher disponibles Kapital zu Ausschüttungs- bzw. Entnahmezwecken zur Verfügung. Dies kann dazu führen, dass die Steuerbelastung, die bei den nachfolgenden Gesellschaftern entsteht, nicht mehr direkt aus dem Steuersubstrat bestritten werden kann und Liquiditätsengpässe auftreten können. 96

---

[1] Vgl. *Kirsch*, BC 2015, 126 ff.

97 Die finale Gesetzesfassung bestimmt in § 272 Abs. 5 Satz 2 HGB, wie ausschüttungsgesperrte Beträge in den Folgejahren zu behandeln sind. Dem Normzweck der Regelung entsprechend ist eine **Auflösung der Rücklage** zwingend, wenn die in Vorperioden ergebniswirksam verbuchten Beteiligungserträge zufließen bzw. ein bilanzrechtlicher Anspruch auf die Dividenden oder Gewinnbestandteile besteht. Keine Regelung findet sich im Gesetz, wie die Rücklage aufzulösen ist. Entsprechend der Zuführung scheint es jedoch folgerichtig die Entsperrung zugunsten des Bilanzgewinns vorzunehmen. Die Entsperrung kann innerhalb der Fortführung der Gewinn- und Verlustrechnung im Posten „Entnahmen aus der ausschüttungsgesperrten Rücklage nach § 272 Abs. 5 HGB" gezeigt werden.

§ 274a
Größenabhängige Erleichterungen

Kleine Kapitalgesellschaften sind von der Anwendung der folgenden Vorschriften befreit:

1. *§ 268 Abs. 2 über die Aufstellung eines Anlagengitters,*
1. *§ 268 Abs. 4 Satz 2 über die Pflicht zur Erläuterung bestimmter Forderungen im Anhang,*
2. *§ 268 Abs. 5 Satz 3 über die Erläuterung bestimmter Verbindlichkeiten im Anhang,*
3. *§ 268 Abs. 6 über den Rechnungsabgrenzungsposten nach § 250 Abs. 3,*
4. *§ 274 über die Abgrenzung latenter Steuern.*

Begründung Regierungsentwurf v. 20.2.2015 (BT-Drucks. 18/4050, 63):

Es handelt sich um eine Folgeänderung zur Aufhebung von § 268 Absatz 2 HGB. Zugleich sollen die bisherigen Nummern von § 274a HGB aufrücken. Folgeänderungen sind damit nicht verbunden.

§ 275
Gliederung

(1) ¹Die Gewinn- und Verlustrechnung ist in Staffelform nach dem Gesamtkostenverfahren oder dem Umsatzkostenverfahren aufzustellen. ²Dabei sind die in Absatz 2 oder 3 bezeichneten Posten in der angegebenen Reihenfolge gesondert auszuweisen.

(2) Bei Anwendung des Gesamtkostenverfahrens sind auszuweisen:

1. Umsatzerlöse
2. Erhöhung oder Verminderung des Bestands an fertigen und unfertigen Erzeugnissen
3. andere aktivierte Eigenleistungen
4. sonstige betriebliche Erträge

5. Materialaufwand:
   a) Aufwendungen für Roh-, Hilfs- und Betriebsstoffe und für bezogene Waren
   b) Aufwendungen für bezogene Leistungen
6. Personalaufwand:
   a) Löhne und Gehälter
   b) soziale Abgaben und Aufwendungen für Altersversorgung und für Unterstützung,
   davon für Altersversorgung
7. Abschreibungen:
   a) auf immaterielle Vermögensgegenstände des Anlagevermögens und Sachanlagen
   b) auf Vermögensgegenstände des Umlaufvermögens, soweit diese die in der Kapitalgesellschaft üblichen Abschreibungen überschreiten
8. sonstige betriebliche Aufwendungen
9. Erträge aus Beteiligungen,
   davon aus verbundenen Unternehmen
10. Erträge aus anderen Wertpapieren und Ausleihungen des Finanzanlagevermögens,
    davon aus verbundenen Unternehmen
11. sonstige Zinsen und ähnliche Erträge,
    davon aus verbundenen Unternehmen
12. Abschreibungen auf Finanzanlagen und auf Wertpapiere des Umlaufvermögens
13. Zinsen und ähnliche Aufwendungen,
    davon an verbundene Unternehmen
14. *Ergebnis der gewöhnlichen Geschäftstätigkeit*
15. *außerordentliche Erträge*
16. *außerordentliche Aufwendungen*
17. *außerordentliches Ergebnis*
14. Steuern vom Einkommen und vom Ertrag
15. **Ergebnis nach Steuern**
16. sonstige Steuern
17. Jahresüberschuss/Jahresfehlbetrag.

(3) Bei Anwendung des Umsatzkostenverfahrens sind auszuweisen:
   1. Umsatzerlöse

2. Herstellungskosten der zur Erzielung der Umsatzerlöse erbrachten Leistungen

3. Bruttoergebnis vom Umsatz

4. Vertriebskosten

5. allgemeine Verwaltungskosten

6. sonstige betriebliche Erträge

7. sonstige betriebliche Aufwendungen

8. Erträge aus Beteiligungen,

   davon aus verbundenen Unternehmen

9. Erträge aus anderen Wertpapieren und Ausleihungen des Finanzanlagevermögens,

   davon aus verbundenen Unternehmen

10. sonstige Zinsen und ähnliche Erträge,

    davon aus verbundenen Unternehmen

11. Abschreibungen auf Finanzanlagen und auf Wertpapiere des Umlaufvermögens

12. Zinsen und ähnliche Aufwendungen,

    davon an verbundene Unternehmen

13. *Ergebnis der gewöhnlichen Geschäftstätigkeit*

14. *außerordentliche Erträge*

15. *außerordentliche Aufwendungen*

16. *außerordentliches Ergebnis*

13. Steuern vom Einkommen und vom Ertrag

14. Ergebnis nach Steuern

15. sonstige Steuern

16. Jahresüberschuss/Jahresfehlbetrag.

(4) Veränderungen der Kapital- und Gewinnrücklagen dürfen in der Gewinn- und Verlustrechnung erst nach dem Posten „Jahresüberschuß/Jahresfehlbetrag" ausgewiesen werden.

(5) Kleinstkapitalgesellschaften (§ 267a) können anstelle der Staffelungen nach den Absätzen 2 und 3 die Gewinn- und Verlustrechnung wie folgt darstellen:

1. Umsatzerlöse,

2. sonstige Erträge,

3. Materialaufwand,

4. Personalaufwand,

§ 276 – Größenabhängige Erleichterungen

5. Abschreibungen,

6. sonstige Aufwendungen,

7. Steuern,

8. Jahresüberschuss/Jahresfehlbetrag.

Begründung Regierungsentwurf v. 20.2.2015 (BT-Drucks. 18/4050, 63):

Mit Buchstabe a und b werden die Gliederungen der Gewinn- und Verlustrechnung geändert und an die Streichung der Angaben zu außerordentlichen Erträgen und außerordentlichen Aufwendungen angepasst. Sie gehen auf eine Änderung im europäischen Recht zurück. Artikel 13 Absatz 1 der Richtlinie 2013/34/EU gestattet es in Verbindung mit Anhang V und VI nicht länger, außerordentliche Posten gesondert in der Gewinn- und Verlustrechnung auszuweisen. Ein Ausweis in der Gewinn- und Verlustrechnung kann auch nicht auf Artikel 9 Absatz 2 der Richtlinie gestützt werden, so dass weitere Untergliederungen oder neue Posten zum Ausweis außerordentlicher Erträge oder Aufwendungen nicht erlaubt werden dürfen. Vielmehr hat ein Ausweis von Erträgen oder Aufwendungen von außergewöhnlicher Größenordnung oder von außergewöhnlicher Bedeutung nach Artikel 16 Absatz 1 Buchstabe b der Richtlinie 2013/34/EU fortan zwingend im Anhang zu erfolgen. Mit der Änderung von § 275 HGB verbunden sind entsprechende Änderungen in den §§ 276, 277 HGB und in den Vorschriften über den Anhang (§ 285 HGB) und über den Konzernanhang (§ 314 HGB). Ergänzend ist darauf hinzuweisen, dass Kreditinstitute und Versicherungsunternehmen im Einklang mit unveränderten besonderen europäischen Vorgaben auch künftig außerordentliche Posten in der Gewinn- und Verlustrechnung auszuweisen haben.

I. Wesentliche Neuerungen

– Änderung der Gliederung der Gewinn- und Verlustrechnung als Folgeänderung aus der Änderung der Umsatzerlösdefinition sowie dem Wegfall des außerordentlichen Ergebnisses

97a

II. Erläuterungen zu § 275 Abs. 2 und 3 HGB (Folgeänderungen)

Die Gliederung der Gewinn- und Verlustrechnung ändert sich maßgeblich auf Grund der **geänderten Umsatzerlösdefinition** und dem **Wegfall des außerordentlichen Ergebnisses**. Da es sich lediglich um eine systematische Folgewirkung handelt, kann auf die entsprechenden Ausführungen verwiesen werden (zur geänderten Umsatzerlösdefinition s. Ausführungen zu § 277 Abs. 1 HGB Rz. 100 ff.; zum Wegfall des außerordentlichen Ergebnisses s. Ausführungen zu § 277 Abs. 4 HGB Rz. 123 ff.).

98

§ 276
Größenabhängige Erleichterungen

¹Kleine und mittelgroße Kapitalgesellschaften (§ 267 Abs. 1, 2) dürfen die Posten § 275 Abs. 2 Nr. 1 bis 5 oder Abs. 3 Nr. 1 bis 3 und 6 zu einem Posten unter der Bezeichnung „Rohergebnis" zusammenfassen. ²*Kleine Ka-*

pitalgesellschaften brauchen außerdem die in § 277 Abs. 4 Satz 2 und 3 verlangten Erläuterungen zu den Posten „außerordentliche Erträge" und „außerordentliche Aufwendungen" nicht zu machen. ²Die Erleichterungen nach Satz 1 *oder 2* gelten nicht für Kleinstkapitalgesellschaften (§ 267a), die von der Regelung des § 275 Absatz 5 Gebrauch machen.

Begründung Regierungsentwurf v. 20.2.2015 (BT-Drucks. 18/4050, 63):

Es handelt sich um Folgeänderungen zu den Streichungen in den §§ 275 und 277 HGB.

§ 277
Vorschriften zu einzelnen Posten der Gewinn- und Verlustrechnung

(1) Als Umsatzerlöse sind die Erlöse aus dem Verkauf und der Vermietung oder Verpachtung von Produkten sowie aus der Erbringung von Dienstleistungen der Kapitalgesellschaft nach Abzug von Erlösschmälerungen und der Umsatzsteuer sowie sonstiger direkt mit dem Umsatz verbundener Steuern auszuweisen.

(2) Als Bestandsveränderungen sind sowohl Änderungen der Menge als auch solche des Wertes zu berücksichtigen; Abschreibungen jedoch nur, soweit diese die in der Kapitalgesellschaft sonst üblichen Abschreibungen nicht überschreiten.

(3) ¹Außerplanmäßige Abschreibungen nach § 253 **Absatz 3 Satz 5 und 6** sind jeweils gesondert auszuweisen oder im Anhang anzugeben. ²Erträge und Aufwendungen aus Verlustübernahme und auf Grund einer Gewinngemeinschaft, eines Gewinnabführungs- oder eines Teilgewinnabführungsvertrags erhaltene oder abgeführte Gewinne sind jeweils gesondert unter entsprechender Bezeichnung auszuweisen.

(4) ¹Unter den Posten „außerordentliche Erträge" und „außerordentliche Aufwendungen" sind Erträge und Aufwendungen auszuweisen, die außerhalb der gewöhnlichen Geschäftstätigkeit der Kapitalgesellschaft anfallen. ²Die Posten sind hinsichtlich ihres Betrags und ihrer Art im Anhang zu erläutern, soweit die ausgewiesenen Beträge für die Beurteilung der Ertragslage nicht von untergeordneter Bedeutung sind. ³Satz 2 gilt entsprechend für alle Aufwendungen und Erträge, die einem anderen Geschäftsjahr zuzurechnen sind.

(5) ¹Erträge aus der Abzinsung sind in der Gewinn- und Verlustrechnung gesondert unter dem Posten „Sonstige Zinsen und ähnliche Erträge" und Aufwendungen gesondert unter dem Posten „Zinsen und ähnliche Aufwendungen" auszuweisen. ²Erträge aus der Währungsumrechnung sind in der Gewinn- und Verlustrechnung gesondert unter dem Posten „Sonstige betriebliche Erträge" und Aufwendungen aus der Währungsumrechnung gesondert unter dem Posten „Sonstige betriebliche Aufwendungen" auszuweisen.

§ 277 – Einzelne Posten der Gewinn- und Verlustrechnung

Begründung Regierungsentwurf v. 20.2.2015 (BT-Drucks. 18/4050, 63 f.):

Abs. 1: Die Änderung von Absatz 1 beruht auf Artikel 2 Nummer 5 der Richtlinie 2013/34/EU und stellt gegenüber dem bisherigen Recht eine wesentliche Änderung dar. Im Unterschied zum bisherigen Recht sieht Artikel 2 Nummer 5 der Richtlinie 2013/34/EU nicht mehr vor, dass Umsatzerlöse auf für die gewöhnliche Geschäftstätigkeit typischen Erzeugnisse und Waren einerseits bzw. Dienstleistungen andererseits beschränkt sind. Auch der Verkauf von Produkten oder die Erbringung von Dienstleistungen außerhalb der gewöhnlichen Geschäftstätigkeit generiert künftig Umsatzerlöse und keine sonstigen betrieblichen Erträge. Produkte sind dabei als Zusammenfassung von Waren und Erzeugnissen zu verstehen.

Die Ausweitung des Begriffs der Umsatzerlöse geht einher mit der Aufhebung der Regelung zu außerordentlichen Erträgen und Aufwendungen als gesonderte Posten der Gewinn- und Verlustrechnung (§ 275 und § 277 Absatz 4 HGB-E).

Abs. 3: Es handelt sich um eine Folgeänderung zur Änderung von § 253 HGB.

Abs. 4: Die Aufhebung ist eine Folgeänderung zu den Streichungen in § 275 HGB-E und zur Erweiterung der Definition der Umsatzerlöse in § 277 Absatz 1 HGB-E. Die bisher in § 277 Absatz 4 Satz 2 HGB enthaltene Erläuterungspflicht für außerordentliche Aufwendungen und Erträge entfällt und wird durch eine Erläuterungspflicht zu Erträgen und Aufwendungen von außergewöhnlicher Größenordnung oder außergewöhnlicher Bedeutung ersetzt (§ 285 Nummer 31 HGB-E). Die bisher in § 277 Absatz 4 Satz 3 HGB enthaltene Erläuterungspflicht zu periodenfremden Aufwendungen und Erträgen wird als reine Anhangangabe nach § 285 Nummer 32 HGB-E überführt.

Bericht des Ausschusses für Recht und Verbraucherschutz v. 17.6.2015 (BT-Drucks. 18/5256, 82):

Abs. 1: In Ergänzung zu den Ausführungen im allgemeinen Teil ist der Ausschuss der Ansicht, dass sich die neue Definition der Umsatzerlöse im Gesetzentwurf sehr eng an der Vorgabe der Richtlinie orientiert und der Begriff damit zu knapp erläutert wird.

Deshalb ist zunächst darauf hinzuweisen, dass der Begriff der Umsatzerlöse ausgeweitet wird und künftig auch einen Teil solcher Erträge erfasst, die bisher unter anderen Ertragsarten wie insbesondere unter sonstigen betrieblichen Erträgen erfasst werden. Die bisherige Trennlinie in Form der Beschränkung der Umsatzerlöse auf die gewöhnliche Geschäftstätigkeit wird ausdrücklich aufgegeben. Daran kann der Gesetzentwurf nichts ändern, da es sich um eine Richtlinienvorgabe handelt und bei einer einschränkenden Umsetzung ein Vertragsverletzungsverfahren droht. Künftig werden auch alle Erträge aus der Erbringung von Dienstleistungen der Kapitalgesellschaft, die nicht zur gewöhnlichen Geschäftstätigkeit gehören, und alle Erträge aus dem Verkauf, der Vermietung oder Verpachtung von Produkten der Kapitalgesellschaft, die nicht zur gewöhnlichen Geschäftstätigkeit gehören, als Umsatzerlöse und damit nicht mehr als sonstige betriebliche Erträge zu erfassen sein. Erbringt ein auf Planungsleistungen spezialisiertes Unternehmen ausnahmsweise eine Bauleistung, werden die daraus erzielten Erträge künftig ebenfalls zu den Umsatzerlösen gehören. Die geänderte Definition wird auch im Lichte des insoweit unveränderten § 275 Absatz 3 HGB (Umsatzkostenverfahren) auszulegen sein, der bei den Herstellungskosten beziehungsweise Anschaffungsaufwendungen einen Bezug zu den Umsatzerlösen verlangt.

Nicht zu den Umsatzerlösen gehört auch künftig ein Ertrag aus der Veräußerung von Anlagevermögen (§ 247 Absatz 1 HGB), da Umsatzerlöse an den Umsatz anknüpfen und Umsatz begrifflich zumindest bei der endgültigen Veräußerung eine gewisse Nähe zum Umlaufvermögen erfordern dürfte. Erträge aus der Veräußerung von Anlagevermögen sind künftig als sonstige betriebliche Erträge zu erfassen, da zugleich die Abgrenzung zu außerordentlichen Erträgen entfällt. Das dürfte insbesondere Erträge aus der Veräußerung eines Betriebsgrundstücks, Betriebs oder Betriebsteils oder einer für die Produktion genutzten Maschine betreffen. Werden Produkte, die Gegenstände des Anlagevermögens sind, aber nicht veräußert, sondern nur vermietet, dürften die Erträge hieraus auch künftig zu den Umsatzerlösen gehören (beispielsweise aus der Vermietung von Fahrzeugen im Bestand einer Autovermietung).

Im Übrigen wird es für die Abgrenzung künftig stärker als bisher auf die europäischen Begriffselemente „Produkt" und „Dienstleistung" ankommen, die für die meisten Grenzfälle eine hinreichende Orientierung bieten wird.

Ergänzend weist der Ausschuss darauf hin, dass eine weitere Untergliederung der Umsatzerlöse nach § 265 Absatz 5 Satz 1 HGB zulässig ist, falls in der Praxis Bedarf am gesonderten Ausweis der Umsatzerlöse aus der gewöhnlichen Geschäftstätigkeit bestehen sollte.

I. Wesentliche Neuerungen

99
- Änderung der Umsatzerlösdefinition: Wegfall der Merkmale „gewöhnliche Geschäftstätigkeit" sowie „typische" Erzeugnisse und Waren.
- Zusammenfassung der „Erzeugnisse und Waren" zu „Produkten".
- Verpflichtung, direkt mit dem Umsatz verbundene Steuern von den Umsatzerlösen abzusetzen.
- Wegfall der Unterscheidung in gewöhnliche und außerordentliche Geschäftstätigkeit.
- Verpflichtende Anhangangabe der einzelnen außergewöhnlichen Aufwendungen und Erträge.

II. Erläuterungen zu § 277 Abs. 1 HGB (Neudefinition der Umsatzerlöse)

1. Abgrenzung der Neudefinition der Umsatzerlöse im Vergleich zur bisherigen Fassung

100 Die in § 277 Abs. 1 HGB a.F. kodifizierte Definition der Umsatzerlöse, die

„Erlöse aus dem Verkauf und der Vermietung oder Verpachtung von für die **gewöhnliche Geschäftstätigkeit** der Kapitalgesellschaft **typischen** Erzeugnissen und Waren sowie aus von für die **gewöhnliche Geschäftstätigkeit** der Kapitalgesellschaft **typischen** Dienstleistungen nach Abzug von Erlösschmälerungen und der Umsatzsteuer"

umfasst, wird durch das BilRUG dahingehend geändert, dass auf das Merkmal der „gewöhnlichen Geschäftstätigkeit" verzichtet wird, das als Abgrenzungskriterium zu den außerordentlichen Erträgen galt, und auch nicht mehr auf die „typischen" Erzeugnisse, Waren und Dienstleistungen abgestellt wird, wodurch eine Abgrenzung zu den sonstigen betrieblichen

Erträgen erfolgte.[1] Die Umsatzerlösdefinition knüpft somit nicht mehr an die gewöhnliche Geschäftstätigkeit, d.h. nicht mehr an das Kerngeschäft des Unternehmens an.

Der an erster Stelle stehende Wert in der Gewinn- und Verlustrechnung, dem bisher im Rahmen der Bilanzanalyse und bei der Beurteilung des Kerngeschäfts des Unternehmens eine große Bedeutung zukam, wird nun durch andere Ergebnisbestandteile ausgeweitet. Die **erweiterte Umsatzerlösdefinition** stellt daher eine der bedeutsamsten Änderungen des BilRUG dar. Dies gilt nicht nur vor dem Hintergrund der Bilanzanalyse und der internen Unternehmenssteuerung, sondern auch im Hinblick darauf, dass eine Vielzahl von Verträgen mit Dritten an die Größe der Umsatzlöse bestimmte Rechtsfolgen knüpfen.[2] 101

Durch die Neudefinition soll bewirkt werden, dass die bisher im Einzelfall schwierige Abgrenzungsfrage zwischen Umsatzerlösen und anderen Ertragspositionen vereinfacht wird und künftig zutreffend vorgenommen werden kann.

Weiterhin wird für die bisher verwendeten Begriffe „Erzeugnisse" und „Waren" der **Oberbegriff „Produkte"** eingeführt. Eine materielle Änderung resultiert hieraus nicht. Erzeugnisse und Waren sind innerhalb der Bilanz dem Umlaufvermögen zugeordnet (fertige bzw. unfertige Erzeugnisse und Waren). Somit handelt es sich bei Produkten i.S.d. § 277 Abs. 1 HGB auch um Vermögensgegenstände des Umlaufvermögens. 102

Die Neudefinition hat **weitreichende Auswirkungen** auf die Posteninhalte sowohl in der Gewinn- und Verlustrechnung als auch in der Bilanz. Ein Ergebnis der gewöhnlichen Geschäftstätigkeit ist künftig, korrespondierend zu der Änderung der Umsatzerlösdefinition in der Gewinn- und Verlustrechnung nicht mehr auszuweisen.

2. Auswirkungen auf die Gewinn- und Verlustrechnung

a) Änderung der Umsatzerlösdefinition

Die Neudefinition der Umsatzerlöse bewirkt, dass **Erlöse aus Nebentätigkeiten**, die bisher in den sonstigen betrieblichen Erträgen oder sogar im außerordentlichen Ergebnis auszuweisen waren, nun in den Umsatzerlösen zu zeigen sind. Dies betrifft insbesondere folgende Erträge: 103

– Erlöse aus dem Abverkauf nicht mehr benötigter Roh-, Hilfs- und Betriebsstoffe (Umlaufvermögen),

---

1 § 277 Abs. 1 HGB: „Als Umsatzerlöse sind die Erlöse aus dem Verkauf und der Vermietung oder Verpachtung von Produkten sowie aus der Erbringung von Dienstleistungen der Kapitalgesellschaft nach Abzug von Erlösschmälerungen und der Umsatzsteuer sowie sonstiger direkt mit dem Umsatz verbundener Steuern auszuweisen."
2 Vgl. *Oser/Orth/Wirtz*, DB 2015, 1731; vgl. *Richter*, DB 2015, 388.

- Erlöse aus Verkäufen von Waren und Erzeugnissen im Rahmen von Räumungs- oder Schließungsverkäufen,
- Erlöse aus der Vermietung von Gegenständen des Anlagevermögens,
- Sonstige Miet- und Pachteinnahmen,
- Kantinenerträge,
- Lizenz- und Patenteinnahmen,
- Konzernumlagen, sofern diesen ein Leistungsaustausch zugrunde liegt, z.B. für die Übernahme von Management- oder IT-Leistungen,
- Erlöse aus sonstigen Dienstleistungen wie z.B. Personalüberlassung oder Beratungsleistungen,
- Nicht einzeln zurechenbare Anschaffungspreisminderungen (Boni usw.).

104 Es wird ersichtlich, dass vielfältige Erträge, die nicht das Kerngeschäft des Unternehmens betreffen, zukünftig in den Umsatzerlösen auszuweisen sind. Um dennoch dem Bilanzleser kenntlich zu machen, welche Erlöse aus dem Kerngeschäft resultieren, d.h. der gewöhnlichen Geschäftstätigkeit zuzuordnen sind und sich auf das typische Leistungsangebot beziehen, können die Umsatzerlöse gem. § 265 Abs. 5 Satz 1 HGB **weiter untergliedert** werden. Eine Pflicht hierzu besteht jedoch nicht.[1]

105 Zu beachten ist, dass der Ausweis von Erlösen aus Verkäufen von Anlagevermögen auch zukünftig nicht unter die Umsatzerlöse fällt, da Vermögensgegenstände des Anlagevermögens nicht unter „Produkte", d.h. Waren und Erzeugnisse fallen. Diese sind weiterhin unter den **sonstigen betrieblichen Erträgen** auszuweisen. Begründet werden kann diese Differenzierung dadurch, dass Umsatzerlöse begrifflich so definiert sind, dass sie zumindest eine gewisse Nähe zum Umlaufvermögen aufweisen sollten. Diese Nähe weisen Erlöse aus Anlagenverkäufen nicht auf.[2]

106 ⇨ **Praxistipp:** Die Neudefinition der Umsatzerlöse führt dazu, dass z.B. Holdinggesellschaften oder Komplementär-GmbH's ohne eigene operative Tätigkeit, die bisher nur sonstige betriebliche Erträge und Beteiligungserträge vereinnahmt haben, zukünftig Umsatzerlöse ausweisen werden.

107 Die Abgrenzung, wann ein Ertrag unter den Umsatzerlösen und wann er unter den sonstigen betrieblichen Erträgen auszuweisen ist, ist in der neuen Gesetzesfassung nicht klar geregelt. Im Bericht des BT-Rechtsausschusses wird dazu angeführt, dass bei Abgrenzungsfragen eine vordergründige Orientierung an den Begriffen „Produkt" und „Dienstleistung" zu erfolgen hat.[3] Werden Produkte nach der Neudefinition der Umsatz-

---
1 Vgl. *Schiffers*, GmbHR 2015, 1025.
2 Bericht des Rechtsaussch., BT-Drucks. 18/5256, 82.
3 Bericht des Rechtsaussch., BT-Drucks. 18/5256, 82.

erlöse verkauft oder vermietet bzw. verpachtet oder werden Dienstleistungen erbracht, ist dem jeweiligen Vorgang ein **Leistungsaustausch** immanent. Liegt hingegen kein Leistungsaustausch vor, so kann es sich bei den erzielten Erträgen nicht um Umsatzerlöse handeln.

In der Praxis dürften aus der Abgrenzungsproblematik **Ermessensspielräume** resultieren und dem Bilanzersteller somit faktische Wahlrechte eröffnen. Abgrenzungsfragen ergeben sich z.B. für die Fälle des Verkaufs einer selbst erstellten und zunächst selbst genutzten Anlage. Handelt es sich hierbei um den Verkauf eines Produkts, d.h. wurden Waren oder Erzeugnisse veräußert die zu Umsatzerlösen führen oder nicht? 108

Die Erweiterung des Umfangs der Umsatzerlöse geht hauptsächlich zu Lasten der sonstigen betrieblichen Erträge, so dass diese zukünftig einen weitaus geringeren Umfang haben werden als bisher. Unstrittig ist der verbleibende Ausweis von beispielsweise folgenden Erträgen in den sonstigen betrieblichen Erträgen: 109

– Gewinne aus der Veräußerung von Gegenständen des Anlagevermögens,
– Erträge aus der Auflösung von Rückstellungen,
– Erträge aus der Währungsumrechnung,
– Erträge aus wertberichtigten Forderungen,
– Erträge aus echtem Schadensersatz,
– Erträge aus dem Verkauf von Wertpapieren des Umlaufvermögens.

Neben der Frage der Klassifikation von Erlösen aus dem Verkauf selbst erstellter Vermögensgegenstände des Anlagevermögens bestehen auch bei anderen Sachverhalten **Zuordnungsfragen**. Strittig wurde in der Literatur diskutiert, ob z.B. Haftungsvergütungen von persönlich haftenden Gesellschaftern oder sonstige Umlagen, denen kein konkreter Leistungsaustausch zugeordnet werden kann, wie z.B. für Geschäftsführerbezüge, unter die neue Umsatzerlösdefinition zu subsumieren sind. Eine favorisierte Zuordnung zu dem bisherigen Ausweis in den sonstigen betrieblichen Erträgen oder einem Ausweis in den Umsatzerlösen hat sich bislang nicht herausgestellt.[1] Jedoch scheint es sachgerecht, Erträge aus der Haftungsübernahme einer Komplementär-GmbH, die aufgrund ihrer Gesellschafterstellung und nicht wegen einer besonderen Leistung das Entgelt erhält, weiterhin unter den sonstigen betrieblichen Erträgen auszuweisen, da kein expliziter Leistungsaustausch vorliegt. In Zweifelsfällen bei der Abgrenzung zwischen den beiden Positionen der Gewinn- und Verlustrechnung soll der Zuordnung zu den sonstigen betrieblichen Erträgen der Vorzug gegeben werden.[2] 110

---
1 Vgl. *Oser/Orth/Wirtz*, DB 2015, 1732; vgl. *Kolb/Roß*, WPg. 2015, 872; vgl. *Richter*, DB 2015, 387.
2 Vgl. *Wulf*, DStZ 2015, 741.

111 ➲ **Praxistipp:** Die Neudefinition und die damit einhergehende Abgrenzungsproblematik der Umsatzerlöse zu den sonstigen betrieblichen Erträgen schaffen dem Bilanzersteller einen gewissen Bilanzierungsspielraum. Bedeutend ist die Höhe der Umsatzerlöse beispielsweise für bestimmte Kennzahlen wie die Umsatzrendite, weitere Kennzahlen der Unternehmenssteuerung und Ratingverfahren oder für den Schwellenwert für die Größenklassifizierung gem. §§ 241a, 267, 267a HGB Erlöse sollten künftig sorgfältig analysiert und auf dieser Basis eine Klassifizierungsentscheidung getroffen werden, ob sie der Neudefinition der Umsatzerlöse entsprechen oder nicht.

b) Ausstrahlungswirkung der neuen Umsatzerlösdefinition auf den Umfang der Herstellungskosten

112 Die Neudefinition der Umsatzerlöse hat jedoch nicht nur Auswirkungen auf den Inhalt der Umsatzerlöse selbst. Im Rahmen des Umsatzkostenverfahrens sind die **Herstellungskosten** definitionsgemäß „**Kosten der zur Erzielung der Umsatzerlöse erbrachten Leistung**". Im Bericht des BT-Rechtsausschusses wird deutlich, dass die Neudefinition der Umsatzerlöse auch eine Erweiterung der Herstellungskosten mit sich bringt.[1] Eine inhaltliche Anpassung der Herstellungskosten ist auf den ersten Blick unzweifelhaft durchzuführen. Da die neue Umsatzerlösdefinition sonstige betriebliche Erträge in die Umsatzerlöse verschiebt, erscheint es sinnvoll, in analoger Weise mit den damit zusammenhängenden sonstigen betrieblichen Aufwendungen zu verfahren. Inwieweit die Verschiebung der sonstigen betrieblichen Aufwendungen tatsächlich erfolgen soll und von der Neudefinition der Umsatzerlöse beeinflusst wird, wurde kritisch diskutiert.

113 Zum einen wird gefordert, dass aufgrund der neuen Umsatzerlösdefinition ein Ausweis aller den Umsatzerlösen final zuzuordnenden Aufwendungen innerhalb der Herstellungskosten erfolgen sollte, da dieser Posten gem. § 275 Abs. 3 HGB in Abhängigkeit von den Umsatzerlösen definiert ist. Beispielsweise sollen in die Herstellungskosten alle Aufwendungen umgegliedert werden, die für die Erbringung von **Verwaltungsdienstleistungen im Konzernverbund** anfallen und durch leistungsbezogene Konzernumlagen vergütet werden.[2] Zum andern widerspricht diese inhaltliche Änderung der Herstellungskosten dem grundsätzlichen Aufbau des Umsatzkostenverfahrens, das sich, nicht wie das Gesamtkostenverfahren an den Kostenarten, sondern an den funktionellen Kostenstellen orientiert. Das Umsatzkostenverfahren fordert, dass innerhalb der Herstellungskosten nur solche Kosten bzw. Aufwendungen auszuweisen sind, die im Rahmen der Herstellung, d.h. des Produktionsprozesses angefallen sind. Andere Aufwendungen sind den Vertriebs- oder Verwaltungskosten oder den sonstigen betrieblichen Aufwendungen zuzuordnen. Allein die

---
1 Bericht des Rechtsaussch., BT-Drucks. 18/5256, 82.
2 Vgl. *Kirsch*, DStR 2015, 664 ff.

Existenz des Postens „sonstige betriebliche Aufwendungen" innerhalb des Umsatzkostenverfahrens zeigt, dass eine vollständige Aufteilung nach den Funktionsbereichen oft nicht möglich ist und somit eine Auffangposition geschaffen werden musste, um der funktionellen Gliederung des Umsatzkostenverfahrens gerecht zu werden.[1]

Der Bericht des BT-Rechtsausschusses führt nunmehr aus, dass die geänderte Umsatzerlösdefinition 114

„auch im Lichte des insoweit unveränderten § 275 Abs. 3 HGB (Umsatzkostenverfahren) auszulegen sein [wird], der bei den Herstellungskosten (...) einen Bezug zu den Umsatzerlösen verlangt."[2]

Der Gesetzgeber weist darauf hin, dass korrespondierend zu der Verlagerung der sonstigen betrieblichen Erträge in die Umsatzerlöse eine analoge Verlagerung der sonstigen betrieblichen Aufwendungen in die Herstellungskosten zu erfolgen hat und gibt somit einen Teil der funktionellen Ausrichtung des Umsatzkostenverfahrens auf.

Auswirkungen auf die **Posteninhalte der Gewinn- und Verlustrechnung** bei Anwendung des Gesamtkostenverfahrens ergeben sich grundsätzlich nicht, da kein Posteninhalt in Abhängigkeit von den Umsatzerlösen definiert ist. In der Literatur wird jedoch die Meinung vertreten, dass es auch im Gesamtkostenverfahren zu einer Verlagerung der „sonstigen betrieblichen Aufwendungen" in die „bezogenen Leistungen" kommt.[3] Ob dieser Auffassung gefolgt werden kann, ist fraglich, insbesondere vor dem Hintergrund, dass der Bericht des BT-Rechtsausschusses lediglich die Erweiterung der Herstellungskosten im Rahmen des Umsatzkostenverfahrens anführt.[4] 115

◌ **Praxistipp:** Die Neudefinition der Umsatzerlöse stellt eine der wesentlichen materiellen Änderungen des BilRUG dar. Sie führt zu erheblichem Umstellungsaufwand im Bereich der Kontenzuordnung sowie der entsprechenden Anpassung innerhalb der Berichterstattung. Unternehmen sollten sich frühzeitig mit den Auswirkungen der neuen Umsatzerlösdefinition befassen, um die notwendigen Umstellungen der Konteninhalte bzw. des Kontenmappings rechtzeitig durchführen zu können. 116

c) Verpflichtende Absetzung der mit dem Umsatz verbundenen Steuern

Neu eingefügt in § 277 Abs. 1 HGB ist die Verpflichtung, direkt mit dem Umsatz verbundene Steuern von den Umsatzerlösen abzusetzen. Bisher war im Gesetz wörtlich nur die Umsatzsteuer genannt. Welche weiteren 117

---

[1] Vgl. *Haaker*, DStR 2015, 963 ff.
[2] Bericht des Rechtsaussch., BT-Drucks. 18/5256, 82.
[3] Vgl. *Kolb/Roß*, WPg. 2015, 869 f.; vgl. *Peun/Rimmelspacher*, DB 2015, Beil. 5, 15.
[4] Bericht des Rechtsaussch., BT-Drucks. 18/5256, 82.

Verbrauchsteuern und Monopolabgaben nun umsatzmindernd zu verbuchen sind, ist im Gesetzt nicht klar definiert. Auch die Gesetzesbegründung liefert keine Hinweise zum **Umfang der abzusetzenden Steuern**. Die Abziehbarkeit von mit dem Umsatz direkt verbundenen sonstigen Steuern wurde auch bisher kontrovers in der Literatur diskutiert. Somit bleibt es auch zukünftig der Kommentierung überlassen, ob die Norm eher weit oder eng auszulegen ist. In einer eher engen Auslegung wird befürwortet, lediglich preisabhängige Steuern wie die Tabaksteuer in Abzug zu bringen. Andere Meinungen befürworten hingegen sämtliche Steuern und somit auch mengenabhängige Steuern wie die Bier- oder Schaumweinsteuer als Korrekturposten innerhalb der Umsatzerlöse auszuweisen.[1]

118 Im Gesamtkostenverfahren wie auch im Umsatzkostenverfahren reduziert sich somit der Posten der „sonstigen Steuern" aufgrund des direkten Abzugs der mit den Umsatzerlösen verbundenen Steuern innerhalb der Umsatzerlöse. In welchem Umfang die Verlagerung der sonstigen Steuern in die Umsatzerlöse erfolgt, bleibt abzuwarten.

d) Erweiterte Angabepflichten im Jahr der Erstanwendung

119 Im Geschäftsjahr der erstmaligen Anwendung der Neudefinition der Umsatzerlöse[2] ist aufgrund der Ausweitung der Umsatzerlöse eine Vergleichbarkeit mit dem Vorjahreswert ggf. nicht mehr gegeben. Das Gesetz fordert jedoch keine Anpassung des Vorjahreswerts in der Gewinn- und Verlustrechnung, sondern einen Hinweis auf die fehlende Vergleichbarkeit im Anhang bzw. Konzernanhang. Um die Vergleichbarkeit wieder herzustellen, soll im Anhang eine nachrichtliche Darstellung der Vorjahresumsatzerlöse unter Anwendung des § 277 Abs. 1 HGB erfolgen.[3]

3. Ausstrahlungswirkung auf Positionen der Bilanz

120 Die Neudefinition der Umsatzerlöse hat nicht nur, wie bereits dargestellt, Auswirkungen innerhalb der Gewinn- und Verlustrechnung, sondern bringt auch Veränderungen von **Posteninhalten der Bilanz** mit sich. Als „Forderungen aus Lieferungen und Leistungen", in Abgrenzung zu den „sonstigen Forderungen" sind solche auszuweisen, die inhaltlich einen Bezug zu den in der Gewinn- und Verlustrechnung ausgewiesenen Umsatzerlösen aufweisen. Forderungen, die aus sonstigen betrieblichen Erträgen resultieren, sind als „sonstige Forderung" unter den „sonstigen Vermögensgegenständen" zu erfassen.

---
1 Vgl. *Peun/Rimmelspacher*, DB 2015, Beil. 5, 15 ff.; *Lüdenbach*, StuB 2015, 549; *Kolb/Roß*, WPg. 2015, 872 f.
2 Grundsätzlich sind die Neuregelungen des BilRUG für Geschäftsjahre anzuwenden, die nach dem 31.12.2015 beginnen. Wird das Wahlrecht zur vorzeitigen Anwendung der erhöhten Schwellenwerte genutzt, so ist gleichzeitig auch die Neudefinition der Umsatzerlöse zu beachten; s. hierzu die Erläuterungen in Rz. 8 ff.
3 Art. 75 Abs. 2 EGHGB.

Infolge der Erweiterung der Umsatzerlösdefinition findet eine Verlagerung von Forderungen, die bisher in der Position „sonstige Vermögensgegenstände" enthalten waren, in die Position „Forderungen aus Lieferungen und Leistungen" statt. Analog dazu sind ggf. bisher unter den „sonstigen Verbindlichkeiten" ausgewiesene Verbindlichkeiten in den Posten „Verbindlichkeiten aus Lieferungen und Leistungen" umzugliedern, wenn sie in einem inhaltlichen Zusammenhang zu den Umsatzerlösen stehen.

121

4. Änderung zugehöriger Anhangangaben

Korrespondierend zu der neuen Umsatzerlösdefinition wurden die Anhangangaben im Jahresabschluss in § 285 Nr. 4 HGB sowie für den Konzernabschluss in § 314 Abs. 1 Nr. 3 HGB geändert. Die Aufgliederung der Umsatzerlöse nach Tätigkeitsbereichen sowie geografisch bestimmten Märkten stellt nicht mehr auf die gewöhnliche Geschäftätigkeit bzw. die typischen Produkte oder Dienstleistungen der Kapitalgesellschaften ab. Es handelt sich lediglich um eine redaktionelle Folgeänderung.

122

III. Erläuterungen zum Wegfall des § 277 Abs. 4 HGB (Außerordentliches Ergebnis)

1. Änderung der Struktur der Gewinn- und Verlustrechnung

Das BilRUG ändert die bisherige Struktur der Gewinn- und Verlustrechnung. Das bisher nach dem Ergebnis der gewöhnlichen Geschäftätigkeit folgende außerordentliche Ergebnis fällt zukünftig weg. § 277 Abs. 4 HGB a.F. wurde ersatzlos gestrichen. Die Richtlinie 2013/34/EU verfolgt mit dem Wegfall des gesonderten Ausweises eines außerordentlichen Ergebnisses das Ziel einer **Vereinfachung der Gewinn- und Verlustrechnung**. Hierfür wird die Unterscheidung von gewöhnlicher und außerordentlicher Geschäftätigkeit aufgegeben.[1] Eingeführt wurde mit dem BilRUG jedoch das Zwischenergebnis „Ergebnis nach Steuern". Die Gewinn- und Verlustrechnung hat zukünftig folgende Gliederung:

123

Gesamtkostenverfahren § 275 Abs. 2 HGB		Umsatzkostenverfahren § 275 Abs. 3 HGB	
1.	Umsatzerlöse	1.	Umsatzerlöse
2.	Erhöhung oder Verminderung des Bestands an fertigen und unfertigen Erzeugnissen	2.	Herstellungskosten der zur Erzielung der Umsatzerlöse erbrachten Leistungen
3.	andere aktivierte Eigenleistungen	3.	Bruttoergebnis vom Umsatz
4.	sonstige betriebliche Erträge	4.	Vertriebskosten

---

1 Begr. RegE, BT-Drucks. 18/4050, 67.

Gesamtkostenverfahren § 275 Abs. 2 HGB		Umsatzkostenverfahren § 275 Abs. 3 HGB	
5.	Materialaufwand	5.	allgemeine Verwaltungskosten
6.	Personalaufwand	6.	sonstige betriebliche Erträge
7.	Abschreibungen		
8.	sonstige betriebliche Aufwendungen	7.	sonstige betriebliche Aufwendungen
9.	Erträge aus Beteiligungen	8.	Erträge aus Beteiligungen
10.	Erträge aus anderen Wertpapieren und Ausleihungen des Finanzanlagevermögens	9.	Erträge aus anderen Wertpapieren und Ausleihungen des Finanzanlagevermögens
11.	sonstige Zinsen und ähnliche Erträge	10.	sonstige Zinsen und ähnliche Erträge
12.	Abschreibungen auf Finanzanlagen und auf Wertpapiere des Umlaufvermögens	11.	Abschreibungen auf Finanzanlagen und auf Wertpapiere des Umlaufvermögens
13.	Zinsen und ähnliche Aufwendungen	12.	Zinsen und ähnliche Aufwendungen
14.	Steuern vom Einkommen und vom Ertrag	13.	Steuern vom Einkommen und vom Ertrag
15.	Ergebnis nach Steuern	14.	Ergebnis nach Steuern
16.	sonstige Steuern	15.	sonstige Steuern
17.	Jahresüberschuss/Jahresfehlbetrag	16.	Jahresüberschuss/Jahresfehlbetrag

124 Da explizit die Posten der außerordentlichen Aufwendungen und außerordentlichen Erträge wegfallen, kann für den Ausweis dieser Aufwendungen und Erträge nicht von § 265 Abs. 5 HGB Gebrauch gemacht und die Gewinn- und Verlustrechnung um einen gesonderten Posten erweitert werden, in den die außerordentlichen Ergebnisbestandteile eingestellt werden. Eine in dieser Hinsicht vorgenommene weitere Untergliederung der Gewinn- und Verlustrechnung ist nicht gestattet.[1] Die Aufwendungen und Erträge, die zuvor dem außerordentlichen Ergebnis zugeordnet wurden, sind künftig innerhalb der sachlich entsprechenden Aufwands- und Ertragsposition auszuweisen.

125 ◯ **Praxistipp:** Eine Verschiebung des außerordentlichen Ergebnisses in die sachlich entsprechenden Aufwands- und Ertragsposition führt zu einer massiven Beeinflussung von Zwischenergebnissen und Kennzahlen. Außerordentliche Aufwendungen und Erträge beeinflussen nun in der Regel das EBIT, so dass bei Vorliegen von Ergebnisbestand-

---

[1] Begr. RegE, BT-Drucks. 18/4050, 63; vgl. hierzu auch *Wulf*, DStZ 2015, 737.

teilen, die bisher im außerordentlichen Ergebnis ausgewiesen wurden, ein Vorjahresvergleich des EBIT und daran anknüpfende Kennzahlen wie die EBIT-Marge nicht mehr sinnvoll möglich sind. Um die Vergleichbarkeit wieder herzustellen, sollte im Rahmen der Kennzahlenbildung das EBIT um diese Effekte bereinigt werden.

Innerhalb der **Übergangsregelung** des Art. 67 Abs. 7 EGHGB wird verpflichtend vorgeschrieben, dass Aufwendungen und Erträge, die aus der erstmaligen Anwendung des BilMoG resultieren, im außerordentlichen Ergebnis auszuweisen sind. Dies betrifft insbesondere den Aufstockungsbetrag aus der Neubewertung der Pensionsrückstellungen. Hierfür sieht Art. 67 Abs. 1 EGHGB vor, dass dieser Betrag bis spätestens zum 31.12.2024 zu je mindestens $^{1}/_{15}$ den Pensionsrückstellungen zugeführt worden sein muss. Somit kann es bis zum Jahr 2024 Ergebnisbestandteile geben, die aufgrund gesetzlicher Vorschriften im außerordentlichen Ergebnis auszuweisen sind. Diesem Konflikt wurde Rechnung getragen, indem ein gesonderter Ausweis der „Aufwendungen bzw. Erträge aus Art. 67 Abs. 1 und 2 EGHGB" im sonstigen betrieblichen Aufwand bzw. Ertrag verpflichtend vorgeschrieben wurde.[1] Der geforderte Ausweis kann mit Hilfe eines Davon-Vermerks umgesetzt werden.

126

2. Verpflichtende Anhangangabe außergewöhnlicher Aufwendungen und Erträge

Um dem Bilanzadressaten dennoch die für die Beurteilung der nachhaltigen Ertragskraft des Unternehmens wichtigen Informationen über Aufwendungen und Erträge, die nicht im Rahmen der gewöhnlichen Geschäftstätigkeit angefallen sind, zukommen zu lassen, wurde eine neue Anhangangabe in § 285 Nr. 31 HGB eingeführt. Es ist

127

„jeweils der Betrag und die Art der einzelnen Erträge und Aufwendungen von **außergewöhnlicher** Größenordnung oder **außergewöhnlicher** Bedeutung, soweit die Beträge nicht von untergeordneter Bedeutung sind"

anzugeben. Es ist darauf hinzuweisen, dass durch die Streichung des außerordentlichen Ergebnisses in der Gewinn- und Verlustrechnung und der Einführung der Anhangangabe gem. § 285 Nr. 31 HGB nicht lediglich eine Verlagerung der Informationen von der Gewinn- und Verlustrechnung in den Anhang erfolgt. Denn im Anhang sind nun nicht die „außerordentlichen" Erträge und Aufwendungen, sondern die „außergewöhnlichen" Erträge und Aufwendungen anzugeben. Die Begriffe sind nicht deckungsgleich. Durch die neue Begriffsbestimmung „außergewöhnlich" findet eine neue Abgrenzung zwischen der gewöhnlichen und der außergewöhnlichen Geschäftstätigkeit statt.

Weder das Gesetz noch die Gesetzesbegründung enthalten eine eindeutige Definition der neu eingeführten Begrifflichkeit der außergewöhnlichen Aufwendungen und Erträge. Im Bericht des BT-Rechtsausschusses wird

128

---
1 Art. 75 Abs. 5 EGHGB.

lediglich aufgeführt, dass als Vergleichsmaßstab, um eine Zuordnungsentscheidung zu den außergewöhnlichen Aufwendungen und Erträgen treffen zu können, die **konkreten Verhältnisse im jeweiligen Unternehmen** heranzuziehen sind. Danach muss beurteilt werden, ob Größe oder Bedeutung der einzelnen Aufwendungen und Erträge so deutlich im Vergleich zu den sonstigen Vorgängen hervortritt, dass eine Außergewöhnlichkeit vorliegt und eine gesonderte Angabe im Anhang erforderlich wird.[1] Dieser Vergleichsmaßstab lässt viel Raum für Interpretationen und Ermessensentscheidungen. Für die Praxis kann davon ausgegangen werden, dass der Begriff „außerordentlich" von dem Begriff „außergewöhnlich" eingeschlossen wird. Das Merkmal der Außergewöhnlichkeit erweitert daher die Angabepflicht im Vergleich zur Außerordentlichkeit. Es dürften somit zukünftig mehr Aufwendungen und Erträge in den Anwendungsbereich des § 285 Nr. 31 HGB fallen, als es der Fall gewesen wäre, wenn man die alte Begrifflichkeit der Außerordentlichkeit beibehalten hätte.

129 Die Anhangangabe des § 285 Nr. 31 HGB schreibt lediglich vor, den Betrag und die Art des außergewöhnlichen Aufwands oder Ertrags anzugeben. Es ist **jeder einzelne Betrag** gesondert anzugeben; ein summarischer Ausweis, wie er bislang in der Gewinn- und Verlustrechnung erfolgt, ist nicht mehr ausreichend. Lediglich wenn der Betrag von untergeordneter Bedeutung ist, entfällt die Angabepflicht. Eine allgemeine Erläuterungspflicht der außergewöhnlichen Aufwendungen und Erträge wurde aus Gründen des verfolgten Bürokratieabbaus nicht eingeführt, kann jedoch auf freiwilliger Basis erfolgen, soweit dies für erforderlich gehalten wird.[2]
Die Anhangangabe des § 285 Nr. 6 HGB a.F. wird folgerichtig aufgehoben.

§ 278
Steuern

[1]Die Steuern vom Einkommen und vom Ertrag sind auf der Grundlage des Beschlusses über die Verwendung des Ergebnisses zu berechnen; liegt ein solcher Beschluß im Zeitpunkt der Feststellung des Jahresabschlusses nicht vor, so ist vom Vorschlag über die Verwendung des Ergebnisses auszugehen. [2]Weicht der Beschluß über die Verwendung des Ergebnisses vom Vorschlag ab, so braucht der Jahresabschluß nicht geändert zu werden.

Begründung Regierungsentwurf v. 20.2.2015 (BT-Drucks. 18/4050, 64):

§ 278 HGB bot ursprünglich durch verschiedene Annahmen zur Ergebnisverwendung eine Entscheidungshilfe für das Unternehmen. Er hatte allerdings ausschließlich Bedeutung für die Körperschaftssteuer, die nach altem Recht unterschiedliche

---
1 Bericht des Rechtsaussch., BT-Drucks. 18/5256, 83.
2 Bericht des Rechtsaussch., BT-Drucks. 18/5256, 83; vgl. hierzu auch *Wulf*, DStZ 2015, 738.

§ 284 – Erläuterung der Bilanz und der GuV

Steuersätze für thesaurierte und ausgeschüttete Gewinne kannte. Bereits seit dem Steuersenkungsgesetz vom 23. Oktober 2000 (BGBl. I S. 1433) hängt die Höhe des Körperschaftssteuersatzes aber nicht mehr vom Ausschüttungsverhalten ab. Dadurch hat § 278 HGB für Geschäftsjahre ab 2001 seine Bedeutung verloren. Nachdem inzwischen auch für Altfälle ausschüttungsunabhängige Auszahlungsregelungen für restliche Körperschaftssteuerguthaben getroffen worden sind, kann § 278 HGB nunmehr aufgehoben werden.

§ 284
Erläuterung der Bilanz und der Gewinn- und Verlustrechnung

(1) In den Anhang sind diejenigen Angaben aufzunehmen, die zu den einzelnen Posten der Bilanz oder der Gewinn- und Verlustrechnung vorgeschrieben **sind; sie sind in der Reihenfolge der einzelnen Posten der Bilanz und der Gewinn- und Verlustrechnung darzustellen. Im Anhang sind auch die Angaben zu machen, die in Ausübung eines Wahlrechts nicht in die Bilanz oder in die Gewinn- und Verlustrechnung aufgenommen wurden.**

(2) Im Anhang müssen

1. die auf die Posten der Bilanz und der Gewinn- und Verlustrechnung angewandten Bilanzierungs- und Bewertungsmethoden angegeben werden;

2. *die Grundlagen für die Umrechnung in Euro angegeben werden, soweit der Jahresabschluß Posten enthält, denen Beträge zugrunde liegen, die auf fremde Währung lauten oder ursprünglich auf fremde Währung lauteten;*

2. Abweichungen von Bilanzierungs- und Bewertungsmethoden angegeben und begründet werden; deren Einfluß auf die Vermögens-, Finanz- und Ertragslage ist gesondert darzustellen;

3. bei Anwendung einer Bewertungsmethode nach § 240 Abs. 4, § 256 Satz 1 die Unterschiedsbeträge pauschal für die jeweilige Gruppe ausgewiesen werden, wenn die Bewertung im Vergleich zu einer Bewertung auf der Grundlage des letzten vor dem Abschlußstichtag bekannten Börsenkurses oder Marktpreises einen erheblichen Unterschied aufweist;

4. Angaben über die Einbeziehung von Zinsen für Fremdkapital in die Herstellungskosten gemacht werden.

(3) ¹**Im Anhang ist die Entwicklung der einzelnen Posten des Anlagevermögens in einer gesonderten Aufgliederung darzustellen. ²Dabei sind, ausgehend von den gesamten Anschaffungs- und Herstellungskosten, die Zugänge, Abgänge, Umbuchungen und Zuschreibungen des Geschäftsjahrs sowie die Abschreibungen gesondert aufzuführen. ³Zu den Abschreibungen sind gesondert folgende Angaben zu machen:**

1. die Abschreibungen in ihrer gesamten Höhe zu Beginn und Ende des Geschäftsjahrs,

2. die im Laufe des Geschäftsjahrs vorgenommenen Abschreibungen und

3. Änderungen in den Abschreibungen in ihrer gesamten Höhe im Zusammenhang mit Zu- und Abgängen sowie Umbuchungen im Laufe des Geschäftsjahrs.

⁴Sind in die Herstellungskosten Zinsen für Fremdkapital einbezogen worden, ist für jeden Posten des Anlagevermögens anzugeben, welcher Betrag an Zinsen im Geschäftsjahr aktiviert worden ist.

Begründung Regierungsentwurf v. 20.2.2015 (BT-Drucks. 18/4050, 64):

Abs. 1: Mit dem neu gefassten und erweiterten Absatz 1 Satz 1 wird Artikel 15 der Richtlinie 2013/34/EU umgesetzt, der die Darstellung der zu den einzelnen Posten der Bilanz oder der Gewinn- und Verlustrechnung vorgeschriebenen Angaben im Anhang in der Reihenfolge der Bilanz und der Gewinn- und Verlustrechnung fordert.

Abs. 2: Eine gesonderte Vorgabe zur Angabe der Grundlagen der Fremdwährungsumrechnung erscheint neben Absatz 2 Nummer 1 nicht erforderlich; Absatz 2 Nummer 2 kann daher gestrichen werden. Die Streichung entspricht der Systematik des europäischen Rechts. Richtlinie 2013/34/EU enthält mit Artikel 16 Absatz 1 Buchstabe a nur noch eine allgemeine Vorgabe zur Angabe der angewandten Bewertungsmethoden, während Artikel 43 Absatz 1 Nummer 1 der Richtlinie 78/660/EWG noch ergänzend eine ausdrückliche Regelung zu den Grundlagen der Fremdwährungsumrechnung enthielt. Eine Änderung der materiellen Rechtslage ist mit der Streichung nicht beabsichtigt. Als Ergebnis der Streichung wäre Nummer 1 unbesetzt, so dass die bisherigen Nummern 2 bis 5 aufrücken. Damit sind Folgeänderungen auch in anderen Gesetzen und Rechtsverordnungen verbunden.

Abs. 3: Die Ergänzung von § 284 HGB um einen neuen Absatz 3 ist eine Folgeänderung zur Aufhebung von § 268 Absatz 2 HGB. Die Einzeldarstellung zu den Posten des Anlagevermögens (etwa als Anlagengitter) ist nunmehr zwingend als Anhangangabe ausgestaltet, die Möglichkeit des Ausweises in der Bilanz entfällt. Aus systematischen Gründen wird die bisher in § 268 Absatz 2 HGB verankerte Regelung als nunmehr reine Anhangvorschrift in einen neuen Absatz 3 von § 284 HGB verschoben.

Zugleich wird die Vorgabe inhaltlich an die geänderten europäischen Vorgaben in Artikel 17 Absatz 1 Buchstabe a der Richtlinie 2013/34/EU angepasst. So sind Abschreibungen künftig nicht mehr nur in ihrer gesamten Höhe, sondern

– in ihrer gesamten Höhe zu Beginn und Ende des Geschäftsjahrs (Artikel 17 Absatz 1 Buchstabe a Ziffer iii der Richtlinie 2013/34/EU),

– die im Laufe des Geschäftsjahrs vorgenommenen Abschreibungen (Artikel 17 Absatz 1 Buchstabe a Ziffer iv der Richtlinie 2013/34/EU) und

– die Veränderung der Abschreibungen in ihrer gesamten Höhe im Zusammenhang mit Zu- und Abgängen sowie Umbuchungen im Laufe des Geschäftsjahrs (Artikel 17 Absatz 1 Buchstabe a Ziffer v der Richtlinie 2013/34/EU)

darzustellen.

Darüber hinaus sind künftig auch Angaben zum Umfang der in die Herstellungskosten von Vermögensgegenständen des Anlagevermögens einbezogenen Fremdkapitalzinsen gefordert (Artikel 17 Absatz 1 Buchstabe a Ziffer vi der Richtlinie 2013/34/EU).

I. Wesentliche Neuerungen

- Zwingende Darstellung der Entwicklung des Anlagevermögens im Anhang; Erweiterung der Angabepflichten im Rahmen des Anlagespiegels. 130

II. Erläuterungen zu den Änderungen in § 284 HGB (Darstellungsreihenfolge, Währungsumrechnung und Anlagespiegel)

1. Allgemeine Änderungen (§ 284 Abs. 1 und 2 HGB)

§ 284 Abs. 1 HGB wurde um einen Halbsatz ergänzt. Dieser hat lediglich klarstellenden Charakter und verlangt, dass die Darstellung in der **Reihenfolge der einzelnen Posten** der Bilanz und der Gewinn- und Verlustrechnung zu erfolgen hat. Angaben, die sich nicht auf einen Posten der Bilanz oder Gewinn- und Verlustrechnung beziehen, sollten nach den postenspezifischen Angaben erfolgen. Dies war bisher in der Praxis bereits die gängige Darstellungsform und führt somit zu keinen materiellen Änderungen. 131

Durch das BilRUG wird § 284 Abs. 2 Nr. 2 HGB a.F. gestrichen, der die separate Angabepflicht zur Erläuterung der **Währungsumrechnung** enthielt. Die Erläuterungen zur Währungsumrechnung werden von den in § 284 Abs. 2 Nr. 1 HGB geforderten Angaben zu den angewandten Bilanzierungs- und Bewertungsmethoden mitumfasst, so dass eine gesonderte Angabepflicht entbehrlich ist. Die Angabe der Grundlagen für die Währungsumrechnung entfällt somit zukünftig nicht, sie ist im Rahmen des § 284 Abs. 2 Nr. 1 HGB zu machen. 132

2. Änderungen zum Anlagespiegel (§ 284 Abs. 3 HGB)

§ 284 HGB wird um einen neuen Absatz erweitert. In § 284 Abs. 3 HGB wird verpflichtend vorgeschrieben, die Darstellung der **Entwicklung des Anlagevermögens im Anhang** vorzunehmen. Korrespondierend dazu wird § 268 Abs. 2 HGB a.F. aufgehoben, der bisher wahlweise die Angaben zur Entwicklung des Anlagevermögens in der Bilanz oder im Anhang zugelassen hat. Grundsätzlich ändert sich zu der in der Praxis bisher vorgenommenen Darstellung des Anlagespiegels nicht viel. Die historischen Anschaffungs- und Herstellungskosten sind zu untergliedern in die gesamten Anschaffungs- und Herstellungskosten, Zugänge, Abgänge und Umbuchungen. Daneben sind Abschreibungen und Zuschreibungen gesondert aufzuführen. In § 284 Abs. 3 Nr. 1–3 HGB werden folgende gesonderte Angaben zu den Abschreibungen gefordert: 133

- Abschreibungen in ihrer gesamten Höhe (kumuliert) zu Beginn und zum Ende des Geschäftsjahres;
- die im laufenden Geschäftsjahr vorgenommenen Abschreibungen;

– Änderungen der Abschreibungen in ihrer gesamten Höhe im Zusammenhang mit Zu- und Abgängen sowie Umbuchungen.

134 Fraglich ist, welche Angabe im Rahmen der **Abschreibungen bei Zugängen** erfolgen soll. Wird die laufende Abschreibung des Jahres innerhalb dieser gesonderten Position des Anlagespiegels angegeben, so wären die laufenden Abschreibungen des Jahres der zugegangenen Vermögensgegenstände doppelt erfasst. Einmal innerhalb der Abschreibungen bei Zugängen und ein weiteres Mal innerhalb der Abschreibungen des Geschäftsjahres. Diese Auslegung der Norm scheint nicht sachgerecht und auch nicht vom Gesetzgeber gewollt. Einem solchen Informationsbedürfnis hätte man mit einem Davon-Vermerk besser Rechnung tragen können. Vielmehr sollte die Angabepflicht nur solche Fälle betreffen, bei denen aufgrund einer Gesamtrechtsnachfolge Abschreibungen des vorherigen Eigentümers übernommen und weitergeführt werden. Dies ist z.B. bei Umwandlungsfällen (§ 20 i.V.m. § 24 UmwG) der Fall. Nur für diese Ausnahmefälle scheint eine gesonderte Angabe der Abschreibungen bei Zugängen sinnvoll.[1]

135 Eine neue Angabe, die über die bisherige Angabepflicht im Anlagespiegel hinausgeht, schreibt § 284 Abs. 3 Satz 3 HGB vor. Bei Einbezug von **Fremdkapitalzinsen** in die Herstellungskosten gem. § 255 Abs. 3 Satz 2 HGB ist für jeden Posten des Anlagevermögens der im Geschäftsjahr aktivierte Betrag anzugeben. Diese Angabe ist im Anlagenspiegel aufzunehmen. Aus Übersichtlichkeitsgründen dürfte jedoch auch eine gesonderte Angabe der jeweiligen Beträge im Anhang ausreichend sein. Da die Darstellung des Anlagespiegels nun eine verpflichtende Anhangangabe ist, entfällt grundsätzlich die Pflicht zur Angabe der Vorjahreswerte gem. § 265 Abs. 2 Satz 1 HGB.[2] Aus Übersichtlichkeitsgründen und wegen der bisherigen Darstellungspraxis wird empfohlen, weiterhin die Angabe des Vorjahresbuchwerts vorzunehmen. Eine beispielhafte Darstellung des Anlagespiegels ist folgend abgebildet:

	Historische Anschaffungs- oder Herstellungskosten (in Euro)				
	Stand 1.1.x1	Zugänge	Umbuchungen	Abgänge	Stand 31.12.x1
I. Immaterielle Vermögensgegenstände					
...					

---

1 Vgl. *Rimmelspacher/Meyer*, DB 2015, Beil. 5, 24.
2 Vgl. *Fink/Theile*, DB 2015, 753 ff.

§ 285 – Sonstige Pflichtangaben

	Kumulierte Abschreibungen (in Euro)						
	Stand 1.1.x1	Abschreibungen des Geschäftsjahres	Zuschreibungen	Zugänge	Umbuchungen	Abgänge	Stand 31.12.x1
I. Immaterielle Vermögensgegenstände							
...							

	Buchwerte (in Euro)	
	Stand 31.12.x0	Stand 31.12.x1
I. Immaterielle Vermögensgegenstände		
...		

Gegebenenfalls hat unter oder innerhalb des Anlagespiegels die Angabe zu den aktivierten Fremdkapitalzinsen im Rahmen der Herstellungskosten zu erfolgen.

Kleine Kapitalgesellschaften sind wie bisher von der Angabepflicht eines Anlagespiegels im Anhang gem. § 288 Abs. 1 Nr. 1 HGB befreit. 136

§ 285
Sonstige Pflichtangaben

Ferner sind im Anhang anzugeben:
1. zu den in der Bilanz ausgewiesenen Verbindlichkeiten
   a) der Gesamtbetrag der Verbindlichkeiten mit einer Restlaufzeit von mehr als fünf Jahren,
   b) der Gesamtbetrag der Verbindlichkeiten, die durch Pfandrechte oder ähnliche Rechte gesichert sind, unter Angabe von Art und Form der Sicherheiten;
2. die Aufgliederung der in Nummer 1 verlangten Angaben für jeden Posten der Verbindlichkeiten nach dem vorgeschriebenen Gliederungsschema;
3. Art und Zweck sowie Risiken, Vorteile und finanzielle Auswirkungen von nicht in der Bilanz enthaltenen Geschäften, soweit die Risiken und Vorteile wesentlich sind und die Offenlegung für die Beurteilung der Finanzlage des Unternehmens erforderlich ist;
3a. der Gesamtbetrag der sonstigen finanziellen Verpflichtungen, die nicht in der Bilanz enthalten sind und die nicht nach § 268 Absatz 7

oder Nummer 3 anzugeben sind, sofern diese Angabe für die Beurteilung der Finanzlage von Bedeutung ist; davon sind Verpflichtungen betreffend die Altersversorgung und Verpflichtungen gegenüber verbundenen oder assoziierten Unternehmen jeweils gesondert anzugeben;

4. die Aufgliederung der Umsatzerlöse nach Tätigkeitsbereichen sowie nach geografisch bestimmten Märkten, soweit sich unter Berücksichtigung der Organisation des Verkaufs, der Vermietung oder Verpachtung von Produkten und der Erbringung von Dienstleistungen der Kapitalgesellschaft die Tätigkeitsbereiche und geografisch bestimmten Märkte untereinander erheblich unterscheiden;

5. *(weggefallen)*

6. *in welchem Umfang die Steuern vom Einkommen und vom Ertrag das Ergebnis der gewöhnlichen Geschäftstätigkeit und das außerordentliche Ergebnis belasten;*

7. die durchschnittliche Zahl der während des Geschäftsjahrs beschäftigten Arbeitnehmer getrennt nach Gruppen;

8. bei Anwendung des Umsatzkostenverfahrens (§ 275 Abs. 3)

   a) der Materialaufwand des Geschäftsjahrs, gegliedert nach § 275 Abs. 2 Nr. 5,

   b) der Personalaufwand des Geschäftsjahrs, gegliedert nach § 275 Abs. 2 Nr. 6;

9. für die Mitglieder des Geschäftsführungsorgans, eines Aufsichtsrats, eines Beirats oder einer ähnlichen Einrichtung jeweils für jede Personengruppe

   a) die für die Tätigkeit im Geschäftsjahr gewährten Gesamtbezüge (Gehälter, Gewinnbeteiligungen, Bezugsrechte und sonstige aktienbasierte Vergütungen, Aufwandsentschädigungen, Versicherungsentgelte, Provisionen und Nebenleistungen jeder Art). ²In die Gesamtbezüge sind auch Bezüge einzurechnen, die nicht ausgezahlt, sondern in Ansprüche anderer Art umgewandelt oder zur Erhöhung anderer Ansprüche verwendet werden. ³Außer den Bezügen für das Geschäftsjahr sind die weiteren Bezüge anzugeben, die im Geschäftsjahr gewährt, bisher aber in keinem Jahresabschluss angegeben worden sind. ⁴Bezugsrechte und sonstige aktienbasierte Vergütungen sind mit ihrer Anzahl und dem beizulegenden Zeitwert zum Zeitpunkt ihrer Gewährung anzugeben; spätere Wertveränderungen, die auf einer Änderung der Ausübungsbedingungen beruhen, sind zu berücksichtigen. ⁵Bei einer börsennotierten Aktiengesellschaft sind zusätzlich unter Namensnennung die Bezüge jedes einzelnen Vorstandsmitglieds, aufgeteilt nach erfolgsunabhängigen und erfolgsbezogenen Komponenten sowie Komponenten mit langfristiger Anreizwirkung, gesondert anzugeben. ⁶Dies gilt auch für:

aa) Leistungen, die dem Vorstandsmitglied für den Fall einer vorzeitigen Beendigung seiner Tätigkeit zugesagt worden sind;

bb) Leistungen, die dem Vorstandsmitglied für den Fall der regulären Beendigung seiner Tätigkeit zugesagt worden sind, mit ihrem Barwert, sowie den von der Gesellschaft während des Geschäftsjahrs hierfür aufgewandten oder zurückgestellten Betrag;

cc) während des Geschäftsjahrs vereinbarte Änderungen dieser Zusagen;

dd) Leistungen, die einem früheren Vorstandsmitglied, das seine Tätigkeit im Laufe des Geschäftsjahrs beendet hat, in diesem Zusammenhang zugesagt und im Laufe des Geschäftsjahrs gewährt worden sind.

[7]Leistungen, die dem einzelnen Vorstandsmitglied von einem Dritten im Hinblick auf seine Tätigkeit als Vorstandsmitglied zugesagt oder im Geschäftsjahr gewährt worden sind, sind ebenfalls anzugeben. [8]Enthält der Jahresabschluss weitergehende Angaben zu bestimmten Bezügen, sind auch diese zusätzlich einzeln anzugeben;

b) die Gesamtbezüge (Abfindungen, Ruhegehälter, Hinterbliebenenbezüge und Leistungen verwandter Art) der früheren Mitglieder der bezeichneten Organe und ihrer Hinterbliebenen. [2]Buchstabe a Satz 2 und 3 ist entsprechend anzuwenden. Ferner ist der Betrag der für diese Personengruppe gebildeten Rückstellungen für laufende Pensionen und Anwartschaften auf Pensionen und der Betrag der für diese Verpflichtungen nicht gebildeten Rückstellungen anzugeben;

c) die gewährten Vorschüsse und Kredite unter Angabe der Zinssätze, der wesentlichen Bedingungen und der gegebenenfalls im Geschäftsjahr zurückgezahlten **oder erlassenen** Beträge sowie die zugunsten dieser Personen eingegangenen Haftungsverhältnisse;

10. alle Mitglieder des Geschäftsführungsorgans und eines Aufsichtsrats, auch wenn sie im Geschäftsjahr oder später ausgeschieden sind, mit dem Familiennamen und mindestens einem ausgeschriebenen Vornamen, einschließlich des ausgeübten Berufs und bei börsennotierten Gesellschaften auch der Mitgliedschaft in Aufsichtsräten und anderen Kontrollgremien im Sinne des § 125 Abs. 1 Satz 5 des Aktiengesetzes. [2]Der Vorsitzende eines Aufsichtsrats, seine Stellvertreter und ein etwaiger Vorsitzender des Geschäftsführungsorgans sind als solche zu bezeichnen;

11. **Name und Sitz anderer Unternehmen, die Höhe des Anteils am Kapital, das Eigenkapital und das Ergebnis des letzten Geschäftsjahrs dieser Unternehmen, für das ein Jahresabschluss vorliegt, soweit es sich um Beteiligungen im Sinne des § 271 Absatz 1 handelt oder ein**

solcher Anteil von einer Person für Rechnung der Kapitalgesellschaft gehalten wird;

11a. Name, Sitz und Rechtsform der Unternehmen, deren unbeschränkt haftender Gesellschafter die Kapitalgesellschaft ist;

11b. von börsennotierten Kapitalgesellschaften sind alle Beteiligungen an großen Kapitalgesellschaften anzugeben, die 5 Prozent der Stimmrechte überschreiten;

12. Rückstellungen, die in der Bilanz unter dem Posten „sonstige Rückstellungen" nicht gesondert ausgewiesen werden, sind zu erläutern, wenn sie einen nicht unerheblichen Umfang haben;

13. jeweils eine Erläuterung des Zeitraums, über den ein entgeltlich erworbener Geschäfts- oder Firmenwert abgeschrieben wird;

14. Name und Sitz des Mutterunternehmens der Kapitalgesellschaft, das den Konzernabschluss für den größten Kreis von Unternehmen aufstellt, sowie der Ort, wo der von diesem Mutterunternehmen aufgestellte Konzernabschluss erhältlich ist;

14a. Name und Sitz des Mutterunternehmens der Kapitalgesellschaft, das den Konzernabschluss für den kleinsten Kreis von Unternehmen aufstellt, sowie der Ort, wo der von diesem Mutterunternehmen aufgestellte Konzernabschluss erhältlich ist;

15. soweit es sich um den Anhang des Jahresabschlusses einer Personenhandelsgesellschaft im Sinne des § 264a Abs. 1 handelt, Name und Sitz der Gesellschaften, die persönlich haftende Gesellschafter sind, sowie deren gezeichnetes Kapital;

15a. das Bestehen von Genussscheinen, Genussrechten, Wandelschuldverschreibungen, Optionsscheinen, Optionen, Besserungsscheinen oder vergleichbaren Wertpapieren oder Rechten, unter Angabe der Anzahl und der Rechte, die sie verbriefen;

16. dass die nach § 161 des Aktiengesetzes vorgeschriebene Erklärung abgegeben und wo sie öffentlich zugänglich gemacht worden ist;

17. das von dem Abschlussprüfer für das Geschäftsjahr berechnete Gesamthonorar, aufgeschlüsselt in das Honorar für

    a) die Abschlussprüfungsleistungen,

    b) andere Bestätigungsleistungen,

    c) Steuerberatungsleistungen,

    d) sonstige Leistungen,

    soweit die Angaben nicht in einem das Unternehmen einbeziehenden Konzernabschluss enthalten sind;

18. für zu den Finanzanlagen (§ 266 Abs. 2 A. III.) gehörende Finanzinstrumente, die über ihrem beizulegenden Zeitwert ausgewiesen

werden, da eine außerplanmäßige Abschreibung nach § 253 **Absatz 3 Satz 6** unterblieben ist,

a) der Buchwert und der beizulegende Zeitwert der einzelnen Vermögensgegenstände oder angemessener Gruppierungen sowie

b) die Gründe für das Unterlassen der Abschreibung einschließlich der Anhaltspunkte, die darauf hindeuten, dass die Wertminderung voraussichtlich nicht von Dauer ist;

19. für jede Kategorie nicht zum beizulegenden Zeitwert bilanzierter derivativer Finanzinstrumente

    a) deren Art und Umfang,

    b) deren beizulegender Zeitwert, soweit er sich nach § 255 Abs. 4 verlässlich ermitteln lässt, unter Angabe der angewandten Bewertungsmethode,

    c) deren Buchwert und der Bilanzposten, in welchem der Buchwert, soweit vorhanden, erfasst ist, sowie

    d) die Gründe dafür, warum der beizulegende Zeitwert nicht bestimmt werden kann;

20. für gemäß § 340e Abs. 3 Satz 1 mit dem beizulegenden Zeitwert bewertete Finanzinstrumente

    a) die grundlegenden Annahmen, die der Bestimmung des beizulegenden Zeitwertes mit Hilfe allgemein anerkannter Bewertungsmethoden zugrunde gelegt wurden, sowie

    b) Umfang und Art jeder Kategorie derivativer Finanzinstrumente einschließlich der wesentlichen Bedingungen, welche die Höhe, den Zeitpunkt und die Sicherheit künftiger Zahlungsströme beeinflussen können;

21. zumindest die nicht zu marktüblichen Bedingungen zustande gekommenen Geschäfte, soweit sie wesentlich sind, mit nahe stehenden Unternehmen und Personen, einschließlich Angaben zur Art der Beziehung, zum Wert der Geschäfte sowie weiterer Angaben, die für die Beurteilung der Finanzlage notwendig sind; ausgenommen sind Geschäfte mit und zwischen mittel- oder unmittelbar in 100-prozentigem Anteilsbesitz stehenden in einen Konzernabschluss einbezogenen Unternehmen; Angaben über Geschäfte können nach Geschäftsarten zusammengefasst werden, sofern die getrennte Angabe für die Beurteilung der Auswirkungen auf die Finanzlage nicht notwendig ist;

22. im Fall der Aktivierung nach § 248 Abs. 2 der Gesamtbetrag der Forschungs- und Entwicklungskosten des Geschäftsjahrs sowie der davon auf die selbst geschaffenen immateriellen Vermögensgegenstände des Anlagevermögens entfallende Betrag;

23. bei Anwendung des § 254,

   a) mit welchem Betrag jeweils Vermögensgegenstände, Schulden, schwebende Geschäfte und mit hoher Wahrscheinlichkeit erwartete Transaktionen zur Absicherung welcher Risiken in welche Arten von Bewertungseinheiten einbezogen sind sowie die Höhe der mit Bewertungseinheiten abgesicherten Risiken,

   b) für die jeweils abgesicherten Risiken, warum, in welchem Umfang und für welchen Zeitraum sich die gegenläufigen Wertänderungen oder Zahlungsströme künftig voraussichtlich ausgleichen einschließlich der Methode der Ermittlung,

   c) eine Erläuterung der mit hoher Wahrscheinlichkeit erwarteten Transaktionen, die in Bewertungseinheiten einbezogen wurden,

   soweit die Angaben nicht im Lagebericht gemacht werden;

24. zu den Rückstellungen für Pensionen und ähnliche Verpflichtungen das angewandte versicherungsmathematische Berechnungsverfahren sowie die grundlegenden Annahmen der Berechnung, wie Zinssatz, erwartete Lohn- und Gehaltssteigerungen und zugrunde gelegte Sterbetafeln;

25. im Fall der Verrechnung von Vermögensgegenständen und Schulden nach § 246 Abs. 2 Satz 2 die Anschaffungskosten und der beizulegende Zeitwert der verrechneten Vermögensgegenstände, der Erfüllungsbetrag der verrechneten Schulden sowie die verrechneten Aufwendungen und Erträge; Nummer 20 Buchstabe a ist entsprechend anzuwenden;

26. zu Anteilen an Sondervermögen im Sinn des § 1 Absatz 10 des Kapitalanlagegesetzbuchs oder Anlageaktien an Investmentaktiengesellschaften mit veränderlichem Kapital im Sinn der §§ 108 bis 123 des Kapitalanlagegesetzbuchs oder vergleichbaren EU-Investmentvermögen oder vergleichbaren ausländischen Investmentvermögen von mehr als dem zehnten Teil, aufgegliedert nach Anlagezielen, deren Wert im Sinn der §§ 168, 278 des Kapitalanlagegesetzbuchs oder des § 36 des Investmentgesetzes in der bis zum 21. Juli 2013 geltenden Fassung oder vergleichbarer ausländischer Vorschriften über die Ermittlung des Marktwertes, die Differenz zum Buchwert und die für das Geschäftsjahr erfolgte Ausschüttung sowie Beschränkungen in der Möglichkeit der täglichen Rückgabe; darüber hinaus die Gründe dafür, dass eine Abschreibung gemäß § 253 **Absatz 3 Satz 6** unterblieben ist, einschließlich der Anhaltspunkte, die darauf hindeuten, dass die Wertminderung voraussichtlich nicht von Dauer ist; Nummer 18 ist insoweit nicht anzuwenden;

27. für *nach § 251 unter der Bilanz oder* nach § 268 Abs. 7 *Halbsatz 1*[1] im Anhang ausgewiesene Verbindlichkeiten und Haftungsverhältnisse die Gründe der Einschätzung des Risikos der Inanspruchnahme;
28. der Gesamtbetrag der Beträge im Sinn des § 268 Abs. 8, aufgegliedert in Beträge aus der Aktivierung selbst geschaffener immaterieller Vermögensgegenstände des Anlagevermögens, Beträge aus der Aktivierung latenter Steuern und aus der Aktivierung von Vermögensgegenständen zum beizulegenden Zeitwert;
29. auf welchen Differenzen oder steuerlichen Verlustvorträgen die latenten Steuern beruhen und mit welchen Steuersätzen die Bewertung erfolgt ist;
30. **wenn latente Steuerschulden in der Bilanz angesetzt werden, die latenten Steuersalden am Ende des Geschäftsjahrs und die im Laufe des Geschäftsjahrs erfolgten Änderungen dieser Salden;**
31. jeweils der Betrag und die Art der einzelnen Erträge und Aufwendungen von außergewöhnlicher Größenordnung oder außergewöhnlicher Bedeutung, soweit die Beträge nicht von untergeordneter Bedeutung sind;
32. eine Erläuterung der einzelnen Erträge und Aufwendungen hinsichtlich ihres Betrags und ihrer Art, die einem anderen Geschäftsjahr zuzurechnen sind, soweit die Beträge nicht von untergeordneter Bedeutung sind;
33. Vorgänge von besonderer Bedeutung, die nach dem Schluss des Geschäftsjahrs eingetreten und weder in der Gewinn- und Verlustrechnung noch in der Bilanz berücksichtigt sind, unter Angabe ihrer Art und ihrer finanziellen Auswirkungen;
34. der Vorschlag für die Verwendung des Ergebnisses oder der Beschluss über seine Verwendung.

Begründung Regierungsentwurf v. 20.2.2015 (BT-Drucks. 18/4050, 65 ff.):
Der in der Richtlinie 2013/34/EU teilweise neu gestaltete Katalog von Anhangangaben erfordert zahlreiche Änderungen im Katalog der Pflichtangaben für den Anhang. Aufgrund der großen praktischen Bedeutung des Katalogs des § 285 HGB soll darauf verzichtet werden, die Nummern insgesamt neu zu ordnen. Damit wird gleichzeitig für die Praxis Umstellungsaufwand vermieden.

Nr. 3: Die Neufassung der Nummer 3 beruht auf Artikel 17 Absatz 1 Buchstabe p der Richtlinie 2013/34/EU.

Nr. 3a: Die Neufassung der Nummer 3a ist eine Folgeänderung zu § 268 Absatz 7 HGB-E. Zugleich werden die in Artikel 16 Absatz 1 Buchstabe d der Richtlinie 2013/34/EU geforderten neuen zusätzlichen Angaben zu Verpflichtungen betreffend die Altersversorgung und Angaben zu Verpflichtungen gegenüber assoziierten

---
[1] Durch das Gesetz zur Umsetzung der Transparenzrichtlinie-Änderungsrichtlinie v. 20.11.2015 (BGBl. I 2015, 2029) wurde in Nr. 27 die Angabe „Halbsatz 1" gestrichen.

Unternehmen für die nicht schon von § 268 Absatz 7 HGB-E erfassten Fälle in § 285 Nummer 3a HGB-E ergänzt.

Nr. 4: Die Änderung der Nummer 4 beruht auf Artikel 18 Absatz 1 Buchstabe a und auf Artikel 2 Nummer 5 der Richtlinie 2013/34/EU. Zugleich wird der Wortlaut enger an § 277 Absatz 1 HGB-E angelehnt.

Nr. 6: Die Aufhebung der Nummer 6 ist eine Folgeänderung zur Verlagerung der Darstellung bestimmter Erträge und Aufwendungen aus der Gewinn- und Verlustrechnung (§ 275 HGB) in den Anhang nach Artikel 16 Absatz 1 Buchstabe f der Richtlinie 2013/34/EU. Auf eine getrennte Darstellung, in welchem Umfang Steuern vom Einkommen und vom Ertrag verschiedene Ergebnisse belasten, kann damit verzichtet werden.

Nr. 9: Die Ergänzung in Nummer 9 Buchstabe c beruht auf Artikel 16 Absatz 1 Buchstabe e der Richtlinie 2013/34/EU und dient insbesondere der Klarstellung. Bereits nach geltendem Recht sind Angaben zu den wesentlichen Bedingungen zu machen, worunter in aller Regel auch erlassene Beträge zu subsumieren sein werden.

Nr. 11: Die Neufassung der Nummer 11 beruht auf Artikel 17 Absatz 1 Buchstabe g erster Unterabsatz der Richtlinie 2013/34/EU. Im Unterschied zu Artikel 43 Absatz 1 Nummer 2 der Richtlinie 78/660/EWG sieht die neue Richtlinie vor, dass Name und Sitz aller Unternehmen anzugeben sind, an denen das berichtende Unternehmen eine Beteiligung hält, wobei die bisherige Begrenzung auf Beteiligungen ab einem vom Mitgliedstaat festzulegenden, maximal 20 Prozent betragenden Prozentsatz weggefallen ist. Aus Artikel 2 Nummer 2 der Richtlinie 2013/34/EU ergibt sich nur noch eine Vermutung für die Annahme einer Beteiligung, wenn das berichtende Unternehmen mit einem Mindestprozentsatz beteiligt ist. Möglich ist aber auch, dass eine Beteiligung schon unterhalb dieser Schwelle anzunehmen ist, wenn weitere Umstände hinzutreten. Künftig sind daher auch solche Beteiligungsverhältnisse einschließlich der Angabe des Anteils am Kapital, zur Höhe des Eigenkapitals und des Ergebnisses des letzten Geschäftsjahrs des betreffenden Unternehmens anzugeben.

Die Änderung wird zum Anlass genommen, die Vorschrift in doppelter Hinsicht zu vereinfachen: Einerseits wird durch eine Bezugnahme auf die Definition der Beteiligung in § 271 Absatz 1 HGB auf eine Wiederholung zahlreicher Kriterien verzichtet. Andererseits wird die Sonderregelung für börsennotierte Unternehmen aus Nummer 11 ausgegliedert und in eine neue Nummer 11b verschoben. In diesem Zusammenhang wird auch die Ausnahmevorschrift des § 286 Absatz 3 HGB geändert.

Nr. 11b: Um die Lesbarkeit von § 285 Nummer 11 HGB zu verbessern, wird die bisher in Nummer 11 enthaltene Angabepflicht börsennotierter Kapitalgesellschaften ausgegliedert und in eine neue Nummer 11b überführt. Sie tritt für börsennotierte Kapitalgesellschaften neben die für alle mittelgroßen und großen Kapitalgesellschaften geltende Vorgabe aus § 285 Nummer 11 HGB.

Nr. 13: Die Änderung der Nummer 13 folgt der Ergänzung in § 253 Absatz 3 HGB-E und dient der Umsetzung von Artikel 12 Absatz 11 Unterabsatz 2 Satz 3 der Richtlinie 2013/34/EU, die künftig in allen Fällen eine Angabe über den Abschreibungszeitraum entgeltlich erworbener Geschäfts- oder Firmenwerte erfordert.

Nr. 14 und 14a: Die Aufspaltung und Ergänzung der Nummer 14 um eine neue Nummer 14a beruht auf der Ausübung des Mitgliedstaatenwahlrechts in Artikel 16 Absatz 2 in Verbindung mit Artikel 17 Absatz 1 Buchstabe m der Richtlinie 2013/34/EU. Danach dürfen die Mitgliedstaaten von kleinen Gesellschaften zukünftig zwar Angaben zur Gesellschaft, die den Konzernabschluss für den kleinsten Kreis von Unternehmen aufstellt, verlangen, nicht aber zur Gesellschaft, die

§ 285 – Sonstige Pflichtangaben

den Konzernabschluss für den größten Kreis von Unternehmen aufstellt. Für kleine Kapitalgesellschaften entfällt künftig diese in Nummer 14 verbleibende Angabepflicht, indem § 288 Absatz 1 HGB entsprechend ergänzt wird. Trotz Ausübung des Mitgliedstaatenwahlrechts hinsichtlich der Angabepflicht zum Konzernabschluss für den kleinsten Kreis von Unternehmen wird der bürokratische Aufwand für kleine Unternehmen somit zukünftig geringer. Von einer – nach den europäischen Vorgaben ebenfalls möglichen – Befreiung kleiner Unternehmen von Angaben zur Gesellschaft, die den Konzernabschluss für den kleinsten Kreis von Unternehmen aufstellt, soll abgesehen werden. Die mit einer Angabe zu einem Unternehmen, das direkter an der kleinen Gesellschaft beteiligt ist, verbundene bürokratische Belastung erscheint im Verhältnis zum mit der Offenlegung von Konzernverbindungen erreichbaren Transparenzgewinn gering.

Nr. 15a: Die neu eingeführte Nummer 15a geht auf Artikel 17 Absatz 1 Buchstaben i und j der Richtlinie 2013/34/EU zurück und dient der Klarstellung. Aktiengesellschaften und Kommanditgesellschaften auf Aktien haben nach § 160 AktG zusätzliche Anhangangaben im Hinblick auf den Bestand und Bestandsveränderungen insbesondere an fremdgehaltenen und eigenen Aktien und Bezugsrechten zu machen. Auf andere Rechtsformen – insbesondere die GmbH oder auf Personenhandelsgesellschaften – ist § 160 AktG nicht anwendbar. Da bei diesen Rechtsformen Aktien und aktienrechtliche Bezugsrechte nicht zulässig sind, besteht insofern auch kein Anwendungsfall für eine etwaige Anhangangabe.

Dagegen können andere Kapitalgesellschaften ebenso wie Aktiengesellschaften Genussrechte oder ähnliche Rechte auf Gewinnbezug einräumen, deren Angabe Artikel 17 Absatz 1 Buchstabe j der Richtlinie 2013/34/EU ebenfalls verlangt. Es ist daher nicht mehr wie bisher ausreichend, in § 160 Absatz 1 Nummer 6 AktG nur für Aktiengesellschaften und Kommanditgesellschaften auf Aktien Regelungen vorzusehen; vielmehr ist eine Verlagerung dieser Regelung in das HGB angezeigt. Daher wird die Einfügung einer neuen Nummer 15a vorgeschlagen, die mit der Aufhebung von § 160 Absatz 1 Nummer 6 AktG und einer Anpassung von § 160 Absatz 1 Nummer 5 AktG einhergeht. Die Angabe ist im Anhang der Kapitalgesellschaft zu machen, die diese Rechte gewährt oder Wertpapiere ausgibt.

Nr. 18 und 26: Die Änderungen in Nummer 18 und 26 sind Folgeänderungen zu § 253 Absatz 3 HGB-E.

Nr. 27: Die Änderung in Nummer 27 ist eine Folgeänderung zu § 268 Absatz 7 HGB-E.

Nr. 30: Die Erweiterung der schon heute nach Nummer 29 erforderlichen Angaben zu latenten Steuern wird aufgrund von Artikel 17 Absatz 1 Buchstabe f der Richtlinie 2013/34/EU erforderlich. Damit sind künftig auch quantitative Angaben zu den latenten Steuersalden und ihren Bewegungen im Geschäftsjahr anzugeben. Das bedeutet, dass insbesondere anzugeben ist, wie sich die entsprechenden latenten Steuern im Geschäftsjahr abgebaut oder aufgebaut haben. Diese Vorgabe ist entsprechend der Richtlinie auf die angesetzten latenten Steuerschulden begrenzt. Um die zuletzt mit dem BilMoG umfassend überarbeiteten Vorschriften über Ansatz und Bewertung latenter Steuern nicht grundlegend zu verändern, ist eine neue Nummer 30 vorgesehen, die die Umsetzung der Richtlinienvorgabe aus Artikel 17 Absatz 1 Buchstabe f der Richtlinie 2013/34/EU aufnimmt.

Kleine Kapitalgesellschaften sind von den Erläuterungspflichten des § 285 Nummer 29 und 30 HGB wie bisher befreit; dies gilt auch dann, wenn sie freiwillig § 274 HGB anwenden. Mittelgroße Kapitalgesellschaften sind wie bisher von der Erläuterungspflicht des § 285 Nummer 29 HGB befreit, müssen aber künftig § 285 Nummer 30 HGB-E anwenden.

Nr. 31: Mit der Einfügung der neuen Nummer 31 wird Artikel 16 Absatz 1 Buchstabe f der Richtlinie 2013/34/EU umgesetzt. Die Richtlinie gibt die Unterscheidung zwischen gewöhnlicher und außergewöhnlicher Geschäftätigkeit auf und vereinfacht die Gewinn- und Verlustrechnung entsprechend. Zugleich entfällt auch die Erläuterungspflicht außerordentlicher Aufwendungen und Erträge. Künftig sind Angaben zu Erträgen und Aufwendungen von außergewöhnlicher Größenordnung oder Bedeutung zu machen. Der Gesetzentwurf schlägt dazu Änderungen in § 275 und in § 277 HGB vor.

§ 285 Nummer 31 HGB-E ist für eine ausschließliche Angabe im Anhang der systematisch passende Standort. Die Pflicht zur Angabe von Betrag und Art der einzelnen Ertrags- und Aufwandsposten von außergewöhnlicher Größenordnung oder von außergewöhnlicher Bedeutung erfasst auch kleine Kapitalgesellschaften. Im Anhang sind die betreffenden Posten einzeln darzustellen. Ein Gesamtbetrag wie bisher in der Gewinn- und Verlustrechnung dürfte nicht mehr genügen.

Die außergewöhnliche Größenordnung dürfte im Hinblick auf die das Unternehmen ansonsten prägenden Größenordnungen zu bestimmen sein, kann aber im Unterschied zum geltenden Recht auch Erträge aus gewöhnlicher Geschäftätigkeit erfassen.

Die außergewöhnliche Bedeutung nimmt Bezug auf die das Unternehmen prägenden Vorgänge. Dabei kann die von der Praxis bisher entwickelte Abgrenzung nach der gewöhnlichen Geschäftätigkeit indiziell weiter herangezogen werden, zumal der bisherige § 277 Absatz 4 HGB in der Praxis häufig teleologisch reduziert worden sein dürfte.

Nr. 32: Der bisherige § 277 Absatz 4 Satz 3 HGB wird in die neue Nummer 32 verschoben und inhaltlich nicht geändert. Die Richtlinie 2013/34/EU enthält dazu anders als die frühere Richtlinie keine ausdrückliche Vorgabe mehr. Wie schon bisher müssen kleine Kapitalgesellschaften diese Angabe daher nicht machen. Dies folgt künftig aus § 288 Absatz 1 HGB-E.

Die Erläuterung periodenfremder Aufwendungen und Erträge ist wichtig, um ein zutreffendes Bild von der Vermögens-, Finanz- und Ertragslage der Kapitalgesellschaft in einem bestimmten Geschäftsjahr zu erhalten. Die Erläuterung hilft bei der Beantwortung der bei einem Vergleich der Jahresabschlüsse aufeinanderfolgender Geschäftsjahre auftretender Fragen, wenn Erträge oder Aufwendungen stark schwanken.

Nr. 33: Die neu aufgenommene Nummer 33 basiert auf Artikel 17 Absatz 1 Buchstabe q der Richtlinie 2013/34/EU. Danach sind Angaben zu wesentlichen Ereignissen nach dem Bilanzstichtag, die weder in der Bilanz noch in der Gewinn- und Verlustrechnung berücksichtigt sind, unter Darstellung ihrer Art und ihrer finanziellen Auswirkungen zu machen.

Im geltenden Recht ist eine ähnliche Vorgabe in § 289 Absatz 2 Nummer 1 HGB für den Lagebericht enthalten, deren Aufhebung vorgesehen ist. Nunmehr ist der Anhang Standort der Berichterstattung. Auch inhaltlich ergibt sich ein Unterschied: Vorgänge von besonderer Bedeutung, die in der Bilanz oder in der Gewinn- und Verlustrechnung schon berücksichtigt sind, müssen nicht noch einmal im Anhang dargestellt werden. § 289 Absatz 2 Nummer 1 HGB sieht diese Einschränkung bisher nicht vor. Auf der anderen Seite sind künftig zusätzlich auch Art und finanzielle Auswirkung der Vorgänge von besonderer Bedeutung zu erläutern.

Nr. 34: Die neu aufgenommene Nummer 34 setzt Artikel 17 Absatz 1 Buchstabe o der Richtlinie 2013/34/EU um. Im geltenden Recht sind der Vorschlag für die Ergebnisverwendung oder der entsprechende Beschluss nicht Bestandteil des Jahresabschlusses. Sie sind aber nach § 325 Absatz 1 HGB offenzulegen. Die Angaben sind von der Geschäftsführung oder vom Vorstand schon zu einem Zeitpunkt zu machen, bevor die Verfahren zur Prüfung, Billigung oder Feststellung eingeleitet werden können. Daher dürfte im Anhang in der Regel nur ein Vorschlag für die Ergebnisverwendung darstellbar sein.

Die Vorgabe beschränkt sich inhaltlich auf die Ergebnisverwendung. Darzustellen dürfte sein, wie das gesamte Ergebnis verwendet werden soll. Wenn eine Gewinnausschüttung vorgeschlagen wird, dürfte aber die Angabe genügen, welcher Teil des Gewinns ausgeschüttet werden soll. Angaben zu den Bezugsberechtigten der Gewinnausschüttung dürften unterbleiben können. Damit werden zugleich die Belange des Datenschutzes gewahrt. Wie im bisherigen Recht müssen die Bezüge einzelner natürlicher Personen aus ihrer Gesellschafterstellung nicht offengelegt werden. Sind Kapitalgesellschaften bezugsberechtigt, lassen sich aus ihren Jahresabschlüssen Angaben zu Erträgen aus den Beteiligungen ableiten. Für kleine Kapitalgesellschaften darf eine entsprechende Anhangangabe oder eine bilanzrechtliche Pflicht zur Vorlage des Beschlusses oder Vorschlags nicht vorgesehen werden (vgl. Artikel 16 Absatz 3 und Artikel 4 Absatz 2 der Richtlinie 2013/34/EU). Unberührt davon bleiben steuer- und gesellschaftsrechtliche Vorgaben, da es auch für kleine Kapitalgesellschaften weiterhin von Bedeutung ist, wie das Ergebnis verwendet wird. Aus dieser Änderung ergeben sich zugleich Folgeänderungen in § 325 HGB-E.

Bericht des Ausschusses für Recht und Verbraucherschutz v. 17.6.2015 (BT-Drucks. 18/5256, 82 f.):

Nr. 11: Der Gesetzentwurf vereinfacht die Regelung zur Darstellung des Anteilsbesitzes einer Kapitalgesellschaft und wird vom Ausschuss unterstützt. Der Ausschuss hat darüber hinaus erwogen, ob von der in Artikel 17 Absatz 1 Buchstabe g Unterabsatz 2 der Richtlinie 2013/34/EU enthaltenen Option Gebrauch gemacht werden sollte, einer Kapitalgesellschaft die gesonderte Einreichung der Anteilsbesitzliste zum Handelsregister unter Verzicht auf die Darstellung im Jahresabschluss zu gestatten. Der Gesetzgeber hat aber zur inhaltsgleichen Option aus der früheren Richtlinie erst mit dem Bilanzrechtsmodernisierungsgesetz 2009 entschieden, die Option nicht mehr zu auszuüben, um die internationale Vergleichbarkeit der Rechnungslegungsunterlagen und die Transparenz der Beteiligungen für Nutzer der Rechnungslegung zu verbessern. An dieser Wertentscheidung sollte festgehalten werden.

Nr. 30: Die Änderung in § 285 Nummer 30 HGB-E (Streichung von „in den Bilanzen") ist redaktioneller Art. Es handelt sich um eine sprachliche Bereinigung im Lichte der englischen Sprachfassung der Richtlinie 2013/34/EU, da der Wortlaut der deutschen Sprachfassung der Richtlinie in diesem Punkt etwas unscharf erscheint. Im Anhang darzustellen sind die im Laufe des Geschäftsjahrs erfolgten Änderungen der Steuersalden.

Nr. 31: Der Ausschuss trägt die im Gesetzentwurf in § 285 Nummer 31 HGB-E umgesetzte Umstellung des Ausweises außerordentlicher Erträge und Aufwendungen mit. Damit wird eine Annäherung an die Vorgaben der internationalen Rechnungslegungsstandards (IFRS) erreicht und die grenzüberschreitende Vergleichbarkeit der Jahres- und Konzernabschlüsse erhöht. Zugleich verbessert die Regelung die Erkennbarkeit von Sondereffekten im Jahres- oder Konzernabschluss durch die Darstellung von Betrag und Art der einzelnen Erträge und Aufwendungen von außergewöhnlicher Größenordnung oder Bedeutung.

Es ist darauf hinzuweisen, dass die Richtlinie 2013/34/EU den bisherigen Begriff außerordentlicher Erträge und Aufwendungen ganz aufgibt und durch ein neues Konzept ersetzt. Die englische Sprachfassung der Richtlinie 2013/34/EU verwendet daher nicht mehr den Begriff „extraordinary", sondern „exceptional", um den Systemwechsel zu verdeutlichen. Der Gesetzentwurf hat daher ebenfalls den Begriff „außerordentlich" durch den Begriff „außergewöhnlich" ersetzt. Entscheidend ist dabei, dass der Vergleichsmaßstab für die „Außergewöhnlichkeit" von Größe und Bedeutung dabei die konkreten Verhältnisse im Unternehmen und insbesondere die allgemein üblichen Vorgänge in diesem Unternehmen sind. Aus der Perspektive der Nutzer der Rechnungslegung ist daher zu beurteilen, ob der einzelne Ertrag oder die einzelne Aufwendung aus den sonstigen Erträgen oder Aufwendungen aufgrund seiner Größenordnung oder aufgrund seiner Bedeutung so deutlich hervortritt, dass eine gesonderte Erläuterung notwendig erscheint.

Der Ausschuss hält es allerdings für notwendig, den Text von § 285 Nummer 31 HGB-E noch enger an die Richtlinie 2013/34/EU anzulehnen, um keine unnötigen Bürokratiekosten zu verursachen. Dazu sollte die Erläuterungspflicht gestrichen und die Angabe im Anhang auf Betrag und Art der Erträge oder Aufwendungen beschränkt werden. Kapitalgesellschaften können aber, wenn sie es für erforderlich halten, eine Erläuterung in den Anhang aufnehmen.

Nr. 34: In der Anhörung wurde von einem Experten die in § 285 Nummer 34 HGB-E vorgesehene Angabe des Gewinnverwendungsvorschlags oder -beschlusses kritisiert und vorgeschlagen, die Vorgabe zu streichen oder einzuschränken. Der Ausschuss hat diese Bitte intensiv geprüft, hält aber eine Änderung für nicht sachgerecht. Der Gesetzentwurf setzt die zwingende Vorgabe von Artikel 17 Absatz 1 Buchstabe o der Richtlinie 2013/34/EU um, der keine Möglichkeit zur Einschränkung der Vorgabe enthält.

I. Wesentliche Neuerungen

137 – Vielzahl von Änderungen einzelner Anhangangaben.
– Neue Angabepflichten zu latenten Steuern sowie periodenfremden Aufwendungen und Erträgen.
– Verlagerung des Nachtragsberichts vom Lagebericht in den Anhang.
– Angabepflicht zum Vorschlag über die Ergebnisverwendung oder zum Verwendungsbeschluss.

II. Erläuterungen zu den Änderungen in § 285 HGB (Änderungen im Anhang)

1. Einordnung

138 Die Änderungen zu den sonstigen Pflichtangaben führen in einigen Punkten zu materiellen Änderungen und erweiterten Angabepflichten, teilweise haben die Änderungen lediglich klarstellenden Charakter.

2. Außerbilanzielle Geschäfte (Nr. 3)

139 Die Angabepflicht zu den außerbilanziellen Geschäften gem. § 285 Nr. 3 HGB wurde erweitert. Es sind nicht mehr nur Art und Zweck sowie Risiken und Vorteile, sondern zusätzlich die finanziellen Auswirkungen dieser Geschäfte anzugeben. Die Angabepflicht zu den außerbilanziellen Geschäften wird jedoch ausdrücklich auf die Geschäfte mit wesentlichen Risiken und Vorteilen sowie der Erforderlichkeit der Offenlegung für die

§ 285 – Sonstige Pflichtangaben

Beurteilung der Finanzlage beschränkt. Kleine Kapitalgesellschaften sind von der Angabepflicht gem. § 288 Abs. 1 Nr. 1 HGB befreit.

3. Sonstige finanzielle Verpflichtungen (Nr. 3a)

Im Rahmen des § 285 Nr. 3a HGB sind nun alle finanziellen Verpflichtungen, die nicht unter den neuen § 268 Abs. 7 HGB i.V.m. § 251 HGB (Angabe der Haftungsverhältnisse) oder § 285 Nr. 3 HGB (außerbilanzielle Geschäfte) fallen, anzugeben. Diese Angabe umfasst solche finanziellen Verpflichtungen, die für die Beurteilung der Finanzlage von Bedeutung sind. Zusätzlich sind die in dem Gesamtbetrag enthaltenen finanziellen Verpflichtungen betreffend die Altersversorgung und Verpflichtungen gegenüber verbundenen oder assoziierten Unternehmen jeweils gesondert anzugeben. 140

4. Angaben zu gewährten Vorschüssen bzw. Kredite an Organmitglieder (Nr. 9)

Die Anhangangabe zu den gewährten Vorschüssen und Kredite an Organmitglieder wurde in § 285 Nr. 9 Buchst. c HGB um die Angabepflicht der im Geschäftsjahr erlassenen Beträge erweitert. Auch diese Änderung dürfte nur klarstellenden Charakter haben, da eine Erlassvereinbarung zu den wesentlichen Bedingungen der gewährten Vorschüsse und Kredite gehört und somit auch bisher schon angabepflichtig war. 141

5. Angaben zum Anteilsbesitz (Nr. 11 und 11b)

Eine materielle Änderung betreffend die Angabepflicht für Beteiligungen ergibt sich durch das BilRUG nicht. Gem. § 285 Nr. 11 HGB sind weiterhin Name und Sitz, Höhe des Anteils am Kapital, das Eigenkapital und das Ergebnis des letzten Geschäftsjahres dieser Unternehmen, für die ein Jahresabschluss vorliegt, anzugeben. Eine materielle Änderung hat sich jedoch im Rahmen der Abgrenzung der angabepflichtigen Unternehmen ergeben. Hat § 285 Nr. 11 HGB a.F. noch eine Angabe gefordert, sobald das Unternehmen einen Anteilsbesitz von mindestens 20 % hatte, verweist der neue § 285 Nr. 11 HGB auf die **Definition von Beteiligungen i.S.d. § 271 Abs. 1 HGB** (s. Rz. 80 f.). Somit sind zukünftig alle Beteiligungen anzugeben, die der Herstellung einer dauernden Verbindung dienen. In § 271 Abs. 1 HGB wird lediglich eine Beteiligungsvermutung aufgestellt, wenn die Kapitalbeteiligung mindestens 20 % beträgt. So kann die Beteiligungsvermutung widerlegt werden, wenn diese nicht dazu bestimmt ist dem Geschäftsbetrieb durch eine dauerhafte Verbindung zu dienen, obwohl der Anteilsbesitz über 20 % beträgt. Die Anhangangabe des § 285 Nr. 11 HGB entfällt in diesen Fällen. Andererseits kann eine Beteiligung nach § 271 Abs. 1 HGB auch dann vorliegen, wenn der Anteilsbesitz unter 20 % liegt, die Beteiligung jedoch dem Geschäftsbetrieb 142 durch eine dauerhafte Verbindung dienen soll. Diese Beteiligung fällt in den Anwendungsbereich der Angaben zum Anteilsbesitz.

Kleine Kapitalgesellschaften sind von der Angabepflicht gem. § 288 Abs. 1 Nr. 1 HGB befreit.

143 Die Angaben zum Anteilsbesitz von **börsennotierten Kapitalgesellschaften** sind in eine separate Nummer des § 285 HGB verschoben worden. So ist wie bisher in § 285 Nr. 11 Halbs. 2 HGB a.F. nun gem. § 285 Nr. 11b HGB die Angabe aller Beteiligungen erforderlich, bei denen 5 % der Stimmrechte überschritten wird.

144 In § 286 Abs. 3 Satz 2 HGB wurde durch das BilRUG neu eingeführt, dass die **Angabe des Eigenkapitals und des Jahresergebnisses** unterbleiben kann, wenn das Unternehmen, über das zu berichten ist, seinen Jahresabschluss nicht offengelegt hat und die berichtende Kapitalgesellschaft keinen beherrschenden Einfluss auf das betreffende Unternehmen ausüben kann. Die Angabe von Eigenkapital und Jahresergebnis kann somit nur dann unterbleiben, wenn es sich bei dem betreffenden Unternehmen nicht um ein Tochterunternehmen im Sinne des § 290 Abs. 1 Satz 1 HGB handelt. Bislang darf die Angabe nur dann unterbleiben, wenn das Unternehmen mit weniger als 50 % an dem betreffenden Unternehmen beteiligt war. Somit können zukünftig Unternehmen, die zwar zu weniger als 50 % an einem Unternehmen beteiligt sind, aber dennoch aufgrund von vertraglichen oder satzungsmäßigen Bestimmungen einen beherrschenden Einfluss ausüben können, die Erleichterungsvorschrift nicht in Anspruch nehmen. Der Anwendungsbereich wird durch die Neuformulierung des § 286 Abs. 3 Satz 2 HGB eingeschränkt.

145 In diesem Zusammenhang ist noch zu erwähnen, dass in § 286 Abs. 3 Satz 1 HGB der Verweis auf § 285 Nr. 11a HGB gestrichen wurde. Somit sind zukünftig Name, Sitz und Rechtsform der Unternehmen, deren unbeschränkt haftender Gesellschafter die Kapitalgesellschaft ist, in jedem Fall anzugeben, unabhängig von ihrer Wesentlichkeit oder ob durch die Angabe ein erheblicher Nachteil resultiert. Lediglich kleine Kapitalgesellschaften sind von der Angabepflicht gem. § 285 Nr. 11a HGB befreit (§ 288 Abs. 1 Nr. 1 HGB).

6. Abschreibungszeitraum eines entgeltlich erworbenen Geschäfts- oder Firmenwerts (Nr. 13)

146 In § 285 Nr. 13 HGB a.F. war bisher eine Erläuterungspflicht der Gründe für die Nutzungsdauer eines Geschäfts- oder Firmenwerts von mehr als fünf Jahren kodifiziert. Die **Erläuterungspflicht** wird nun unabhängig von der zugrunde gelegten Nutzungsdauer angeordnet. Der Pflicht zur Erläuterung wird auch nach dem neuen § 285 Nr. 13 HGB nicht ausreichend

Rechnung getragen, wenn ein Abschreibungszeitraum von 15 Jahren gewählt und auf die steuerliche Regelung verwiesen wird.[1]

Die Gesetzesbegründung enthält keinen Hinweis darauf, welcher **Erläuterungsumfang** gefordert wird, wenn die tatsächliche Nutzungsdauer nicht verlässlich geschätzt werden kann und von der typisierten Nutzungsdauer von zehn Jahren gem. § 253 Abs. 3 Satz 3 HGB Gebrauch gemacht wird. Ist es bereits ausreichend, auf die Ausnahmeregelung bei einer unterstellten typisierten Abschreibungsdauer von zehn Jahren hinzuweisen, oder ist es notwendig, die Gründe zu erläutern, warum eine verlässliche Schätzung der tatsächlichen Nutzungsdauer nicht möglich ist? Da bereits bei einer tatsächlichen Nutzungsdauer von 15 Jahren der Verweis auf die steuerliche Regelung als unzulässig erachtet wird, kann davon ausgegangen werden, dass auch der einfache Verweis auf die Ausnahmeregel des § 253 Abs. 3 Satz 3 HGB nicht ausreichen wird, um der Erläuterungspflicht Genüge zu tun. Es werden daher die Gründe, die zu der Anwendung der Ausnahmeregelung führen, anzugeben sein, d.h. warum eine verlässliche Schätzung der Nutzungsdauer des Geschäfts- oder Firmenwerts nicht möglich ist.

⇨ **Praxistipp:** Die Regelung des § 253 Abs. 3 Satz 3 HGB ist als Ausnahmeregelung eingeführt worden und daher sehr restriktiv anzuwenden (vgl. hierzu auch Rz. 12 ff.). Eine restriktive Anwendung ist auch wegen der Erläuterungspflicht des § 285 Nr. 13 HGB geboten, da hier den Adressaten des Jahresabschlusses offengelegt werden muss, warum eine verlässliche Schätzung der Nutzungsdauer eines derivativen Geschäfts- oder Firmenwerts nicht möglich ist. Im Rahmen von hinter Unternehmenskäufen stehenden Investitionsentscheidungen und Strategien sollte eine verlässliche Schätzung der Nutzungsdauer im Regelfall immer möglich sein. Eine abweichende Einschätzung hinterlässt beim Adressaten ein negatives, unsicheres Bild von der strategischen Geschäftsführung und zukünftigen Entwicklung der Kapitalgesellschaft. 147

Abweichend zu § 253 Abs. 3 Satz 3 HGB, der auf alle derivativen Geschäfts- oder Firmenwerte anzuwenden ist, die aus Transaktionen nach dem 31.12.2015 resultieren, ist die Anhangangabe für sämtliche derivativen Geschäfts- oder Firmenwerte, die seit dem verpflichtenden Anwendungszeitpunkt aktiviert sind, anzuwenden. Somit besteht auch eine Erläuterungspflicht der zugrunde gelegten Nutzungsdauer für bereits seit Jahren bilanzierte Geschäfts- oder Firmenwerte. 148

7. Angaben zum Mutterunternehmen des Konzernabschlusses (Nr. 14 und 14a)

Durch das BilRUG wird die Angabepflicht des § 285 Nr. 14 HGB a.F. zum Mutterunternehmen, das den Konzernabschluss für den größten sowie 149

---
1 RegE BilMoG, BT-Drucks. 16/10067, 70.

für den kleinsten Kreis von Unternehmen aufstellt, in zwei separate Normen aufgeteilt. So ist nach § 285 Nr. 14 HGB Name und Sitz für das Mutterunternehmen der Kapitalgesellschaft anzugeben, das den Konzernabschluss für den **größten Kreis von Unternehmen** aufstellt. In dem neu eingefügten § 284 Nr. 14a HGB wird die korrespondierende Angabe für das Mutterunternehmen normiert, das den Konzernabschluss für den **kleinsten Kreis von Unternehmen** aufstellt. Kleine Kapitalgesellschaften sind gem. § 288 Abs. 1 Nr. 1 HGB von der Angabepflicht zum Mutterunternehmen, das den Konzernabschluss für den größten Kreis von Unternehmen aufstellt, befreit. Hierdurch soll die bürokratische Belastung für kleine Kapitalgesellschaften reduziert werden. Die bürokratische Belastung der Angabepflicht des Mutterunternehmens, das direkt an der kleinen Kapitalgesellschaft beteiligt ist, ist dagegen als zumutbar einzustufen und wird durch den dadurch erzielten Transparenzgewinn mehr als aufgewogen.[1]

150 Neben der Angabe von Name und Sitz des Mutterunternehmens wird auch die Angabe zum **Ort** gefordert, wo der von diesem Mutterunternehmen aufgestellte Konzernabschluss erhältlich ist. Die noch in § 285 Nr. 14 HGB a.F. bestehende Einschränkung, dass die Ortsangabe nur im Fall der Offenlegung zu machen ist, ist entfallen. Somit ist beispielsweise auch bei der Erstellung von freiwilligen Konzernabschlüssen die Ortsangabe verpflichtend. Kleine Kapitalgesellschaften werden jedoch von dieser Angabepflicht gem. § 288 Abs. 1 Nr. 3 HGB befreit.

8. Genussscheine, Genussrechte, Wandelschuldverschreibungen und vergleichbare Wertpapiere oder Rechte (Nr. 15a)

151 Die Angabepflicht von Genussscheinen, Genussrechten, Wandelschuldverschreibungen, Optionsscheinen, Optionen, Besserungsscheinen oder vergleichbaren Wertpapieren oder Rechten ist mit § 285 Nr. 15a HGB **neu eingeführt** worden. Es sind sowohl die Anzahl als auch die Rechte, die sie verbriefen, anzugeben. Die Angabepflicht hat diejenige Kapitalgesellschaft zu erfüllen, die die Wertpapiere oder Rechte ausgegeben hat. Kleine Kapitalgesellschaften sind von der Angabepflicht befreit (§ 288 Abs. 1 Nr. 1 HGB).

152 Die Angabepflicht von Genussscheinen, Genussrechen, Wandelschuldverschreibungen und ähnlichen Wertpapieren oder Rechten war bisher nur für Aktiengesellschaften in § 160 AktG a.F. vorgeschrieben. Da jedoch auch andere Kapitalgesellschaften neben Aktiengesellschaften Genussrechte oder ähnliche Rechte auf Gewinnbezug einräumen können, ist eine Verlagerung dieser bisher aktiengesetzlichen Sondervorschrift in das HGB konsistent.[2] Korrespondierend zu der Neuregelung in § 285 Nr. 15a HGB wurde § 160 Nr. 5 AktG geändert und § 160 Nr. 6 AktG auf-

---

1 Begr. RegE, BT-Drucks. 18/4050, 66.
2 Begr. RegE, BT-Drucks. 18/4050, 66.

gehoben. Eine inhaltliche Änderung der bisherigen Berichtspflicht von Aktiengesellschaften ergibt sich durch die Verlagerung in das HGB nicht.

9. Haftungsverhältnisse (Nr. 27)

Mit dem BilRUG wurde § 268 Abs. 7 HGB neu gefasst. Zukünftig sind nicht auf der Passivseite auszuweisende Verbindlichkeiten oder Haftungsverhältnisse gem. § 251 HGB verpflichtend im Anhang anzugeben (vgl. hierzu auch Rz. 79). Korrespondierend hierzu wurde § 285 Nr. 27 HGB angepasst, der die Gründe der Einschätzung des Risikos der Inanspruchnahme für nach § 251 HGB im Anhang anzugebende Verbindlichkeiten und Haftungsverhältnisse fordert. Kleine Kapitalgesellschaften werden von dieser Angabepflicht gem. § 288 Abs. 1 Nr. 1 HGB befreit.

153

10. Latente Steuern (Nr. 30)

In § 285 Nr. 30 HGB wird eine verpflichtende Angabe zur Entwicklung von bilanzierten latenten Steuerschulden eingeführt. Es handelt sich um eine Erweiterung der Angaben zu der Erläuterung der Ursachen latenter Steuern, die bisher bereits gem. § 285 Nr. 29 HGB erforderlich war. Durch das BilRUG ist zukünftig die quantitative Entwicklung latenter Steuersalden anzugeben. Die Angabepflicht beschränkt sich lediglich auf passivierungspflichtige **latente Steuerschulden**. Es sind zahlenmäßige Angaben zu den latenten Steuersalden zu Geschäftsjahresbeginn und Geschäftsjahresende sowie der Veränderung im Geschäftsjahr zu machen.[1] Dies gilt auch, wenn ein Aktivüberhang der latenten Steuern besteht und vom Saldierungswahlrecht des § 274 Abs. 1 Satz 3 HGB Gebrauch gemacht wurde und lediglich aktive latente Steuern in der Bilanz ausgewiesen werden. Die Angabepflicht des § 285 Nr. 30 HGB wird bei Ansatz der latenten Steuerschulden ausgelöst, unabhängig davon, wie ihr Ausweis in der Bilanz erfolgt. Besteht hingegen ein Aktivüberhang und wurde aufgrund der Wahlrechtsausübung des § 274 Abs. 1 Satz 2 HGB die Aktivierung von latenten Steuern unterlassen, so entfällt auch die Anhangangabe nach § 285 Nr. 30 HGB

154

Zukünftig sind im Zusammenhang mit latenten Steuern folgende Angaben zu machen:

155

- Wahlrechtsausübung zur Aktivierung von latenten Steuern (§ 284 Abs. 1 HGB),
- den latenten Steuern zugrunde liegende Differenzen (§ 285 Nr. 29 HGB),
- steuerliche Verlustvorträge (§ 285 Nr. 29 HGB),
- quantitative Angaben zum Bestand und der Entwicklung latenter Steuerschulden (§ 285 Nr. 30 HGB).

---

1 Vgl. *Schiffers*, GmbHR 2015, 1027.

156 Die Anhangangabe des § 285 Nr. 30 HGB legt eine Angabepflicht von latenten Steuersalden fest und verwendet den Plural. Der Gesetzestext könnte somit auch dahingehend ausgelegt werden, dass bei angesetzten latenten Steuerschulden nicht nur diese, sondern auch die aktiven latenten Steuern erläuterungspflichtig sind. In der Gesetzesbegründung des Regierungsentwurfs wird jedoch eindeutig bestimmt, dass die Anhangangabe auf latente Steuerschulden begrenzt ist und somit **keine Erläuterungspflicht** angesetzter aktiver latenter Steuern angenommen werden kann.[1] Der verwendete Plural im Gesetzestext könnte somit den Jahresendsaldo der passiven latenten Steuern und aufgrund der Angabepflicht gem. § 265 Abs. 2 HGB den Vorjahressaldo umfassen.

157 Fraglich ist, welchen Mehrwert die neu eingeführte Anhangangabe dem Bilanzadressaten bringt, denn grundsätzlich sind sämtliche anzugebenden Daten bereits heute aufgrund eines gesonderten Ausweises latenter Steuern in Bilanz bzw. latentem Steueraufwand und -ertrag in der Gewinn- und Verlustrechnung abzulesen. **Neue Informationen** werden dem Adressaten nur für den Fall bereitgestellt, wenn eine **Saldierung** latenter Steuern stattfindet und nun eine gesonderte Information über latente Steuerschulden erfolgt.

158 **Kleine Kapitalgesellschaften** sind von der Angabepflicht zu latenten Steuern gem. § 288 Abs. 1 Nr. 1 HGB befreit. Dies gilt auch, wenn sie die Vorschrift zur Bildung latenter Steuern gem. § 274 HGB freiwillig anwenden.[2] Mittelgroße Kapitalgesellschaften brauchen gem. § 288 Abs. 2 HGB lediglich die Angabe des § 285 Nr. 29 HGB nicht zu machen. Die quantitative Erläuterungspflicht passivierter latenter Steuerschulden gem. § 285 Nr. 30 HGB ist für mittelgroße Kapitalgesellschaften verpflichtend.

11. Außergewöhnliche Aufwendungen und Erträge (Nr. 31)

159 Im Rahmen des BilRUG ist der Ausweis des außerordentlichen Ergebnisses in der Gewinn- und Verlustrechnung weggefallen. Die Informationen zu solchen außergewöhnlichen Ereignissen sollen dem Bilanzadressaten dennoch zur Verfügung gestellt werden. Es wurde eine neue Anhangangabe gem. § 285 Nr. 31 HGB eingeführt (s. hierzu auch Rz. 127 ff.). Zukünftig sind Angaben über Betrag und Art von Aufwendungen und Erträgen zu machen, die von **außergewöhnlicher Größenordnung** oder **außergewöhnlicher Bedeutung** sind. Eine Berichtspflicht besteht nicht, soweit die Beträge von untergeordneter Bedeutung sind.

160 Durch die Einführung dieser Anhangangabe findet nicht nur eine Informationsverlagerung der außergewöhnlichen Sachverhalte von der Gewinn- und Verlustrechnung in den Anhang statt. Durch die neue Begriffsdefinition „außergewöhnlich" wird eine materielle Änderung der

---
1 Begr. RegE, BT-Drucks. 18/4050, 66.
2 Begr. RegE, BT-Drucks. 18/4050, 66.

Angabepflicht im Vergleich zum bisherigen Ausweis von „außerordentlichen" Aufwendungen und Erträgen in der Gewinn- und Verlustrechnung herbeigeführt. Es ist davon auszugehen, dass der Begriff „außergewöhnlich" **weiter zu fassen** ist und somit eine erweiterte Angabepflicht nach sich zieht. Ob ein Aufwand oder Ertrag „außergewöhnlich" ist, soll anhand der konkreten Verhältnisse im Unternehmen beurteilt werden und richtet sich nach der Größenordnung oder der Bedeutung dieser Aufwendungen oder Erträge im Vergleich zu den üblichen Geschäftsvorfällen des Unternehmens. Für die Klassifizierung ist die Sichtweise des Bilanzadressaten heranzuziehen und aus dieser Perspektive zu beurteilen, ob das jeweilige Ereignis einen außergewöhnlichen Sachverhalt darstellt oder nicht.[1]

Die Angabepflicht ist für jeden außergewöhnlichen Aufwand oder Ertrag **gesondert zu erfüllen** und soll dazu beitragen, die Erkennbarkeit dieser Sondereffekte zu verbessern. Zukünftig hat eine Einzelauflistung der Aufwendungen und Erträge zu erfolgen. Zu jedem Einzelposten ist Art und Betrag anzugeben. Eine allgemeine Erläuterungspflicht der einzelnen Positionen ist wegen der Vermeidung von unnötigen Bürokratiekosten unterblieben.[2] Eine summarische Angabe, wie sie bisher in der Gewinn- und Verlustrechnung erfolgte, ist nicht ausreichend.

161

Waren **kleine Kapitalgesellschaften** noch von der Erläuterungspflicht der außerordentlichen Posten der Gewinn- und Verlustrechnung befreit (§ 277 Abs. 4 i.V.m. § 276 Satz 2 HGB a.F.), wird die Anhangangabe zu den außergewöhnlichen Aufwendungen und Erträgen auch von diesen gefordert.

162

12. Periodenfremde Aufwendungen und Erträge (Nr. 32)

Mit Wegfall des außerordentlichen Ergebnisses ist der bisherige § 277 Abs. 4 HGB aufgehoben worden, der auch die Pflicht zur Erläuterung von periodenfremden Aufwendungen und Erträgen enthielt, die nicht von untergeordneter Bedeutung sind. Diese Erläuterungspflicht ist nun in den neuen § 285 Nr. 32 HGB aufgenommen worden. Eine inhaltliche Änderung hat sich durch die Verschiebung der Vorschrift nicht ergeben. Kleine Kapitalgesellschaften sind wie bisher von der Angabepflicht gem. § 288 Abs. 1 Nr. 1 HGB befreit. Neu aufgenommen hat der Gesetzgeber die **Erleichterungsvorschrift** zu periodenfremden Aufwendungen und Erträgen für mittelgroße Kapitalgesellschaften gem. § 288 Abs. 2 HGB Die Gesetzesbegründung enthält keine Erläuterung dazu, warum nun auch mittelgroße Kapitalgesellschaften nicht mehr zwingend zu dieser Angabe verpflichtet werden.

163

Die Erläuterung von periodenfremden Aufwendungen und Erträgen soll dazu dienen, ein zutreffendes Bild von der Vermögens-, Finanz- und Er-

---
1 Bericht des Rechtsaussch., BT-Drucks. 18/5256, 83.
2 Bericht des Rechtsaussch., BT-Drucks. 18/5256, 83.

tragslage des Unternehmens zu vermitteln und die Vergleichbarkeit der Jahresabschlüsse im Zeitverlauf zu gewährleisten.[1]

13. Nachtragsbericht (Nr. 33)

164 Eine weitere Änderung ist mit der Einführung des § 285 Nr. 33 HGB erfolgt. Die Erläuterungspflicht von Vorgängen von besonderer Bedeutung, die nach dem Schluss des Geschäftsjahrs eingetreten und weder in der Gewinn- und Verlustrechnung noch in der Bilanz berücksichtigt sind, ist zukünftig nicht mehr im Lagebericht, sondern **im Anhang vorzunehmen**. § 289 Abs. 2 Nr. 1 HGB a.F. wurde aufgehoben.

165 Eine inhaltliche Veränderung der Nachtragsberichterstattung im Vergleich zur bisherigen im Lagebericht ist nicht zu erwarten. Im Rahmen des § 285 Nr. 33 HGB wird die Berichtspflicht auf diejenigen Vorgänge reduziert, die bisher nicht in die Gewinn- und Verlustrechnung oder die Bilanz eingeflossen sind. Erfolgt bereits eine Abbildung in den genannten Rechenwerken, so entfällt die Erläuterungspflicht. Somit ist nur über wertbegründende Sachverhalte zu berichten, die **nicht auf den Bilanzstichtag zurückwirken**, da sie sich erst im neuen Geschäftsjahr ereignet haben und aufgrund des Stichtagsprinzips nicht in der Bilanz und Gewinn- und Verlustrechnung des abgelaufenen Geschäftsjahres zu berücksichtigen sind. Dies entspricht dem bisherigen geforderten Umfang der Nachtragsberichterstattung im Lagebericht. Leider enthält weder das Gesetz noch die Gesetzesbegründung eine Konkretisierung darüber, welcher Zeitraum von der Nachtragsberichterstattung umfasst wird. Auch DRS 20 enthält hierzu keine Angaben. Die herrschende Meinung befürwortet, über Vorgänge zu berichten, die sich im Zeitraum zwischen Beginn des neuen Geschäftsjahres bis zum Datum des Bestätigungsvermerks ereignet haben.[2]

166 Zum anderen sind die Vorgänge von besonderer Bedeutung nach Geschäftsjahresende in ihrer **Art und finanziellen Auswirkung** zu erläutern. Diese Erläuterungspflicht geht über den bisherigen Gesetzeswortlaut des § 289 Abs. 2 Nr. 1 HGB hinaus.[3] Eine Berichtspflicht über die jeweiligen Vorgänge und deren Auswirkungen auf die Vermögens-, Finanz- und Ertragslage ist jedoch in DRS 20.114 enthalten. Die DRS haben gem. § 342 Abs. 2 HGB die Vermutung, Grundsätze ordnungsmäßiger Buchführung der Konzernrechnungslegung zu sein. Ihre Anwendung im Einzelabschluss wird jedoch empfohlen, so dass auch bisher eine reine Angabe der Ereignisse ohne deren Erläuterung nicht ausreichend war. Somit ergeben

---

1 Begr. RegE, BT-Drucks. 18/4050, 67.
2 Dieser Zeitraum wird auch von IDW PS 203 Tz. 10 gefordert; nach anderer Auffassung ist der Zeitraum bis zur Aufstellung des Jahresabschlusses und Lageberichts maßgebend, wobei über besonders wichtige Ereignisse, die zwischen Aufstellung und Feststellung des Jahresabschlusses eingetreten sind, auch zu berichten ist; s. hierzu ADS[6], § 289 HGB Rz. 102.
3 Begr. RegE, BT-Drucks. 18/4050, 67.

sich durch die Neuregelung insgesamt keine erweiterten Angabepflichten.

Kleine Kapitalgesellschaften sind von der Angabepflicht gem. § 288 Abs. 1 Nr. 1 HGB befreit. Somit ändert sich auch für diese der Anwendungsbereich für die Nachtragsberichterstattung nicht, da sie von der Lageberichterstattung und somit von der Nachtragsberichterstattung auch bisher befreit waren.

167

14. Vorschlag über die Ergebnisverwendung (Nr. 34)

Die letzte neu eingeführte Anhangangabe in § 285 Nr. 34 HGB fordert die Angabe zum Vorschlag für die Verwendung des Ergebnisses oder den Beschluss über seine Verwendung. Die Aufnahme dieser Angabe in den Anhang wurde viel kritisiert, war jedoch aufgrund der Pflicht zur Umsetzung der Richtlinie 2013/34/EU in § 285 Nr. 34 HGB zwingend.

168

Die Angabe zur Ergebnisverwendung war bisher nicht Bestandteil des Jahresabschlusses, musste jedoch gem. § 325 Abs. 1 HGB zusammen mit diesem veröffentlicht werden. Durch die Aufnahme dieser Angabe in den Jahresabschluss wird die Angabe zu einem Zeitpunkt verlangt, zu dem weder die Prüfung noch die Feststellung bzw. Billigung des Abschlusses erfolgt ist. Zu diesem frühen Zeitpunkt kann daher die **Beschlussfassung** über die Ergebnisverwendung noch nicht erfolgt sein. Somit ist es i.d.R. nur möglich, den **Vorschlag** für die Verwendung des Ergebnisses im Anhang anzugeben. Aufgrund dessen wurden § 325 Abs. 1 und 1b HGB dahingehend angepasst, dass der Beschluss über die Ergebnisverwendung wie bisher mit offenzulegen ist, wenn im Jahresabschluss lediglich der Vorschlag zur Ergebnisverwendung enthalten ist.

169

In der Gesetzesbegründung wird aufgeführt, wie die Anhangangabe inhaltlich umzusetzen ist. So muss lediglich eine **allgemeine Angabe** zur Verwendung des Ergebnisses erfolgen. Bei einer vorgesehenen Ausschüttung reicht somit die Angabe des Betrags, der ausgeschüttet werden soll, aus. Eine darüber hinausgehende Angabe, z.B. welcher Teilbetrag an welchen Empfänger zugewiesen wird, ist nicht gefordert und ist aus Datenschutzgründen auch nicht statthaft.

170

Die Anhangangabe entfällt selbstverständlich für solche Unternehmen, bei denen über die Gewinnverwendung nicht beschlossen werden muss. Dies gilt insbesondere für **Personenhandelsgesellschaften**, die der gesetzlichen Gewinnverteilung folgen und keine abweichende Regelung über die Gewinnverteilung in ihrem Gesellschaftsvertrag aufgenommen haben.

171

Kleine Kapitalgesellschaften sind von der Angabepflicht gem. § 288 Abs. 1 Nr. 1 HGB befreit.

§ 286
Unterlassen von Angaben

(1) Die Berichterstattung hat insoweit zu unterbleiben, als es für das Wohl der Bundesrepublik Deutschland oder eines ihrer Länder erforderlich ist.

(2) Die Aufgliederung der Umsatzerlöse nach § 285 Nr. 4 kann unterbleiben, soweit die Aufgliederung nach vernünftiger kaufmännischer Beurteilung geeignet ist, der Kapitalgesellschaft *oder einem Unternehmen, von dem die Kapitalgesellschaft mindestens den fünften Teil der Anteile besitzt,* einen erheblichen Nachteil zuzufügen; **die Anwendung der Ausnahmeregelung ist im Anhang anzugeben.**

(3) ¹Die Angaben nach § 285 Nr. 11 und **11b** können unterbleiben, soweit sie

1. für die Darstellung der Vermögens-, Finanz- und Ertragslage der Kapitalgesellschaft nach § 264 Abs. 2 von untergeordneter Bedeutung sind oder

2. nach vernünftiger kaufmännischer Beurteilung geeignet sind, der Kapitalgesellschaft oder dem anderen Unternehmen einen erheblichen Nachteil zuzufügen.

²Die Angabe des Eigenkapitals und des Jahresergebnisses kann unterbleiben, wenn das Unternehmen, über das zu berichten ist, seinen Jahresabschluß nicht offenzulegen hat und die berichtende Kapitalgesellschaft **keinen beherrschenden Einfluss auf das betreffende Unternehmen ausüben kann.** ³Satz 1 Nr. 2 ist nicht anzuwenden, wenn die Kapitalgesellschaft oder eines ihrer Tochterunternehmen (§ 290 Abs. 1 und 2) am Abschlussstichtag kapitalmarktorientiert im Sinn des § 264d ist. ⁴Im Übrigen ist die Anwendung der Ausnahmeregelung nach Satz 1 Nr. 2 im Anhang anzugeben.

(4) Bei Gesellschaften, die keine börsennotierten Aktiengesellschaften sind, können die in § 285 Nr. 9 Buchstabe a und b verlangten Angaben über die Gesamtbezüge der dort bezeichneten Personen unterbleiben, wenn sich anhand dieser Angaben die Bezüge eines Mitglieds dieser Organe feststellen lassen.

(5) ¹Die in § 285 Nr. 9 Buchstabe a Satz 5 bis 8 verlangten Angaben unterbleiben, wenn die Hauptversammlung dies beschlossen hat. ²Ein Beschluss, der höchstens für fünf Jahre gefasst werden kann, bedarf einer Mehrheit, die mindestens drei Viertel des bei der Beschlussfassung vertretenen Grundkapitals umfasst. ³§ 136 Abs. 1 des Aktiengesetzes gilt für einen Aktionär, dessen Bezüge als Vorstandsmitglied von der Beschlussfassung betroffen sind, entsprechend.

Begründung Regierungsentwurf v. 20.2.2015 (BT-Drucks. 18/4050, 68):

Abs. 2: Die Änderung folgt aus Artikel 18 Absatz 2 Satz 1 der Richtlinie 2013/34/EU, der – anders als Artikel 45 Absatz 2 Unterabsatz 1 in Verbindung mit Artikel 43 Absatz 1 Nummer 2 und 8 der Richtlinie 78/660/EWG – keine Ausnahmemöglichkeit mehr für den Fall vorsieht, dass einem Unternehmen, von dem die Kapitalgesellschaft mindestens den fünften Teil der Anteile besitzt, ein Nachteil droht. Im Übrigen wird entsprechend Artikel 18 Absatz 2 Satz 3 der Richtlinie 2013/34/EU festgelegt, dass über die Anwendung der Ausnahmeregelung berichtet werden muss.

Abs. 3: Die Änderung von Absatz 3 Satz 1 dient der Anpassung an die Änderung von § 285 HGB. § 285 Nummer 11 HGB wird in zwei Nummern aufgeteilt (Nummern 11 und 11b), so dass nunmehr auch Nummer 11b in § 286 Absatz 3 Satz 1 zu nennen ist, um die bestehende Befreiung beizubehalten. Auf der anderen Seite ist eine Freistellung von § 285 Nummer 11a HGB nicht mehr möglich, da die von Artikel 17 Absatz 1 Buchstabe k der Richtlinie 2013/34/EU geforderte Angabe zu Name, Sitz und Rechtsform der Unternehmen, deren unbeschränkt haftender Gesellschafter die berichtspflichtige Kapitalgesellschaft ist, keine generelle Ausnahmemöglichkeit mehr enthält. Ergänzend ist darauf hinzuweisen, dass kleine Kapitalgesellschaften nach § 288 Absatz 1 HGB-E auch künftig von diesen Angaben befreit sind.

Mit der Änderung in Absatz 3 Satz 2 wird die Mitgliedstaatenoption in Artikel 17 Absatz 1 Buchstabe g Unterabsatz 1 der Richtlinie 2013/34/EU ausgeübt und der Wortlaut angepasst. Die Ausnahme von der Angabepflicht zu Eigenkapital und Ergebnis nach § 285 Nummer 11 HGB wird auf Fälle begrenzt, in denen das betreffende Unternehmen seine Bilanz nicht offenlegt und es darüber hinaus nicht vom berichtenden Unternehmen im Sinne der Richtlinie 2013/34/EU kontrolliert wird, das berichtende Unternehmen also keinen beherrschenden Einfluss ausüben kann.

Bericht des Ausschusses für Recht und Verbraucherschutz v. 17.6.2015 (BT-Drucks. 18/5256, 83):

In der Anhörung wurde von einem Experten vorgeschlagen, die Erleichterung des § 286 Absatz 4 HGB auch für börsennotierte Aktiengesellschaften zu öffnen. Dabei geht es um die Möglichkeit, auf die Angabe der Gesamtbezüge der Vorstands- und Aufsichtsratsmitglieder der Aktiengesellschaft zu verzichten, wenn sich anhand dieser Angaben die Bezüge eines Mitglieds dieser Organe feststellen lassen. Der Ausschuss hat diese Bitte erwogen, hält aber eine Diskussion im Rahmen dieses Gesetzgebungsverfahrens nicht für sachgerecht. § 286 Absatz 4 HGB beruht auf einer bewussten Entscheidung des Gesetzgebers im Rahmen des Vorstandsvergütungs-Offenlegungsgesetzes 2005. Zudem ist die Vorstandsvergütung auch ein Thema der aktuell auf europäischer Ebene verhandelten Richtlinie zur Änderung der Aktionärsrechterichtlinie. Deren Entwicklung und Umsetzung sind abzuwarten.

§ 288
Größenabhängige Erleichterungen

(1) Kleine Kapitalgesellschaften (§ 267 Absatz 1) brauchen nicht

1. **die Angaben nach § 264c Absatz 2 Satz 9, § 265 Absatz 4 Satz 2, § 284 Absatz 2 Nummer 3, Absatz 3, § 285 Nummer 2, 3, 4, 8, 9 Buchstabe a und b, Nummer 10 bis 12, 14, 15, 15a, 17 bis 19, 21, 22, 24, 26 bis 30, 32 bis 34 zu machen;**

2. **eine Trennung nach Gruppen bei der Angabe nach § 285 Nummer 7 vorzunehmen;**

3. bei der Angabe nach § 285 Nummer 14a den Ort anzugeben, wo der vom Mutterunternehmen aufgestellte Konzernabschluss erhältlich ist.

(2) ¹Mittelgroße Kapitalgesellschaften (§ 267 Absatz 2) brauchen die Angabe nach § 285 Nummer 4, 29 und 32 nicht zu machen. ²Wenn sie die Angabe nach § 285 Nummer 17 nicht machen, sind sie verpflichtet, diese der Wirtschaftsprüferkammer auf deren schriftliche Anforderung zu übermitteln. ³Sie brauchen die Angaben nach § 285 Nummer 21 nur zu machen, sofern die Geschäfte direkt oder indirekt mit einem Gesellschafter, Unternehmen, an denen die Gesellschaft selbst eine Beteiligung hält, oder Mitgliedern des Geschäftsführungs-, Aufsichts- oder Verwaltungsorgans abgeschlossen wurden.

Begründung Regierungsentwurf v. 20.2.2015 (BT-Drucks. 18/4050, 68 f.):

Der Grundsatz der Maximalharmonisierung der Anhangangaben in Artikel 16 Absatz 3 der Richtlinie 2013/34/EU erfordert es, kleine Kapitalgesellschaften von mehr Pflichtangaben im Anhang zu befreien als bisher. Zugleich sind einzelne wenige zusätzliche Pflichtangaben für kleine Kapitalgesellschaften vorzusehen. Für mittelgroße und große Kapitalgesellschaften ergibt sich eine leichte Ausdehnung der Angabepflichten.

Die Erleichterungen in § 288 Absatz 1 HGB-E beziehen sich vor allem auf die in den §§ 284 und 285 HGB geregelten Anhangangaben. Erleichterungen zu Anhangangaben nach anderen Vorschriften werden wegen des Zusammenhangs überwiegend dort – zum Teil auch in anderen Gesetzen wie dem Aktiengesetz (AktG) und dem Gesetz betreffend die Gesellschaften mit beschränkter Haftung (GmbHG) – geregelt.

Zur besseren Lesbarkeit der zahlreichen Änderungen soll § 288 HGB insgesamt neu gefasst werden. Im Einzelnen werden dabei folgende Änderungen vorgenommen:

Abs. 1 Nr. 1: Die Streichung des Verweises auf § 285 Nummer 3a beruht auf Artikel 16 Absatz 1 Buchstabe d der Richtlinie 2013/34/EU. Danach ist zukünftig auch von kleinen Kapitalgesellschaften eine Angabe zum Gesamtbetrag sonstiger finanzieller Verpflichtungen zu fordern. Die Aufnahme zusätzlicher Nummern in den Katalog der von kleinen Kapitalgesellschaften nicht geforderten Anhangangaben beruht auf Artikel 16 Absatz 3 der Richtlinie 2013/34/EU. Das betrifft im Einzelnen:

- § 264c Absatz 2 Satz 9 (da die Richtlinie diese Angabe nicht verlangt);
- § 265 Absatz 4 Satz 2 (da die Richtlinie diese Angabe nicht verlangt);
- § 284 Absatz 3 (Artikel 17 Absatz 1 Buchstabe a der Richtlinie 2013/34/EU) als Folgeänderung zur Aufhebung von § 268 Absatz 2 und § 274a Nummer 1 sowie der Einfügung von § 284 Absatz 3;
- § 285 Nummer 8 Buchstabe b (Artikel 17 Absatz 1 Buchstabe e der Richtlinie 2013/34/EU);
- § 285 Nummer 11 und 11a (Artikel 17 Absatz 1 Buchstabe g und k der Richtlinie 2013/34/EU);
- § 285 Nummer 14 (Artikel 17 Absatz 17 Buchstabe l der Richtlinie 2013/34/EU);
- § 285 Nummer 15a (Artikel 17 Buchstabe j der Richtlinie 2013/34/EU);
- § 285 Nummer 18 (Artikel 17 Absatz 1 Buchstabe c der Richtlinie 2013/34/EU);

- § 285 Nummer 10, 15, 24 und 26 bis 28 (da die Richtlinie diese Angaben nicht verlangt);
- § 285 Nummer 32 (da die Richtlinie diese Angabe nicht verlangt);
- § 285 Nummer 33 (Artikel 17 Absatz 1 Buchstabe q der Richtlinie 2013/34/EU) und
- § 285 Nummer 34 (Artikel 17 Absatz 1 Buchstabe o der Richtlinie 2013/34/EU).

Abs. 1 Nr. 2: Die Streichung des Verweises von § 288 Absatz 1 auf § 285 Nummer 7 beruht auf Artikel 16 Absatz 1 Buchstabe d der Richtlinie 2013/34/EU. Danach müssen zukünftig auch kleine Kapitalgesellschaften die durchschnittliche Zahl der während des Geschäftsjahrs Beschäftigten angeben. Sie müssen diese Zahl aber nicht getrennt nach Gruppen von Beschäftigten darstellen, weshalb ein Satz 2 angefügt wird. Für mittelgroße und große Kapitalgesellschaften bleibt es bei der aus Artikel 17 Absatz 1 Buchstabe e der Richtlinie 2013/34/EU folgenden weitergehenden Vorgabe.

Abs. 1 Nr. 3: Im Hinblick auf die aus § 285 Nummer 14 in den neuen § 285 Nummer 14a ausgegliederte Vorgabe, Angaben zum kleinsten Konsolidierungskreis zu machen, wird die bisherige Befreiung kleiner Kapitalgesellschaften aufgegeben (s. Begründung zu Artikel 1 Nummer 20 Buchstabe i – § 285 Nummer 14 und 14a HGB-E). Verzichtbar erscheint aber die Angabe des Ortes, wo der Konzernabschluss des Mutterunternehmens erhältlich ist. Das entspricht Artikel 16 Absatz 3 in Verbindung mit Artikel 17 Absatz 1 Buchstabe n der Richtlinie 2013/34/EU.

Abs. 2: Die Streichung des Absatzes 2 Satz 1 beruht auf Artikel 17 Absatz 1 Buchstabe b der Richtlinie 2013/34/EU, der – im Gegensatz zu Artikel 43 Absatz 1 Nummer 7a Unterabsatz 2 der Richtlinie 78/660/EWG – keine Möglichkeit mehr enthält, mittelgroße Kapitalgesellschaften hinsichtlich spezifischer Punkte des § 285 Nummer 3 zu entlasten. Für kleine Kapitalgesellschaften verbleibt es dagegen bei der umfassenden Befreiung, was sich aus Absatz 1 ergibt.

Wegen Artikel 17 Absatz 1 Buchstabe f der Richtlinie 2013/34/EU müssen auch mittelgroße Kapitalgesellschaften nähere Angaben zu latenten Steuern im Anhang machen, wenn passive latente Steuern in der Bilanz angesetzt werden. Für mittelgroße und große Kapitalgesellschaften besteht schon heute nach § 274 eine entsprechende Ansatzpflicht. Dementsprechend kann zukünftig für mittelgroße Kapitalgesellschaften nicht auf die neue Angabepflicht nach § 285 Nummer 30 verzichtet werden, während die Befreiung von der aus § 285 Nummer 29 folgenden weitergehenden Erläuterungspflicht erhalten bleiben kann.

Die Änderung im neuen Satz 3 dient dazu, von der Option nach Artikel 17 Absatz 1 Buchstabe r Unterabsatz 4 der Richtlinie 2013/34/EU Gebrauch zu machen, um so eine möglichst weitgehende Entlastung der Unternehmen zu erreichen. Gleichzeitig musste die bisherige Eingrenzung auf Aktiengesellschaften wegen zwingender EU-Vorgaben gestrichen werden.

Bericht des Ausschusses für Recht und Verbraucherschutz v. 17.6.2015 (BT-Drucks. 18/5256, 83):

Abs. 2: Die Ergänzung in § 288 Absatz 2 HGB-E entlastet mittelgroße Kapitalgesellschaften von der nach § 285 Nummer 32 HGB-E vorgeschriebenen Angabepflicht zu periodenfremden Aufwendungen und Erträgen.

I. Wesentliche Neuerungen

- Weitere Erleichterungen für kleine Kapitalgesellschaften. 172

II. Erläuterungen zu § 288 HGB (Erleichterungen für kleine und mittelgroße Kapitalgesellschaften)

173 Das BilRUG verfolgt das vordergründige Ziel, insbesondere kleine Kapitalgesellschaften i.S.d. § 267 Abs. 1 HGB von unnötigen bürokratischen Belastungen zu befreien. Zahlreiche **neue Befreiungsvorschriften** betreffend Angaben im Anhang sind in § 288 Abs. 1 HGB aufgenommen worden. Für mittelgroße Kapitalgesellschaften i.S.d. § 267 Abs. 2 HGB bestehen indes nur wenige Befreiungsvorschriften. Die nachfolgende Tabelle fasst die Befreiungsmöglichkeiten zusammen.

Rechtsnorm HGB	Inhalt	Befreiungsmöglichkeit für	
		Kleine KapGes.	Mittelgroße KapGes.
§ 264c Abs. 2 Satz 9	Angabe des nicht geleisteten Betrags der gem. § 171 Abs. 1 im Handelsregister eingetragenen Einlage	X	
§ 265 Abs. 4 Satz 2	Angabe und Begründung der Ergänzung für einen Geschäftszweig vorgeschriebene Gliederung	X	
§ 284 Abs. 2 Nr. 3	Angaben bei der Inanspruchnahme von Bewertungsvereinfachungsverfahren (§ 240 Abs. 4 oder § 256 Satz 1)	X	
§ 284 Abs. 3	Angabe eines Anlagespiegels	X	
§ 285 Nr. 2	Angabe der Verbindlichkeiten mit einer Restlaufzeit von mehr als fünf Jahren sowie Angabe der Verbindlichkeiten, die durch Pfandrechte oder ähnliches gesichert sind	X	
§ 285 Nr. 3	Angabe von nicht in der Bilanz enthaltenen Geschäften	X	
§ 285 Nr. 4	Aufgliederung der Umsatzerlöse	X	X
§ 285 Nr. 7	Trennung nach Gruppen bei der Angabe der durchschnittlichen Zahl der Arbeitnehmer	X	
§ 285 Nr. 8	Angabe des Material- und Personalaufwands bei Anwendung des Umsatzkostenverfahrens	X	
§ 285 Nr. 9 Buchst. a und b	Angabe der Gesamtbezüge von Geschäftsführern, Aufsichtsrat oder Beirat im jeweiligen Geschäftsjahr; Angabe der Gesamtbezüge an frühere Organmitglieder oder Hinterbliebene	X	

§ 288 – Größenabhängige Erleichterungen

Rechtsnorm HGB	Inhalt	Befreiungsmöglichkeit für Kleine KapGes.	Mittelgroße KapGes.
§ 285 Nr. 10	Angaben zu den Mitgliedern des Geschäftsführungsorgans	X	
§ 285 Nr. 11	Angaben zum Anteilsbesitz von Beteiligungen	X	
§ 285 Nr. 11a	Angabe Unternehmen, deren unbeschränkt haftender Gesellschafter die Kapitalgesellschaft ist	X	
§ 285 Nr. 11b	Angaben über Beteiligungen von börsennotierten Kapitalgesellschaften	X	
§ 285 Nr. 12	Aufgliederung der „sonstigen Rückstellungen"	X	
§ 285 Nr. 14	Angaben zum Mutterunternehmen, das den Konzernabschluss für den größten Kreis der Unternehmen aufstellt	X	
§ 285 Nr. 14a	Ortsangaben wo der Konzernabschluss des Mutterunternehmens, das den Konzernabschluss für den kleinsten Kreis der Unternehmen aufstellt, erhältlich ist	X	
§ 285 Nr. 15	Angaben zum persönlich haftenden Gesellschafter bei Personenhandelsgesellschaften i.S.d. § 264a HGB	X	
§ 285 Nr. 15a	Angaben zu bestehenden Genussscheinen, Genussrechten, Wandelschuldverschreibungen, Optionsscheinen, Optionen, Besserungsscheinen oder vergleichbaren Wertpapieren oder Rechten	X	
§ 285 Nr. 17	Angaben zum Honorar des Abschlussprüfers	X	X
§ 285 Nr. 18	Angaben zu Finanzanlagen, die über ihrem beizulegenden Zeitwert ausgewiesen werden	X	
§ 285 Nr. 19	Angaben zu derivativen Finanzinstrumenten, die nicht zum beizulegenden Zeitwert bewertet wurden	X	
§ 285 Nr. 21	Angaben zumindest zu nicht zu marktüblichen Bedingungen zustande gekommenen Geschäften mit nahestehenden Personen	X	X[1)]

Rechtsnorm HGB	Inhalt	Befreiungsmöglichkeit für	
		Kleine KapGes.	Mittelgroße KapGes.
§ 285 Nr. 22	Angabe zu im Geschäftsjahr aktivierten Forschungs- und Entwicklungskosten	X	
§ 285 Nr. 24	Angaben zum Bewertungsverfahren von Pensionsrückstellungen	X	
§ 285 Nr. 26	Angaben zu Investmentvermögen	X	
§ 285 Nr. 27	Angabe zu Verbindlichkeiten i.S.d. § 268 Abs. 7 (Angabe zu Haftungsverhältnissen)	X	
§ 285 Nr. 28	Aufgliederung der Ausschüttungssperre (§ 268 Abs. 8)	X	
§ 285 Nr. 29	Angabe der Differenzen und steuerlichen Verlustvorträge, auf denen die latenten Steuern beruhen	X	X
§ 285 Nr. 30	Angaben zur quantitativen Entwicklung der passivierten latenten Steuerschulden	X	
§ 285 Nr. 32	Angaben zu periodenfremden Aufwendungen und Erträgen	X	X
§ 285 Nr. 33	Nachtragsbericht	X	
§ 285 Nr. 34	Angabe des Vorschlags oder des Beschlusses über die Verwendung des Ergebnisses	X	

[1] Die Angabe ist nur dann zu machen, wenn die Geschäfte direkt oder indirekt mit einem Gesellschafter, Unternehmen, an denen die Gesellschaft selbst eine Beteiligung hält, oder Mitgliedern des Geschäftsführungs-, Aufsichts- oder Verwaltungsorgans abgeschlossen wurde.

§ 289
Inhalt des Lageberichts

(1) ¹Im Lagebericht sind der Geschäftsverlauf einschließlich des Geschäftsergebnisses und die Lage der Kapitalgesellschaft so darzustellen, dass ein den tatsächlichen Verhältnissen entsprechendes Bild vermittelt wird. ²Er hat eine ausgewogene und umfassende, dem Umfang und der Komplexität der Geschäftstätigkeit entsprechende Analyse des Geschäftsverlaufs und der Lage der Gesellschaft zu enthalten. ³In die Analyse sind die für die Geschäftstätigkeit bedeutsamsten finanziellen Leistungsindikatoren einzubeziehen und unter Bezugnahme auf die im Jahresabschluss ausgewiesenen Beträge und Angaben zu erläutern. ⁴Ferner ist im Lagebericht die voraussichtliche Entwicklung mit ihren we-

sentlichen Chancen und Risiken zu beurteilen und zu erläutern; zugrunde liegende Annahmen sind anzugeben. ⁵Die gesetzlichen Vertreter einer Kapitalgesellschaft im Sinne des § 264 Abs. 2 Satz 3 haben zu versichern, dass nach bestem Wissen im Lagebericht der Geschäftsverlauf einschließlich des Geschäftsergebnisses und die Lage der Kapitalgesellschaft so dargestellt sind, dass ein den tatsächlichen Verhältnissen entsprechendes Bild vermittelt wird, und dass die wesentlichen Chancen und Risiken im Sinne des Satzes 4 beschrieben sind.

(2) ¹**Im Lagebericht ist auch einzugehen** auf:

1. *Vorgänge von besonderer Bedeutung, die nach dem Schluß des Geschäftsjahrs eingetreten sind;*

1. a) die Risikomanagementziele und -methoden der Gesellschaft einschließlich ihrer Methoden zur Absicherung aller wichtigen Arten von Transaktionen, die im Rahmen der Bilanzierung von Sicherungsgeschäften erfasst werden, sowie

   b) die Preisänderungs-, Ausfall- und Liquiditätsrisiken sowie die Risiken aus Zahlungsstromschwankungen, denen die Gesellschaft ausgesetzt ist,

   jeweils in Bezug auf die Verwendung von Finanzinstrumenten durch die Gesellschaft und sofern dies für die Beurteilung der Lage oder der voraussichtlichen Entwicklung von Belang ist;

2. den Bereich Forschung und Entwicklung;

3. bestehende Zweigniederlassungen der Gesellschaft;

4. die Grundzüge des Vergütungssystems der Gesellschaft für die in § 285 Nr. 9 genannten Gesamtbezüge, soweit es sich um eine börsennotierte Aktiengesellschaft handelt. Werden dabei auch Angaben entsprechend § 285 Nr. 9 Buchstabe a Satz 5 bis 8 gemacht, können diese im Anhang unterbleiben.

²**Sind im Anhang Angaben nach § 160 Absatz 1 Nummer 2 des Aktiengesetzes zu machen, ist im Lagebericht darauf zu verweisen.**

(3) Bei einer großen Kapitalgesellschaft (§ 267 Abs. 3) gilt Absatz 1 Satz 3 entsprechend für nichtfinanzielle Leistungsindikatoren, wie Informationen über Umwelt- und Arbeitnehmerbelange, soweit sie für das Verständnis des Geschäftsverlaufs oder der Lage von Bedeutung sind.

(4) ¹Aktiengesellschaften und Kommanditgesellschaften auf Aktien, die einen organisierten Markt im Sinne des § 2 Abs. 7 des Wertpapiererwerbs- und Übernahmegesetzes durch von ihnen ausgegebene stimmberechtigte Aktien in Anspruch nehmen, haben im Lagebericht anzugeben:

1. die Zusammensetzung des gezeichneten Kapitals; bei verschiedenen Aktiengattungen sind für jede Gattung die damit verbundenen Rechte und Pflichten und der Anteil am Gesellschaftskapital anzugeben, soweit die Angaben nicht im Anhang zu machen sind;

2. Beschränkungen, die Stimmrechte oder die Übertragung von Aktien betreffen, auch wenn sie sich aus Vereinbarungen zwischen Gesellschaftern ergeben können, soweit sie dem Vorstand der Gesellschaft bekannt sind;

3. direkte oder indirekte Beteiligungen am Kapital, die 10 vom Hundert der Stimmrechte überschreiten, soweit die Angaben nicht im Anhang zu machen sind;

4. die Inhaber von Aktien mit Sonderrechten, die Kontrollbefugnisse verleihen; die Sonderrechte sind zu beschreiben;

5. die Art der Stimmrechtskontrolle, wenn Arbeitnehmer am Kapital beteiligt sind und ihre Kontrollrechte nicht unmittelbar ausüben;

6. die gesetzlichen Vorschriften und Bestimmungen der Satzung über die Ernennung und Abberufung der Mitglieder des Vorstands und über die Änderung der Satzung;

7. die Befugnisse des Vorstands insbesondere hinsichtlich der Möglichkeit, Aktien auszugeben oder zurückzukaufen;

8. wesentliche Vereinbarungen der Gesellschaft, die unter der Bedingung eines Kontrollwechsels infolge eines Übernahmeangebots stehen, und die hieraus folgenden Wirkungen; die Angabe kann unterbleiben, soweit sie geeignet ist, der Gesellschaft einen erheblichen Nachteil zuzufügen; die Angabepflicht nach anderen gesetzlichen Vorschriften bleibt unberührt;

9. Entschädigungsvereinbarungen der Gesellschaft, die für den Fall eines Übernahmeangebots mit den Mitgliedern des Vorstands oder Arbeitnehmern getroffen sind, soweit die Angaben nicht im Anhang zu machen sind.

²Sind Angaben nach Satz 1 im Anhang zu machen, ist im Lagebericht darauf zu verweisen.

(5) Kapitalgesellschaften im Sinn des § 264d haben im Lagebericht die wesentlichen Merkmale des internen Kontroll- und des Risikomanagementsystems im Hinblick auf den Rechnungslegungsprozess zu beschreiben.

Begründung Regierungsentwurf v. 20.2.2015 (BT-Drucks. 18/4050, 69 f.):

Überschrift: Voranzustellen ist, dass sich aus der Richtlinie 2013/34/EU nicht die Notwendigkeit ergibt, die Regelungen zur Lageberichterstattung grundlegend zu reformieren.

§ 289 ist bisher eine der wenigen Vorschriften im Dritten Buch ohne eine amtliche Überschrift. Die Umsetzung der Richtlinie 2013/34/EU wird deshalb zum Anlass genommen, § 289 die amtliche Überschrift „Inhalt des Lageberichts" zu verleihen. Die Pflicht zur Aufstellung des Lageberichts ist nicht in § 289 HGB, sondern in § 264 Absatz 1 HGB geregelt. Damit erscheint es sachgerecht, die Überschrift auf den Inhalt des Lageberichts zu beschränken.

Abs. 2: Der Eingangssatz wird an Artikel 19 Absatz 2 der Richtlinie 2013/34/EU angepasst, so dass klargestellt wird, dass künftig im Lagebericht stets die in Absatz 2 genannten Angaben zu machen sind, soweit die Umstände vorliegen.

Die Streichung des Absatzes 2 Nummer 1 geht auf eine Änderung im europäischen Recht zurück. Während Artikel 46 Absatz 2 Buchstabe a der Richtlinie 78/660/EWG Angaben zu Vorgängen von besonderer Bedeutung, die nach Schluss des Geschäftsjahres eingetreten sind, im Lagebericht gefordert hat, verlangt Artikel 17 Absatz 1 Buchstabe q der Richtlinie 2013/34/EU nun eine Anhangangabe zur Art und finanziellen Auswirkung wesentlicher Ereignisse nach dem Bilanzstichtag, die weder in der Bilanz noch in der Gewinn- und Verlustrechnung berücksichtigt sind. Um Doppelungen – und damit bürokratische Belastungen – zu vermeiden, wird nicht länger an Absatz 2 Nummer 1 festgehalten. Um eine Leerstelle in Nummer 1 zu vermeiden, rücken die bisherigen Nummern 2 bis 5 auf. Damit sind im geringen Umfang Folgeänderungen auch in anderen Gesetzen und Rechtsverordnungen verbunden.

Die Ergänzung in Absatz 2 hinsichtlich der Verweisung auf Anhangangaben dient zur Klarstellung.

I. Wesentliche Neuerungen

– Klarstellende Änderung des § 289 Abs. 2 HGB in eine „muss"-Vorschrift. 174
– Verlagerung des Nachtragsberichts in den Anhang.

II. Erläuterungen zu § 289 Abs. 2 HGB (Änderungen in der Lageberichterstattung)

Die Änderungen der gesetzlichen Regelung zur Lageberichterstattung haben lediglich klarstellenden Charakter. Sie führen zu keinen materiellen Änderungen. 175

§ 289 Abs. 2 HGB ist von einer „soll"-Vorschrift in eine „muss"-Vorschrift geändert worden. Da nach herrschender Auffassung bereits die bisherige Ausgestaltung des § 289 Abs. 2 HGB als grundlegende Berichterstattungspflicht und nicht als ein Berichterstattungswahlrecht ausgelegt wurde, ist durch die Änderung lediglich eine **Anpassung an die bisherige Bilanzierungspraxis** erfolgt. Die Gesetzesbegründung fordert für die „muss"-Vorschriften jedoch nur eine verpflichtende Angabe, soweit die entsprechenden Umstände vorliegen.[1] Negativvermerke bzw. Fehlanzeigen werden vom Gesetz nicht verlangt.

Aufgrund der Verlagerung des Nachtragberichts in den Anhang (s. Rz. 164 ff.) werden § 289 Abs. 2 Nr. 1 HGB a.F. aufgehoben und die bisher nachfolgenden Nummern umnummeriert. Mit § 289 Abs. 2 Satz 2 HGB wird die Pflicht zum Verweis auf die Anhangangabe zu eigenen Aktien gem. § 160 Abs. 1 Nr. 2 AktG im Lagebericht eingefügt. Auch diese Änderung führt zu keiner erweiterten Berichtspflicht.

---

[1] Begr. RegE, BT-Drucks. 18/4050, 70.

B. Konzernabschluss

§ 290
Pflicht zur Aufstellung

(1) ¹Die gesetzlichen Vertreter einer Kapitalgesellschaft (Mutterunternehmen) mit Sitz im Inland haben in den ersten fünf Monaten des Konzerngeschäftsjahrs für das vergangene Konzerngeschäftsjahr einen Konzernabschluss und einen Konzernlagebericht aufzustellen, wenn diese auf ein anderes Unternehmen (Tochterunternehmen) unmittel- oder mittelbar einen beherrschenden Einfluss ausüben kann. ²Ist das Mutterunternehmen eine Kapitalgesellschaft im Sinn des § 325 Abs. 4 Satz 1, sind der Konzernabschluss sowie der Konzernlagebericht in den ersten vier Monaten des Konzerngeschäftsjahrs für das vergangene Konzerngeschäftsjahr aufzustellen.

(2) Beherrschender Einfluss eines Mutterunternehmens besteht stets, wenn

1. ihm bei einem anderen Unternehmen die Mehrheit der Stimmrechte der Gesellschafter zusteht;

2. ihm bei einem anderen Unternehmen das Recht zusteht, die Mehrheit der Mitglieder des die Finanz- und Geschäftspolitik bestimmenden Verwaltungs-, Leitungs- oder Aufsichtsorgans zu bestellen oder abzuberufen, und es gleichzeitig Gesellschafter ist;

3. ihm das Recht zusteht, die Finanz- und Geschäftspolitik auf Grund eines mit einem anderen Unternehmen geschlossenen Beherrschungsvertrages oder auf Grund einer Bestimmung in der Satzung des anderen Unternehmens zu bestimmen, oder

4. es bei wirtschaftlicher Betrachtung die Mehrheit der Risiken und Chancen eines Unternehmens trägt, das zur Erreichung eines eng begrenzten und genau definierten Ziels des Mutterunternehmens dient (Zweckgesellschaft). ²Neben Unternehmen können Zweckgesellschaften auch sonstige juristische Personen des Privatrechts oder unselbständige Sondervermögen des Privatrechts sein, ausgenommen Spezial-Sondervermögen im Sinn des § 2 Absatz 3 des Investmentgesetzes oder vergleichbare ausländische Investmentvermögen oder als Sondervermögen aufgelegte offene inländische Spezial-AIF mit festen Anlagebedingungen im Sinn des § 284 des Kapitalanlagegesetzbuchs oder vergleichbare EU-Investmentvermögen oder ausländische Investmentvermögen, die den als Sondervermögen aufgelegten offenen inländischen Spezial-AIF mit festen Anlagebedingungen im Sinn des § 284 des Kapitalanlagegesetzbuchs vergleichbar sind.

(3) ¹Als Rechte, die einem Mutterunternehmen nach Absatz 2 zustehen, gelten auch die einem **anderen** Tochterunternehmen zustehenden Rechte und die den für Rechnung des Mutterunternehmens oder von Tochterunternehmen handelnden Personen zustehenden Rechte. ²Den einem

Mutterunternehmen an einem anderen Unternehmen zustehenden Rechten werden die Rechte hinzugerechnet, über die es **selbst** oder **eines seiner** Tochterunternehmen auf Grund einer Vereinbarung mit anderen Gesellschaftern dieses Unternehmens verfügen kann. ³Abzuziehen sind Rechte, die

1. mit Anteilen verbunden sind, die von dem Mutterunternehmen oder von **dessen** Tochterunternehmen für Rechnung einer anderen Person gehalten werden, oder

2. mit Anteilen verbunden sind, die als Sicherheit gehalten werden, sofern diese Rechte nach Weisung des Sicherungsgebers oder, wenn ein Kreditinstitut die Anteile als Sicherheit für ein Darlehen hält, im Interesse des Sicherungsgebers ausgeübt werden.

(4) ¹Welcher Teil der Stimmrechte einem Unternehmen zusteht, bestimmt sich für die Berechnung der Mehrheit nach Absatz 2 Nr. 1 nach dem Verhältnis der Zahl der Stimmrechte, die es aus den ihm gehörenden Anteilen ausüben kann, zur Gesamtzahl aller Stimmrechte. ²Von der Gesamtzahl aller Stimmrechte sind die Stimmrechte aus eigenen Anteilen abzuziehen, die dem Tochterunternehmen selbst, einem seiner Tochterunternehmen oder einer anderen Person für Rechnung dieser Unternehmen gehören.

(5) Ein Mutterunternehmen ist von der Pflicht, einen Konzernabschluss und einen Konzernlagebericht aufzustellen, befreit, wenn es nur Tochterunternehmen hat, die gemäß § 296 nicht in den Konzernabschluss einbezogen werden brauchen.

Begründung Regierungsentwurf v. 20.2.2015 (BT-Drucks. 18/4050, 70):

Die Änderungen in § 290 HGB haben lediglich klarstellenden Charakter.

§ 291
Befreiende Wirkung von EU-/EWR-Konzernabschlüssen

(1) ¹Ein Mutterunternehmen, das zugleich Tochterunternehmen eines Mutterunternehmens mit Sitz in einem Mitgliedstaat der Europäischen Union oder in einem anderen Vertragsstaat des Abkommens über den Europäischen Wirtschaftsraum ist, braucht einen Konzernabschluß und einen Konzernlagebericht nicht aufzustellen, wenn ein den Anforderungen des Absatzes 2 entsprechender Konzernabschluß und Konzernlagebericht seines Mutterunternehmens einschließlich des Bestätigungsvermerks oder des Vermerks über dessen Versagung nach den für den entfallenden Konzernabschluß und Konzernlagebericht maßgeblichen Vorschriften in deutscher Sprache offengelegt wird. ²Ein befreiender Konzernabschluß und ein befreiender Konzernlagebericht können von jedem Unternehmen unabhängig von seiner Rechtsform und Größe aufgestellt werden, wenn das Unternehmen als Kapitalgesellschaft mit Sitz in einem Mitgliedstaat der Europäischen Union oder in einem anderen Vertragsstaat des Abkom-

mens über den Europäischen Wirtschaftsraum zur Aufstellung eines Konzernabschlusses unter Einbeziehung des zu befreienden Mutterunternehmens und seiner Tochterunternehmen verpflichtet wäre.

(2) ¹Der Konzernabschluß und Konzernlagebericht eines Mutterunternehmens mit Sitz in einem Mitgliedstaat der Europäischen Union oder in einem anderen Vertragsstaat des Abkommens über den Europäischen Wirtschaftsraum haben befreiende Wirkung, wenn

1. das zu befreiende Mutterunternehmen und seine Tochterunternehmen in den befreienden Konzernabschluß unbeschadet des § 296 einbezogen worden sind,

2. **der befreiende Konzernabschluss nach dem auf das Mutterunternehmen anwendbaren Recht im Einklang mit der Richtlinie 2013/34/EU oder im Einklang mit den in § 315a Absatz 1 bezeichneten internationalen Rechnungslegungsstandards aufgestellt und im Einklang mit der Richtlinie 2006/43/EG geprüft worden ist,**

3. **der befreiende Konzernlagebericht nach dem auf das Mutterunternehmen anwendbaren Recht im Einklang mit der Richtlinie 2013/34/EU aufgestellt und im Einklang mit der Richtlinie 2006/43/EG geprüft worden ist,**

4. der Anhang des Jahresabschlusses des zu befreienden Unternehmens folgende Angaben enthält:

    a) Name und Sitz des Mutterunternehmens, das den befreienden Konzernabschluß und Konzernlagebericht aufstellt,

    b) einen Hinweis auf die Befreiung von der Verpflichtung, einen Konzernabschluß und einen Konzernlagebericht aufzustellen, und

    c) eine Erläuterung der im befreienden Konzernabschluß vom deutschen Recht abweichend angewandten Bilanzierungs-, Bewertungs- und Konsolidierungsmethoden.

²Satz 1 gilt für Kreditinstitute und Versicherungsunternehmen entsprechend; unbeschadet der übrigen Voraussetzungen in Satz 1 hat die Aufstellung des befreienden Konzernabschlusses und des befreienden Konzernlageberichts bei Kreditinstituten im Einklang mit der Richtlinie 86/635/EWG des Rates vom 8. Dezember 1986 über den Jahresabschluß und den konsolidierten Abschluß von Banken und anderen Finanzinstituten (ABl. EG Nr. L 372 S. 1) und bei Versicherungsunternehmen im Einklang mit der Richtlinie 91/674/EWG des Rates vom 19. Dezember 1991 über den Jahresabschluß und den konsolidierten Jahresabschluß von Versicherungsunternehmen (ABl. EG Nr. L 374 S. 7) in ihren jeweils geltenden Fassungen zu erfolgen.

(3) Die Befreiung nach Absatz 1 kann trotz Vorliegens der Voraussetzungen nach Absatz 2 von einem Mutterunternehmen nicht in Anspruch genommen werden, wenn

1. das zu befreiende Mutterunternehmen einen organisierten Markt im Sinn des § 2 Abs. 5 des Wertpapierhandelsgesetzes durch von ihm ausgegebene Wertpapiere im Sinn des § 2 **Absatz 1** des Wertpapierhandelsgesetzes in Anspruch nimmt,
2. Gesellschafter, denen bei Aktiengesellschaften und Kommanditgesellschaften auf Aktien mindestens 10 vom Hundert und bei Gesellschaften mit beschränkter Haftung mindestens 20 vom Hundert der Anteile an dem zu befreienden Mutterunternehmen gehören, spätestens sechs Monate vor dem Ablauf des Konzerngeschäftsjahrs die Aufstellung eines Konzernabschlusses und eines Konzernlageberichts beantragt haben.

Begründung Regierungsentwurf v. 20.2.2015 (BT-Drucks. 18/4050, 70):

Abs. 2: Die Neufassung von Absatz 2 Satz 1 Nummer 2, die Einfügung einer neuen Nummer 3 und die Folgeänderung gehen auf Artikel 23 Absatz 4 Buchstabe b der Richtlinie 2013/34/EU zurück und haben klarstellenden Charakter hinsichtlich der ebenfalls möglichen Aufstellung eines Konzernabschlusses nach Maßgabe der von der Europäischen Union übernommenen Internationalen Rechnungslegungsstandards IFRS. Dabei wird berücksichtigt, dass die IFRS keine Vorgaben für den Konzernlagebericht enthalten und insoweit ausschließlich die Vorgaben des auf das übergeordnete Mutterunternehmen anwendbaren Rechts im Einklang mit der Richtlinie 2013/34/EU gelten können. Zugleich wird die Bezugnahme auf die europäischen Richtlinien aktualisiert.

Abs. 3: Die Änderung bereinigt ein früheres Redaktionsversehen aus der Änderung von § 2 Absatz 1 des Wertpapierhandelsgesetzes.

I. Wesentliche Neuerungen

- Änderungen haben nur klarstellenden Charakter. 176
- Klarstellung, dass auch IFRS-Konzernabschlüsse befreiende Wirkung haben können.

II. Erläuterungen zu § 291 HGB (Befreiende Wirkung von IFRS-Konzernabschlüssen)

§ 291 HGB a.F. eröffnete auch bisher schon die Möglichkeit, sich von der Verpflichtung zur Teilkonzernabschlusserstellung zu befreien. Die entsprechenden Voraussetzungen für die Befreiungswirkung von Konzernabschlüssen von Mutterunternehmen im EU- oder EWR-Gebiet wurde im Rahmen des BilRUG angepasst. § 291 Abs. 2 Satz 1 Nr. 2 HGB wurde durch die neuen Nummern 2 und 3 ersetzt. Die vorgenommenen Anpassungen haben lediglich **klarstellenden Charakter**. Es wird verdeutlicht, dass auch ein nach den IFRS aufgestellter Konzernabschluss befreiende Wirkung haben kann, wenn neben dem IFRS-Konzernabschluss ein Konzernlagebericht im Einklang mit der Bilanzrichtlinie (2013/34/EU) aufgestellt und im Einklang mit der Richtlinie 2006/43/EG geprüft wurde.[1] 177

---

[1] Begr. RegE, BT-Drucks. 18/4050, 70.

178 Innerhalb der Anforderungen gem. § 291 Abs. 1 HGB ist es zu keinen materiellen Änderungen gekommen. Demnach kann, wie bisher, ein Mutterunternehmen, das zugleich Tochterunternehmen eines Mutterunternehmens mit Sitz in einem EU- oder EWR-Staat ist, von der Aufstellung eines Konzernabschlusses und Konzernlageberichts nur dann befreit werden, wenn der befreiende Konzernabschluss und Konzernlagebericht sowie der Bestätigungsvermerk oder der Vermerk über dessen Versagung **in deutscher Sprache** nach den geltenden Vorschriften offengelegt wurde (§ 291 Abs. 1 Satz 1 HGB).

179 Dies ist insbesondere vor dem Hintergrund der Änderung der Befreiungsvorschriften für die Aufstellung, Prüfung und Offenlegung von Jahresabschlüssen im Rahmen der §§ 264 Abs. 3 und 264b HGB beachtenswert (vgl. hierzu Rz. 29 ff. und Rz. 46 ff.). Zum einen steht es der Befreiung gem. §§ 264 Abs. 3 und 264b HGB entgegen, wenn die Konzernabschlussprüfung nicht mit einem positiven Prüfungsurteil in Form eines (eingeschränkten) Bestätigungsvermerks abgeschlossen wird. Hingegen schließt die **Erteilung eines Versagungsvermerks** die Befreiungswirkung nach § 291 Abs. 1 HGB nicht aus, da hier explizit die Veröffentlichungspflicht des Versagungsvermerks genannt wird. Zum anderen wird in §§ 264 Abs. 3 Satz 3 und 264b Nr. 4 HGB eine Offenlegung der geforderten Unterlagen des Mutterunternehmens für das Tochterunternehmen in deutscher oder englischer Sprache zugelassen, während § 291 Abs. 1 Satz 1 HGB weiterhin eine Offenlegung in deutscher Sprache verlangt.[1] Eine Vereinheitlichung der Voraussetzungen wäre wünschenswert gewesen, ist jedoch im Rahmen des BilRUG nicht erfolgt.

180 Im Folgenden werden die einzelnen Anforderungen dargestellt. Die Neuregelungen in § 291 Abs. 2 HGB werden hierbei genauer betrachtet. Gem. § 291 Abs. 2 HGB hat ein **Konzernabschluss und Konzernlagebericht** eines Mutterunternehmens mit Sitz in einem Mitgliedstaat der EU- oder EWR-Vertragsstaat befreiende Wirkung, wenn

1. das Mutterunternehmen, das selbst Tochterunternehmen ist, und seine Tochterunternehmen unbeschadet des § 296 HGB in den befreienden Konzernabschluss einbezogen sind,

2. der befreiende Konzernabschluss nach dem auf das Mutterunternehmen anwendbaren Recht im Einklang mit der Bilanz-Richtlinie (2013/34/EU) oder im Einklang mit den in § 315a Abs. 1 HGB bezeichneten internationalen Rechnungslegungsstandards aufgestellt und im Einklang mit der Abschlussprüfungs-Richtlinie (2006/43/EG) geprüft worden ist,

3. der befreiende Konzernlagebericht nach dem auf das Mutterunternehmen anwendbaren Recht im Einklang mit der Bilanz-Richtlinie (2013/

---

[1] Auf diese Inkonsistenzen hat das IDW mit dem Schreiben „Umsetzung der EU-Bilanzrichtlinie in deutsches Recht – Regierungsentwurf eines Bilanzrichtlinie-Umsetzungsgesetzes (BilRUG)" v. 6.3.2015 hingewiesen.

34/EU) aufgestellt und im Einklang mit der Abschlussprüfungs-Richtlinie (2006/43/EG) geprüft worden ist,

4. der Anhang des Jahresabschlusses des zu befreienden Unternehmens folgende Angaben enthält:
   – Name und Sitz des Mutterunternehmens, das den befreienden Konzernabschluss und Konzernlagebericht aufstellt,
   – einen Hinweis auf die Befreiung von der Verpflichtung, einen Konzernabschluss und einen Konzernlagebericht aufzustellen, und
   – eine Erläuterung der im befreienden Konzernabschluss vom deutschen Recht abweichend angewandten Bilanzierungs-, Bewertungs- und Konsolidierungsmethoden.

Der befreiende Konzernabschluss und Konzernlagebericht kann somit nach **nationalen oder internationalen Rechnungslegungsgrundsätzen** aufgestellt sein, wenn er die oben genannten Anforderungen erfüllt. Es ist zu beachten, dass sowohl der Konzernabschluss als auch der Konzernlagebericht gem. § 291 Abs. 2 Nr. 2 und 3 HGB der Prüfungspflicht unterliegen. Die Prüfungspflicht des Konzernlageberichts ist insbesondere im Vergleich zu den Anforderungen eines befreienden Konzernabschlusses aus Drittstaaten gem. § 292 HGB beachtenswert, da im Rahmen des § 292 HGB die Prüfungspflicht des Konzernlageberichts explizit ausgenommen wird (vgl. hierzu Rz. 183 ff.). 181

Weiterhin ist das Wechselspiel zwischen der Befreiung zur (Teil-)Konzernrechnungslegung gem. § 291 HGB und der Inanspruchnahme der Erleichterungsvorschrift betreffend die Aufstellung, Prüfung und Offenlegung des Jahresabschlusses gem. § 264 Abs. 3 HGB zu beachten. In § 291 Abs. 2 Nr. 4 HGB wird gefordert, dass ein übergeordneter Konzernabschluss für ein unteres Mutterunternehmen nur dann Befreiungswirkung entfaltet, wenn im Anhang des Jahresabschlusses des zu befreienden unteren Mutterunternehmens Angaben zum übergeordneten Mutterunternehmen und dem befreienden Konzernabschluss enthalten sind. Nimmt das zu befreiende Mutterunternehmen die Erleichterung des § 264 Abs. 3 HGB hinsichtlich der Erstellung oder Veröffentlichung eines Anhangs in Anspruch, so kann die Voraussetzung des § 291 Abs. 2 Nr. 4 HGB für die Befreiung zur Teilkonzernerstellung nicht erfüllt werden. Bisher bestand die Möglichkeit für das untere Mutterunternehmen, seiner Verpflichtung gem. § 291 HGB nachzukommen, indem im Rahmen der Mitteilungspflicht des § 264 Abs. 3 Nr. 4 Buchst. b HGB auf die Inanspruchnahme gem. § 291 HGB hingewiesen und die Mitteilung um die geforderten Angaben ergänzt wurde.[1] Für Geschäftsjahre, die nach dem 31.12.2015 beginnen, entfällt aufgrund der Neuerungen in § 264 Abs. 3 HGB diese Mitteilungspflicht des unteren Mutterunternehmens. Zukünftig besteht 182

---

1 Vgl. *Förschle/Deubert* in Beck'scher Bilanzkommentar[9], § 264b HGB Rz. 93.

daher nur die Möglichkeit, die geforderten Angaben des unteren Mutterunternehmens, das die Erleichterungsvorschrift des § 264 Abs. 3 HGB in Anspruch nimmt und auf die Erstellung bzw. Veröffentlichung eines Anhangs verzichtet, im Konzernanhang des befreienden Konzernabschlusses im Rahmen der Angabe gem. § 264 Abs. 3 Satz 1 Nr. 4 HGB aufzunehmen, um der Informationspflicht des unteren Mutterunternehmens gem. § 291 Abs. 2 Nr. 4 HGB nachzukommen.[1]

§ 292
Befreiende Wirkung von Konzernabschlüssen aus Drittstaaten

(1) Ein Mutterunternehmen, das zugleich Tochterunternehmen eines Mutterunternehmens mit Sitz in einem Staat, der nicht Mitglied der Europäischen Union und auch nicht Vertragsstaat des Abkommens über den Europäischen Wirtschaftsraum ist, braucht einen Konzernabschluss und einen Konzernlagebericht nicht aufzustellen, wenn dieses andere Mutterunternehmen einen dem § 291 Absatz 2 Nummer 1 entsprechenden Konzernabschluss (befreiender Konzernabschluss) und Konzernlagebericht (befreiender Konzernlagebericht) aufstellt sowie außerdem alle folgenden Voraussetzungen erfüllt sind:

1. der befreiende Konzernabschluss wird wie folgt aufgestellt:

   a) nach Maßgabe des Rechts eines Mitgliedstaats der Europäischen Union oder eines anderen Vertragsstaats des Abkommens über den Europäischen Wirtschaftsraum im Einklang mit der Richtlinie 2013/34/EU,

   b) im Einklang mit den in § 315a Absatz 1 bezeichneten internationalen Rechnungslegungsstandards,

   c) derart, dass er einem nach den in Buchstabe a bezeichneten Vorgaben erstellten Konzernabschluss gleichwertig ist, oder

   d) derart, dass er internationalen Rechnungslegungsstandards entspricht, die gemäß der Verordnung (EG) Nr. 1569/2007 der Kommission vom 21. Dezember 2007 über die Einrichtung eines Mechanismus zur Festlegung der Gleichwertigkeit der von Drittstaatemittenten angewandten Rechnungslegungsgrundsätze gemäß den Richtlinien 2003/71/EG und 2004/109/EG[2] des Europäischen Parlaments und des Rates (ABl. L 340 vom 22.12.2007, S. 66), die durch die Delegierte Verordnung (EU) Nr. 310/2012 (ABl. L 103 vom 13.4.2012, S. 11) geändert worden ist, in ihrer jeweils geltenden Fassung festgelegt wurden;

---

[1] Vgl. *Deubert*, DB 2015, Beil. 5, 46.
[2] Durch das Gesetz zur Umsetzung der Transparenzrichtlinie-Änderungsrichtlinie v. 20.11.2015 (BGBl. I 2015, 2029) wurde in § 292 Abs. 1 Nr. 1 Buchst. d die Angabe „2004/19/EG" durch die Angabe „2004/109/EG" ersetzt.

2. der befreiende Konzernlagebericht wird nach Maßgabe der in Nummer 1 Buchstabe a genannten Vorgaben aufgestellt oder ist einem nach diesen Vorgaben aufgestellten Konzernlagebericht gleichwertig;
3. der befreiende Konzernabschluss ist von einem oder mehreren Abschlussprüfern oder einer oder mehreren Prüfungsgesellschaften geprüft worden, die auf Grund der einzelstaatlichen Rechtsvorschriften, denen das Unternehmen unterliegt, das diesen Abschluss aufgestellt hat, zur Prüfung von Jahresabschlüssen zugelassen sind;
4. der befreiende Konzernabschluss, der befreiende Konzernlagebericht und der Bestätigungsvermerk sind nach den für den entfallenden Konzernabschluss und Konzernlagebericht maßgeblichen Vorschriften in deutscher Sprache offengelegt worden.

(2) ¹Die befreiende Wirkung tritt nur ein, wenn im Anhang des Jahresabschlusses des zu befreienden Unternehmens die in § 291 Absatz 2 Satz 1 Nummer 4 genannten Angaben gemacht werden und zusätzlich angegeben wird, nach welchen der in Absatz 1 Nummer 1 genannten Vorgaben sowie gegebenenfalls nach dem Recht welchen Staates der befreiende Konzernabschluss und der befreiende Konzernlagebericht aufgestellt worden sind. ²Im Übrigen ist § 291 Absatz 2 Satz 2 und Absatz 3 entsprechend anzuwenden.

(3) ¹Ist ein nach Absatz 1 zugelassener Konzernabschluß nicht von einem in Übereinstimmung mit den Vorschriften der Richtlinie 2006/43/EG zugelassenen Abschlußprüfer geprüft worden, so kommt ihm befreiende Wirkung nur zu, wenn der Abschlußprüfer eine den Anforderungen dieser Richtlinie gleichwertige Befähigung hat und der Konzernabschluß in einer den Anforderungen des Dritten Unterabschnitts entsprechenden Weise geprüft worden ist. ²Nicht in Übereinstimmung mit den Vorschriften der Richtlinie 2006/43/EG zugelassene Abschlussprüfer von Unternehmen mit Sitz in einem Drittstaat im Sinn des § 3 Abs. 1 Satz 1 der Wirtschaftsprüferordnung, deren Wertpapiere im Sinn des § 2 **Absatz 1** des Wertpapierhandelsgesetzes an einer inländischen Börse zum Handel am regulierten Markt zugelassen sind, haben nur dann eine den Anforderungen der Richtlinie gleichwertige Befähigung, wenn sie bei der Wirtschaftsprüferkammer gemäß § 134 Abs. 1 der Wirtschaftsprüferordnung eingetragen sind oder die Gleichwertigkeit gemäß § 134 Abs. 4 der Wirtschaftsprüferordnung anerkannt ist. ³Satz 2 ist nicht anzuwenden, soweit ausschließlich Schuldtitel im Sinn des § 2 **Absatz 1 Nummer 3** des Wertpapierhandelsgesetzes mit einer Mindeststückelung von **100 000 Euro**[1] oder einem entsprechenden Betrag anderer Währung an einer inländi-

---

1 Durch das Gesetz zur Umsetzung der Transparenzrichtlinie-Änderungsrichtlinie v. 20.11.2015 (BGBl. I 2015, 2029) wurde in § 292 Abs. 3 Satz 3 die Angabe „50 000 Euro" durch die Angabe „100 000 Euro" ersetzt.

schen Börse zum Handel am regulierten Markt zugelassen sind.[1] ⁴Im Falle des Satzes 2 ist mit dem Bestätigungsvermerk nach Absatz 1 Nummer 4 auch eine Bescheinigung der Wirtschaftsprüferkammer gemäß § 134 Absatz 2a der Wirtschaftsprüferordnung über die Eintragung des Abschlussprüfers oder eine Bestätigung der Wirtschaftsprüferkammer gemäß § 134 Absatz 4 Satz 8 der Wirtschaftsprüferordnung über die Befreiung von der Eintragungsverpflichtung offenzulegen.

(3) ¹In einer Rechtsverordnung nach Absatz 1 kann außerdem bestimmt werden, welche Voraussetzungen Konzernabschlüsse und Konzernlageberichte von Mutterunternehmen mit Sitz in einem Staat, der nicht Mitglied der Europäischen Union und auch nicht Vertragsstaat des Abkommens über den Europäischen Wirtschaftsraum ist, im einzelnen erfüllen müssen, um nach Absatz 1 gleichwertig zu sein, und wie die Befähigung von Abschlußprüfern beschaffen sein muß, um nach Absatz 2 gleichwertig zu sein. ²In der Rechtsverordnung können zusätzliche Angaben und Erläuterungen zum Konzernabschluß vorgeschrieben werden, soweit diese erforderlich sind, um die Gleichwertigkeit dieser Konzernabschlüsse und Konzernlageberichte mit solchen nach diesem Unterabschnitt oder dem Recht eines anderen Mitgliedstaates der Europäischen Union oder Vertragsstaates des Abkommens über den Europäischen Wirtschaftsraum herzustellen.

(4) ¹Die Rechtsverordnung ist vor Verkündung dem Bundestag zuzuleiten. ²Sie kann durch Beschluß des Bundestages geändert oder abgelehnt werden. ³Der Beschluß des Bundestages wird dem Bundesministerium der Justiz zugeleitet. ⁴Das Bundesministerium der Justiz ist bei der Verkündung der Rechtsverordnung an den Beschluß gebunden. ⁵Hat sich der Bundestag nach Ablauf von drei Sitzungswochen seit Eingang einer Rechtsverordnung nicht mit ihr befaßt, so wird die unveränderte Rechtsverordnung dem Bundesministerium der Justiz zur Verkündung zugeleitet. ⁶Der Bundestag befaßt sich mit der Rechtsverordnung auf Antrag von so vielen Mitgliedern des Bundestages, wie zur Bildung einer Fraktion erforderlich sind.

---

1 Nach Art. 4 Nr. 1 i.V.m. Art. 12 Abs. 1 des Abschlussprüferaufsichtsreformgesetzes 2016 gilt § 292 Abs. 3 Satz 3 HGB ab 17.6.2016 in der folgenden Fassung:
„Satz 2 ist nicht anzuwenden, soweit ausschließlich Schuldtitel im Sinne des § 2 Absatz 1 Nummer 3 des Wertpapierhandelsgesetzes
 1. mit einer Mindeststückelung zu je 100 000 Euro oder einem entsprechenden Betrag anderer Währung an einer inländischen Behörde zum Handel am regulierten Markt zugelassen sind oder
 2. mit einer Mindeststückelung zu je 50 000 Euro oder einem entsprechenden Betrag anderer Währung an einer inländischen Börse zum Handel am regulierten Markt zugelassen sind und diese Schuldtitel vor dem 31. Dezember 2010 begeben worden sind."

§ 292 – Befreiende Wirkung von Drittstaaten-Konzernabschl.

Begründung Regierungsentwurf v. 20.2.2015 (BT-Drucks. 18/4050, 70 f.):

Artikel 23 Absatz 8 der Richtlinie 2013/34/EU sieht eine Option vor, Mutterunternehmen, die gleichzeitig Tochterunternehmen eines übergeordneten Mutterunternehmens mit Sitz in einem Drittstaat sind, unter bestimmten Voraussetzungen von der Pflicht zur Aufstellung, Prüfung und Offenlegung eines Konzernabschlusses und Konzernlageberichts zu befreien. Von dieser auch in Artikel 11 der Richtlinie 83/349/EWG bereits enthaltenen Option hatte Deutschland mit § 292 HGB und der auf § 292 HGB beruhenden Konzernabschlussbefreiungsverordnung Gebrauch gemacht. Artikel 23 Absatz 8 der Richtlinie 2013/34/EU stellt nun klar, dass der übergeordnete Konzernabschluss nicht nur nach der Richtlinie 2013/34/EU oder gleichwertigen Vorgaben, sondern auch nach den im Einklang mit der Verordnung (EG) Nr. 1606/2002 angenommenen internationalen Rechnungslegungsstandards oder diesen gleichwertigen Vorgaben aufgestellt worden sein kann, um Befreiungswirkung zu vermitteln.

Eine entsprechende Klarstellung sollte auch im deutschen Recht erfolgen. Der Konzernlagebericht muss demgegenüber nach den Vorschriften der Richtlinie 2013/34/EU in Verbindung mit dem nationalen Recht des Mutterunternehmens oder nach diesen gleichwertigen Vorgaben eines Drittstaats aufgestellt worden sein, um Befreiungswirkung zu vermitteln.

Darüber hinaus sieht Artikel 23 Absatz 8 Unterabsatz 2 in Verbindung mit Artikel 23 Absatz 4 Buchstabe c der Richtlinie 2013/34/EU vor, dass in jedem Fall der Bestätigungsvermerk offenzulegen ist und ein Versagungsvermerk nicht mehr für eine Befreiung ausreicht. Das ist entsprechend umzusetzen.

Die dabei vorzunehmenden Änderungen würden eine Änderung sowohl der Ermächtigungsgrundlage der Verordnung in § 292 HGB als auch der Konzernabschlussbefreiungsverordnung erfordern und zu einem komplizierten Regelungstext führen. Zugleich ist nicht feststellbar, dass es einer Trennung der Vorschriften in Gesetz und Verordnung noch bedarf. Der Regelungsgehalt der Konzernabschlussbefreiungsverordnung beschränkte sich auf wenige über die Regelungen der Ermächtigungsgrundlage hinausgehende Vorgaben, die in § 292 HGB zusammengefasst werden können.

Bei der Zusammenfassung werden die bisherigen Regelungsinhalte des § 292 HGB, die die Verordnungsermächtigung und das Verfahren zu ihrem Erlass enthalten, ersatzlos aufgehoben. An die Stelle dieser Regelungsinhalte treten die inhaltlichen Voraussetzungen für eine Befreiung des Mutterunternehmens. Dabei wird auf die parallelen Vorschriften in § 291 HGB wie bisher Bezug genommen, soweit nicht aufgrund der Belegenheit des übergeordneten Mutterunternehmens in einem Drittstaat Anpassungen erforderlich sind.

Darüber hinaus erfolgen Änderungen zur Bereinigung eines früheren Redaktionsversehens aus der Änderung von § 2 Absatz 1 des Wertpapierhandelsgesetzes.

Bericht des Ausschusses für Recht und Verbraucherschutz v. 17.6.2015 (BT-Drucks. 18/5256, 84):

Abs. 1 Nr. 3: Die Änderung dient der Glättung des Gesetzentwurfs und der Vermeidung einer Belastung von Mutterunternehmen, die zugleich Tochterunternehmen in einem größeren Konsolidierungskreis eines Mutterunternehmens mit Sitz in einem Drittstaat sind. In Drittstaaten wie beispielsweise den USA oder Kanada sind Konzernlageberichte oder deren Äquivalente nicht der Abschlussprüfung unterworfen. Das geltende Recht sieht daher nicht vor, dass der Konzernlagebericht eines übergeordneten Mutterunternehmens mit Sitz in einem Drittstaat geprüft worden sein muss. Daran sollte festgehalten werden, so dass § 292 Absatz 1 Nummer 3 HGB-E entsprechend zu ändern ist.

I. Wesentliche Neuerungen

183 – Ein Konzernabschluss aus einem Drittstaat kann nur dann befreiende Wirkung entfalten, wenn ein befreiender Konzernlagebericht nach Maßgabe des Rechts eines Mitgliedstaats der EU oder des EWR erstellt wurde oder einem nach diesen Vorgaben erstellten Konzernlagebericht gleichwertig ist.

– Klarstellung, dass auch IFRS-Konzernabschlüsse befreiende Wirkung haben können.

– Der Abschlussprüfer des befreienden Konzernabschlusses muss einen (ggf. auch einen eingeschränkten) Bestätigungsvermerk erteilt haben.

– Bei Prüfung des befreienden Konzernabschlusses durch einen nicht nach EU-rechtlichen Vorgaben zugelassenen Abschlussprüfer ist die Bescheinigung der Wirtschaftsprüferkammer gem. § 134 Abs. 2a oder Abs. 4 Satz 8 WPO offenlegungspflichtig.

II. Erläuterungen zu § 292 HGB (Gleichwertigkeitserfordernisse bei Drittstaatenabschlüssen)

184 Die Vorschrift für die Befreiungswirkung von **Konzernabschlüssen aus Drittstaaten** gem. § 292 HGB ist den Befreiungsvorschriften von EU/EWR-Konzernabschlüssen gem. § 291 HGB angeglichen worden. Folgende **Gleichwertigkeitserfordernisse** muss der befreiende Konzernabschluss gem. § 292 Abs. 1 HGB erfüllen:

– Der befreiende Konzernabschluss muss im Einklang mit der Bilanz-Richtlinie (2013/34/EU) oder im Einklang mit den in § 315a Abs. 1 HGB bezeichneten internationalen Rechnungslegungsstandards aufgestellt worden oder einem nach diesen Vorschriften aufgestellten Konzernabschluss gleichwertig sein (§ 292 Abs. 1 Nr. 1 HGB),

– der Konzernlagebericht ist im Einklang mit der Bilanz-Richtlinie (2013/34/EU) aufgestellt oder einem nach dieser Vorschrift aufgestellten Konzernlagebericht gleichwertig (§ 292 Abs. 1 Nr. 2 HGB),

– der befreiende Konzernabschluss ist von einem zugelassenen Abschlussprüfer geprüft worden (§ 292 Abs. 1 Nr. 3 HGB),

– der befreiende Konzernabschluss, der befreiende Konzernlagebericht und der Bestätigungsvermerk sind in deutscher Sprache offengelegt worden (§ 292 Abs. 1 Nr. 4 HGB).

185 In Drittstaaten ist der Konzernlagebericht oder dessen Äquivalent oftmals nicht der **Prüfungspflicht** unterworfen. Daher wird abweichend von § 291 HGB für die Befreiungswirkung von Konzernabschlüssen aus Drittstaaten in § 292 Abs. 1 Nr. 3 HGB lediglich die Prüfung des Konzernabschlusses gefordert, der Konzernlagebericht oder sein Äquivalent ist nicht

zwingend in die Prüfung einzubeziehen.¹ Von der Aufstellung eines Konzernlageberichts ist das Mutterunternehmen hingegen nicht befreit. Der Konzernlagebericht muss gem. § 292 Abs. 1 Nr. 2 HGB im Einklang mit der Bilanz-Richtlinie (2013/34/EU) aufgestellt oder einem nach dieser Vorschrift aufgestellten Konzernlagebericht gleichwertig sein. Als gleichwertige Rechnungslegungsstandards anerkannt sind die Rechnungslegungsgrundsätze Japans, der USA, der Volksrepublik China, Kanada sowie Südkorea.²

Abweichend zu § 291 HGB tritt die Befreiungswirkung von Konzernabschlüssen aus Drittstaaten nur dann ein, wenn gem. § 292 Abs. 1 Nr. 4 HGB der **Bestätigungsvermerk** zur Konzernabschlussprüfung offengelegt wurde. Die Veröffentlichung eines Versagungsvermerks reicht nicht aus, so dass zwingende Voraussetzung für die Befreiungswirkung ist, dass die Prüfung des Konzernabschlusses mit einem positiven Prüfungsurteil in Form eines (zumindest eingeschränkten) Bestätigungsvermerks abschließt. An die Befreiungswirkung von Konzernabschlüssen aus Drittstaaten werden somit strengere Anforderungen gestellt als an befreiende EU/EWR-Konzernabschlüsse. 186

Hinsichtlich des Prüfungsurteils, dass nunmehr zwangsweise mit einem Bestätigungsvermerk abgeschlossen werden muss, unterliegt die Befreiungswirkung von Konzernabschlüssen aus Drittstaaten den gleichen Anforderungen wie die Befreiungsvorschriften der §§ 264 Abs. 3 und 264b HGB So sind diese beiden Befreiungsvorschriften im Rahmen des BilRUG einander angenähert worden. 187

Durch das BilRUG wird ein neuer Absatz 2 in § 292 HGB eingefügt. Die bisherigen Abs. 2–4 werden zu Abs. 3–5. In § 292 Abs. 2 HGB wird an die Befreiungswirkung die weitere Voraussetzung geknüpft, dass im **Anhang des Jahresabschlusses** des zu befreienden Mutterunternehmens folgende Angaben enthalten sind: 188

– Name und Sitz des Mutterunternehmens, das den befreienden Konzernabschluss und Konzernlagebericht aufstellt (§ 291 Abs. 2 Satz 1 Nr. 4 Buchst. a HGB),
– ein Hinweis auf die Befreiung von der Verpflichtung, einen Konzernabschluss und einen Konzernlagebericht aufzustellen (§ 291 Abs. 2 Satz 1 Nr. 4 Buchst. b HGB),

---

1 Bericht des Rechtsaussch., BT-Drucks. 18/5256, 84.
2 Vgl. Entscheidung der Kommission v. 12.12.2008 über die Verwendung der nationalen Rechnungslegungsgrundsätze bestimmter Drittländer und der IFRS durch Wertpapieremittenten aus Drittländern bei der Erstellung ihrer konsolidierten Abschlüsse (2008/961/EG), ABl. EU Nr. L 340/112 v. 19.12.2008; vgl. Durchführungsbeschluss der Kommission v. 11.4.2012 zur Änderung der Entscheidung 2008/961/EG über die Verwendung der nationalen Rechnungslegungsgrundsätze bestimmter Drittländer und der IFRS durch Wertpapieremittenten aus Drittländern bei der Erstellung ihrer konsolidierten Abschlüsse (2008/961/EG), ABl. EU Nr. L 103/49 v. 13.4.2012.

- eine Erläuterung der im befreienden Konzernabschluss vom deutschen Recht abweichend angewandten Bilanzierungs-, Bewertungs- und Konsolidierungsmethoden (§ 291 Abs. 2 Satz 1 Nr. 4 Buchst. c HGB) sowie
- nach welchem Recht bzw. nach welcher Vorgabe gem. § 292 Abs. 1 Nr. 1 HGB der befreiende Konzernabschluss und Konzernlagebericht aufgestellt wurde.

Eine Befreiung ist nicht möglich, wenn das zu befreiende Mutterunternehmen einen organisierten Markt i.S.d. § 2 Abs. 5 WpHG in Anspruch nimmt oder die Aufstellung des Konzernabschlusses von den Gesellschaftern beantragt wurde (§ 292 Abs. 2 Satz 2 i.V.m. § 291 Abs. 3 HGB).

189 Weiterhin ist zu beachten, dass, wenn der befreiende Konzernabschluss von einem Abschlussprüfer geprüft wurde, der nicht nach den Vorschriften der **Abschlussprüferrichtlinie**[1] zugelassenen worden ist, zusammen mit dem Bestätigungsvermerk der Konzernabschlussprüfung auch eine Bescheinigung der Wirtschaftsprüferkammer gem. § 134 Abs. 2a WPO über die Eintragung des Abschlussprüfers oder eine entsprechende Bescheinigung über die Befreiung von der Eintragspflicht gem. § 134 Abs. 4 Satz 8 WPO offengelegt werden muss. Die Eintragung bei der Wirtschaftsprüferkammer bzw. die Bescheinigung über dessen Befreiung verleiht dem Abschlussprüfer eine gleichwertige Befähigung. Diese Anforderung ist mit dem BilRUG in § 292 Abs. 3 Satz 4 HGB neu eingefügt worden.

§ 293
Größenabhängige Befreiungen

(1) ¹Ein Mutterunternehmen ist von der Pflicht, einen Konzernabschluß und einen Konzernlagebericht aufzustellen, befreit, wenn

1. am Abschlußstichtag seines Jahresabschlusses und am vorhergehenden Abschlußstichtag mindestens zwei der drei nachstehenden Merkmale zutreffen:

    a) Die Bilanzsummen in den Bilanzen des Mutterunternehmens und der Tochterunternehmen, die in den Konzernabschluß einzubeziehen wären, übersteigen insgesamt *nach Abzug von in den Bilanzen auf der Aktivseite ausgewiesenen Fehlbeträgen* nicht **24 000 000 Euro**.

    b) Die Umsatzerlöse des Mutterunternehmens und der Tochterunternehmen, die in den Konzernabschluß einzubeziehen wären, übersteigen in den zwölf Monaten vor dem Abschlußstichtag insgesamt nicht **48 000 000 Euro**.

    c) Das Mutterunternehmen und die Tochterunternehmen, die in den Konzernabschluß einzubeziehen wären, haben in den zwölf Mona-

---
[1] Richtlinie 2006/43/EG über Abschlussprüfungen von Jahresabschlüssen und konsolidierten Abschlüssen.

§ 293 – Größenabhängige Befreiungen

ten vor dem Abschlußstichtag im Jahresdurchschnitt nicht mehr als 250 Arbeitnehmer beschäftigt;
oder

2. am Abschlußstichtag eines von ihm aufzustellenden Konzernabschlusses und am vorhergehenden Abschlußstichtag mindestens zwei der drei nachstehenden Merkmale zutreffen:

   a) Die Bilanzsumme übersteigt *nach Abzug eines auf der Aktivseite ausgewiesenen Fehlbetrags* nicht **20 000 000 Euro**.

   b) Die Umsatzerlöse in den zwölf Monaten vor dem Abschlußstichtag übersteigen nicht **40 000 000 Euro**.

   c) Das Mutterunternehmen und die in den Konzernabschluß einbezogenen Tochterunternehmen haben in den zwölf Monaten vor dem Abschlußstichtag im Jahresdurchschnitt nicht mehr als 250 Arbeitnehmer beschäftigt.

²Auf die Ermittlung der durchschnittlichen Zahl der Arbeitnehmer ist § 267 Abs. 5 anzuwenden.

(2) Auf die Ermittlung der Bilanzsumme ist § 267 Absatz 4a entsprechend anzuwenden.

(3) (weggefallen)

(4) ¹Außer in den Fällen des Absatzes 1 ist ein Mutterunternehmen von der Pflicht zur Aufstellung des Konzernabschlusses und des Konzernlageberichts befreit, wenn die Voraussetzungen des Absatzes 1 nur am Abschlußstichtag oder nur am vorhergehenden Abschlußstichtag erfüllt sind und das Mutterunternehmen am vorhergehenden Abschlußstichtag von der Pflicht zur Aufstellung des Konzernabschlusses und des Konzernlageberichts befreit war. ²§ 267 Abs. 4 Satz 2 **und 3** ist entsprechend anzuwenden.

(5) Die Absätze 1 und 4 sind nicht anzuwenden, wenn das Mutterunternehmen oder ein in dessen Konzernabschluss einbezogenes Tochterunternehmen am Abschlussstichtag kapitalmarktorientiert im Sinn des § 264d ist **oder es den Vorschriften des Ersten oder Zweiten Unterabschnitts des Vierten Abschnitts unterworfen ist.**

Begründung Regierungsentwurf v. 20.2.2015 (BT-Drucks. 18/4050, 71):

Abs. 1: Mit dem Gesetzesentwurf werden auch die Schwellenwerte des § 293 Absatz 1 Nummer 1 und 2 HGB erneut angehoben. Die Anhebung beruht auf Artikel 3 Absatz 6 und 7 der Richtlinie 2013/34/EU. Aufgrund der neuen gesetzlichen Definition der Bilanzsumme in § 267 Absatz 4a, wonach ein auf der Aktivseite ausgewiesener Fehlbetrag (nach § 268 Absatz 3) nicht in die Bilanzsumme eingeht, kann die Regelung in § 293 sprachlich vereinfacht werden.

Im Hinblick auf die erstmalige Anwendung sieht der im EGHGB vorgeschlagene Artikel in seinem Absatz 2 vor, dass die angehobenen Schwellenwerte bereits erstmals auf nach dem 31. Dezember 2013 beginnende Geschäftsjahre angewendet werden dürfen. Die weitergehenden Ausführungen in der Begründung zu Nummer 10 Buchstabe a und b (§ 267 Absatz 1 und 2 HGB-E) gelten sinngemäß.

Abs. 2: Der neue Absatz 2 dient der Klarstellung, dass die Definition der Bilanzsumme in § 267 Absatz 4a auch auf die Konzernrechnungslegung entsprechend anzuwenden ist.

Abs. 4: Bei der Ergänzung der Verweisung in Absatz 4 Satz 2 handelt es sich um eine Anpassung an die zu § 267 Absatz 4 HGB vorgeschlagene Änderung.

Abs. 5: Die Ergänzung von Absatz 5 dient der Umsetzung von Artikel 23 Absatz 1 und 2 der Richtlinie 2013/34/EU, die die Befreiung von der Konzernrechnungslegung versagen, wenn eines der verbundenen Unternehmen ein Unternehmen von öffentlichem Interesse ist. Das ist hinsichtlich der kapitalmarktorientierten Unternehmen bereits umgesetzt und wird nun auf Kreditinstitute (einschließlich der Finanzdienstleistungsinstitute und der in § 340 Absatz 5 HGB genannten Institute) und Versicherungsunternehmen (einschließlich der Pensionsfonds) ausgedehnt. Im Hinblick auf das Mutterunternehmen selbst ergibt sich daraus keine Änderung, da schon das geltende Recht die Nutzung des § 293 HGB für Kreditinstitute (§ 340i Absatz 1 und 2 HGB) und für Versicherungsunternehmen (§ 341i Absatz 1 und § 341j Absatz 1 HGB) ausschließt. Die Neuregelung erstreckt den Ausschluss nun auch auf Fälle, in denen nur ein verbundenes Unternehmen (insbesondere ein Tochterunternehmen) den Vorschriften der §§ 340 bis 340o HGB oder der §§ 341 bis 341p HGB unterworfen ist.

I. Wesentliche Neuerungen

190
- Anhebung der monetären Schwellenwerte um ca. 4 %.
- Verpflichtende Anwendung des § 267 Abs. 4a HGB zur Bestimmung der Konzernbilanzsumme.
- Im Fall des Formwechsels gilt für die Bestimmung der größenabhängigen Befreiung die reguläre Zweijahresbetrachtung.
- Keine Inanspruchnahme der größenabhängigen Befreiung, wenn ein in den Konzernabschluss einbezogenes Tochterunternehmen ein Kreditinstitut oder Versicherungsunternehmen ist.

II. Erläuterungen zu § 293 HGB (Anhebung der Schwellenwerte für die größenabhängige Befreiung)

191 Im Rahmen des BilRUG sind auch die Schwellenwerte für die größenabhängige Befreiung von der Aufstellung eines Konzernabschlusses angehoben worden.

Nach der **Bruttomethode** gelten gem. § 293 Abs. 1 HGB folgende Schwellenwerte:

Bilanzsumme	Umsatzerlöse	Anzahl Arbeitnehmer im Jahresdurchschnitt
24 000 000 Euro	48 000 000 Euro	250

Für die **Nettomethode** nach § 293 Abs. 2 HGB gelten folgende Schwellenwerte, die wie bisher den Schwellenwerte gem. § 267 Abs. 2 HGB entsprechen:

Bilanzsumme	Umsatzerlöse	Anzahl Arbeitnehmer im Jahresdurchschnitt
20 000 000 Euro	40 000 000 Euro	250

Wie schon im Rahmen des § 267 HGB sind durch das BilRUG auch bei den Kriterien für die größenabhängige Befreiung von der Konzernrechnungslegung lediglich die Schwellenwerte der monetären Größen der Bilanzsumme und der Umsatzerlöse angehoben worden, während der maßgebliche Wert für die Anzahl der Arbeitnehmer unverändert bleibt.

Die Befreiung von der Pflicht zur Aufstellung eines Konzernabschlusses tritt ein, wenn **zwei der drei Merkmale** an zwei aufeinanderfolgenden Abschlussstichtagen nicht überschritten werden. Die Bilanzsumme ist dabei gem. § 293 Abs. 2 HGB entsprechend nach der durch das BilRUG neu eingeführten Bilanzsummendefinition des § 267 Abs. 4a HGB zu ermitteln. Demnach sind sämtliche Positionen der Aktivseite in die Berechnung mit einzubeziehen, mit Ausnahme eines aktivisch ausgewiesenen Fehlbetrags.

192

Durch den neu aufgenommenen Verweis in § 293 Abs. 4 HGB auf § 267 Abs. 4 Satz 3 HGB gilt für den Fall des Formwechsels für die Anwendung der Größenkriterien im Rahmen der Konzernrechnungslegung die handelsrechtliche Regelung für den Jahresabschluss entsprechend. Der **Formwechsel**, als Sonderfall der Umwandlung, wird von der Ausnahmeregelung des § 267 Abs. 4 Satz 2 HGB für Neugründungen und Umwandlungen ausgenommen, so dass zukünftig zur Bestimmung der Größenklasse die Zweijahresbetrachtung maßgeblich ist.

193

Weiterhin wird durch das BilRUG eine Verschärfung der Regelungen vorgenommen, welche die Befreiung von der Konzernrechnungslegung versagen. Bisher konnte gem. § 293 Abs. 5 HGB a.F. die größenabhängige Befreiung nicht in Anspruch genommen werden, wenn ein Mutterunternehmen oder ein in dessen Konzernabschluss einbezogenes Unternehmen kapitalmarktorientiert i.S.d. § 264d HGB ist. Nun wird diese Einschränkung auch auf Kreditinstitute und Versicherungsunternehmen[1] und somit auf sämtliche **Unternehmen des öffentlichen Interesses** ausgeweitet. Praxisrelevanz hat diese verschärfte Neuregelung jedoch nur für solche Konzernstrukturen, bei denen ein einbezogenes Tochterunterneh-

194

---

1 Hierunter sind sämtliche Unternehmen zu subsumieren, die in den Ersten oder Zweiten Unterabschnitt des Vierten Abschnitts des Dritten Buchs des HGB fallen; somit sämtliche Kreditinstitute und Finanzdienstleistungsinstitute sowie Versicherungsunternehmen und Pensionsfonds.

men ein Kreditinstitut oder ein Versicherungsunternehmen ist und das Mutterunternehmen keiner der beiden Branchen angehört. In diesem Fall kann das Mutterunternehmen zukünftig nicht mehr von der Aufstellung eines Konzernabschlusses und Konzernlageberichts befreit werden. Gehört das Mutterunternehmen selber einer dieser speziellen Branchen an, so war diesem auch bisher schon die Befreiungsmöglichkeit versagt.[1]

195 Für die erhöhten Schwellenwerte besteht das Wahlrecht zur **vorzeitigen Anwendung**.[2] Sie dürfen erstmals auf Konzernabschlüsse angewendet werden für Geschäftsjahre, die nach dem 31.12.2013 beginnen. Eine verpflichtende Anwendung besteht für Konzernabschlüsse mit Geschäftsjahresbeginn nach dem 31.12.2015. Die erhöhten Schwellenwerte können jedoch nur vorzeitig zusammen mit der neuen Umsatzerlösdefinition gem. § 277 Abs. 1 HGB angewendet werden.

Für die vorzeitige Anwendung der erhöhten Schwellenwerte gelten die Ausführungen bzgl. der vorzeitigen Anwendung der Schwellenwerte gem. § 267 HGB entsprechend. Ausführliche Erläuterungen dazu s. Rz. 8 ff.

§ 294
Einzubeziehende Unternehmen
Vorlage- und Auskunftspflichten

(1) In den Konzernabschluß sind das Mutterunternehmen und alle Tochterunternehmen ohne Rücksicht auf den Sitz **und die Rechtsform** der Tochterunternehmen einzubeziehen, sofern die Einbeziehung nicht nach § 296 unterbleibt.

(2) Hat sich die Zusammensetzung der in den Konzernabschluß einbezogenen Unternehmen im Laufe des Geschäftsjahrs wesentlich geändert, so sind in den Konzernabschluß Angaben aufzunehmen, die es ermöglichen, die aufeinanderfolgenden Konzernabschlüsse sinnvoll zu vergleichen.

(3) ¹Die Tochterunternehmen haben dem Mutterunternehmen ihre Jahresabschlüsse, Einzelabschlüsse nach § 325 Abs. 2a, Lageberichte, Konzernabschlüsse, Konzernlageberichte und, wenn eine Abschlussprüfung stattgefunden hat, die Prüfungsberichte sowie, wenn ein Zwischenabschluß aufzustellen ist, einen auf den Stichtag des Konzernabschlusses aufgestellten Abschluß unverzüglich einzureichen. ²Das Mutterunternehmen kann von jedem Tochterunternehmen alle Aufklärungen und Nachweise verlangen, welche die Aufstellung des Konzernabschlusses und des Konzernlageberichts erfordert.

---

1 Vgl. hierzu § 340i Abs. 2 Satz 2 HGB für Kreditinstitute sowie § 341j Abs. 1 Satz 2 HGB für Versicherungsunternehmen, welche die Anwendung von § 293 HGB ausschließen.
2 Art. 75 Abs. 2 Satz 1 EGHGB.

Begründung Regierungsentwurf v. 20.2.2015 (BT-Drucks. 18/4050, 71):
In § 294 Absatz 1 HGB wird entsprechend Artikel 2 Nummer 10 und Artikel 22 Absatz 6 der Richtlinie 2013/34/EU ausdrücklich klargestellt, dass es für die Einbeziehung von Tochterunternehmen in einen Konzernabschluss nicht auf deren Rechtsform ankommt.

§ 296
Verzicht auf die Einbeziehung

(1) Ein Tochterunternehmen braucht in den Konzernabschluß nicht einbezogen zu werden, wenn

1. erhebliche und andauernde Beschränkungen die Ausübung der Rechte des Mutterunternehmens in bezug auf das Vermögen oder die Geschäftsführung dieses Unternehmens nachhaltig beeinträchtigen,
2. die für die Aufstellung des Konzernabschlusses erforderlichen Angaben nicht ohne unverhältnismäßig hohe Kosten oder **unangemessene** Verzögerungen zu erhalten sind oder
3. die Anteile des Tochterunternehmens ausschließlich zum Zwecke ihrer Weiterveräußerung gehalten werden.

(2) ¹Ein Tochterunternehmen braucht in den Konzernabschluß nicht einbezogen zu werden, wenn es für die Verpflichtung, ein den tatsächlichen Verhältnissen entsprechendes Bild der Vermögens-, Finanz- und Ertragslage des Konzerns zu vermitteln, von untergeordneter Bedeutung ist. ²Entsprechen mehrere Tochterunternehmen der Voraussetzung des Satzes 1, so sind diese Unternehmen in den Konzernabschluß einzubeziehen, wenn sie zusammen nicht von untergeordneter Bedeutung sind.

(3) Die Anwendung der Absätze 1 und 2 ist im Konzernanhang zu begründen.

Begründung Regierungsentwurf v. 20.2.2015 (BT-Drucks. 18/4050, 71):
Die Ergänzung von Absatz 1 Nummer 2 beruht darauf, dass Artikel 23 Absatz 9 Buchstabe a der Richtlinie 2013/34/EU eine andere Formulierung aufweist als der frühere Artikel 13 Absatz 3 Buchstabe b der Richtlinie 83/349/EWG. Die Änderung ist rein redaktionell zu verstehen.

§ 297
Inhalt

(1) ¹Der Konzernabschluss besteht aus der Konzernbilanz, der Konzern-Gewinn- und Verlustrechnung, dem Konzernanhang, der Kapitalflussrechnung und dem Eigenkapitalspiegel. ²Er kann um eine Segmentberichterstattung erweitert werden.

(1a) ¹Im Konzernabschluss sind die Firma, der Sitz, das Registergericht und die Nummer, unter der das Mutterunternehmen in das Handelsregis-

ter eingetragen ist, anzugeben. ²Befindet sich das Mutterunternehmen in Liquidation oder Abwicklung, ist auch diese Tatsache anzugeben.

(2) ¹Der Konzernabschluß ist klar und übersichtlich aufzustellen. ²Er hat unter Beachtung der Grundsätze ordnungsmäßiger Buchführung ein den tatsächlichen Verhältnissen entsprechendes Bild der Vermögens-, Finanz- und Ertragslage des Konzerns zu vermitteln. ³Führen besondere Umstände dazu, daß der Konzernabschluß ein den tatsächlichen Verhältnissen entsprechendes Bild im Sinne des Satzes 2 nicht vermittelt, so sind im Konzernanhang zusätzliche Angaben zu machen. ⁴Die gesetzlichen Vertreter eines Mutterunternehmens, das Inlandsemittent im Sinne des § 2 Abs. 7 des Wertpapierhandelsgesetzes und keine Kapitalgesellschaft im Sinne des § 327a ist, haben bei der Unterzeichnung schriftlich zu versichern, dass nach bestem Wissen der Konzernabschluss ein den tatsächlichen Verhältnissen entsprechendes Bild im Sinne des Satzes 2 vermittelt oder der Konzernanhang Angaben nach Satz 3 enthält.

(3) ¹Im Konzernabschluß ist die Vermögens-, Finanz- und Ertragslage der einbezogenen Unternehmen so darzustellen, als ob diese Unternehmen insgesamt ein einziges Unternehmen wären. ²Die auf den vorhergehenden Konzernabschluß angewandten Konsolidierungsmethoden sind beizubehalten. ³Abweichungen von Satz 2 sind in Ausnahmefällen zulässig. ⁴Sie sind im Konzernanhang anzugeben und zu begründen. ⁵Ihr Einfluß auf die Vermögens-, Finanz- und Ertragslage des Konzerns ist anzugeben.

Begründung Regierungsentwurf v. 20.2.2015 (BT-Drucks. 18/4050, 72):
Der neu eingeführte Absatz 1a dient der Umsetzung des Artikels 24 Absatz 1 in Verbindung mit Artikel 5 der Richtlinie 2013/34/EU. Damit wird vorgeschrieben, dass der Konzernabschluss die Firma, den Sitz und Angaben zum Register zur Identifizierung des Mutterunternehmens enthalten muss. Im Übrigen wird auf die entsprechende Begründung zu § 264 Absatz 1a HGB-E verwiesen.

I. Wesentliche Neuerungen

196 – Angabepflicht von Firma, Sitz, Registergericht und Handelsregisternummer des Mutterunternehmens.

II. Erläuterungen zu § 297 HGB (Inhalt des Konzernabschlusses)

197 Die im Jahresabschluss gem. § 264 Abs. 1a HGB anzugebenden Informationen zum Unternehmen werden auch im Konzernabschluss verlangt. Der durch das BilRUG neu eingeführte § 297 Abs. 1a HGB fordert im Konzernabschluss Firma, Sitz, Registergericht und Handelsregisternummer des Mutterunternehmens anzugeben. Befindet sich das Mutterunternehmen in Liquidation oder Abwicklung, ist auch diese Tatsache anzugeben. Das Gesetz gibt nicht konkret vor, wo diese **Angaben zum Unternehmen** zu machen sind. Der Bilanzierende hat ein faktisches Wahlrecht, die Angaben z.B. in einer erweiterten Überschrift des Kon-

zernabschlusses, auf einem gesonderten Deckblatt oder im Konzernanhang zu machen.

⊃ **Praxistipp:** Sinnvollerweise sind die geforderten Angaben künftig zu Beginn des Konzernanhangs zu machen, wo bereits jetzt in gängiger Praxis einige der geforderten Angaben ausgewiesen werden.

§ 298
Anzuwendende Vorschriften
Erleichterungen

(1) ¹Auf den Konzernabschluß sind, soweit seine Eigenart keine Abweichung bedingt oder in den folgenden Vorschriften nichts anderes bestimmt ist, die §§ **244 bis 256a, 264c, 265, 266, 268 Absatz 1 bis 7, die §§ 270, 271, 272 Absatz 1 bis 4, die §§ 274, 275 und 277** über den Jahresabschluß und die für die Rechtsform und den Geschäftszweig der in den Konzernabschluß einbezogenen Unternehmen mit Sitz im Geltungsbereich dieses Gesetzes geltenden Vorschriften, soweit sie für große Kapitalgesellschaften gelten, entsprechend anzuwenden.

(2) In der Gliederung der Konzernbilanz dürfen die Vorräte in einem Posten zusammengefaßt werden, wenn deren Aufgliederung wegen besonderer Umstände mit einem unverhältnismäßigen Aufwand verbunden wäre.

(2) Der Konzernanhang und der Anhang des Jahresabschlusses des Mutterunternehmens dürfen zusammengefaßt werden. In diesem Falle müssen der Konzernabschluß und der Jahresabschluß des Mutterunternehmens gemeinsam offengelegt werden. Aus dem zusammengefassten Anhang muss hervorgehen, welche Angaben sich auf den Konzern und welche Angaben sich nur auf das Mutterunternehmen beziehen.

Begründung Regierungsentwurf v. 20.2.2015 (BT-Drucks. 18/4050, 72):

Abs. 1: Da der Konzernabschluss nicht als Ausschüttungsbemessungsgrundlage dient, wird der Verweis in Absatz 1 auf § 268 Absatz 8 HGB gestrichen. Zugleich wird die Aufzählung um § 264c HGB ergänzt, um klarzustellen, dass die für Personenhandelsgesellschaften bestehenden Besonderheiten auch im Konzernabschluss anzuwenden sind, sofern das Mutterunternehmen eine Personenhandelsgesellschaft im Sinne des § 264a HGB ist.

Abs. 2 und 3: Die Streichung des Absatzes 2 geht darauf zurück, dass die Richtlinie 2013/34/EU eine dem Artikel 17 Absatz 2 der Richtlinie 83/349/EWG entsprechende Regelung nicht mehr enthält. Eine Zusammenfassung der Vorräte in einem Posten ist damit nicht mehr zulässig. Absatz 3 wird künftig Absatz 2.

Bericht des Ausschusses für Recht und Verbraucherschutz v. 17.6.2015 (BT-Drucks. 18/5256, 84):

Abs. 1: Die Änderung von § 298 Absatz 1 HGB dient der Vermeidung einer Anwendung von § 272 Absatz 5 HGB-E auf den Konzernabschluss. § 272 Absatz 5 HGB-E sieht eine ausschüttungsgesperrte Rücklage für Beteiligungserträge vor, wenn sie noch nicht ausgeschüttet bzw. in Form eines Anspruchs zugeordnet worden sind.

Der Konzernabschluss hat aber keine Ausschüttungsbemessungsfunktion, so dass sich das Anliegen des § 272 Absatz 5 HGB-E beim Konzernabschluss nicht verwirklichen lässt.

I. Wesentliche Neuerungen

198 – Anwendungspflicht der für die Personenhandelsgesellschaften bestehenden Besonderheiten des § 264c HGB.
– Aufhebung der Erleichterungsvorschrift, innerhalb der Konzernbilanz das Vorratsvermögen in einem Posten zusammenzufassen.

II. Erläuterungen zu § 298 HGB (Änderungen bei Verweisungen und Erleichterungen)

199 In § 298 Abs. 1 HGB sind die Vorschriften über den Jahresabschluss, die auch im Rahmen der Konzernrechnungslegung Anwendung finden, kodifiziert. Neu eingeführt wird der **Verweis auf § 264c HGB**. Es wird klargestellt, dass auch bei der Konzernabschlusserstellung die für Personenhandelsgesellschaften bestehenden Besonderheiten anzuwenden sind, sofern das Mutterunternehmen eine Personenhandelsgesellschaft gem. § 264a HGB ist.

200 Außerdem wird in § 298 Abs. 1 HGB lediglich auf die Absätze 1–4 des § 272 HGB verwiesen. Die durch das BilRUG neu eingeführte Ausschüttungssperre gem. § 272 Abs. 5 HGB wird vom Anwendungsbereich der Konzernrechnungslegung ausgenommen. Dies ist dadurch bedingt, dass der Konzernabschluss **keine Ausschüttungsbemessungsfunktion** hat und somit das Anliegen des § 272 Abs. 5 HGB im Konzernabschluss keine Relevanz hat.[1] Aus dem gleichen Grund ist auch § 268 Abs. 8 HGB, der die Ausschüttungssperre bei Aktivierung selbst geschaffener immaterieller Vermögensgegenstände des Anlagevermögens, bei Ansatz aktiver latenter Steuern sowie bei einem Ansatz der Vermögensgegenstände i.S.d. § 246 Abs. 2 Satz 2 HGB über den historischen Anschaffungskosten beinhaltet, in der Verweiskette ausgenommen.

201 Mit dem BilRUG wird § 298 Abs. 2 HGB a.F. ersatzlos aufgehoben. Zukünftig ist es nicht mehr möglich, innerhalb der Konzernbilanz die Vorräte in einem Posten zusammenzufassen, wenn deren Aufgliederung wegen besonderer Umstände mit einem unverhältnismäßigen Aufwand verbunden wäre. Die Streichung des § 298 Abs. 2 HGB geht auf die Richtlinie 2013/34/EU zurück, die eine diesbezügliche Erleichterungsvorschrift nicht mehr vorsieht.[2] Die Vorräte sind somit in der Konzernbilanz immer **entsprechend dem Gliederungsschema** des § 266 Abs. 2 B.I. HGB auszuweisen.

---

1 Bericht des Rechtsaussch., BT-Drucks. 18/5256, 84.
2 Begr. RegE, BT-Drucks. 18/4050, 72.

§ 301
Kapitalkonsolidierung

(1) ¹Der Wertansatz der dem Mutterunternehmen gehörenden Anteile an einem in den Konzernabschluß einbezogenen Tochterunternehmen wird mit dem auf diese Anteile entfallenden Betrag des Eigenkapitals des Tochterunternehmens verrechnet. ²Das Eigenkapital ist mit dem Betrag anzusetzen, der dem Zeitwert der in den Konzernabschluss aufzunehmenden Vermögensgegenstände, Schulden, Rechnungsabgrenzungsposten und Sonderposten entspricht, der diesen an dem für die Verrechnung nach Absatz 2 maßgeblichen Zeitpunkt beizulegen ist. ³Rückstellungen sind nach § 253 Abs. 1 Satz 2 und 3, Abs. 2 und latente Steuern nach § 274 Abs. 2 zu bewerten.

(2) ¹Die Verrechnung nach Absatz 1 ist auf Grundlage der Wertansätze zu dem Zeitpunkt durchzuführen, zu dem das Unternehmen Tochterunternehmen geworden ist. ²Können die Wertansätze zu diesem Zeitpunkt nicht endgültig ermittelt werden, sind sie innerhalb der darauf folgenden zwölf Monate anzupassen. ³**Stellt ein Mutterunternehmen erstmalig einen Konzernabschluss auf, sind die Wertansätze zum Zeitpunkt der Einbeziehung des Tochterunternehmens in den Konzernabschluss zugrunde zu legen, soweit das Tochterunternehmen nicht in dem Jahr Tochterunternehmen geworden ist, für das der Konzernabschluss aufgestellt wird. ⁴Das Gleiche gilt für die erstmalige Einbeziehung eines Tochterunternehmens, auf die bisher gemäß § 296 verzichtet wurde. ⁵In Ausnahmefällen dürfen die Wertansätze nach Satz 1 auch in den Fällen der Sätze 3 und 4 zugrunde gelegt werden; dies ist im Konzernanhang anzugeben und zu begründen.**

(3) ¹Ein nach der Verrechnung verbleibender Unterschiedsbetrag ist in der Konzernbilanz, wenn er auf der Aktivseite entsteht, als Geschäfts- oder Firmenwert und, wenn er auf der Passivseite entsteht, unter dem Posten „Unterschiedsbetrag aus der Kapitalkonsolidierung" nach dem Eigenkapital auszuweisen. ²Der Posten und wesentliche Änderungen gegenüber dem Vorjahr sind im **Konzernanhang** zu erläutern.

(4) Anteile an dem Mutterunternehmen, die einem in den Konzernabschluss einbezogenen Tochterunternehmen gehören, sind in der Konzernbilanz als eigene Anteile des Mutterunternehmens mit ihrem Nennwert oder, falls ein solcher nicht vorhanden ist, mit ihrem rechnerischen Wert, in der Vorspalte offen von dem Posten „Gezeichnetes Kapital" abzusetzen.

Begründung Regierungsentwurf v. 20.2.2015 (BT-Drucks. 18/4050, 72):

Abs. 2: Die Änderung nimmt den Gedanken des BilMoG auf, mit Absatz 2 Satz 3 die erstmalige Konsolidierung möglichst einfach zu gestalten. Artikel 24 Absatz 3 Buchstabe a der Richtlinie 2013/34/EU schreibt vor, dass die Verrechnung auf der Grundlage der Buchwerte der Anteile und Aktien zu dem Zeitpunkt erfolgen muss, zu dem ein Unternehmen erstmalig in die Konsolidierung einbezogen wurde. Das gilt unabhängig davon, ob ein Konzernabschluss aufzustellen ist oder freiwillig aufgestellt wird. Artikel 24 Absatz 3 Buchstabe b erlaubt es den Mitgliedstaaten, die Verrechnung auf der Grundlage der feststellbaren Aktiva oder Passiva zum Zeitpunkt des Anteilserwerbs oder des Erwerbs der Eigenschaft als Tochterunternehmen zu gestatten oder vorzuschreiben, von der § 301 Absatz 2 Satz 2 HGB Gebrauch macht. Schwierigkeiten können sich aber ergeben, wenn der Erwerb der Anteile oder der Eigenschaft Tochterunternehmen schon länger zurück liegt, bevor erstmals ein Konzernabschluss aufgestellt wird. Für diesen Fall soll es bei der Grundregel der Wertansätze zum Zeitpunkt der Einbeziehung in den Konzernabschluss bleiben; die Mitgliedstaatenoption des Artikels 24 Absatz 3 Buchstabe b der Richtlinie 2013/34/EU wird insoweit nicht ausgeübt.

Ziel der Änderung ist es aber auch, Unsicherheiten darüber zu beseitigen, wenn das Mutterunternehmen erstmals zur Aufstellung eines Konzernabschlusses verpflichtet ist, aber bereits in den Vorjahren freiwillig Konzernabschlüsse aufgestellt hat. Der von § 301 Absatz 3 HGB bisher vorgeschriebene Rückgriff auf die ursprünglichen Buchwerte bei Erwerb des Tochterunternehmens wäre mit erheblichem Aufwand verbunden und hindert die Vergleichbarkeit mit den freiwilligen Konzernabschlüssen der Vorjahre.

Abs. 3: Die Änderung in Absatz 3 dient der Beseitigung eines früheren Redaktionsversehens, da der Anhang im Konzernabschluss als Konzernanhang bezeichnet wird (§ 297 Absatz 1).

Bericht des Ausschusses für Recht und Verbraucherschutz v. 17.6.2015 (BT-Drucks. 18/5256, 84):

Abs. 2: Der Gesetzentwurf möchte erreichen, dass die Erstanwendung der Kapitalkonsolidierung weiter vereinfacht wird. Er sieht daher vor, dass die Wertansätze zum Zeitpunkt der Einbeziehung des Tochterunternehmens auch dann anzusetzen sind, wenn das Mutterunternehmen freiwillig einen Konzernabschluss aufstellt. Der Ausschuss unterstützt den Gesetzentwurf und seine Zielsetzung.

Klarzustellen ist aber, dass es für im laufenden Geschäftsjahr erfolgende Erwerbe von Tochterunternehmen beim Regelfall des § 301 Absatz 1 HGB und damit bei der Bewertung zum Zeitpunkt des Erwerbs bleiben soll. Darüber hinaus kann es Fälle geben, in denen die mit § 301 Absatz 2 HGB bezweckte Vereinfachung der Kapitalkonsolidierung nicht erreicht wird, weil in den Unterlagen der Buchführung frühere Wertansätze vorhanden sind. Das kann beispielsweise bei vormaliger Nutzung der Befreiungen aus §§ 291 oder 292 HGB der Fall sein, in denen es zwar formal an einem Konzernabschluss des Mutterunternehmens, nicht aber an der Bewertung der Beteiligung am Tochterunternehmen fehlt. Daher sollte für diese Fälle eine eng begrenzte Ausnahmemöglichkeit mit Rückkehr zur Bewertung zum Zeitpunkt des Erwerbs des Tochterunternehmens bestehen, deren Anwendung aber im Konzernanhang anzugeben und zu erläutern ist.

I. Wesentliche Neuerungen

202 – Grundsätzlich verpflichtender Einbezug der konsolidierungspflichtigen Unternehmen mit den Wertansätzen zum Zeitpunkt der erstmaligen Konzernabschlusserstellung.

– Ausnahme: In eng abgegrenzten Ausnahmefällen dürfen bei der erstmaligen Aufstellung des Konzernabschlusses die historischen Werte zum Erwerbszeitpunkt im Rahmen der Erstkonsolidierung herangezogen werden.

II. Erläuterungen zu § 301 Abs. 2 HGB (Kapitalkonsolidierung bei der erstmaligen Konzernabschlusserstellung)

Die Änderung des § 301 HGB soll dazu beitragen, die Kapitalkonsolidierung bei Erstanwendung zu **vereinfachen**. Im Regelfall sind gem. § 301 Abs. 2 Satz 1 HGB für die Erstkonsolidierung die Wertansätze zu dem Zeitpunkt zugrunde zu legen, zu dem das Unternehmen Tochterunternehmen geworden ist. Durch das BilRUG werden § 301 Abs. 2 Sätze 3 und 4 HGB, die eine Ausnahme zum Regelfall beinhalten, neu gefasst.

203

§ 301 Abs. 2 Satz 3 HGB sieht eine abweichende Regelung bei erstmaliger Aufstellung eines Konzernabschlusses vor, welche die erstmalige Kapitalkonsolidierung vereinfachen soll. Diese Vorschrift ist als „muss"-Vorschrift ausgestaltet. Stellt ein Mutterunternehmen erstmals einen Konzernabschluss auf, sind nicht die historischen Werte der Vermögensgegenstände und Schulden der Tochterunternehmen zum Erwerbszeitpunkt für die Erstkonsolidierung maßgebend, sondern die Wertansätze **zum Zeitpunkt des Einbezugs in den Konzernabschluss** heranzuziehen. Da in der Neufassung des § 301 Abs. 2 Satz 3 HGB nur noch von der erstmaligen Aufstellung eines Konzernabschlusses gesprochen wird, und nicht mehr von der Verpflichtung zur erstmaligen Konzernabschlusserstellung, wie es noch in § 301 Abs. 2 Satz 3 HGB a.F. der Fall war, ist die vom Regelfall abweichende Vorschrift auch bei der erstmaligen freiwilligen Konzernabschlusserstellung anzuwenden. Ausweislich des Berichts des BT-Rechtsausschusses soll der Anwendungsfall der freiwilligen Konzernabschlusserstellung unbedingt von der Vorschrift eingeschlossen sein.[1] Es gilt somit grundsätzlich für alle Fälle der erstmaligen Konzernabschlusserstellung, dass die Wertansätze zum Zeitpunkt der erstmaligen Konzernabschlusserstellung heranzuziehen sind. Hierdurch wird eine rückwirkende Ermittlung bisher nicht vorhandener historischer Wertverhältnisse vermieden.

204

⮕ **Praxistipp:** Wurde bisher lediglich ein freiwilliger Konzernabschluss aufgestellt und besteht nunmehr die Verpflichtung zur konsolidierten Rechnungslegung, so können die Werte aus dem freiwilligen Konzernabschluss fortgeführt werden, da der neue § 301 HGB nicht mehr zwischen freiwilliger und verpflichtender Konzernabschlusserstellung differenziert.

205

Die Verpflichtung, die Wertansätze zum Zeitpunkt des erstmaligen Einbezugs in den Konzernabschluss zugrunde zu legen, gilt gem. § 301 Abs. 2 Satz 4 HGB auch dann, wenn ein Tochterunternehmen erstmals aufgrund des Verzichts auf die Anwendung des § 296 HGB in den Konzernabschluss einbezogen wird.

206

---

1 Bericht des Rechtsaussch., BT-Drucks. 18/5256, 84.

207 Von der Erleichterungsvorschrift darf indes kein Gebrauch gemacht werden, wenn das Unternehmen in dem Jahr Tochterunternehmen geworden ist, für das der Konzernabschluss aufgestellt wird. Hier sind gem. § 301 Abs. 2 Satz 3 HGB weiterhin die Werte zum **Zeitpunkt des Erwerbs** für die Erstkonsolidierung heranzuziehen. Fallen die erstmalige Einbeziehung des Tochterunternehmens in den Konzernabschluss und der Erwerbszeitpunkt dieses Tochterunternehmens in das gleiche Geschäftsjahr, so sind zwingend die Wertansätze zum Erwerbszeitpunkt zugrunde zu legen.

208 Die Erleichterungsvorschrift des § 301 Abs. 2 Satz 3 und 4 HGB trägt nicht in allen Fällen zu der mit der Vorschrift verfolgten Vereinfachung der Erstkonsolidierung bei. In Einzelfällen müssten mit erheblichem Aufwand die **beizulegenden Zeitwerte** der einzelnen Vermögensgegenstände und Schulden ermittelt werden, obwohl die historischen Werte zum Erwerbszeitpunkt in den Unterlagen zur Buchführung vorliegen. Die bezweckte Vereinfachung der Kapitalkonsolidierung wird hier nicht erreicht. Für diese Fälle schafft § 301 Abs. 2 Satz 5 HGB eine Ausnahmeregelung. Danach dürfen in eng begrenzten Ausnahmefällen bei der erstmaligen Aufstellung des Konzernabschlusses abweichend von § 301 Abs. 2 Satz 3 HGB auch die historischen Werte zum Erwerbszeitpunkt im Rahmen der Erstkonsolidierung herangezogen werden. Eine Neubewertung zum Zeitpunkt des Einbezugs in den Konzernabschluss ist in diesen Fällen nicht mehr notwendig. Notwendige Bedingung für die Inanspruchnahme der Rückausnahme ist, dass die historischen Werte bei Begründung des Mutter-Tochter-Verhältnisses verfügbar sein müssen. Der Bericht des BT-Rechtsausschusses führt als Ausnahmen beispielsweise die vormalige Nutzung der Befreiungsmöglichkeit gem. §§ 291 oder 292 HGB an. Hier fehlt es zwar am Konzernabschluss des Mutterunternehmens, nicht jedoch an der Bewertung der Beteiligung am Tochterunternehmen. Denn diese Werte mussten bereits innerhalb des Konzern-Reportings an das übergeordnete Mutterunternehmen gemeldet werden.[1] Wird von der Ausnahme des § 301 Abs. 2 Satz 5 HGB Gebrauch gemacht, ist die Anwendung im Konzernanhang anzugeben und zu erläutern.

§ 307
Anteile anderer Gesellschafter

(1) In der Konzernbilanz ist für nicht dem Mutterunternehmen gehörende Anteile an in den Konzernabschluß einbezogenen Tochterunternehmen ein Ausgleichsposten für die Anteile der anderen Gesellschafter in Höhe ihres Anteils am Eigenkapital **unter dem Posten „nicht beherrschende Anteile"** innerhalb des Eigenkapitals gesondert auszuweisen.

(2) In der Konzern-Gewinn- und Verlustrechnung ist der im Jahresergebnis enthaltene, anderen Gesellschaftern zustehende Gewinn und der auf

---

[1] Bericht des Rechtsaussch., BT-Drucks. 18/5256, 84.

sie entfallende Verlust nach dem Posten „Jahresüberschuß/Jahresfehlbetrag" **unter dem Posten „nicht beherrschende Anteile"** gesondert auszuweisen.

Begründung Regierungsentwurf v. 20.2.2015 (BT-Drucks. 18/4050, 72):

Die Vorgabe einer einheitlichen Postenbezeichnung erhöht die Vergleichbarkeit der Konzernbilanzen und ist aufgrund Artikel 24 Absatz 4 der Richtlinie 2013/34/EU erforderlich, der insofern Artikel 21 der der Richtlinie 83/349/EWG präzisiert.

I. Wesentliche Neuerungen

– Verpflichtende Bezeichnung von Anteilen anderer Gesellschafter als „nicht beherrschende Anteile". 209

II. Erläuterungen zu § 307 HGB (Bezeichnung von Anteilen anderer Gesellschafter)

Ist das Mutterunternehmen eines in den Konzernabschluss einbezogenen vollkonsolidierten Tochterunternehmens nicht 100 %ige Gesellschafterin, so müssen im Konzernabschluss einerseits ein Ausgleichsposten für die Anteile anderer Gesellschafter in Höhe ihres Anteils am Eigenkapital und zum anderen der auf die anderen Gesellschafter entfallende Gewinnanteil gesondert ausgewiesen werden. Bisher hat § 307 Abs. 1 und 2 HGB den gesonderten Ausweis der Minderheitenanteile lediglich unter „entsprechender Bezeichnung" verpflichtend vorgeschrieben. Zukünftig hat der gesonderte Ausweis unter der Bezeichnung **„nicht beherrschende Anteile"** zu erfolgen. 210

§ 309
Behandlung des Unterschiedsbetrags

(1) Die Abschreibung eines nach § 301 Abs. 3 auszuweisenden Geschäfts- oder Firmenwertes bestimmt sich nach den Vorschriften des Ersten Abschnitts.

(2) Ein nach § 301 Absatz 3 auf der Passivseite auszuweisender Unterschiedsbetrag **kann** ergebniswirksam *nur* aufgelöst werden, soweit **ein solches Vorgehen den Grundsätzen der §§ 297 und 298 in Verbindung mit den Vorschriften des Ersten Abschnitts entspricht.**

Begründung Regierungsentwurf v. 20.2.2015 (BT-Drucks. 18/4050, 72 f.):

§ 309 Absatz 2 HGB regelt die Übertragung eines negativen Unterschiedsbetrags aus der Kapitalkonsolidierung (in der Regel eines Geschäfts- oder Firmenwerts) auf die Konzern-Gewinn- und Verlustrechnung. Bisher war der negative Unterschiedsbetrag nur in zwei Fällen ergebniswirksam auflösbar, wenn die für die Entstehung des Unterschiedsbetrags ursächlichen negativen Erwartungen eintreten (beispielsweise ein Sozialplan zur Umstrukturierung notwendig wird) oder der Unterschiedsbetrag einem realisierten Gewinn entspricht. Die Übertragung ist künftig immer dann möglich und sinnvoll, wenn die ergebniswirksame Vereinnahmung den allgemeinen Bewertungsgrundsätzen und -methoden entspricht. Die Änderung beruht auf der insoweit geänderten Fassung der Richtlinie 2013/34/EU (Artikel 24 Absatz 3 Buchstabe f).

I. Wesentliche Neuerungen

211 – Die gesetzliche Regelung bestimmt eine grundsätzlich ergebniswirksame Auflösung eines passivischen Unterschiedsbetrags, wenn dieses Vorgehen mit den Regelungen der §§ 297 und 298 HGB in Einklang steht.

– Die Behandlung eines passivischen Unterschiedsbetrags hat sich auch zukünftig an den ergänzenden Vorgaben des DRSC (E-DRS 30) zu orientieren.

II. Erläuterungen zu § 309 Abs. 2 HGB (Behandlung eines passivischen Unterschiedsbetrags)

1. Gesetzliche Regelung gem. § 309 Abs. 2 HGB

212 Bislang hat § 309 Abs. 2 HGB a.F. die Behandlung von passivischen Unterschiedsbeträgen in **zwei Anwendungsfälle** unterteilt. Zum einen wurde der Fall des „badwills", zum anderen der des „lucky buy" erfasst. Diese Aufzählung ist nicht erschöpfend und beinhaltet beispielsweise nicht die Behandlung von technischen Unterschiedsbeträgen. Durch das BilRUG soll eine einheitliche, prinzipienorientierte Regelung geschaffen werden, die auf sämtliche passivischen Unterschiedsbeträge, unabhängig von deren Ursache, anzuwenden ist.

213 Es muss leider konstatiert werden, dass die Neufassung des § 309 Abs. 2 HGB dem Gesetzgeber missglückt ist. Denn nun

„... kann [ein auf der Passivseite auszuweisender Unterschiedsbetrag] ergebniswirksam aufgelöst werden, soweit ein solches Vorgehen den Grundsätzen der §§ 297 und 298 in Verbindung mit den Vorschriften des Ersten Abschnitts entspricht."

Die Regelung ist sehr unkonkret gefasst und lässt dem Bilanzierenden viel Spielraum. Durch die Verwendung des Wortes „kann" wird dem Bilanzersteller ein **faktisches Wahlrecht** bezüglich der Behandlung eines passivischen Unterschiedsbetrags eröffnet. § 309 Abs. 2 HGB schlägt eine ergebniswirksame Auflösung vor. Daneben besteht jedoch auch noch die Möglichkeit einer erfolgsneutralen Auflösung, d.h. der ergebnisneutralen Übertragung in die Rücklagen. Neben der Frage, wie ein passivischer Unterschiedsbetrag aufgelöst werden soll, lässt die Neufassung auch die Frage offen, wann ein passivischer Unterschiedsbetrag aufzulösen ist. Es besteht zum einen die Möglichkeit, den Unterschiedsbetrag in den Folgeperioden ggf. anteilig aufzulösen. Zum anderen kann der passivische Unterschiedsbetrag auch lediglich fortgeführt werden. Denn wenn lediglich das Wahlrecht zur Auflösung des Unterschiedsbetrags besteht, wird auch die Möglichkeit eröffnet, diesen bis zur Entkonsolidierung der entsprechenden Tochtergesellschaft auf der Passivseite zu bilanzieren.

Auf diese Unbestimmtheit der Neufassung des § 309 Abs. 2 HGB und die sich dadurch eröffnenden Wahlrechte ist im Vorfeld vielfach hingewiesen worden.[1] Der Gesetzgeber hat trotzdem an der Gesetzesfassung aus dem Regierungsentwurf festgehalten.

2. Behandlung eines passivischen Unterschiedsbetrags gem. E-DRS 30

Eine Konkretisierung der Regelung zur Behandlung eines passivischen Unterschiedsbetrags bleibt somit dem DRSC vorbehalten. Gem. § 342 Abs. 2 HGB liegt den DRS die Vermutung zugrunde, Grundsätze ordnungsmäßiger Buchführung der Konzernrechnungslegung zu sein. Am 12.3.2015 hat das DRSC einen Standardentwurf E-DRS 30 „Kapitalkonsolidierung"[2] veröffentlicht. Dieser soll den aktuell gültigen DRS 4 „Unternehmenserwerbe im Konzernabschluss" ersetzen. Nach E-DRS 30 richtet sich die Behandlung eines passivischen Unterschiedsbetrags nach seinem **wirtschaftlichen Gehalt**. Somit kann auch zukünftig nicht davon abgesehen werden, den wirtschaftlichen Gehalt eines passivischen Unterschiedsbetrags zu untersuchen.[3] 214

Hat der Unterschiedsbetrag **Fremdkapitalcharakter**, so ist er erfolgswirksam aufzulösen, wenn die durch ihn antizipierten Aufwendungen oder Verluste realisiert werden. Dies ist beispielsweise der Fall bei absehbaren negativen Ertragsentwicklungen oder konkreten Verlusterwartungen des Tochterunternehmens, die zu einer Kaufpreisminderung geführt haben. Wurde im handelsrechtlichen Jahresabschluss der Tochtergesellschaft die betreffende Vermögensbelastung, z.B. durch eine Rückstellungsbildung, bilanziert, so ist der passivische Unterschiedsbetrag auf Konzernebene erfolgswirksam aufzulösen. 215

Steht der **Eigenkapitalcharakter** im Vordergrund, was bei günstigen Gelegenheitskäufen der Fall ist, ist der passivische Unterschiedsbetrag ertragswirksam über die gewichtete durchschnittliche Restlaufzeit der erworbenen abnutzbaren Vermögensgegenstände aufzulösen. Denn erst mit Abschreibung oder Verkauf der erworbenen Vermögensgegenstände tritt eine Realisation des im Zeitpunkt des Erwerbs erlangten Vorteils ein. 216

Auch die Behandlung von **technischen passivischen Unterschiedsbeträgen** wird erstmals detailliert geregelt. Es werden drei mögliche Fallkon- 217

---
[1] Vgl. hierzu beispielsweise IDW im Schreiben „Umsetzung der EU-Bilanzrichtlinie in deutsches Recht – Regierungsentwurf eines Bilanzrichtlinie-Umsetzungsgesetzes (BilRUG)" v. 6.3.2015; *Oser/Orth/Wirtz*, DB 2015, 197 ff.; *Zwirner*, DStR 2015, 375 ff.
[2] E-DRS 30 Kapitalkonsolidierung (Einbeziehung von Tochterunternehmen in den Konzernabschluss) v. 12.3.2015, abrufbar unter www.drsc.de.
[3] E-DRS 30 Tz. 134 ff.

stellationen unterschieden, die jeweils eine unterschiedliche Rechtsfolge nach sich ziehen. Folgende Sachverhalte können einen technischen Unterschiedsbetrag begründen:

- Ein passivischer Unterschiedsbetrag kann aus dem Umstand resultieren, dass der Zeitpunkt der Entstehung des Mutter-Tochter Verhältnisses und der Zeitpunkt der erstmaligen Einbeziehung des Tochterunternehmens auseinanderfallen und sich das konsolidierungspflichtige Eigenkapital der Tochtergesellschaft aufgrund von zwischenzeitlichen Gewinnthesaurierungen erhöht hat. Ein solcher passivischer Unterschiedsbetrag ist unmittelbar ergebnisneutral den Konzernrücklagen zuzuführen bzw. in den Konzernergebnisvortrag einzustellen.

- Ist der passivische Unterschiedsbetrag nicht auf zwischenzeitliche Gewinnthesaurierungen, sondern auf die Bildung weiterer stiller Reserven in Vermögensgegenständen und Schulden zurückzuführen, so ist dieser nach Maßgabe der erworbenen Vermögensgegenstände und Schulden erfolgswirksam fortzuschreiben. Ist eine individuelle Zuordnung zu einzelnen Vermögensgegenständen möglich, so ist eine entsprechende Fortschreibung vorzunehmen. Andernfalls hat eine Abschreibung über die gewichtete durchschnittliche Restnutzungsdauer der erworbenen Vermögensgegenstände zu erfolgen.

- Ein passivischer Unterschiedsbetrag kann auch durch die Begründung eines Mutter-Tochter Verhältnisses durch Sacheinlage oder Tausch entstehen. Hier kann aufgrund der allgemein gültigen Grundsätze zur Einlage oder zum Tausch ein Buchwert unterhalb der tatsächlichen Anschaffungskosten angesetzt werden. Wird diese technische Differenz nicht im Zuge der Aufstellung der Handelsbilanz II beseitigt, so ist sie über die gewichtete durchschnittliche Restlaufzeit der erworbenen abnutzbaren Vermögensgegenstände aufzulösen.

218 Die unbestimmte Regelung des § 309 Abs. 2 HGB wird von **E-DRS 30** konkretisiert. Aufgrund der detaillierten kasuistischen Regelungen in E-DRS 30 verbleibt dem Bilanzierenden lediglich ein geringer Ermessensspielraum bei der Behandlung von passivischen Unterschiedsbeträgen. Der finale Standard des DRS 30 ist noch ausstehend. Es können sich somit noch Änderungen in Bezug auf die Behandlung von passivischen Unterschiedsbeträgen ergeben.

219 ➲ **Praxistipp:** In der Regel wird ein passivischer Unterschiedsbetrag, der Eigenkapitalcharakter hat, über die durchschnittliche Restlaufzeit der erworbenen abnutzbaren Vermögensgegenstände erfolgswirksam aufzulösen sein. Entsprechendes gilt für technische Unterschiedsbeträge, es sei denn, sie resultieren aus zwischenzeitlichen Gewinnthesaurierungen. Hat der passivische Unterschiedsbetrag Fremdkapitalcharakter, so bleibt es bei der bisherigen Behandlung gem. § 309 Abs. 2 Nr. 1 HGB a.F., d.h. der erfolgswirksamen Auflösung, soweit die erwarteten Ergebniseffekte eingetreten sind.

§ 310
Anteilmäßige Konsolidierung

(1) Führt ein in einen Konzernabschluß einbezogenes Mutter- oder Tochterunternehmen ein anderes Unternehmen gemeinsam mit einem oder mehreren nicht in den Konzernabschluß einbezogenen Unternehmen, so darf das andere Unternehmen in den Konzernabschluß entsprechend den Anteilen am Kapital einbezogen werden, die dem Mutterunternehmen gehören.

(2) Auf die anteilmäßige Konsolidierung sind die §§ 297 bis 301, §§ 303 bis 306, 308, 308a, 309 entsprechend anzuwenden.

Begründung Regierungsentwurf v. 20.2.2015 (BT-Drucks. 18/4050, 73):

Auch § 310 HGB gehört zu den wenigen Vorschriften im Dritten Buch des HGB ohne eine amtliche Überschrift, die nunmehr ergänzt wird.

§ 312
Wertansatz der Beteiligung und Behandlung des Unterschiedsbetrags

(1) [1]Eine Beteiligung an einem assoziierten Unternehmen ist in der Konzernbilanz mit dem Buchwert anzusetzen. [2]Der Unterschiedsbetrag zwischen dem Buchwert und dem anteiligen Eigenkapital des assoziierten Unternehmens sowie ein darin enthaltener Geschäfts- oder Firmenwert oder passiver Unterschiedsbetrag sind im Konzernanhang anzugeben.

(2) [1]Der Unterschiedsbetrag nach Absatz 1 Satz 2 ist den Wertansätzen der Vermögensgegenstände, Schulden, Rechnungsabgrenzungsposten und Sonderposten des assoziierten Unternehmens insoweit zuzuordnen, als deren beizulegender Zeitwert höher oder niedriger ist als ihr Buchwert. [2]Der nach Satz 1 zugeordnete Unterschiedsbetrag ist entsprechend der Behandlung der Wertansätze dieser Vermögensgegenstände, Schulden, Rechnungsabgrenzungsposten und Sonderposten im Jahresabschluss des assoziierten Unternehmens im Konzernabschluss fortzuführen, abzuschreiben oder aufzulösen. [3]Auf einen nach Zuordnung nach Satz 1 verbleibenden Geschäfts- oder Firmenwert oder passiven Unterschiedsbetrag ist § 309 entsprechend anzuwenden. [4]§ 301 Abs. 1 Satz 3 ist entsprechend anzuwenden.

(3) [1]Der Wertansatz der Beteiligung und der Unterschiedsbetrag sind auf der Grundlage der Wertansätze zu dem Zeitpunkt zu ermitteln, zu dem das Unternehmen assoziiertes Unternehmen geworden ist. [2]Können die Wertansätze zu diesem Zeitpunkt nicht endgültig ermittelt werden, sind sie innerhalb der darauf folgenden zwölf Monate anzupassen. [3]**§ 301 Absatz 2 Satz 3 bis 5**[1] **gilt entsprechend.**

---
1 Durch das Gesetz zur Umsetzung der Transparenzrichtlinie-Änderungsrichtlinie v. 20.11.2015 (BGBl. I 2015, 2029) wurden in § 312 Abs. 3 Satz 3 die Wörter „§ 301 Absatz 2 Satz 3 und 4" durch die Wörter „§ 301 Absatz 2 Satz 3 bis 5" ersetzt.

(4) ¹Der nach Absatz 1 ermittelte Wertansatz einer Beteiligung ist in den Folgejahren um den Betrag der Eigenkapitalveränderungen, die den dem Mutterunternehmen gehörenden Anteilen am Kapital des assoziierten Unternehmens entsprechen, zu erhöhen oder zu vermindern; auf die Beteiligung entfallende Gewinnausschüttungen sind abzusetzen. ²In der Konzern-Gewinn- und Verlustrechnung ist das auf assoziierte Beteiligungen entfallende Ergebnis unter einem gesonderten Posten auszuweisen.

(5) ¹Wendet das assoziierte Unternehmen in seinem Jahresabschluß vom Konzernabschluß abweichende Bewertungsmethoden an, so können abweichend bewertete Vermögensgegenstände oder Schulden für die Zwecke der Absätze 1 bis 4 nach den auf den Konzernabschluß angewandten Bewertungsmethoden bewertet werden. ²Wird die Bewertung nicht angepaßt, so ist dies im Konzernanhang anzugeben. **³Die §§ 304 und 306 sind entsprechend anzuwenden, soweit die für die Beurteilung maßgeblichen Sachverhalte bekannt oder zugänglich sind.**

(6) ¹Es ist jeweils der letzte Jahresabschluß des assoziierten Unternehmens zugrunde zu legen. ²Stellt das assoziierte Unternehmen einen Konzernabschluß auf, so ist von diesem und nicht vom Jahresabschluß des assoziierten Unternehmens auszugehen.

Begründung Regierungsentwurf v. 20.2.2015 (BT-Drucks. 18/4050, 73):

Abs. 3: Für assoziierte Unternehmen sieht Absatz 3 bisher vor, dass zwingend die Wertansätze anzuwenden sind, die zum Zeitpunkt der Entstehung der Assoziierung ermittelt werden. Damit wird die Mitgliedstaatenoption des Artikels 27 Absatz 2 Unterabsatz 3 der Richtlinie 2013/34/EU ausgeübt. Diese Vorgabe kann aber bei erstmaliger Aufstellung eines Konzernabschlusses und schon früher bestehender Beteiligung Schwierigkeiten auslösen. Es erscheint daher sachgerecht, für diesen Fall die für die Kapitalkonsolidierung von Tochterunternehmen geltenden Erleichterungen des § 301 Absatz 2 Satz 3 und 4 HGB entsprechend anzuwenden. Diese Erleichterung steht im Einklang mit Artikel 27 Absatz 2 Unterabsatz 1 der Richtlinie 2013/34/EU; die Option des Artikels 27 Absatz 2 Unterabsatz 3 der Richtlinie 2013/34/EU wird insoweit teilweise nicht mehr ausgeübt.

Abs. 5: Artikel 27 Absatz 7 in Verbindung mit Artikel 24 Absatz 7 der Richtlinie 2013/34/EU erfordert eine Änderung von § 312 Absatz 5 HGB im Hinblick auf die Behandlung der Zwischenergebnisse und der latenten Steuern.

Da das früher in Artikel 26 Absatz 1 Buchstabe c der Richtlinie 78/660/EWG enthaltene Wahlrecht, die Zwischenergebnisse anteilig entsprechend den dem Mutterunternehmen gehörenden Anteilen am Kapital des assoziierten Unternehmens wegzulassen, weggefallen ist (Artikel 27 Absatz 7 und Artikel 24 Absatz 7 Buchstabe c der Richtlinie 2013/34/EU sehen das nicht mehr vor), ist § 312 Absatz 5 Satz 4 HGB zu streichen.

Darüber hinaus dürfte sich aus der Regelungsstruktur des Artikels 27 der Richtlinie 2013/34/EU ergeben, dass auf die Einbeziehung assoziierter Unternehmen Artikel 24 insgesamt anzuwenden ist, soweit Artikel 27 keine Sonderregelung enthält. Daher ist auch Artikel 24 Absatz 13 der Richtlinie 2013/34/EU künftig auf assoziierte Unternehmen anzuwenden, der einen Ausweis passiver latenter Steuern fordert. § 306 HGB regelt den Ansatz latenter Steuern in der Konzernbilanz und dient auch der Umsetzung von Artikel 24 Absatz 13 der Richtlinie 2013/34/EU. Da der Gesetzentwurf die Konzeption des Ansatzes latenter Steuern in der Konzernbilanz nicht ändert und die Praxis § 306 HGB bereits heute auch auf assoziierte Un-

§ 312 – Wertansatz der Beteiligung, Unterschiedsbetrag

ternehmen anwendet, sollte § 312 Absatz 5 HGB geändert werden und die entsprechende Anwendung von § 306 HGB vorschreiben.

I. Wesentliche Neuerungen

- Bei erstmaliger Konzernabschlusserstellung bzw. erstmaliger Abbildung des assoziierten Unternehmens im Konzernabschluss sind für den Wertansatz der Beteiligung und die Ermittlung des Unterschiedsbetrags die Werte zum Zeitpunkt der erstmaligen Abbildung des assoziierten Unternehmens im Konzernabschluss heranzuziehen. 220
- Aufhebung des Wahlrechts zur anteilsmäßigen Zwischenergebniseliminierung.
- Klarstellung, dass auch bei der Equity-Methode die Verpflichtung zur Bildung latenter Steuern besteht.

II. Erläuterungen zu § 312 HGB (Assoziierte Unternehmen – Änderungen der Equity-Methode)

1. Erstmalige Konzernabschlusserstellung bzw. erstmalige Abbildung eines assoziierten Unternehmens im Konzernabschluss (§ 312 Abs. 3 HGB)

Durch die Erweiterung des § 312 Abs. 3 HGB um den Satz 3, der auf § 301 Abs. 2 Satz 3 und 4 HGB verweist, wird auch im Rahmen der **Equity-Methode** festgelegt, dass bei erstmaliger Konzernabschlusserstellung bzw. erstmaliger Abbildung des assoziierten Unternehmens im Konzernabschluss für den Wertansatz der Beteiligung und die Ermittlung des Unterschiedsbetrags nicht die historischen Werte zum Zeitpunkt des Erwerbs, sondern die Werte zum Zeitpunkt der erstmaligen Abbildung des assoziierten Unternehmens im Konzernabschluss heranzuziehen sind. Die Möglichkeit, in Ausnahmefällen die historischen Werte anzusetzen, wie es § 301 Abs. 2 Satz 5 HGB im Rahmen der Erstkonsolidierung erlaubt, eröffnet § 312 Abs. 2 HGB nicht. Somit hat notwendigerweise eine Neubewertung der Vermögensgegenstände und Schulden des assoziierten Unternehmens auf den Zeitpunkt der erstmaligen Konzernabschlusserstellung bzw. der erstmaligen Abbildung des assoziierten Unternehmens im Konzernabschluss zu erfolgen. Die Einführung der Erleichterungsvorschrift (Zwangserleichterung) kann in einigen Fällen zu erheblichem Mehraufwand führen. 221

⊃ **Praxistipp:** Wird bisher lediglich ein freiwilliger Konzernabschluss aufgestellt, in dem das assoziierte Unternehmen abgebildet wird, so können die Werte bei verpflichtender Konzernabschlusserstellung fortgeführt werden. 222

In § 312 Abs. 5 Satz 3 HGB wird durch das BilRUG nicht mehr nur verpflichtend die Zwischenergebniseliminierung gem. § 304 HGB, sondern 223 auch die **Berücksichtigung latenter Steuern** gem. § 306 HGB bei der Bewertung von Anteilen an assoziierten Unternehmen vorgesehen. Eine Ausnahme ergibt sich nur, soweit die für die Beurteilung maßgeblichen Sachverhalte nicht bekannt oder nicht zugänglich sind.

2. Zwischenergebniseliminierung (§ 312 Abs. 5 HGB)

224 Eine Pflicht zur Zwischenergebniseliminierung bestand bereits gem. § 312 Abs. 5 HGB a.F. Durch das BilRUG wurde lediglich § 312 Abs. 5 Satz 4 HGB a.F., der das Wahlrecht enthielt, die Zwischenergebniseliminierung anteilsmäßig entsprechend der Beteiligungsquote des Mutterunternehmens am Kapital des assoziierten Unternehmens vorzunehmen, aufgehoben. Ein Wahlrecht zur quotalen Zwischenergebniseliminierung besteht zukünftig somit nicht mehr. Das Gesetz enthält nunmehr keine Regelung hinsichtlich des Umfangs der vorzunehmenden Zwischenergebniseliminierung. Es ist lediglich ein Verweis auf § 304 HGB in § 312 Abs. 5 Satz 3 HGB enthalten, der die grundsätzliche **Pflicht** zur Zwischenergebniseliminierung beinhaltet. Unter Berücksichtigung der Regelung zur Quotenkonsolidierung in § 310 Abs. 2 HGB, die lediglich zu einer quotalen Zwischenergebniseliminierung führt, wäre eine vollständige Zwischenergebniseliminierung bei assoziierten Unternehmen nicht systemkonform.

225 Für die Konkretisierung des Gesetzes sind die Regelungen des **DRS 8** heranzuziehen, der die Bilanzierung von Anteilen an assoziierten Unternehmen im Konzernabschluss behandelt. Der Standard schreibt vor, dass Zwischenergebnisse aus Lieferungen und Leistungen zwischen dem assoziierten Unternehmen und einem in den Konzernabschluss einbezogenen Unternehmen entsprechend der bestehenden Beteiligungsquote zu eliminieren sind. Dies muss unabhängig davon erfolgen, wer Empfänger der Lieferung oder Leistung ist. Eine anteilige Zwischenergebniseliminierung hat somit bei up-stream- als auch bei down-stream-Geschäften zu erfolgen.[1]

Das durch das BilRUG aufgehobene Wahlrecht zur anteilsmäßigen Zwischenergebniseliminierung hat somit nur klarstellenden Charakter, da DRS 8 verpflichtend eine anteilige Zwischenergebniseliminierung vorsieht. Auf die bisherige Praxis hat die Änderung des § 312 Abs. 5 HGB daher keine Auswirkungen.

3. Latente Steuern (§ 312 Abs. 5 HGB)

226 Während eine Zwischenergebniseliminierung auch nach § 312 Abs. 5 HGB a.F. bereits im Handelsrecht verpflichtend vorgeschrieben war, wird die **Pflicht** zur Bildung latenter Steuern durch den Verweis auf § 306 HGB neu in § 312 Abs. 5 Satz 3 HGB aufgenommen. Im Rahmen der Equity-

---

1 DRS 8.30 f.

Methode sind in einer Nebenrechnung sämtliche stillen Reserven und stillen Lasten der erworbenen Vermögensgegenstände und Schulden aufzudecken und fortzuführen. § 312 Abs. 5 Satz 3 HGB fordert nun durch den Verweis auf § 306 HGB, dass bei der Aufdeckung stiller Reserven passive latente Steuern und bei der Aufdeckung stiller Lasten aktive latente Steuern nach dem in § 306 HGB kodifizierten Temporary-Konzept abzugrenzen sind (sog. **inside basis differences**). Der Ansatz von latenten Steuern auf die Differenz zwischen dem Equity-Wertansatz der Beteiligung im Konzernabschluss und dem steuerlichen Beteiligungsbuchwert (sog. outside basis differences) bleibt gem. § 306 Satz 4 HGB weiterhin verboten. Die erstmalige Steuerabgrenzung hat erfolgsneutral zu erfolgen, während die Fortschreibung erfolgswirksam, entsprechend dem Schicksal der Fortführung der stillen Reserven und Lasten, vorzunehmen ist. Diese Neuerung hat für den Bilanzersteller nur wenig praktische Relevanz. Innerhalb des DRS 18 „Latente Steuern" wird bereits heute die Berücksichtigung von latenten Steuern im Rahmen der Equity-Methode gefordert.[1] Den DRS liegt gem. § 342 Abs. 2 HGB die Vermutung zugrunde, Grundsätze ordnungsmäßiger Buchführung der Konzernrechnungslegung zu sein.

Vor diesem Hintergrund werden bereits heute bei Anwendung der Equity-Methode latente Steuern bei der Aufdeckung von stillen Reserven und Lasten gebildet und wird somit regelmäßig § 306 HGB berücksichtigt.[2] Dies hat der Gesetzgeber auch erkannt und keine gesonderte Übergangsvorschrift für die Neuerung der Bildung latenter Steuern im Rahmen der Equity-Methode eingeführt. Wurde in Ausnahmefällen DRS 18 bisher nicht angewendet, so stellt sich jedoch die Frage, ob § 312 Abs. 5 Satz 3 HGB prospektiv für alle Erwerbe nach dem 31.12.2015 oder retrospektiv, d.h. auch für alle Alt-Erwerbe anzuwenden ist. Analog zu der Übergangsvorschrift in Art. 67 Abs. 6 EGHGB, der im Rahmen des BilMoG gefasst wurde, scheint konzeptionell eine **retrospektive Anwendung** geboten. Wurde bisher auf eine Steuerabgrenzung verzichtet, so ist die erstmalige Berücksichtigung latenter Steuern bei bereits bestehenden Beteiligungen an assoziierten Unternehmen erfolgsneutral gegen den (Rest-)Buchwert des Geschäfts- oder Firmenwerts vorzunehmen.[3] Die Fortschreibung der latenten Steuern erfolgt nach den oben genannten Grundsätzen.

227

§ 313
Erläuterung der Konzernbilanz und der Konzern-Gewinn- und Verlustrechnung. Angaben zum Beteiligungsbesitz.

(1) ¹In den Konzernanhang sind diejenigen Angaben aufzunehmen, die zu einzelnen Posten der Konzernbilanz oder der Konzern-Gewinn- und Verlustrechnung vorgeschrieben sind; diese Angaben sind in der Reihenfolge

---
1 Vgl. hierzu DRS 18.26.
2 Begr. RegE, BT-Drucks. 18/4050, 73.
3 Vgl. *Oser/Orth/Wirtz*, DB 2015, 197 ff.

der einzelnen Posten der Konzernbilanz und der Konzern-Gewinn- und Verlustrechnung darzustellen. ²Im Konzernanhang sind auch die Angaben zu machen, die in Ausübung eines Wahlrechts nicht in die Konzernbilanz oder in die Konzern-Gewinn- und Verlustrechnung aufgenommen wurden. ³Im Konzernanhang müssen

1. die auf die Posten der Konzernbilanz und der Konzern-Gewinn- und Verlustrechnung angewandten Bilanzierungs- und Bewertungsmethoden angegeben werden;

2. *die Grundlagen für die Umrechnung in Euro angegeben werden, sofern der Konzernabschluß Posten enthält, denen Beträge zugrunde liegen, die auf fremde Währung lauten oder ursprünglich auf fremde Währung lauteten;*

2. Abweichungen von Bilanzierungs-, Bewertungs- und Konsolidierungsmethoden angegeben und begründet werden; deren Einfluß auf die Vermögens-, Finanz- und Ertragslage des Konzerns ist gesondert darzustellen.

(2) Im Konzernanhang sind außerdem anzugeben:

1. Name und Sitz der in den Konzernabschluß einbezogenen Unternehmen, der Anteil am Kapital der Tochterunternehmen, der dem Mutterunternehmen und den in den Konzernabschluß einbezogenen Tochterunternehmen gehört oder von einer für Rechnung dieser Unternehmen handelnden Person gehalten wird, sowie der zur Einbeziehung in den Konzernabschluß verpflichtende Sachverhalt, sofern die Einbeziehung nicht auf einer der Kapitalbeteiligung entsprechenden Mehrheit der Stimmrechte beruht. ²Diese Angaben sind auch für Tochterunternehmen zu machen, die nach § 296 nicht einbezogen worden sind;

2. Name und Sitz der assoziierten Unternehmen, der Anteil am Kapital der assoziierten Unternehmen, der dem Mutterunternehmen und den in den Konzernabschluß einbezogenen Tochterunternehmen gehört oder von einer für Rechnung dieser Unternehmen handelnden Person gehalten wird. ²Die Anwendung des § 311 Abs. 2 ist jeweils anzugeben und zu begründen;

3. Name und Sitz der Unternehmen, die nach § 310 nur anteilmäßig in den Konzernabschluß einbezogen worden sind, der Tatbestand, aus dem sich die Anwendung dieser Vorschrift ergibt, sowie der Anteil am Kapital dieser Unternehmen, der dem Mutterunternehmen und den in den Konzernabschluß einbezogenen Tochterunternehmen gehört oder von einer für Rechnung dieser Unternehmen handelnden Person gehalten wird;

4. *Name und Sitz anderer als der unter den Nummern 1 bis 3 bezeichneten Unternehmen, bei denen das Mutterunternehmen, ein Tochterunternehmen oder eine für Rechnung eines dieser Unternehmen handelnde Person mindestens den fünften Teil der Anteile besitzt, unter Angabe des Anteils am Kapital sowie der Höhe des Eigenkapitals und*

§ 313 – Erläuterungen der Konzernbilanz und -GuV

des Ergebnisses des letzten Geschäftsjahrs, für das ein Abschluß aufgestellt worden ist. ²Ferner sind anzugeben alle Beteiligungen an großen Kapitalgesellschaften, die andere als die in Nummer 1 bis 3 bezeichneten Unternehmen sind, wenn sie von einem börsennotierten Mutterunternehmen, einem börsennotierten Tochterunternehmen oder einer für Rechnung eines dieser Unternehmen handelnden Person gehalten werden und fünf vom Hundert der Stimmrechte überschreiten. ³Diese Angaben brauchen nicht gemacht zu werden, wenn sie für die Vermittlung eines den tatsächlichen Verhältnissen entsprechenden Bildes der Vermögens-, Finanz- und Ertragslage des Konzerns von untergeordneter Bedeutung sind. ⁴Das Eigenkapital und das Ergebnis brauchen nicht angegeben zu werden, wenn das in Anteilsbesitz stehende Unternehmen seinen Jahresabschluß nicht offenzulegen hat und das Mutterunternehmen, das Tochterunternehmen oder die Person weniger als die Hälfte der Anteile an diesem Unternehmen besitzt.

4. Name und Sitz anderer Unternehmen, die Höhe des Anteils am Kapital, das Eigenkapital und das Ergebnis des letzten Geschäftsjahrs dieser Unternehmen, für das ein Jahresabschluss vorliegt, soweit es sich um Beteiligungen im Sinne des § 271 Absatz 1 handelt oder ein solcher Anteil von einer Person für Rechnung des Mutterunternehmens oder eines anderen in den Konzernabschluss einbezogenen Unternehmens gehalten wird;

5. alle nicht nach den Nummern 1 bis 4 aufzuführenden Beteiligungen an großen Kapitalgesellschaften, die 5 Prozent der Stimmrechte überschreiten, wenn sie von einem börsennotierten Mutterunternehmen, börsennotierten Tochterunternehmen oder von einer für Rechnung eines dieser Unternehmen handelnden Person gehalten werden;

6. Name, Sitz und Rechtsform der Unternehmen, deren unbeschränkt haftender Gesellschafter das Mutterunternehmen oder ein anderes in den Konzernabschluss einbezogenes Unternehmen ist;

7. Name und Sitz des Unternehmens, das den Konzernabschluss für den größten Kreis von Unternehmen aufstellt, dem das Mutterunternehmen als Tochterunternehmen angehört, und im Falle der Offenlegung des von diesem anderen Mutterunternehmen aufgestellten Konzernabschlusses der Ort, wo dieser erhältlich ist;

8. Name und Sitz des Unternehmens, das den Konzernabschluss für den kleinsten Kreis von Unternehmen aufstellt, dem das Mutterunternehmen als Tochterunternehmen angehört, und im Falle der Offenlegung des von diesem anderen Mutterunternehmen aufgestellten Konzernabschlusses der Ort, wo dieser erhältlich ist.

(3) ¹Die in Absatz 2 verlangten Angaben brauchen insoweit nicht gemacht zu werden, als nach vernünftiger kaufmännischer Beurteilung damit gerechnet werden muß, daß durch die Angaben dem Mutterunternehmen, einem Tochterunternehmen oder einem anderen in Absatz 2 be-

zeichneten Unternehmen erhebliche Nachteile entstehen können. ²Die Anwendung der Ausnahmeregelung ist im Konzernanhang anzugeben. ³Satz 1 gilt nicht, wenn ein Mutterunternehmen oder eines seiner Tochterunternehmen kapitalmarktorientiert im Sinn des § 264d ist. **⁴Die Angaben nach Absatz 2 Nummer 4 und 5 brauchen nicht gemacht zu werden, wenn sie für die Vermittlung eines den tatsächlichen Verhältnissen entsprechenden Bilds der Vermögens-, Finanz- und Ertragslage des Konzerns von untergeordneter Bedeutung sind. ⁵Die Pflicht zur Angabe von Eigenkapital und Ergebnis nach Absatz 2 Nummer 4 braucht auch dann nicht erfüllt zu werden, wenn das in Anteilsbesitz stehende Unternehmen seinen Jahresabschluss nicht offenlegt.**

(4) § 284 Absatz 2 Nummer 4 und Absatz 3 ist entsprechend anzuwenden.

Begründung Regierungsentwurf v. 20.2.2015 (BT-Drucks. 18/4050, 73 f.):

Die Änderungen in § 313 HGB beruhen auf Artikel 28 der Richtlinie 2013/34/EU, der im größeren Maße als bisher die entsprechende Anwendung der Vorschriften über den Anhang im Jahresabschluss auf den Konzernanhang im Konzernabschluss vorschreibt.

Abs. 1: Die Ergänzung von Absatz 1 Satz 1 um einen weiteren Satz beruht auf Artikel 28 Absatz 1 in Verbindung mit Artikel 15 der Richtlinie 2013/34/EU. Auf den Konzernanhang ist Artikel 15 der Richtlinie 2013/34/EU zwar nicht unmittelbar anwendbar. Das Ziel einer Harmonisierung der Rechtsrahmen für Jahres- und Konzernabschluss und die Formulierung in Artikel 28 Absatz 1 lässt es aber zu, eine dem § 284 Absatz 1 HGB-E entsprechende Gliederungsvorgabe für den Konzernanhang vorzusehen.

Im neuen Satz 3 wird die Nummer 2 zu Aspekten der Währungsumrechnung aufgehoben; dies steht im Einklang mit der Änderung in § 284 Absatz 2 HGB und dient der Vereinfachung des Konzernanhangs. Gesonderte Angaben zu Grundlagen der Währungsumrechnung sind bereits nach Nummer 1 bei den Bewertungsmethoden anzugeben, so dass sich für die Praxis kaum etwas ändern dürfte. Mit der Aufhebung verbunden wird das Aufrücken von Nummer 3; Folgeänderungen sind damit nicht verbunden.

Abs. 2: Die Neufassung von § 313 Absatz 2 Nummer 4 HGB beruht auf der stärkeren Angleichung der Richtlinienvorgaben für den Konzernanhang an die Richtlinienvorgaben für den Anhang des Jahresabschlusses. Die in § 285 Nummer 11 HGB-E vorgenommenen Vereinfachungen können entsprechend auf § 313 Absatz 2 Nummer 4 HGB übertragen werden. Die bestehenden Vorgaben für Fälle mit börsennotierten Mutter- oder Tochterunternehmen werden in eine neue Nummer 5 verschoben. Die in § 313 Absatz 2 Nummer 4 HGB bisher auch geregelten Befreiungstatbestände werden zur Verbesserung der Lesbarkeit und aus systematischen Gründen in den schon bestehenden Befreiungskatalog des § 313 Absatz 3 HGB integriert.

Darüber hinaus erfordert Artikel 28 Absatz 1 in Verbindung mit Artikel 17 Absatz 1 Buchstabe k, l und m der Richtlinie 2013/34/EU künftig auch im Konzernanhang Angaben zu Unternehmen, für die das Mutterunternehmen bzw. die Gesamtheit der in den Konzernabschluss einbezogenen Unternehmen unbeschränkt haftet. Erforderlich sind zudem Angaben zum kleinsten und größten Konsolidierungskreis, wenn das Mutterunternehmen zugleich Tochterunternehmen eines oder mehrerer größerer Konsolidierungskreise ist. Zu diesem Zweck werden dem § 313 Absatz 2 neue Nummern 6 bis 8 angefügt.

§ 313 – Erläuterungen der Konzernbilanz und -GuV

Abs. 3: Die Ergänzung von Absatz 3 ist eine Folgeänderung zur Neufassung von § 313 Absatz 2 Nummer 4 HGB.

Abs. 4: Nach Artikel 28 Absatz 1 in Verbindung mit Artikel 17 Absatz 1 Buchstabe a der Richtlinie 2013/34/EU ist künftig stets im Konzernanhang eine Übersicht über das Anlagevermögen (etwa als Anlagegitter) erforderlich; das bisherige Wahlrecht zum Ausweis in der Konzernbilanz entfällt. Zugleich ist nach Artikel 28 Absatz 1 in Verbindung mit Artikel 12 Absatz 8 der Richtlinie 2013/34/EU auch eine Angabe erforderlich, ob Fremdkapitalzinsen in die Herstellungskosten von Vermögensgegenständen des Anlage- oder Umlaufvermögens einbezogen wurden. Der Gesetzentwurf sieht für den Anhang im Jahresabschluss in § 284 Absatz 2 Nummer 4 HGB-E (Angabe zu Fremdkapitalzinsen) und in § 284 Absatz 3 HGB-E (Anlagenübersicht) detaillierte Vorgaben vor. Diese sind künftig entsprechend auch für den Konzernanhang anzuwenden, wobei den wesentlichen Bedingungen Rechnung zu tragen ist, die sich aus den Besonderheiten des Konzernabschlusses im Vergleich zum Jahresabschluss ergeben (Artikel 28 Absatz 1 der Richtlinie 2013/34/EU).

Bericht des Ausschusses für Recht und Verbraucherschutz v. 17.6.2015 (BT-Drucks. 18/5256, 84):

Abs. 2 Nr. 4 und 6: Es handelt sich um redaktionelle Änderungen, die verdeutlichen sollen, dass beim Anteilsbesitz solche Beteiligungen auszuweisen sind, die das Mutterunternehmen selbst oder ein drittes in den Konzernabschluss einbezogenes Unternehmen halten.

I. Wesentliche Neuerungen

- Anpassung der Vorschriften zum Konzernanhang entsprechend den Änderungen der Anhangangaben im Einzelabschuss gem. § 284 HGB.
- Vielzahl von Änderungen des § 313 HGB unabhängig von den Anhangangaben im Einzelabschluss mit teilweise klarstellender Wirkung und teilweise materiellen Auswirkungen.

228

Im HGB sind die Vorschriften für den Anhang in Einzel- und Konzernabschluss nicht zusammengefasst, sondern in separaten Paragraphen geregelt.[1] Die Anhangangaben für den Konzernabschluss sind überwiegend analog zu den Regelungen für den Einzelabschluss ausgestaltet. Daher betreffen Änderungen der Anhangangaben für den Einzelabschluss auch die analogen Vorschriften für den Konzernanhang. Insoweit wird auf die Vorschriften zum Einzelabschluss verwiesen (s. Rz. 130 ff., 137 ff.). Auf konzernspezifische Angabepflichten wird im Folgenden gesondert eingegangen.

---

1 In der EU-Bilanzrichtlinie 2013/34/EU, die durch das BilRUG umgesetzt wird, sind nur wenige, den Konzernanhang speziell betreffende Vorschriften enthalten. Im Übrigen wird in der Richtlinie auf die Angabepflichten im Einzelabschluss verwiesen. Dieser Systematik hat man sich im HGB nicht angeschlossen und die §§ 284 und 285 HGB für die Angabepflichten im Einzelabschluss und die §§ 313 und 314 HGB für die Angabepflichten im Konzernabschluss beibehalten.

II. Erläuterungen zu § 313 HGB (Änderungen bei konzernspezifischen Angabepflichten)

1. Reihenfolge der Darstellung (§ 313 Abs. 1 HGB)

229 Die Änderung des § 313 Abs. 1 HGB wird analog zu § 284 Abs. 1 HGB vorgenommen. Auch bei der Darstellung im Konzernanhang wird gefordert, dass diese in der Reihenfolge der einzelnen Posten der Bilanz und der Gewinn- und Verlustrechnung zu erfolgen hat. Weiterhin entfällt die gesonderte Angabe zur Währungsumrechnung (§ 313 Abs. 1 Nr. 2 HGB a.F.); s. Rz. 131 f.

2. Angaben zum Anteilsbesitz (§ 313 Abs. 2 Nr. 4–8 HGB)

230 Die Konzernanhangangabe zum Anteilsbesitz war bisher in § 313 Abs. 2 Nr. 4 HGB enthalten und wird nun der Übersichtlichkeit halber in vier Nummern **aufgegliedert**. Die Angaben im Konzernabschluss werden aufgrund der Richtlinienvorgaben[1] stärker an die Anhangangaben für den Einzelabschluss angenähert.

231 Analog § 285 Nr. 11 HGB sind Name, Sitz, Beteiligungsquote, Eigenkapital und das Ergebnis des letzten Geschäftsjahres für die Unternehmen, für die ein Jahresabschluss der Beteiligung vorliegt, anzugeben, wenn es sich um eine **Beteiligung i.S.d. § 271 Abs. 1 HGB** handelt und das Mutterunternehmen oder ein anderes in den Konzernabschluss einbezogenes Unternehmen die Beteiligung hält (§ 313 Abs. 2 Nr. 4 HGB). Bezüglich der Veränderung des Umfangs der angabepflichtigen Unternehmen durch den Verweis auf § 271 Abs. 1 HGB anstatt der bisherigen Orientierung an dem quantitativen Schwellenwert von mindestens 20 % Anteilsbesitz, wird auf die entsprechenden Ausführungen zur Anhangangabe im Einzelabschluss verwiesen (s. Rz. 142 ff.).

232 Im Vergleich zum bisherigen Gesetzeswortlaut wird die Angabepflicht zum Anteilsbesitz gem. § 313 Abs. 2 Nr. 4 HGB nur dann ausgelöst, wenn die Beteiligung vom **Mutterunternehmen selbst** oder von einem in den Konzernabschluss einbezogenen Unternehmen gehalten wird. Bisher war die Angabe erforderlich, wenn die Beteiligung von einem Tochterunternehmen gehalten wurde, unabhängig davon, ob das Tochterunternehmen in den Konzernabschluss einbezogen wurde oder nicht.[2] Durch diese

---

[1] Art. 28 Abs. 1 Richtlinie 2013/34/EU.
[2] In Art. 28 Abs. 2 der Richtlinie 2013/34/EU, welche die Anhangangabe zum Anteilsbesitz für Beteiligungsunternehmen fordert, wird im Zusammenhang mit der Begrifflichkeit „in den Konzernabschluss einbezogene Unternehmen" auf Art. 22 der Richtlinie verwiesen. Demnach bezieht sich die Angabpflicht nur auf Beteiligungen, die das Mutterunternehmen oder ein in den Konzernabschluss einbezogenes Tochterunternehmen hält. Beteiligungen von Gemeinschaftsunternehmen oder assoziierten Unternehmen fallen nicht unter die Angabepflicht.

Neuerung wird sich der Umfang der im Konzernanhang anzugebenden Beteiligungen reduzieren.

⮕ **Praxistipp:** Wird ein Tochterunternehmen in Ausübung des Wahlrechts gem. § 296 HGB nicht in den Konzernabschluss mit einbezogen, so entfällt für die Beteiligung i.S.d. § 271 Abs. 1 HGB, die vom Tochterunternehmen gehalten wird, die Angabepflicht zum Anteilsbesitz nach § 313 Abs. 2 Nr. 4 HGB.   233

Die bisher in § 313 Abs. 2 Nr. 4 HGB enthaltene Angabepflicht für Fälle mit **börsennotierten Mutter- oder Tochterunternehmen** ist in § 313 Abs. 2 Nr. 5 HGB verschoben worden. Danach besteht die Angabepflicht von Beteiligungen an großen Kapitalgesellschaften mit einem Anteilsbesitz von mehr als 5 %, wenn diese von einem börsennotierten Mutter- oder Tochterunternehmen gehalten werden. Eine inhaltliche Änderung ergibt sich durch die Verschiebung der Angabepflicht nicht. Die Angabe nach § 313 Abs. 2 Nr. 5 HGB entfällt, wenn die Beteiligung bereits gem. § 313 Abs. 2 Nr. 1–4 HGB anzugeben ist.   234

Neu eingeführt wurde die Angabepflicht des § 313 Abs. 2 Nr. 6 HGB von Name, Sitz und Rechtsform der Unternehmen, deren **unbeschränkt haftender Gesellschafter** das Mutterunternehmen oder ein anderes in den Konzernabschluss einbezogenes Tochterunternehmen ist. Die erweiterte Angabepflicht soll dem Bilanzadressat einen Überblick geben, für welche Unternehmen das Mutter- oder ein in den Konzernabschluss einbezogenes Tochterunternehmen unbeschränkt haftet. Die Angabe entspricht der Anhangangabe gem. § 285 Nr. 11a HGB   235

Auch § 313 Abs. 2 Nr. 7 und Nr. 8 HGB wurden neu eingeführt und sind analog zu den für den Einzelabschluss geltenden § 285 Nr. 14 und 14a HGB gefasst. § 313 Abs. 2 Nr. 7 HGB fordert die Angabe von Name und Sitz des Unternehmens, das den Konzernabschluss für den **größten Kreis von Unternehmen** aufstellt, dem das Mutterunternehmen als Tochterunternehmen angehört. Anders als die korrespondierende Angabe im Einzelabschluss ist der Ort, wo der Konzernabschluss erhältlich ist, nur anzugeben, wenn eine Offenlegung des von dem anderen Mutterunternehmen aufgestellten Konzernabschlusses erfolgt. Nach § 313 Abs. 2 Nr. 8 HGB ist Name und Sitz des Unternehmens anzugeben, das den Konzernabschluss für den **kleinsten Kreis von Unternehmen** aufstellt, dem das Mutterunternehmen als Tochterunternehmen angehört. Auch diese Vorschrift erfordert lediglich bei Offenlegung des Konzernabschlusses die Angabe des Orts, wo der von dem anderen Mutterunternehmen aufgestellte Konzernabschluss erhältlich ist.   236

3. Änderungen der Befreiungsvorschriften (§ 313 Abs. 3 HGB)

Die Änderung des § 313 Abs. 3 HGB resultiert aus der Neufassung des § 313 Abs. 2 Nr. 4 HGB. Die darin enthaltenen Erleichterungsvorschrif-   237 ten sind in § 313 Abs. 3 HGB verschoben worden. Eine inhaltliche Änderung ist hiermit nicht verbunden.

Wie bisher brauchen die Angaben zum Anteilsbesitz gem. § 313 Abs. 2 Nr. 4 und Nr. 5 HGB nicht gemacht zu werden, wenn diese für die Vermittlung eines den tatsächlichen Verhältnissen entsprechenden Bildes der Vermögens-, Finanz- und Ertragslage des Konzerns **von untergeordneter Bedeutung** sind. Die von § 313 Abs. 2 Nr. 4 HGB geforderte Angabe zum Eigenkapital und Ergebnis der Beteiligungen braucht nicht erfüllt zu werden, wenn der Jahresabschluss der jeweiligen Beteiligung nicht offengelegt wird (§ 313 Abs. 3 Satz 5 HGB).

238 ⮕ **Praxistipp:** Wird für Tochterunternehmen die Möglichkeit zur Befreiung von der Offenlegung gem. § 264 Abs. 3 HGB bzw. § 264b HGB in Anspruch genommen, so entfällt für diese Tochterunternehmen die Angabepflicht zum Eigenkapital und zum Ergebnis im Konzernanhang.

4. Konzernanlagespiegel (§ 313 Abs. 4 HGB)

239 Der Verweis auf die im Konzernanhang entsprechende Anwendung des § 284 Abs. 3 HGB zum Anlagespiegel ist in dem neu angefügten § 313 Abs. 4 HGB enthalten (vgl. hierzu die Ausführungen zum Anlagespiegel gem. § 284 Abs. 3 HGB in Rz. 133 ff.). Der Konzernanlagespiegel ist durch Aufnahme des Verweises im § 313 HGB **verpflichtender Bestandteil** des Konzernanhangs geworden. Eine wahlweise Angabe der geforderten Informationen in der Bilanz ist nicht mehr zulässig. Bei der entsprechenden Anwendung des § 284 Abs. 3 HGB ist den Besonderheiten, die sich aus dem Konzernabschluss im Vergleich zum Jahresabschluss ergeben, Rechnung zu tragen.

240 ⮕ **Praxistipp:** Abweichend zum Anlagespiegel im Jahresabschluss sind im Konzernabschluss gesondert die Effekte aus der Währungsumrechnung anzugeben, wenn Abschlüsse in fremder Währung einbezogen werden. Eine Zusammenfassung der Umrechnungsdifferenzen mit den Zu- oder Abgängen erscheint nicht sachgerecht, da es sich nicht um mengenmäßige, sondern um wertmäßige Veränderungen handelt.

Zugänge oder Abgänge im Anlagevermögen, die aus der Veränderung des Konsolidierungskreises resultieren, werden in der Praxis aus Übersichtlichkeitsgründen meist in einer gesonderten Spalte dargestellt. Wird keine gesonderte Spalte im Konzernanlagespiegel eingefügt, so sind die Effekte aus der Veränderung des Konsolidierungskreises gesondert im Anhang zu erläutern, um eine Vergleichbarkeit der aufeinanderfolgenden Konzernabschlüsse zu ermöglichen (§ 294 Abs. 2 HGB).

Weiterhin ist abweichend zum Anlagespiegel im Jahresabschluss im Konzernanlagespiegel eine gesonderte Zeile einzufügen, die die Beteiligungen an assoziierten Unternehmen zeigt.

5. Angabe zu in die Herstellungskosten einbezogenen Fremdkapitalzinsen (§ 313 Abs. 4 HGB)

Der neu eingefügte § 313 Abs. 4 HGB enthält neben dem Verweis zur Anwendung der Vorschriften zum Anlagespiegel auch einen Verweis auf § 284 Abs. 2 Nr. 4 HGB. Demnach sind im Konzernanhang verpflichtend Angaben über die Einbeziehung von Zinsen für Fremdkapital in die Herstellungskosten zu machen. Wurden Fremdkapitalzinsen in die Herstellungskosten einbezogen und somit von dem Bewertungswahlrecht des § 255 Abs. 3 Satz 2 HGB Gebrauch gemacht, so ist dies im Konzernanhang anzugeben. Eine exakte Bezifferung der Höhe der einbezogenen Fremdkapitalzinsen wird im Rahmen dieser Anhangangabe nicht gefordert. Der **Angabepflicht** wird genügt, wenn auf den Umfang der in die Herstellungskosten einbezogenen Fremdkapitalzinsen eingegangen wird. Es ist eine Aussage zu treffen, ob aktivierungsfähige Fremdkapitalzinsen in vollem Umfang oder nur teilweise in die Herstellungskosten einbezogen wurden.

241

Eine quantitative Angabe der aktivierten Fremdkapitalkosten hat jedoch im Rahmen der Angaben zum **Konzernanlagespiegel** zu erfolgen. Hier ist gem. § 313 Abs. 4 i.V.m. § 284 Abs. 3 HGB für jeden Posten des Anlagevermögens anzugeben, welcher Betrag an Fremdkapitalzinsen im Geschäftsjahr aktiviert worden ist. Eine quantitative Angabe der aktivierten Fremdkapitalzinsen im Konzernanhang hat somit stets zu erfolgen (vgl. hierzu die Ausführungen zum Anlagespiegel gem. § 284 Abs. 3 HGB in Rz. 133 ff.).

242

§ 314
Sonstige Pflichtangaben

(1) Im Konzernanhang sind ferner anzugeben:

1. der Gesamtbetrag der in der Konzernbilanz ausgewiesenen Verbindlichkeiten mit einer Restlaufzeit von mehr als fünf Jahren sowie der Gesamtbetrag der in der Konzernbilanz ausgewiesenen Verbindlichkeiten, die von in den Konzernabschluß einbezogenen Unternehmen durch Pfandrechte oder ähnliche Rechte gesichert sind, unter Angabe von Art und Form der Sicherheiten;

2. **Art und Zweck sowie Risiken, Vorteile und finanzielle Auswirkungen von nicht in der Konzernbilanz enthaltenen Geschäften des Mutterunternehmens und der in den Konzernabschluss einbezogenen Tochterunternehmen, soweit die Risiken und Vorteile wesentlich sind und die Offenlegung für die Beurteilung der Finanzlage des Konzerns erforderlich ist;**

2a. **der Gesamtbetrag der sonstigen finanziellen Verpflichtungen, die nicht in der Konzernbilanz enthalten sind und die nicht nach § 298 Absatz 1 in Verbindung mit § 268 Absatz 7 oder nach Nummer 2 an-**

zugeben sind, sofern diese Angabe für die Beurteilung der Finanzlage des Konzerns von Bedeutung ist; davon sind Verpflichtungen betreffend die Altersversorgung sowie Verpflichtungen gegenüber Tochterunternehmen, die nicht in den Konzernabschluss einbezogen werden, oder gegenüber assoziierten Unternehmen jeweils gesondert anzugeben;

3. die Aufgliederung der Umsatzerlöse des Konzerns nach Tätigkeitsbereichen sowie nach geografisch bestimmten Märkten, soweit sich unter Berücksichtigung der Organisation des Verkaufs, der Vermietung oder Verpachtung von Produkten und der Erbringung von Dienstleistungen des Konzerns die Tätigkeitsbereiche und geografisch bestimmten Märkte untereinander erheblich unterscheiden;

4. die durchschnittliche Zahl der Arbeitnehmer der in den Konzernabschluss einbezogenen Unternehmen während des Geschäftsjahrs, getrennt nach Gruppen und gesondert für die nach § 310 nur anteilmäßig konsolidierten Unternehmen, sowie, falls er nicht gesondert in der Konzern-Gewinn- und Verlustrechnung ausgewiesen ist, der in dem Geschäftsjahr entstandene gesamte Personalaufwand, aufgeschlüsselt nach Löhnen und Gehältern, Kosten der sozialen Sicherheit und Kosten der Altersversorgung;

5. (weggefallen)

6. für die Mitglieder des Geschäftsführungsorgans, eines Aufsichtsrats, eines Beirats oder einer ähnlichen Einrichtung des Mutterunternehmens, jeweils für jede Personengruppe:

   a) die für die Wahrnehmung ihrer Aufgaben im Mutterunternehmen und den Tochterunternehmen im Geschäftsjahr gewährten Gesamtbezüge (Gehälter, Gewinnbeteiligungen, Bezugsrechte und sonstige aktienbasierte Vergütungen, Aufwandsentschädigungen, Versicherungsentgelte, Provisionen und Nebenleistungen jeder Art). [2]In die Gesamtbezüge sind auch Bezüge einzurechnen, die nicht ausgezahlt, sondern in Ansprüche anderer Art umgewandelt oder zur Erhöhung anderer Ansprüche verwendet werden. [3]Außer den Bezügen für das Geschäftsjahr sind die weiteren Bezüge anzugeben, die im Geschäftsjahr gewährt, bisher aber in keinem Konzernabschluss angegeben worden sind. [4]Bezugsrechte und sonstige aktienbasierte Vergütungen sind mit ihrer Anzahl und dem beizulegenden Zeitwert zum Zeitpunkt ihrer Gewährung anzugeben; spätere Wertveränderungen, die auf einer Änderung der Ausübungsbedingungen beruhen, sind zu berücksichtigen. [5]Ist das Mutterunternehmen eine börsennotierte Aktiengesellschaft, sind zusätzlich unter Namensnennung die Bezüge jedes einzelnen Vorstandsmitglieds, aufgeteilt nach erfolgsunabhängigen und erfolgsbezogenen Komponenten sowie Komponenten mit langfristiger Anreizwirkung, gesondert anzugeben. [6]Dies gilt auch für:

§ 314 – Sonstige Pflichtangaben

aa) Leistungen, die dem Vorstandsmitglied für den Fall einer vorzeitigen Beendigung seiner Tätigkeit zugesagt worden sind;

bb) Leistungen, die dem Vorstandsmitglied für den Fall der regulären Beendigung seiner Tätigkeit zugesagt worden sind, mit ihrem Barwert, sowie den von der Gesellschaft während des Geschäftsjahrs hierfür aufgewandten oder zurückgestellten Betrag;

cc) während des Geschäftsjahrs vereinbarte Änderungen dieser Zusagen;

dd) Leistungen, die einem früheren Vorstandsmitglied, das seine Tätigkeit im Laufe des Geschäftsjahrs beendet hat, in diesem Zusammenhang zugesagt und im Laufe des Geschäftsjahrs gewährt worden sind.

⁷Leistungen, die dem einzelnen Vorstandsmitglied von einem Dritten im Hinblick auf seine Tätigkeit als Vorstandsmitglied zugesagt oder im Geschäftsjahr gewährt worden sind, sind ebenfalls anzugeben. ⁸Enthält der Konzernabschluss weitergehende Angaben zu bestimmten Bezügen, sind auch diese zusätzlich einzeln anzugeben;

b) die für die Wahrnehmung ihrer Aufgaben im Mutterunternehmen und den Tochterunternehmen gewährten Gesamtbezüge (Abfindungen, Ruhegehälter, Hinterbliebenenbezüge und Leistungen verwandter Art) der früheren Mitglieder der bezeichneten Organe und ihrer Hinterbliebenen; Buchstabe a Satz 2 und 3 ist entsprechend anzuwenden. ²Ferner ist der Betrag der für diese Personengruppe gebildeten Rückstellungen für laufende Pensionen und Anwartschaften auf Pensionen und der Betrag der für diese Verpflichtungen nicht gebildeten Rückstellungen anzugeben;

c) die vom Mutterunternehmen und den Tochterunternehmen gewährten Vorschüsse und Kredite unter Angabe *der Zinssätze, der wesentlichen Bedingungen und* der gegebenenfalls im Geschäftsjahr zurückgezahlten **oder erlassenen** Beträge sowie die zugunsten dieser Personen eingegangenen Haftungsverhältnisse;

7. der Bestand an Anteilen an dem Mutterunternehmen, die das Mutterunternehmen oder ein Tochterunternehmen oder ein anderer für Rechnung eines in den Konzernabschluß einbezogenen Unternehmens erworben oder als Pfand genommen hat; dabei sind die Zahl und der Nennbetrag oder rechnerische Wert dieser Anteile sowie deren Anteil am Kapital anzugeben;

7a. die Zahl der Aktien jeder Gattung der während des Geschäftsjahrs im Rahmen des genehmigten Kapitals gezeichneten Aktien des Mutterunternehmens, wobei zu Nennbetragsaktien der Nennbetrag und zu Stückaktien der rechnerische Wert für jede von ihnen anzugeben ist;

7b. das Bestehen von Genussscheinen, Wandelschuldverschreibungen, Optionsscheinen, Optionen oder vergleichbaren Wertpapieren oder Rechten, aus denen das Mutterunternehmen verpflichtet ist, unter Angabe der Anzahl und der Rechte, die sie verbriefen;

8. für jedes in den Konzernabschluss einbezogene börsennotierte Unternehmen, dass die nach § 161 des Aktiengesetzes vorgeschriebene Erklärung abgegeben und wo sie öffentlich zugänglich gemacht worden ist;

9. das von dem Abschlussprüfer des Konzernabschlusses für das Geschäftsjahr berechnete Gesamthonorar, aufgeschlüsselt in das Honorar für

   a) die Abschlussprüfungsleistungen,

   b) andere Bestätigungsleistungen,

   c) Steuerberatungsleistungen,

   d) sonstige Leistungen;

10. für zu den Finanzanlagen (§ 266 Abs. 2 A. III.) gehörende Finanzinstrumente, die in der Konzernbilanz über ihrem beizulegenden Zeitwert ausgewiesen werden, da eine außerplanmäßige Abschreibung gemäß § 253 **Absatz 3 Satz 6** unterblieben ist,

    a) der Buchwert und der beizulegende Zeitwert der einzelnen Vermögensgegenstände oder angemessener Gruppierungen sowie

    b) die Gründe für das Unterlassen der Abschreibung einschließlich der Anhaltspunkte, die darauf hindeuten, dass die Wertminderung voraussichtlich nicht von Dauer ist;

11. für jede Kategorie nicht zum beizulegenden Zeitwert bilanzierter derivativer Finanzinstrumente

    a) deren Art und Umfang,

    b) deren beizulegender Zeitwert, soweit er sich nach § 255 Abs. 4 verlässlich ermitteln lässt, unter Angabe der angewandten Bewertungsmethode,

    c) deren Buchwert und der Bilanzposten, in welchem der Buchwert, soweit vorhanden, erfasst ist, sowie

    d) die Gründe dafür, warum der beizulegende Zeitwert nicht bestimmt werden kann;

12. für gemäß § 340e Abs. 3 Satz 1 mit dem beizulegenden Zeitwert bewertete Finanzinstrumente

    a) die grundlegenden Annahmen, die der Bestimmung des beizulegenden Zeitwertes mit Hilfe allgemein anerkannter Bewertungsmethoden zugrunde gelegt wurden, sowie

    b) Umfang und Art jeder Kategorie derivativer Finanzinstrumente einschließlich der wesentlichen Bedingungen, welche die Höhe, den Zeitpunkt und die Sicherheit künftiger Zahlungsströme beeinflussen können;

13. zumindest die nicht zu marktüblichen Bedingungen zustande gekommenen Geschäfte des Mutterunternehmens und seiner Tochterunternehmen, soweit sie wesentlich sind, mit nahe stehenden Unternehmen und Personen, einschließlich Angaben zur Art der Beziehung, zum Wert der Geschäfte sowie weiterer Angaben, die für die Beurteilung der Finanzlage des Konzerns notwendig sind; ausgenommen sind Geschäfte **zwischen in einen Konzernabschluss einbezogenen nahestehenden Unternehmen, wenn diese Geschäfte bei der Konsolidierung weggelassen werden; Angaben über Geschäfte können nach Geschäftsarten zusammengefasst werden**, sofern die getrennte Angabe für die Beurteilung der Auswirkungen auf die Finanzlage des Konzerns nicht notwendig ist;

14. im Fall der Aktivierung nach § 248 Abs. 2 der Gesamtbetrag der Forschungs- und Entwicklungskosten des Geschäftsjahres der in den Konzernabschluss einbezogenen Unternehmen sowie der davon auf die selbst geschaffenen immateriellen Vermögensgegenstände des Anlagevermögens entfallende Betrag;

15. bei Anwendung des § 254 im Konzernabschluss,

    a) mit welchem Betrag jeweils Vermögensgegenstände, Schulden, schwebende Geschäfte und mit hoher Wahrscheinlichkeit erwartete Transaktionen zur Absicherung welcher Risiken in welche Arten von Bewertungseinheiten einbezogen sind sowie die Höhe der mit Bewertungseinheiten abgesicherten Risiken;

    b) für die jeweils abgesicherten Risiken, warum, in welchem Umfang und für welchen Zeitraum sich die gegenläufigen Wertänderungen oder Zahlungsströme künftig voraussichtlich ausgleichen einschließlich der Methode der Ermittlung;

    c) eine Erläuterung der mit hoher Wahrscheinlichkeit erwarteten Transaktionen, die in Bewertungseinheiten einbezogen wurden,

    soweit die Angaben nicht im Konzernlagebericht gemacht werden;

16. zu den in der Konzernbilanz ausgewiesenen Rückstellungen für Pensionen und ähnliche Verpflichtungen das angewandte versicherungsmathematische Berechnungsverfahren sowie die grundlegenden Annahmen der Berechnung, wie Zinssatz, erwartete Lohn- und Gehaltssteigerungen und zugrunde gelegte Sterbetafeln;

17. im Fall der Verrechnung von in der Konzernbilanz ausgewiesenen Vermögensgegenständen und Schulden nach § 246 Abs. 2 Satz 2 die Anschaffungskosten und der beizulegende Zeitwert der verrechneten Vermögensgegenstände, der Erfüllungsbetrag der verrechneten Schulden sowie die verrechneten Aufwendungen und Erträge; Nummer 12 Buchstabe a ist entsprechend anzuwenden;

18. zu den in der Konzernbilanz ausgewiesenen Anteilen an Sondervermögen im Sinn des § 1 Absatz 10 des Kapitalanlagegesetzbuchs oder Anlageaktien an Investmentaktiengesellschaften mit veränderlichem Kapital im Sinn der §§ 108 bis 123 des Kapitalanlagegesetzbuchs oder vergleichbaren EU-Investmentvermögen oder vergleichbaren ausländischen Investmentvermögen von mehr als dem zehnten Teil, aufgegliedert nach Anlagezielen, deren Wert im Sinn der §§ 168, 278 des Kapitalanlagegesetzbuchs oder des § 36 des Investmentgesetzes in der bis zum 21. Juli 2013 geltenden Fassung oder vergleichbarer ausländischer Vorschriften über die Ermittlung des Marktwertes, die Differenz zum Buchwert und die für das Geschäftsjahr erfolgte Ausschüttung sowie Beschränkungen in der Möglichkeit der täglichen Rückgabe; darüber hinaus die Gründe dafür, dass eine Abschreibung gemäß § 253 **Absatz 3 Satz 6** unterblieben ist, einschließlich der Anhaltspunkte, die darauf hindeuten, dass die Wertminderung voraussichtlich nicht von Dauer ist; Nummer 10 ist insoweit nicht anzuwenden;

19. für *nach § 251 unter der Bilanz oder* nach § 268 Abs. 7 *Halbsatz 1*[1] im **Konzernanhang** ausgewiesene Verbindlichkeiten und Haftungsverhältnisse die Gründe der Einschätzung des Risikos der Inanspruchnahme;

20. **jeweils eine Erläuterung des Zeitraums, über den ein entgeltlich erworbener Geschäfts- oder Firmenwert abgeschrieben wird;**

21. auf welchen Differenzen oder steuerlichen Verlustvorträgen die latenten Steuern beruhen und mit welchen Steuersätzen die Bewertung erfolgt ist;

22. **wenn latente Steuerschulden in der Konzernbilanz angesetzt werden, die latenten Steuersalden am Ende des Geschäftsjahrs und die im Laufe des Geschäftsjahrs erfolgten Änderungen dieser Salden;**

23. **jeweils den Betrag und die Art der einzelnen Erträge und Aufwendungen von außergewöhnlicher Größenordnung oder außergewöhnlicher Bedeutung, soweit die Beträge nicht von untergeordneter Bedeutung sind;**

24. **eine Erläuterung der einzelnen Erträge und Aufwendungen hinsichtlich ihres Betrages und ihrer Art, die einem anderen Konzerngeschäftsjahr zuzurechnen sind, soweit die Beträge für die Beurteilung der Vermögens-, Finanz- und Ertragslage des Konzerns nicht von untergeordneter Bedeutung sind;**

25. **Vorgänge von besonderer Bedeutung, die nach dem Schluss des Konzerngeschäftsjahrs eingetreten und weder in der Konzern-Gewinn-**

---

1 Durch das Gesetz zur Umsetzung der Transparenzrichtlinie-Änderungsrichtlinie v. 20.11.2015 (BGBl. I 2015, 2029) wurde in § 314 Abs. 1 Nr. 19 die Angabe „Halbsatz 1" gestrichen.

und Verlustrechnung noch in der Konzernbilanz berücksichtigt sind, unter Angabe ihrer Art und ihrer finanziellen Auswirkungen;

26. der Vorschlag für die Verwendung des Ergebnisses des Mutterunternehmens oder gegebenenfalls der Beschluss über die Verwendung des Ergebnisses des Mutterunternehmens.

(2) Mutterunternehmen, die den Konzernabschluss um eine Segmentberichterstattung erweitern (§ 297 Abs. 1 Satz 2), sind von der Angabepflicht gemäß Absatz 1 Nr. 3 befreit.

(3) ¹Für die Angabepflicht gemäß Absatz 1 Nr. 6 Buchstabe a Satz 5 bis 8 gilt § 286 Abs. 5 entsprechend. ²**Für die Angabepflicht gemäß Absatz 1 Nummer 6 Buchstabe a und b gilt § 286 Absatz 4 entsprechend.**

Begründung Regierungsentwurf v. 20.2.2015 (BT-Drucks. 18/4050, 74 ff.):

Abs. 1 Nr. 2: Die Neufassung der Nummer 2 erfolgt spiegelbildlich zur Neufassung von § 285 Nummer 3 und beruht auf Artikel 17 Absatz 1 Buchstabe p in Verbindung mit Artikel 28 Absatz 1 der Richtlinie 2013/34/EU.

Abs. 1 Nr. 2a: Die Neufassung der Nummer 2a erfolgt spiegelbildlich zur Neufassung von § 285 Nummer 3a HGB und ist eine Folgeänderung zur Änderung von § 268 Absatz 7 HGB.

Abs. 1 Nr. 3: Die Neufassung der Nummer 3 erfolgt spiegelbildlich zur Neufassung von § 285 Nummer 4 und beruht auf Artikel 28 Absatz 1 in Verbindung mit Artikel 18 Absatz 1 Buchstabe a der Richtlinie 2013/34/EU. Zugleich wird der Wortlaut enger als bisher an § 277 Absatz 1 HGB-E angelehnt.

Abs. 1 Nr. 4: Die Neufassung der Nummer 4 beruht auf Artikel 28 Absatz 1 Buchstabe b in Verbindung mit Artikel 17 Absatz 1 Buchstabe e der Richtlinie 2013/34/EU.

Abs. 1 Nr. 6: Die Änderung in Nummer 6 Buchstabe c beruht auf Artikel 28 Absatz 1 Buchstabe c der Richtlinie 2013/34/EU, wonach bei der Angabe der Vorschüsse und Kredite nur die Höhe der gewährten Beträge anzugeben ist, die das Mutterunternehmen und seine Tochterunternehmen den Organmitgliedern des Mutterunternehmens als Vorschuss oder Kredit gewährt haben. Damit können insbesondere die Angaben zu Zinsen und zu wesentlichen Bedingungen der Vorschüsse und Kredite entfallen.

Abs. 1 Nr. 7a und 7b: Die neu eingefügten Nummern 7a und 7b sind durch Artikel 28 Absatz 1 in Verbindung mit Artikel 17 Absatz 1 Buchstabe i und j der Richtlinie 2013/34/EU geboten. Während beim Jahresabschluss § 160 AktG insoweit eine für Aktiengesellschaften und Kommanditgesellschaften auf Aktien geltende Spezialregelung enthält, fehlt eine vergleichbare Regelung für den Konzernabschluss. Diese wird in § 314 Absatz 1 Nummer 7a und Nummer 7b HGB-E nunmehr eingeführt. Die Regelung in zwei verschiedenen Nummern dient der Übersichtlichkeit und berücksichtigt, dass Genussscheine und vergleichbare Rechte sowie Wertpapiere nicht nur bei Aktiengesellschaften und Kommanditgesellschaften auf Aktien möglich sind.

Abs. 1 Nr. 10 und 18: Die Änderungen in Nummer 10 und 18 sind Folgeänderungen zur Änderung von § 253 HGB.

Abs. 1 Nr. 13: Die Änderung in Nummer 13 beruht auf Artikel 28 Absatz 1 Buchstabe a der Richtlinie 2013/34/EU.

Abs. 1 Nr. 19: Die Änderung in Nummer 19 ist eine Folgeänderung zur Änderung von § 268 Absatz 7 HGB.

Abs. 1 Nr. 20: Die Änderung von Nummer 20 erfolgt spiegelbildlich zur Änderung von § 285 Nummer 13 HGB.

Abs. 1 Nr. 22: Die Ergänzung der Erläuterungspflicht zu latenten Steuern im Konzernanhang um eine neue Nummer 22 beruht auf Artikel 28 Absatz 1 in Verbindung mit Artikel 17 Absatz 1 Buchstabe f und Artikel 24 Absatz 13 der Richtlinie 2013/34/EU. Damit sind künftig auch quantitative Angaben zu den latenten Steuersalden am Ende des Geschäftsjahrs und ihren Bewegungen im Geschäftsjahr anzugeben. Das bedeutet, dass insbesondere anzugeben ist, wie sich die latenten Steuern im Geschäftsjahr abgebaut oder aufgebaut haben. Diese Angaben sind nur hinsichtlich der in der Konzernbilanz angesetzten latenten Steuerschulden erforderlich. Im Übrigen wird an dem durch das BilMoG eingeführten Konzept der Steuerabgrenzung nach § 306 HGB festgehalten.

Abs. 1 Nr. 23: Die neue Nummer 23 beruht auf Artikel 28 Absatz 1 in Verbindung mit Artikel 16 Absatz 1 Buchstabe f der Richtlinie 2013/34/EU und führt dazu, dass außerordentliche Aufwendungen und Erträge künftig nicht mehr in der Konzern-Gewinn- und Verlustrechnung auszuweisen sind. Zugleich wird die Vorgabe inhaltlich geändert, indem nicht außerordentliche Posten als solche, sondern nur Posten von außergewöhnlicher Größenordnung oder von außergewöhnlicher Bedeutung einzeln und unter Angabe einer Erläuterung darzustellen sind. Diese Regelung entspricht spiegelbildlich § 285 Nummer 31 HGB-E.

Abs. 1 Nr. 24: Die bisher in § 298 Absatz 1 in Verbindung mit § 277 Absatz 4 Satz 3 HGB enthaltene Vorgabe, im Konzernanhang periodenfremde Erträge und Aufwendungen darzustellen und zu erläutern, wird parallel zur Aufhebung von § 277 Absatz 4 HGB in § 314 Absatz 1 Nummer 24 HGB-E überführt.

Abs. 1 Nr. 25: Die neue Nummer 25 beruht auf Artikel 28 Absatz 1 in Verbindung mit Artikel 17 Absatz 1 Buchstabe q der Richtlinie 2013/34/EU und sieht künftig vor, Angaben zu wesentlichen Ereignissen nach dem Abschlussstichtag des Konzernabschlusses nicht mehr im Konzernlagebericht, sondern im Konzernanhang darzustellen. Zugleich wird die Vorgabe inhaltlich auf Vorgänge beschränkt, die nicht schon in der Konzernbilanz oder in der Konzern-Gewinn- und -Verlustrechnung berücksichtigt sind.

Abs. 1 Nr. 26: Die neue Nummer 26 beruht auf Artikel 28 Absatz 1 in Verbindung mit Artikel 17 Absatz 1 Buchstabe o der Richtlinie 2013/34/EU. Künftig ist im Konzernanhang auch der Vorschlag für die Ergebnisverwendung des Mutterunternehmens bzw. in besonderen Fällen der Verwendungsbeschluss darzustellen. Die Ausführungen zur spiegelbildlichen Vorschrift in § 285 Nummer 34 HGB-E gelten entsprechend.

Abs. 2: Die Änderung dient dem Schutz personenbezogener Daten zu einzelnen Mitgliedern der Organe des Mutterunternehmens im Konzernanhang. Sofern sich anhand der Angaben zu den Vergütungen und Pensionen der finanzielle Status eines bestimmten Mitglieds des Organs feststellen ließe, soll das Mutterunternehmen diese Angabe nicht in den Konzernanhang aufzunehmen haben. Insoweit wird die Mitgliedstaatenoption aus Artikel 28 Absatz 1 in Verbindung mit Artikel 17 Absatz 1 Buchstabe d Unterabsatz 2 der Richtlinie 2013/34/EU ausgeübt.

Bericht des Ausschusses für Recht und Verbraucherschutz v. 17.6.2015 (BT-Drucks. 18/5256, 84):

Abs. 1 Nr. 22 und 23: Die Änderung in § 314 Absatz 1 Nummer 22 HGB-E (Streichung von „in der Konzernbilanz") ist redaktioneller Art, auf die Begründung zu § 285 Nummer 30 HGB-E wird verwiesen.

Zur Änderung in § 314 Absatz 1 Nummer 23 HGB-E wird auf die Begründung zu § 285 Nummer 31 HGB-E verwiesen.

§ 314 – Sonstige Pflichtangaben

I. Wesentliche Neuerungen

- Anpassung der Vorschriften zum Konzernanhang entsprechend den Änderungen der Anhangangaben im Einzelabschuss gem. § 285 HGB 243
- Vielzahl von Änderungen des § 314 HGB unabhängig von den Anhangangaben im Einzelabschluss mit teilweise klarstellender Wirkung und teilweise materiellen Auswirkungen.

Im HGB sind die Vorschriften für den Anhang in Einzel- und Konzernabschluss nicht zusammengefasst, sondern in separaten Paragraphen geregelt.[1] Die Anhangangaben für den Konzernabschluss sind überwiegend analog zu den Regelungen für den Einzelabschluss ausgestaltet. Daher betreffen Änderungen der Anhangangaben für den Einzelabschluss auch die analogen Vorschriften für den Konzernanhang. Insoweit wird auf die Vorschriften zum Einzelabschluss verwiesen (s. Rz. 130 ff.). Auf konzernspezifische Angabepflichten wird im Folgenden gesondert eingegangen.

II. Erläuterungen zu § 314 HGB (Anpassung an die Angabepflichten im Einzelabschluss und weitere konzernspezifische Angabepflichten)

1. Überblick

Die Anhangangaben für den Konzernabschluss in § 314 HGB sind größtenteils analog zu den Regelungen für den Einzelabschluss gem. § 285 HGB gefasst. Daher werden die jeweiligen Änderungen der Anhangangaben für den Einzelabschluss auch innerhalb der entsprechenden Vorschriften für den Konzernanhang abgebildet. Die jeweiligen Änderungen werden nur kurz aufgeführt und insoweit auf die entsprechenden Ausführungen zum Einzelabschluss verwiesen. Konzernspezifische Änderungen werden im nachfolgenden Kapitel ausführlich erläutert. 244

2. Änderung der zum Jahresabschluss analogen Konzernanhangangaben

a) Außerbilanzielle Geschäfte (Abs. 1 Nr. 2)

Die Angabepflichten im Konzernanhang des § 314 Abs. 1 Nr. 2 und Nr. 2a HGB entsprechen den Anhangangaben gem. § 285 Nr. 3 und Nr. 3a HGB 245

Gem. § 314 Abs. 1 Nr. 2 HGB sind Art und Zweck, Risiken und Vorteile sowie die finanziellen Auswirkungen von außerbilanziellen Geschäften anzugeben (vgl. hierzu die Ausführungen zur Angabepflicht von außer-

---

1 In der EU-Bilanzrichtlinie 2013/34/EU, die durch das BilRUG umgesetzt wird, sind nur wenige, den Konzernanhang speziell betreffende Vorschriften enthalten. Im Übrigen wird in der Richtlinie auf die Angabepflichten im Einzelabschluss verwiesen. Dieser Systematik hat man sich im HGB nicht angeschlossen und die §§ 284 und 285 HGB für die Angabepflichten im Einzelabschluss und die §§ 313 und 314 HGB für die Angabepflichten im Konzernabschluss beibehalten.

bilanziellen Geschäften im Anhang des Jahresabschlusses gem. § 285 Nr. 3 HGB in Rz. 139). In die Anhangangabe sind sämtliche außerbilanziellen Geschäfte des Mutterunternehmens und aller in den Konzernabschluss einbezogenen Tochterunternehmen aufzunehmen. Wird ein Tochterunternehmen aufgrund der Wahlrechtsausübung gem. § 296 HGB nicht in den Konzernabschluss einbezogen, so sind die außerbilanziellen Geschäfte dieses Tochterunternehmens nicht angabepflichtig.

b) Sonstige finanzielle Verpflichtungen (Abs. 1 Nr. 2a)

246 § 314 Abs. 1 Nr. 2a HGB enthält die Angabepflicht der sonstigen finanziellen Verpflichtungen, wie sie gem. § 285 Nr. 3a HGB für den Jahresabschluss besteht. Angabepflichtig sind alle nicht in der Konzernbilanz enthaltenen finanziellen Verpflichtungen, die weder unter den neuen § 268 Abs. 7 HGB i.V.m. § 251 HGB (Haftungsverhältnisse) noch unter § 314 Abs. 1 Nr. 2 HGB (außerbilanzielle Geschäfte) fallen. Des Weiteren sind nur solche finanziellen Verbindlichkeiten anzugeben, die für die Beurteilung der Finanzlage des Konzerns von Bedeutung sind. Eine gesonderte Angabepflicht besteht für die im Gesamtbetrag enthaltenen finanziellen Verpflichtungen betreffend die Altersversorgung, finanzielle Verpflichtungen gegenüber nicht in den Konzernabschluss einbezogenen Tochterunternehmen sowie finanzielle Verpflichtungen gegenüber assoziierten Unternehmen.

c) Abschreibungsdauer eines entgeltlich erworbenen Geschäfts- oder Firmenwerts (Abs. 1 Nr. 20)

247 Auch im Konzernanhang wird die Erläuterungspflicht des Zeitraums, über den ein entgeltlich erworbener Geschäfts- oder Firmenwert abgeschrieben wird, in § 314 Abs. 1 Nr. 20 HGB analog zu der Angabe im Jahresabschluss gem. § 285 Nr. 13 HGB eingeführt (vgl. hierzu die Ausführungen zur Erläuterungspflicht des Abschreibungszeitraums eines derivativen Geschäfts- oder Firmenwerts im Anhang des Jahresabschlusses gem. § 285 Nr. 13 HGB in Rz. 146 ff.). Eine Angabe zu der zugrunde gelegten Nutzungsdauer ist nunmehr stets erforderlich.

d) Angabepflichten zu latenten Steuerschulden (Abs. 1 Nr. 22)

248 § 314 Abs. 1 Nr. 22 HGB wurde im Rahmen des BilRUG eingefügt und enthält analog zu § 285 Nr. 30 HGB die Erläuterungspflicht zur Veränderung der in der Konzernbilanz passivierten latenten Steuerschulden. Die Konzernanhangangabe ergänzt die bereits gem. § 314 Abs. 1 Nr. 21 HGB bestehende Vorschrift zur inhaltlichen Erläuterungspflicht latenter Steuern. Hiernach sind anzugeben, welche Sachverhalte ursächlich für die Differenzen sind, auf denen die latenten Steuern beruhen, sowie die für die Bewertung herangezogenen Steuersätze. Der neu eingefügte § 314 Abs. 1 Nr. 22 HGB erweitert die Angabepflichten zu latenten Steuern um

§ 314 – Sonstige Pflichtangaben

eine quantitative Erläuterungspflicht. Es sind die passiven latenten Steuerschulden zu Beginn und zum Ende des Geschäftsjahres sowie die Veränderung der Steuersalden im Laufe des Geschäftsjahres anzugeben (vgl. hierzu die Ausführungen zur quantitativen Erläuterungspflicht latenter Steuerschulden im Anhang des Jahresabschlusses gem. § 285 Nr. 30 HGB in Rz. 154 ff.).

e) Außergewöhnliche Aufwendungen und Erträge (Abs. 1 Nr. 23)

Die Konzern-Gewinn- und Verlustrechnung ist nach dem neuen Schema des § 275 HGB zu gliedern. Der Ausweis eines außergewöhnlichen Ergebnisses ist darin weder vorgesehen noch gestattet (zum Wegfall des außerordentlichen Ergebnisses s. Rz. 123 ff.). Analog zu der Angabepflicht im Jahresabschluss gem. § 285 Nr. 31 HGB wird aufgrund des Wegfalls des außerordentlichen Ergebnisses in der Gewinn- und Verlustrechnung auch im Konzernabschluss gem. § 314 Abs. 1 Nr. 23 HGB eine Anhangangabe zu den außergewöhnlichen Aufwendungen und Erträgen gefordert, soweit diese nicht von untergeordneter Bedeutung sind. Der Erläuterungspflicht wird entsprochen, wenn Angaben über Betrag und Art von Aufwendungen und Erträgen gemacht werden, die von außergewöhnlicher Größenordnung oder außergewöhnlicher Bedeutung sind. Eine darüber hinausgehende allgemeine Erläuterungspflicht der einzelnen Aufwendungen und Erträge besteht nicht (vgl. zur Angabepflicht und Definition von außergewöhnlichen Aufwendungen und Erträgen die Ausführungen zur analogen Anhangangabe im Jahresabschluss gem. § 285 Nr. 31 HGB in Rz. 159 ff.). 249

f) Periodenfremde Aufwendungen und Erträge (Abs. 1 Nr. 24)

Eine Angabepflicht zu den periodenfremden Aufwendungen und Erträgen wurde in § 314 Abs. 1 Nr. 24 HGB analog zur Angabepflicht im Jahresabschluss gem. § 285 Nr. 32 HGB geregelt. Hierbei handelt es sich lediglich um eine Verlagerung der entsprechenden bisherigen Vorschrift des § 277 Abs. 4 HGB a.F. (die gem. § 298 Abs. 1 HGB auch im Konzernabschluss Anwendung gefunden hat), die aufgrund des Wegfalls des § 277 Abs. 4 HGB a.F. notwendig wurde. Eine Erweiterung im Vergleich zu den bisherigen Angabepflichten resultiert hieraus nicht (vgl. zur Erläuterungspflicht der periodenfremden Aufwendungen und Erträge die entsprechenden Ausführungen zur Anhangangabe im Jahresabschluss in Rz. 163). 250

g) Nachtragsbericht (Abs. 1 Nr. 25)

Auch im Rahmen der Konzernrechnungslegung ist der Nachtragsbericht künftig örtlich nicht mehr im Konzernlagebericht, sondern im Konzernanhang angesiedelt. Die entsprechende Vorschrift wurde im neu eingefügten § 314 Abs. 1 Nr. 25 HGB analog zu § 285 Nr. 33 HGB kodifiziert. Demzufolge wurde § 315 Abs. 2 Nr. 1 HGB a.F. zur Nachtragsberichter- 251 stattung im Konzernlagebericht ersatzlos gestrichen (vgl. zum Umfang der Angabepflichten im Rahmen der Nachtragsberichterstattung die entsprechenden Ausführungen zur Nachtragsberichterstattung im Jahresabschluss gem. § 285 Nr. 33 HGB in Rz. 164 ff.).

h) Angaben zur Ergebnisverwendung (Abs. 1 Nr. 26)

252 Eine spiegelbildliche Vorschrift zu § 285 Nr. 34 HGB wurde für den Konzernanhang mit § 314 Abs. 1 Nr. 26 HGB eingeführt. Künftig ist der Vorschlag für die Verwendung des Ergebnisses des Mutterunternehmens oder gegebenenfalls der Beschluss über die Verwendung des Ergebnisses des Mutterunternehmens anzugeben (vgl. zum inhaltlichen Umfang der Anhangangabe zur Gewinnverwendung die entsprechenden Ausführungen zu § 285 Nr. 34 HGB in Rz. 168 ff.). Die Konzernabschlusserstellung ist, innerhalb der Frist des § 290 Abs. 1 Satz 1 HGB, der Jahresabschlusserstellung, Prüfung und Feststellung des Einzelabschlusses des Mutterunternehmens nachgelagert. Vor diesem Hintergrund ist es im Gegensatz zur Anhangangabe im Jahresabschluss innerhalb der Konzernanhangangabe möglich, nicht nur eine Angabe zum Vorschlag zur Gewinnverwendung anzugeben, wie es im Jahresabschluss regelmäßig der Fall sein wird, sondern eine Angabe zum Gewinnverwendungsbeschluss des Mutterunternehmens zu machen, sofern dieser bis zur Aufstellung des Konzernabschlusses gefasst wurde. Anderenfalls bleibt es auch im Rahmen der Anhangangabe im Konzernabschluss bei der Angabe des Vorschlags für die Verwendung des Ergebnisses des Mutterunternehmens.

3. Angaben zu Arbeitnehmern und Personalaufwand (§ 314 Abs. 1 Nr. 4 HGB)

253 Die Konzernanhangangabe gem. § 314 Abs. 1 Nr. 4 HGB ist durch das BilRUG erweitert bzw. konkretisiert worden. Wie bisher wird die Angabe der durchschnittlichen Zahl der Arbeitnehmer der in den Konzernabschluss einbezogenen Unternehmen während des Geschäftsjahrs getrennt nach Gruppen gefordert. Auch die gesonderte Angabe der Arbeitnehmer, die auf gem. § 310 HGB nur anteilig konsolidierte Unternehmen entfallen, bleibt weiterhin Bestandteil der Angabepflicht.

254 Die Neufassung der Konzernanhangangabe fordert bei Anwendung des Umsatzkostenverfahrens nun nicht mehr nur die Angabe des gesamten Personalaufwands, sondern auch die Aufschlüsselung des Gesamtbetrags nach Löhnen und Gehältern, Kosten der sozialen Sicherheit sowie Kosten der Altersversorgung. Im Rahmen der korrespondierenden Anhangangabe für den Jahresabschluss war diese Aufgliederung bereits vor dem BilRUG verpflichtend. Sie entspricht der verpflichtenden Aufgliederung des Personalaufwands bei Anwendung des Gesamtkostenverfahrens gem. § 275 Abs. 2 Nr. 6 HGB. Die Vorschriften von Jahres- und Konzernabschluss sind insoweit durch das BilRUG angeglichen worden.

4. Angaben zu den Geschäftsführungsorganen, Aufsichtsrat, Beirat oder ähnlicher Einrichtungen des Mutterunternehmens gewährten Vorschüssen und Krediten (§ 314 Abs. 1 Nr. 6 Buchst. c HGB)

Die Angabepflicht im Konzernanhang gem. § 314 Abs. 1 Nr. 6 Buchst. c HGB zu den vom Mutter- oder Tochterunternehmen an das Geschäftsführungsorgan, den Aufsichtsrat, Beirat oder ähnliche Einrichtungen des Mutterunternehmens gewährten Vorschüssen und Krediten ist durch das BilRUG entschärft worden. Waren bisher detailliere Angaben zu den jeweiligen Zinssätzen und wesentlichen Bedingungen notwendig, wird nun lediglich die Angabe der Höhe der gewährten Beträge gefordert.[1] Erweitert wurde die Angabepflicht um die im Geschäftsjahr erlassenen Beträge. 255

5. Angabe zu Aktien, Genussscheinen, Wandelschuldverschreibungen, Optionsscheinen, Optionen oder vergleichbaren Wertpapieren oder Rechten (§ 314 Abs. 1 Nr. 7a und Nr. 7b HGB)

Durch das BilRUG wurden die Konzernanhangangaben der § 314 Abs. 1 Nr. 7a und Nr. 7b HGB neu eingeführt. Innerhalb des § 314 Abs. 1 Nr. 7a HGB wird für den Konzernabschluss eine entsprechende Angabe, wie sie in § 160 AktG für den Jahresabschluss von Aktiengesellschaften oder Kommanditgesellschaften auf Aktien gefordert wird, verpflichtend eingeführt. Es ist die Zahl der Aktien jeder Gattung der während des Geschäftsjahres im Rahmen des genehmigten Kapitals gezeichneten Aktien des Mutterunternehmens anzugeben. 256

§ 314 Abs. 1 Nr. 7b HGB enthält die entsprechend im Jahresabschluss gem. § 285 Nr. 15a HGB neu eingeführte Anhangangabe zu Genussscheinen, Wandelschuldverschreibungen, Optionsscheinen, Optionen oder vergleichbaren Wertpapieren oder Rechten (vgl. hierzu die Ausführungen zur Anhangangabe gem. § 285 Nr. 15a HGB in Rz. 151 f.). Die Angabepflicht im Konzernanhang besteht jedoch nur, wenn das Mutterunternehmen selbst aus Wertpapieren oder anderen Rechten verpflichtet ist und nicht, soweit es ein in den Konzernabschluss einbezogenes Tochterunternehmen betrifft. 257

6. Angabe zu Geschäften zwischen Mutterunternehmen bzw. Tochterunternehmen und nahestehenden Personen (§ 314 Abs. 1 Nr. 13 HGB)

Bislang war die Konzernanhangangabe des § 314 Abs. 1 Nr. 13 HGB a.F. entsprechend der Angabe im Jahresabschluss gem. § 285 Nr. 21 HGB gefasst. Nach der bisherigen gesetzlichen Regelung mussten zumindest die zu marktunüblichen Bedingungen zustande gekommenen Geschäfte von Mutter- und Tochterunternehmen mit nahestehenden Unternehmen und Personen angegeben werden. Ausgenommen von der Angabepflicht wa- 258

---

1 Begr. RegE, BT-Drucks. 18/4050, 74.

ren bisher nur unwesentliche Geschäfte und solche zwischen mittel- oder unmittelbar in 100 %igem Anteilsbesitz stehenden, in den Konzernabschluss einbezogenen Unternehmen. Folglich waren beispielsweise Geschäfte zwischen dem Mutterunternehmen und einem 80 %igen Tochterunternehmen, das vollkonsolidiert wurde, angabepflichtig, obwohl das Geschäft aufgrund der Eliminierungspflicht von konzerninternen Transaktionen nicht mehr in der Konzernbilanz und Konzern-Gewinn- und Verlustrechnung enthalten war.

Diese Unstimmigkeit wird durch die Änderung des § 314 Abs. 1 Nr. 13 HGB bereinigt. Die Ausnahme von der Angabepflicht von Geschäften mit nahestehenden Personen wird auf alle in den Konzernabschluss einbezogenen nahestehenden Unternehmen ausgeweitet, wenn die Geschäfte durch die Konsolidierung eliminiert werden.

259 Zu beachten ist, dass die Angabepflicht, wie bisher, zumindest alle **nicht zu marktüblichen Bedingungen** zustande gekommenen Geschäfte zwischen Tochterunternehmen und diesen nahestehenden Unternehmen und Personen umfasst. Geschäfte von Gemeinschaftsunternehmen und assoziierten Unternehmen fallen nicht in den Anwendungsbereich der Konzernanhangangabe. Es kommt dem Gesetzeswortlaut folgend nicht darauf an, ob das Tochterunternehmen vollkonsolidiert oder überhaupt in den Konzernabschluss einbezogen wird. Somit sind auch alle nicht zu marktüblichen Bedingungen zustande gekommenen Geschäfte von Tochterunternehmen anzugeben, die aufgrund der Wahlrechtsausübung des § 296 HGB nicht in den Konzernabschluss einbezogen sind.[1]

260 Leider wurde auch im Rahmen des BilRUG, wie es bereits bei der letzten großen Bilanzrechtsreform, dem BilMoG, versäumt wurde, keine nähere Erläuterung mit in die Anhangangabe aufgenommen, welche Unternehmen und Personen i.S.d. § 314 Abs. 1 Nr. 13 HGB als nahestehend zu qualifizieren sind. Die Gesetzesbegründung zum BilMoG[2] führt hierzu an, dass nicht die originäre Definition von nahestehenden Personen heranzuziehen ist, sondern die Definition im jeweils gültigen IAS 24.[3]

7. Schutzvorschrift zur Angabe von Geschäftsführungsvergütungen (§ 314 Abs. 3 Satz 2 HGB)

261 Im Konzernanhang, wie auch im Anhang des Jahresabschlusses, wird die Angabe zu den Gesamtbezügen der Mitglieder des Geschäftsführungsorgans, des Aufsichtsrats, Beirats oder einer ähnlichen Einrichtung des Mutterunternehmens in § 314 Abs. 1 Nr. 6 Buchst. a HGB gefordert. Gleiches ist auch für frühere Mitglieder der entsprechenden Organe anzuge-

---

1 Vgl. WP-Handbuch, Bd. I, Kap. M Rz. 783.
2 RegE BilMoG, BT-Drucks. 16/10067, 72.
3 Die Definition der nahestehenden Personen gem. IAS 24 umfasst nicht nur Tochterunternehmen, sondern zusätzlich wesentliche Beteiligungen, Gemeinschaftsunternehmen, Joint Ventures und assoziierte Unternehmen.

ben (§ 314 Abs. 1 Nr. 6 Buchst. b HGB). Bisher enthielten die Vorschriften zur Konzernrechnungslegung keine dem § 286 Abs. 4 HGB vergleichbare Schutzklausel, so dass grundsätzlich eine ausnahmslose Angabepflicht im Konzernanhang bestand. Der Schutzklausel folgend kann bei nicht börsennotierten Unternehmen die Angabe zu den Gesamtbezügen unterbleiben, wenn sich anhand dieser Angaben die **Bezüge eines Mitglieds** dieser Organe feststellen lässt. Nach herrschender Meinung war § 286 Abs. 4 HGB bereits bisher analog auf die entsprechende Konzernanhangangabe anwendbar. Der neu eingeführte § 314 Abs. 3 Satz 2 HGB schließt diese Gesetzeslücke und erklärt § 286 Abs. 4 HGB als analog anwendbar hinsichtlich der Konzernanhangangabe des § 314 Abs. 1 Nr. 6 Buchst. a und b HGB.

Aus systematischen Gründen wurde der letzte Satz des § 314 Abs. 2 HGB a.F., der den Verweis auf § 286 Abs. 5 HGB enthielt, in den neuen § 314 Abs. 3 HGB verschoben, der nun sämtliche Erleichterungs- bzw. Befreiungsvorschriften enthält.

§ 315
Inhalt des Konzernlageberichts

(1) ¹Im Konzernlagebericht sind der Geschäftsverlauf einschließlich des Geschäftsergebnisses und die Lage des Konzerns so darzustellen, dass ein den tatsächlichen Verhältnissen entsprechendes Bild vermittelt wird. ²Er hat eine ausgewogene und umfassende, dem Umfang und der Komplexität der Geschäftstätigkeit entsprechende Analyse des Geschäftsverlaufs und der Lage des Konzerns zu enthalten. ³In die Analyse sind die für die Geschäftstätigkeit bedeutsamsten finanziellen Leistungsindikatoren einzubeziehen und unter Bezugnahme auf die im Konzernabschluss ausgewiesenen Beträge und Angaben zu erläutern. ⁴Satz 3 gilt entsprechend für nichtfinanzielle Leistungsindikatoren, wie Informationen über Umwelt- und Arbeitnehmerbelange, soweit sie für das Verständnis des Geschäftsverlaufs oder der Lage von Bedeutung sind. ⁵Ferner ist im Konzernlagebericht die voraussichtliche Entwicklung mit ihren wesentlichen Chancen und Risiken zu beurteilen und zu erläutern; zugrunde liegende Annahmen sind anzugeben. ⁶Die gesetzlichen Vertreter eines Mutterunternehmens im Sinne des § 297 Abs. 2 Satz 4 haben zu versichern, dass nach bestem Wissen im Konzernlagebericht der Geschäftsverlauf einschließlich des Geschäftsergebnisses und die Lage des Konzerns so dargestellt sind, dass ein den tatsächlichen Verhältnissen entsprechendes Bild vermittelt wird, und dass die wesentlichen Chancen und Risiken im Sinne des Satzes 5 beschrieben sind.

(2) **Im Konzernlagebericht ist auch einzugehen auf:**

1. Vorgänge von besonderer Bedeutung, die nach dem Schluß des Konzerngeschäftsjahrs eingetreten sind;

1. a) die Risikomanagementziele und -methoden des Konzerns einschließlich seiner Methoden zur Absicherung aller wichtigen Arten von Transaktionen, die im Rahmen der Bilanzierung von Sicherungsgeschäften erfasst werden, sowie

   b) die Preisänderungs-, Ausfall- und Liquiditätsrisiken sowie die Risiken aus Zahlungsstromschwankungen, denen der Konzern ausgesetzt ist,

   jeweils in Bezug auf die Verwendung von Finanzinstrumenten durch den Konzern und sofern dies für die Beurteilung der Lage oder der voraussichtlichen Entwicklung von Belang ist;

2. den Bereich Forschung und Entwicklung des Konzerns;

3. **für das Verständnis der Lage des Konzerns wesentliche Zweigniederlassungen der insgesamt in den Konzernabschluss einbezogenen Unternehmen;**

4. die Grundzüge des Vergütungssystems für die in § 314 Abs. 1 Nr. 6 genannten Gesamtbezüge, soweit das Mutterunternehmen eine börsennotierte Aktiengesellschaft ist. ²Werden dabei auch Angaben entsprechend § 314 Abs. 1 Nr. 6 Buchstabe a Satz 5 bis 8 gemacht, können diese im Konzernanhang unterbleiben;

5. die wesentlichen Merkmale des internen Kontroll- und des Risikomanagementsystems im Hinblick auf den Konzernrechnungslegungsprozess, sofern eines der in den Konzernabschluss einbezogenen Tochterunternehmen oder das Mutterunternehmen kapitalmarktorientiert im Sinn des § 264d ist.

(3) § 298 **Absatz 2** über die Zusammenfassung von Konzernanhang und Anhang ist entsprechend anzuwenden.

(4) ¹Mutterunternehmen, die einen organisierten Markt im Sinne des § 2 Abs. 7 des Wertpapiererwerbs- und Übernahmegesetzes durch von ihnen ausgegebene stimmberechtigte Aktien in Anspruch nehmen, haben im Konzernlagebericht anzugeben:

1. die Zusammensetzung des gezeichneten Kapitals; bei verschiedenen Aktiengattungen sind für jede Gattung die damit verbundenen Rechte und Pflichten und der Anteil am Gesellschaftskapital anzugeben, soweit die Angaben nicht im Konzernanhang zu machen sind;

2. Beschränkungen, die Stimmrechte oder die Übertragung von Aktien betreffen, auch wenn sie sich aus Vereinbarungen zwischen Gesellschaftern ergeben können, soweit sie dem Vorstand des Mutterunternehmens bekannt sind;

3. direkte oder indirekte Beteiligungen am Kapital, die 10 vom Hundert der Stimmrechte überschreiten, soweit die Angaben nicht im Konzernanhang zu machen sind;

4. die Inhaber von Aktien mit Sonderrechten, die Kontrollbefugnisse verleihen; die Sonderrechte sind zu beschreiben;

5. die Art der Stimmrechtskontrolle, wenn Arbeitnehmer am Kapital beteiligt sind und ihre Kontrollrechte nicht unmittelbar ausüben;
6. die gesetzlichen Vorschriften und Bestimmungen der Satzung über die Ernennung und Abberufung der Mitglieder des Vorstands und über die Änderung der Satzung;
7. die Befugnisse des Vorstands insbesondere hinsichtlich der Möglichkeit, Aktien auszugeben oder zurückzukaufen;
8. wesentliche Vereinbarungen des Mutterunternehmens, die unter der Bedingung eines Kontrollwechsels infolge eines Übernahmeangebots stehen, und die hieraus folgenden Wirkungen; die Angabe kann unterbleiben, soweit sie geeignet ist, dem Mutterunternehmen einen erheblichen Nachteil zuzufügen; die Angabepflicht nach anderen gesetzlichen Vorschriften bleibt unberührt;
9. Entschädigungsvereinbarungen des Mutterunternehmens, die für den Fall eines Übernahmeangebots mit den Mitgliedern des Vorstands oder Arbeitnehmern getroffen sind, soweit die Angaben nicht im Konzernanhang zu machen sind.

²Sind Angaben nach Satz 1 im Konzernanhang zu machen, ist im Konzernlagebericht darauf zu verweisen.

(5) ¹**Ein Mutterunternehmen im Sinne des § 289a Absatz 1 hat für den Konzern eine Erklärung zur Unternehmensführung zu erstellen und als gesonderten Abschnitt in den Konzernlagebericht aufzunehmen.** ²**§ 289a ist entsprechend anzuwenden.**

Begründung Regierungsentwurf v. 20.2.2015 (BT-Drucks. 18/4050, 76):

Überschrift: Der Gesetzentwurf sieht vor, auch für § 315 HGB eine amtliche Überschrift vorzusehen, die in Anlehnung an § 289 HGB „Inhalt des Konzernlageberichts" lauten soll.

Abs. 2: Die Formulierung des Eingangssatzes zu § 315 Absatz 2 HGB wird spiegelbildlich zur Änderung von § 289 Absatz 2 HGB enger an den Wortlaut von Artikel 29 in Verbindung mit Artikel 19 Absatz 2 der Richtlinie 2013/34/EU angepasst.

Die Aufhebung von Nummer 1 erfolgt spiegelbildlich zu § 289 HGB und ist eine Folgeänderung zur Verlagerung der Angaben zu wesentlichen Umständen nach dem Bilanzstichtag in den Konzernanhang (Artikel 28 Absatz 1 in Verbindung mit Artikel 17 Absatz 1 Buchstabe q der Richtlinie 2013/34/EU). Die dabei entstehende Leerstelle wird durch Aufrücken der Nummern 2 und 3 aufgefüllt. Die Aufhebung von Nummer 1 erfordert Folgeänderungen auch in anderen Gesetzen und Rechtsverordnungen.

Die Einfügung einer neuen Nummer 3 beruht auf Artikel 29 Absatz 1 in Verbindung mit Artikel 19 Absatz 2 Buchstabe d der Richtlinie 2013/34/EU. Danach müssen bestehende Zweigniederlassungen ausdrücklich im Konzernlagebericht aufgeführt werden, wobei den wesentlichen Anpassungen, die sich aus den Besonderheiten des Konzernlageberichts im Vergleich zu einem Lagebericht ergeben, dergestalt Rechnung zu tragen ist, dass die Bewertung der Lage der insgesamt in die Konsolidierung einbezogenen Unternehmen erleichtert wird.

Abs. 3: Die Änderung von § 315 Absatz 3 HGB ist eine Folgeänderung zur Änderung von § 298 HGB.

Abs. 5: Die Einfügung eines neuen Absatzes 5 beruht auf Artikel 29 Absatz 1 in Verbindung mit Artikel 20 der Richtlinie 2013/34/EU. Danach sind die in § 289a HGB umgesetzten speziellen Vorgaben für börsennotierte Aktiengesellschaften auf konsolidierter Ebene auch im Konzernlagebericht zu machen. Bei der Anwendung von Absatz 5 soll das Mutterunternehmen für den Konzern und für sich selbst gleiche Unternehmensführungsgrundsätze zu Grunde legen. Angaben nach Absatz 5 sind nur erforderlich, wenn das Mutterunternehmen eine börsennotierte Aktiengesellschaft ist. Sind mehrere Tochterunternehmen, nicht aber das Mutterunternehmen börsennotiert, bleiben die Tochterunternehmen selbstständig dem § 289a HGB oder vergleichbaren auf sie anwendbaren ausländischen Vorschriften unterworfen. Mit der entsprechenden Anwendung wird dem Mutterunternehmen auch das Wahlrecht des § 289a Absatz 1 HGB gewährt, die Angaben gesondert auf seiner Internetseite zu veröffentlichen und dann nicht im Konzernlagebericht zu machen.

Bericht des Ausschusses für Recht und Verbraucherschutz v. 17.6.2015
(BT-Drucks. 18/5256, 84 f.):

Abs. 5: Die Praxis hat an den Ausschuss die Bitte herangetragen, die Erforderlichkeit von § 315 Absatz 5 HGB-E noch einmal zu überprüfen. Der Ausschuss hat sich im Ergebnis davon überzeugt, dass die Regelung beizubehalten ist. Der Gesetzentwurf setzt die in Artikel 29 Absatz 1 und Artikel 20 der Richtlinie 2013/34/EU vorgegebene Einfügung einer Erklärung zur Unternehmensführung in den Konzernlagebericht um. Die europäische Vorgabe dazu ist neu und war in den bisherigen Richtlinien nicht enthalten. Dabei ist darauf hinzuweisen, dass die Richtlinie bewusst nicht von jedem Tochterunternehmen eine eigene Erklärung zur Unternehmensführung verlangt, die dann auf Konzernebene einzeln zu berichten wäre, sondern sich auf eine auf den Konzern bezogene – und damit zwingend generalisierende – Aussage des börsennotierten Mutterunternehmens bezieht, die insbesondere nicht die einzelnen unterschiedlichen Rechtsvorschriften berücksichtigen kann, die für die jeweiligen Tochterunternehmen gelten. Entscheidend ist dabei, dass den wesentlichen Anpassungen aus den Besonderheiten des Konzernlageberichts zum Lagebericht dergestalt Rechnung zu tragen ist, dass die Bewertung der Lage der insgesamt in den Konzernabschluss einbezogenen Unternehmen erleichtert wird (Artikel 29 Absatz 1 der Richtlinie 2013/34/EU).

Bei Angaben, die sich auf die Zusammensetzung und Arbeitsweise der Verwaltungs-, Leitungs- und Aufsichtsorgane und ihrer Ausschüsse beziehen, genügen die nach § 289a HGB näher spezifizierten Angaben in Bezug auf das Mutterunternehmen als der Konzernspitze, so dass der Inhalt der Erklärung nach § 315 Absatz 5 HGB-E insoweit mit dem Inhalt der Erklärung nach § 289a HGB identisch sein könnte. Im Hinblick auf den Deutschen Corporate Governance Kodex und auf die Unternehmensführungspraktiken dürfte die in § 315 Absatz 5 HGB-E umgesetzte europäische Vorgabe allerdings so zu verstehen sein, dass die auf den gesamten Konzern bezogenen Inhalte vor allem in die Erklärung nach § 315 Absatz 5 HGB-E und die nur auf die börsennotierte Aktiengesellschaft selbst bezogenen Inhalte vor allem in die Erklärung nach § 289a HGB einzubeziehen sind. Bei der Abgrenzung ist dem Wesentlichkeitsgrundsatz in Verbindung mit den unterschiedlichen Zielen von § 289a HGB und von § 315 Absatz 5 HGB-E hinreichend Rechnung zu tragen. Grundaussagen zur börsennotierten Aktiengesellschaft werden daher in beiden Erklärungen erforderlich sein, wobei die Erklärung nach § 289a HGB eine etwas größere Informationstiefe in Bezug auf die berichtende Kapitalgesellschaft und die Erklärung nach § 315 Absatz 5 HGB-E eine etwas größere Informationsbreite bezogen auf die Gesamtverhältnisse des Konzerns bei gleichzeitiger Begrenzung der Informationstiefe enthalten sollte. Eine solche Differenzierung dürfte der Intention des europäischen Gesetzgebers und auch den Informationsbedürfnissen der Nutzer der Rechnungslegung entsprechen.

I. Wesentliche Neuerungen

- Klarstellende Änderung des § 315 Abs. 2 HGB in eine „muss"-Vorschrift.
- Verlagerung des Nachtragsberichts in den Konzernanhang.
- Einführung einer Zweigniederlassungsberichterstattung.
- Verpflichtung zur Erklärung zur Unternehmensführung im Konzernlagebericht.

262

II. Erläuterungen zu § 315 HGB (Änderungen in der Konzernlageberichterstattung)

1. Allgemeine Änderungen des § 315 Abs. 2 HGB

Die Änderungen in § 315 Abs. 2 HGB haben lediglich klarstellenden Charakter. Entsprechend zu der Änderung in § 289 Abs. 2 HGB wird auch § 315 Abs. 2 HGB in eine „muss"-Vorschrift umformuliert (vgl. hierzu die Ausführungen zu § 289 Abs. 2 HGB in Rz. 174 f.). Aufgrund der herrschenden Meinung, dass auch der bisherige Wortlaut nicht als Wahlrecht, sondern als Angabepflicht zu interpretieren war, ergeben sich keine praxisrelevanten Konsequenzen durch die Änderung.

263

Wegen der Verlagerung der Nachtragsberichterstattung in den Konzernanhang und der Streichung des § 315 Abs. 2 Nr. 1 HGB a.F. erfolgt eine Neunummerierung des § 315 Abs. 2 HGB. Inhaltliche Änderungen sind hiermit nicht verbunden.

2. Zweigniederlassungsberichterstattung (§ 315 Abs. 2 Nr. 3 HGB)

Neu eingeführt wird § 315 Abs. 2 Nr. 3 HGB in die Konzernlageberichterstattung. Durch das BilRUG wird eine Zweigniederlassungsberichterstattung im Konzernlagebericht implementiert. Diese fordert eine Angabe der für das Verständnis der Lage des Konzerns wesentlichen Zweigniederlassungen der insgesamt in den Konzernabschluss einbezogenen Unternehmen. Hintergrund der Regelung ist eine weitergehende **Harmonisierung von Lagebericht und Konzernlagebericht**. Im Lagebericht herrschte bisher bereits eine Angabepflicht der bestehenden Zweigniederlassungen der Gesellschaft gem. § 289 Abs. 2 Nr. 3 HGB a.F. Hinsichtlich der Abgrenzungsfrage, was unter einer Zweigniederlassung zu verstehen ist, kann somit auf die bestehenden Kommentierungen zum Lagebericht nach § 283 HGB verwiesen werden.

264

Nunmehr müssen bestehende Zweigniederlassungen aller in den Konzernabschluss einbezogenen Unternehmen auch explizit im Konzernlage-

265

bericht aufgeführt werden. Angabepflichtig sind somit Zweigniederlassungen des Mutterunternehmens, vollkonsolidierter Tochterunternehmen und quotal einbezogener Gemeinschaftsunternehmen. Eine Berichterstattungspflicht über Zweigniederlassungen von Tochterunternehmen, die aufgrund der Wahlrechtsausübung gem. § 296 HGB nicht in den Konzernabschluss einbezogen wurden, besteht demnach nicht.

Bei großen Konzernen mit einer Vielzahl von Zweigniederlassungen würde diese Angabepflicht zu einer ausufernden Berichterstattung führen. Infolge dessen wurde im Gesetz die Einschränkung aufgenommen, dass nur über solche Zweigniederlassungen zu berichten ist, die **für das Verständnis des Konzerns wesentlich** sind und somit die Beurteilung oder Bewertung der Lage der insgesamt in die Konsolidierung einbezogenen Unternehmen erleichtern.[1]

Im Rahmen der Zweigniederlassungsberichterstattung ist mindestens für jede Zweigniederlassung über Gegenstand und Sitz, ggf. Land der Zweigniederlassung sowie über Veränderungen im Berichtsjahr, z.B. Errichtungen, Zusammenlegungen oder Auflösungen, zu berichten. Eine tabellarische Form der Berichterstattung bietet sich für den Zweigniederlassungsbericht an.[2]

266 Der Gesetzeswortlaut fordert lediglich die Angabe derjenigen Zweigniederlassungen, die wesentlich für das Verständnis der Lage des Konzerns sind. Weder das Gesetz noch die Gesetzesbegründung geben Kriterien vor, an denen man sich bei der Beurteilung, ob eine Zweigniederlassung wesentlich ist oder nicht, orientieren könnte. Grundsätzlich kämen sowohl quantitative als auch qualitative Aspekte in Frage. Dem Bilanzierenden wird hierdurch ein Ermessensspielraum eröffnet, nach welchen Kriterien er den Wesentlichkeitsaspekt auslegt.

⭕ **Praxistipp:** Der Bilanzierende sollte die Kriterien, anhand derer er die Wesentlichkeitseinstufung vornimmt, gut dokumentieren und im Zeitverlauf stetig beibehalten.

267 Die Auflistung der Zweigniederlassungen im Lagebericht kann wichtige Rückschlüsse über **compliance-relevante Sachverhalte** geben. So können Tochterunternehmen in hoch entwickelten Industrieländern angesiedelt sein, während Zweigniederlassungen in Schwellenländern oder Dritte Welt-Ländern existieren, in denen Umweltschutzauflagen und die Beachtung der Menschenrechte einen anderen Stellenwert haben. Diese Informationen konnten bisher nur aus den Lageberichten der Jahresabschlüsse der in den Konzernabschluss einbezogenen Tochterunternehmen, nicht jedoch aus dem Konzernlagebericht selbst gewonnen werden.[3] Mit der Einführung der Zweigniederlassungsberichterstattung werden diese Infor-

---

1 Begr. RegE, BT-Drucks. 18/4050, 76.
2 Vgl. *Grottel* in Beck'scher Bilanzkommentar⁹, § 289 HGB Rz. 90.
3 Vgl. *Fink/Theile*, DB 2015, 753 ff.

mationen für den Adressaten nun auch direkt aus dem Konzernlagebericht transparent.

3. Erklärung zur Unternehmensführung (§ 315 Abs. 5 HGB)

Mit dem BilRUG wird § 315 Abs. 5 HGB eingeführt, der nun auch die Aufnahme der Erklärung zur Unternehmensführung in den Konzernlagebericht fordert. Bisher war die Angabe nur für den Lagebericht im Einzelabschluss gem. § 289a HGB verpflichtend. Auch diese Änderung verfolgt eine weitergehende Harmonisierung von Lagebericht und Konzernlagebericht. Die Angabepflicht gem. § 315 Abs. 5 HGB betrifft lediglich **börsennotierte Mutterunternehmen** i.S.d. § 289a Abs. 1 HGB. Eine Erklärung zur Unternehmensführung ist somit nur dann in den Konzernlagebericht aufzunehmen, wenn das Mutterunternehmen börsennotiert ist. Sind mehrere in den Konzernabschluss einbezogene Tochterunternehmen börsennotiert, nicht aber das Mutterunternehmen, wird die Berichtspflicht gem. § 315 Abs. 5 HGB nicht ausgelöst.[1] Für börsennotierte Tochterunternehmen verbleibt es bei der Angabepflicht der Erklärung zur Unternehmensführung im Lagebericht des Jahresabschlusses gem. § 289a HGB.

268

In der Gesetzesbegründung wird explizit darauf hingewiesen, dass nicht von jedem Tochterunternehmen eine eigene Erklärung zur Unternehmensführung verlangt wird. Lediglich das börsennotierte Mutterunternehmen hat eine auf den Konzern bezogene und somit zwingend **generalisierte Aussage** abzugeben, die dazu beiträgt, die Bewertung der Lage der insgesamt in den Konzernabschluss einbezogenen Unternehmen zu erleichtern. Inhaltlich ist die Erklärung des Mutterunternehmens in seinem Jahresabschluss gem. § 289a HGB von der im Konzernabschluss gem. § 315 Abs. 5 HGB wie folgt abzugrenzen: Inhalte des Deutschen Corporate Governance Kodex und zu den Unternehmensführungspraktiken, die auf den gesamten Konzern bezogen sind, sind in die Erklärung gem. § 315 Abs. 5 HGB aufzunehmen. Die Beurteilung, in welchem Umfang dies zu erfolgen hat, kann mit Hilfe des Wesentlichkeitsgrundsatzes und anhand der mit den beiden Erklärungen verfolgten Ziele vorgenommen werden. Somit gibt es Teilbereiche der Erklärungen in Jahres- und Konzernabschluss, die identisch abgefasst werden können, wie z.B. die Grundaussagen zu der börsennotierten Muttergesellschaft. Inhalte, die hauptsächlich auf das börsennotierte Mutterunternehmen abzielen, sind im Rahmen der Erklärung gem. § 289a HGB anzugeben. Somit weist die Erklärung nach § 289a HGB eine etwas größere Informationstiefe bezogen auf die berichtende Kapitalgesellschaft auf, während die Erklärung nach § 315 Abs. 5 HGB den Fokus auf die Gesamtverhältnisse des Konzerns legt und somit breiter und weniger tiefgreifend ausgestaltet ist.[2]

269

---
1 Begr. RegE, BT-Drucks. 18/4050, 76.
2 Bericht des Rechtsausschuss., BT-Drucks. 18/5256, 85.

⇨ **Praxistipp:** Die Erklärung zur Unternehmensführung gem. § 315 Abs. 5 HGB ist grundsätzlich wie die nach § 289a HGB auszugestalten. Der Umfang der erwarteten Inhalte ist somit grundsätzlich identisch. Lediglich von ihrem Aussagegehalt her ist die Erklärung im Konzernlagebericht mehr auf den Konzern in seiner Gesamtheit auszurichten. Somit werden hierin i.d.R. lediglich mehr allgemeingültige Aussagen getroffen werden können im Vergleich zu der Erklärung zur Unternehmensführung gem. § 289a HGB für die börsennotierte Muttergesellschaft selbst.

270 Die Erklärung zur Unternehmensführung soll in einem **gesonderten Abschnitt** im Konzernlagebericht aufgeführt werden. Der Gesetzgeber gibt dem Bilanzersteller jedoch mit dem Verweis auf die entsprechende Anwendung des § 289a HGB das Wahlrecht, die Erklärung zur Unternehmensführung auf der Internetseite des Mutterunternehmens zu veröffentlichen und in den Konzernlagebericht lediglich eine Bezugnahme auf die jeweilige Internetseite aufzunehmen.

§ 315a

(1) Ist ein Mutterunternehmen, das nach den Vorschriften des Ersten Titels einen Konzernabschluss aufzustellen hat, nach Artikel 4 der Verordnung (EG) Nr. 1606/2002 des Europäischen Parlaments und des Rates vom 19. Juli 2002 in der jeweils geltenden Fassung verpflichtet, die nach den Artikeln 2, 3 und 6 der genannten Verordnung übernommenen internationalen Rechnungslegungsstandards anzuwenden, so sind von den Vorschriften des Zweiten bis Achten Titels nur § 294 Abs. 3, § 297 **Absatz 1a, 2 Satz 4**, § 298 Abs. 1, dieser jedoch nur in Verbindung mit den §§ 244 und 245, ferner § 313 Abs. 2 und 3, § 314 Abs. 1 Nr. 4, 6, 8 und 9, **Absatz 3** sowie die Bestimmungen des Neunten Titels und die Vorschriften außerhalb dieses Unterabschnitts, die den Konzernabschluss oder den Konzernlagebericht betreffen, **entsprechend** anzuwenden.

(2) Mutterunternehmen, die nicht unter Absatz 1 fallen, haben ihren Konzernabschluss nach den dort genannten internationalen Rechnungslegungsstandards und Vorschriften aufzustellen, wenn für sie bis zum jeweiligen Bilanzstichtag die Zulassung eines Wertpapiers im Sinne des § 2 **Absatz 1** des Wertpapierhandelsgesetzes zum Handel an einem organisierten Markt im Sinne des § 2 Abs. 5 des Wertpapierhandelsgesetzes im Inland beantragt worden ist.

(3) ¹Mutterunternehmen, die nicht unter Absatz 1 oder 2 fallen, dürfen ihren Konzernabschluss nach den in Absatz 1 genannten internationalen Rechnungslegungsstandards und Vorschriften aufstellen. ²Ein Unternehmen, das von diesem Wahlrecht Gebrauch macht, hat die in Absatz 1 genannten Standards und Vorschriften vollständig zu befolgen.

Begründung Regierungsentwurf v. 20.2.2015 (BT-Drucks. 18/4050, 76):
Die Änderung von § 315a Absatz 1 HGB ist eine Folgeänderung zur Änderung von § 314 HGB. Die Änderung von § 315a Absatz 2 HGB bereinigt ein früheres Redaktionsversehen aus der Änderung von § 2 Absatz 1 des Wertpapierhandelsgesetzes.

C. Abschlussprüfung

§ 317
Gegenstand und Umfang der Prüfung

(1) ¹In die Prüfung des Jahresabschlusses ist die Buchführung einzubeziehen. ²Die Prüfung des Jahresabschlusses und des Konzernabschlusses hat sich darauf zu erstrecken, ob die gesetzlichen Vorschriften und sie ergänzende Bestimmungen des Gesellschaftsvertrags oder der Satzung beachtet worden sind. ³Die Prüfung ist so anzulegen, daß Unrichtigkeiten und Verstöße gegen die in Satz 2 aufgeführten Bestimmungen, die sich auf die Darstellung des sich nach § 264 Abs. 2 ergebenden Bildes der Vermögens-, Finanz- und Ertragslage des Unternehmens wesentlich auswirken, bei gewissenhafter Berufsausübung erkannt werden.

(2) ¹Der Lagebericht und der Konzernlagebericht sind darauf zu prüfen, ob der Lagebericht mit dem Jahresabschluß, gegebenenfalls auch mit dem Einzelabschluss nach § 325 Abs. 2a, und der Konzernlagebericht mit dem Konzernabschluß sowie mit den bei der Prüfung gewonnenen Erkenntnissen des Abschlußprüfers in Einklang stehen und ob der Lagebericht insgesamt **ein zutreffendes Bild** von der Lage des Unternehmens und der Konzernlagebericht insgesamt **ein zutreffendes Bild** von der Lage des Konzerns vermittelt. ²Dabei ist auch zu prüfen, ob die Chancen und Risiken der künftigen Entwicklung zutreffend dargestellt sind. ³**Die Prüfung des Lageberichts und des Konzernlageberichts hat sich auch darauf zu erstrecken, ob die gesetzlichen Vorschriften zur Aufstellung des Lage- oder Konzernlageberichts beachtet worden sind.** ⁴**Die Angaben nach § 289a Absatz 2 und § 315 Absatz 5 sind nicht in die Prüfung einzubeziehen; insoweit ist im Rahmen der Prüfung lediglich festzustellen, ob diese Angaben gemacht wurden.**

(3) ¹Der Abschlußprüfer des Konzernabschlusses hat auch die im Konzernabschluß zusammengefaßten Jahresabschlüsse, insbesondere die konsolidierungsbedingten Anpassungen, in entsprechender Anwendung des Absatzes 1 zu prüfen. ²Sind diese Jahresabschlüsse von einem anderen Abschlussprüfer geprüft worden, hat der Konzernabschlussprüfer dessen Arbeit zu überprüfen und dies zu dokumentieren.

(4) Bei einer börsennotierten Aktiengesellschaft ist außerdem im Rahmen der Prüfung zu beurteilen, ob der Vorstand die ihm nach § 91 Abs. 2 des Aktiengesetzes obliegenden Maßnahmen in einer geeigneten Form getroffen hat und ob das danach einzurichtende Überwachungssystem seine Aufgaben erfüllen kann.

(5) Bei der Durchführung einer Prüfung hat der Abschlussprüfer die internationalen Prüfungsstandards anzuwenden, die von der Europäischen Kommission in dem Verfahren nach Artikel 26 Abs. 1 der Richtlinie 2006/43/EG des Europäischen Parlaments und des Rates vom 17. Mai 2006 über Abschlussprüfungen von Jahresabschlüssen und konsolidierten Abschlüssen, zur Änderung der Richtlinien 78/660/EWG und 83/349/EWG des Rates und zur Aufhebung der Richtlinie 84/253/EWG des Rates (ABl. EU Nr. L 157 S. 87) angenommen worden sind.

(6) Das Bundesministerium der Justiz **und für Verbraucherschutz**[1] wird ermächtigt, im Einvernehmen mit dem Bundesministerium für Wirtschaft und **Energie**[134] durch Rechtsverordnung, die nicht der Zustimmung des Bundesrates bedarf, zusätzlich zu den bei der Durchführung der Abschlussprüfung nach Absatz 5 anzuwendenden internationalen Prüfungsstandards weitere Abschlussprüfungsanforderungen oder die Nichtanwendung von Teilen der internationalen Prüfungsstandards vorzuschreiben, wenn dies durch den Umfang der Abschlussprüfung bedingt ist und den in den Absätzen 1 bis 4 genannten Prüfungszielen dient.

Begründung Regierungsentwurf v. 20.2.2015 (BT-Drucks. 18/4050, 76 f.):

Abs. 2: Die Änderung in Satz 1 ist redaktioneller Natur und übernimmt die bereits in § 289 Absatz 1, § 315 Absatz 1, und § 322 Absatz 2 HGB verwendete Formulierung zum zutreffenden „Bild" von Lage des Unternehmens.

Die Änderung und Erweiterung von Absatz 2 ist im Übrigen durch Artikel 34 der Richtlinie 2013/34/EU geboten, der die Prüfung des Lageberichts und des Konzernlageberichts betrifft. Sie werden flankiert durch Änderungen in § 322 HGB, um die Änderungen auch in der Darstellung des Prüfungsergebnisses, d.h. im Bestätigungsvermerk des Abschlussprüfers, zu berücksichtigen.

Die Ergänzung von Satz 3 beruht auf Artikel 34 Absatz 1 Unterabsatz 2 Buchstabe a ii der Richtlinie 2013/34/EU. Danach müssen der Abschlussprüfer oder die Prüfungsgesellschaft ein Urteil auch darüber abgeben, ob der Lagebericht bzw. der Konzernlagebericht (Artikel 34 Absatz 2 der Richtlinie 2013/34/EU) den für die Aufstellung geltenden rechtlichen Anforderungen entspricht. Ein solches Urteil setzt voraus, dass der Abschlussprüfer bzw. die Prüfungsgesellschaft zuvor die Prüfung von Lagebericht und Konzernlagebericht auf die Einhaltung der Vorgaben an die Aufstellung dieser Berichte erstreckt hat. Der erweiterte Prüfungsumfang bezieht sich auf die in § 289 HGB und die in § 315 Absatz 1 bis 4 genannten Angaben. Die Angaben nach §§ 289a und 315 Absatz 5 HGB-E sind nicht zu prüfen; im Rahmen der Prüfung ist nur festzustellen, ob dazu Angaben gemacht wurden.

Diese Neuregelung dient insgesamt nur der Klarstellung und führt nicht zu sachlichen Änderungen des heutigen Prüfungsumfangs. Bereits im geltenden Recht ist in § 321 Absatz 2 Satz 1 HGB vorgeschrieben, dass im Prüfungsbericht festzustellen ist, ob die Buchführung und die Unterlagen der Rechnungslegung den gesetzlichen Vorschriften entsprechen. Das setzt eine entsprechende Prüfung bereits heute voraus.

---

1 Durch die 10. Zuständigkeitsanpassungsverordnung v. 31.8.2015 (BGBl. I 2015, 1474) wurde in § 317 Abs. 6 HGB das Wort „Justiz" durch die Wörter „Justiz und für Verbraucherschutz" und wurden die Wörter „Wirtschaft und Technologie" durch die Wörter „Wirtschaft und Energie" ersetzt.

I. Wesentliche Neuerungen

- Erweiterung des Prüfungsumfangs der Lageberichterstattung; Prüfung ob bei der Aufstellung des Lageberichts die gesetzlichen Vorschriften beachtet wurden.

271

II. Erläuterungen zu § 317 Abs. 2 HGB (Prüfungsurteil zum [Konzern-]Lagebericht)

Durch das BilRUG werden hauptsächlich eine Vielzahl von Vorschriften der handelsrechtlichen Rechnungslegung geändert und ergänzt. In geringem Umfang werden jedoch auch die Vorschriften zur Abschlussprüfung modifiziert. Eine Anpassung erfolgte hinsichtlich des Prüfungsumfangs des (Konzern-)Lageberichts.

272

Ist ein Unternehmen gem. § 264 Abs. 1 Satz 1 HGB dazu verpflichtet, neben dem Jahresabschluss zusätzlich einen Lagebericht aufzustellen, so ist dieser gem. § 317 Abs. 2 HGB in die Jahresabschlussprüfung mit einzubeziehen. Bisher hat sich die **Prüfungspflicht** darauf erstreckt, ob der Lagebericht mit dem Jahresabschluss und den bei der Abschlussprüfung gewonnenen Erkenntnissen im Einklang steht und ob der Lagebericht insgesamt eine zutreffende Vorstellung von der Lage des Unternehmens vermittelt. Außerdem war zu prüfen, ob die Chancen und Risiken der künftigen Entwicklung zutreffend dargestellt sind. Gleiches gilt für die Prüfung des Konzernlageberichts.

Neu in § 317 Abs. 2 Satz 3 HGB wird durch das BilRUG eingeführt, dass sich der Prüfungsumfang zukünftig auch auf die **Einhaltung der gesetzlichen Vorschriften** zur Aufstellung des Lage- oder Konzernlageberichts erstecken soll. Dies sind im Wesentlichen die §§ 289 und 315 HGB sowie DRS 20, der für den Konzernlagebericht verpflichtend anzuwenden ist. Eine entsprechende Anwendung für die Lageberichterstattung im Einzelabschluss wird jedoch empfohlen. Weiterhin wurde die Formulierung des § 317 Abs. 2 Satz 1 HGB, ob der Lagebericht insgesamt eine zutreffende „Vorstellung" von der Lage des Unternehmens vermittelt, in zutreffendes „Bild" geändert. Diese Änderung ist jedoch nur redaktioneller Natur und führt zu keinerlei materiellen Konsequenzen.

273

Für die Prüfungsdurchführung ergeben sich durch den erweiterten Prüfungsumfang **keine wesentlichen Änderungen**. Denn schon bisher musste aufgrund des zu beachtenden Prüfungsstandards IDW PS 350[1] und der Berichtspflicht im Prüfungsbericht gem. § 321 Abs. 2 HGB die Einhaltung der gesetzlichen Vorschriften und ergänzenden Bestimmungen des Gesellschaftsvertrags bzw. der Satzung in Bezug auf die Lageberichterstattung überprüft bzw. über diese berichtet werden. Somit handelt es sich lediglich um eine gesetzliche Klarstellung bzgl. des Umfangs der Prüfungspflicht.

---
1 IDW Prüfungsstandard: Prüfung des Lageberichts (IDW PS 350) v. 9.9.2009.

§ 322
Bestätigungsvermerk

(1) ¹Der Abschlussprüfer hat das Ergebnis der Prüfung in einem Bestätigungsvermerk zum Jahresabschluss oder zum Konzernabschluss zusammenzufassen. ²Der Bestätigungsvermerk hat Gegenstand, Art und Umfang der Prüfung zu beschreiben und dabei die angewandten Rechnungslegungs- und Prüfungsgrundsätze anzugeben; er hat ferner eine Beurteilung des Prüfungsergebnisses zu enthalten. ³**In einem einleitenden Abschnitt haben zumindest die Beschreibung des Gegenstands der Prüfung und die Angabe zu den angewandten Rechnungslegungsgrundsätzen zu erfolgen.**

(2) ¹Die Beurteilung des Prüfungsergebnisses muss zweifelsfrei ergeben, ob

1. ein uneingeschränkter Bestätigungsvermerk erteilt,
2. ein eingeschränkter Bestätigungsvermerk erteilt,
3. der Bestätigungsvermerk aufgrund von Einwendungen versagt oder
4. der Bestätigungsvermerk deshalb versagt wird, weil der Abschlussprüfer nicht in der Lage ist, ein Prüfungsurteil abzugeben.

²Die Beurteilung des Prüfungsergebnisses soll allgemein verständlich und problemorientiert unter Berücksichtigung des Umstandes erfolgen, dass die gesetzlichen Vertreter den Abschluss zu verantworten haben. ³Auf Risiken, die den Fortbestand des Unternehmens oder eines Konzernunternehmens gefährden, ist gesondert einzugehen. ⁴Auf Risiken, die den Fortbestand eines Tochterunternehmens gefährden, braucht im Bestätigungsvermerk zum Konzernabschluss des Mutterunternehmens nicht eingegangen zu werden, wenn das Tochterunternehmen für die Vermittlung eines den tatsächlichen Verhältnissen entsprechenden Bildes der Vermögens-, Finanz- und Ertragslage des Konzerns nur von untergeordneter Bedeutung ist.

(3) ¹In einem uneingeschränkten Bestätigungsvermerk (Absatz 2 Satz 1 Nr. 1) hat der Abschlussprüfer zu erklären, dass die von ihm nach § 317 durchgeführte Prüfung zu keinen Einwendungen geführt hat und dass der von den gesetzlichen Vertretern der Gesellschaft aufgestellte Jahres- oder Konzernabschluss aufgrund der bei der Prüfung gewonnenen Erkenntnisse des Abschlussprüfers nach seiner Beurteilung den gesetzlichen Vorschriften entspricht und unter Beachtung der Grundsätze ordnungsmäßiger Buchführung oder sonstiger maßgeblicher Rechnungslegungsgrundsätze ein den tatsächlichen Verhältnissen entsprechendes Bild der Vermögens-, Finanz- und Ertragslage des Unternehmens oder des Konzerns vermittelt. ²Der Abschlussprüfer kann zusätzlich einen Hinweis auf Umstände aufnehmen, auf die er in besonderer Weise aufmerksam macht, ohne den Bestätigungsvermerk einzuschränken.

§ 322 – Bestätigungsvermerk

(4) ¹Sind Einwendungen zu erheben, so hat der Abschlussprüfer seine Erklärung nach Absatz 3 Satz 1 einzuschränken (Absatz 2 Satz 1 Nr. 2) oder zu versagen (Absatz 2 Satz 1 Nr. 3). ²Die Versagung ist in den Vermerk, der nicht mehr als Bestätigungsvermerk zu bezeichnen ist, aufzunehmen. ³Die Einschränkung oder Versagung ist zu begründen. ⁴Ein eingeschränkter Bestätigungsvermerk darf nur erteilt werden, wenn der geprüfte Abschluss unter Beachtung der vom Abschlussprüfer vorgenommenen, in ihrer Tragweite erkennbaren Einschränkung ein den tatsächlichen Verhältnissen im Wesentlichen entsprechendes Bild der Vermögens-, Finanz- und Ertragslage vermittelt.

(5) ¹Der Bestätigungsvermerk ist auch dann zu versagen, wenn der Abschlussprüfer nach Ausschöpfung aller angemessenen Möglichkeiten zur Klärung des Sachverhalts nicht in der Lage ist, ein Prüfungsurteil abzugeben (Absatz 2 Satz 1 Nr. 4). Absatz 4 Satz 2 und 3 gilt entsprechend.

(6) ¹Die Beurteilung des Prüfungsergebnisses hat sich auch darauf zu erstrecken, ob der Lagebericht oder der Konzernlagebericht nach dem Urteil des Abschlussprüfers mit dem Jahresabschluss und gegebenenfalls mit dem Einzelabschluss nach § 325 Abs. 2a oder mit dem Konzernabschluss in Einklang steht, **die gesetzlichen Vorschriften zur Aufstellung des Lage- oder Konzernlageberichts beachtet worden sind und der Lage- oder Konzernlagebericht** insgesamt ein zutreffendes Bild von der Lage des Unternehmens oder des Konzerns vermittelt. ²Dabei ist auch darauf einzugehen, ob die Chancen und Risiken der zukünftigen Entwicklung zutreffend dargestellt sind.

(7) ¹Der Abschlussprüfer hat den Bestätigungsvermerk oder den Vermerk über seine Versagung unter Angabe von Ort und Tag zu unterzeichnen. ²Der Bestätigungsvermerk oder der Vermerk über seine Versagung ist auch in den Prüfungsbericht aufzunehmen. ³**Ist der Abschlussprüfer eine Wirtschaftsprüfungsgesellschaft, so hat die Unterzeichnung zumindest durch den Wirtschaftsprüfer zu erfolgen, welcher die Abschlussprüfung für die Prüfungsgesellschaft durchgeführt hat.** ⁴Satz 3 ist auf Buchprüfungsgesellschaften entsprechend anzuwenden.

Begründung Regierungsentwurf v. 20.2.2015 (BT-Drucks. 18/4050, 77):

Abs. 1: Die gesetzliche Verankerung eines einleitenden Abschnitts in Absatz 1 Satz 3, in der – entsprechend der bisherigen ganz überwiegenden Praxis – zumindest der Gegenstand der Prüfung beschrieben und die angewandten Rechnungslegungsgrundätze angegeben werden müssen, geht auf Artikel 35 der Richtlinie 2013/34/EU zurück, der Artikel 28 der Richtlinie 2006/43/EG ändert.

Abs. 6: Die Ergänzung in Absatz 6 Satz 1 folgt derjenigen in § 317 HGB-E; sie geht zurück auf Artikel 34 und 35 der Richtlinie 2013/34/EU.

Abs. 7: Auch die Klarstellung in Absatz 7 gründet auf Artikel 35 der Richtlinie 2013/34/EU. Sie steht in Einklang mit § 32 des Gesetzes über eine Berufsordnung der Wirtschaftsprüfer und § 27a Absatz 1 der Satzung der Wirtschaftsprüferkammer über die Rechte und Pflichten bei der Ausübung der Berufe des Wirtschaftsprüfers und des vereidigten Buchprüfers.

I. Wesentliche Neuerungen

274 — Verpflichtende Berichterstattung über die Beachtung der gesetzlichen Vorschriften bei Aufstellung des Lageberichts im Bestätigungsvermerk.

II. Erläuterungen zu § 322 Abs. 6 HGB (Bestätigungsvermerk zum [Konzern-]Lagebericht)

275 Materielle Konsequenzen aus der Erweiterung der Prüfungspflicht des Lageberichts ergeben sich hinsichtlich der Berichterstattung. Die Berichterstattung über die Einhaltung der gesetzlichen Vorschriften bei der Aufstellung des Lageberichts erfolgt nun nicht mehr nur im Prüfungsbericht, der als internes Berichterstattungsinstrument hauptsächlich an das Aufsichtsorgan gerichtet ist, sondern gem. § 322 Abs. 6 Satz 1 HGB auch im Rahmen des Bestätigungsvermerks. Im Bestätigungsvermerk ist nunmehr zu beurteilen, ob der Lagebericht mit dem Jahresabschluss in Einklang steht, die gesetzlichen Vorschriften zur Aufstellung des Lageberichts beachtet worden sind und der Lagebericht insgesamt ein **zutreffendes Bild von der Lage des Unternehmens** vermittelt. Gleiches gilt für die Berichterstattung bzgl. des Konzernlageberichts.

§ 324
Prüfungsausschuss

(1) ¹Kapitalgesellschaften im Sinn des § 264d, die keinen Aufsichts- oder Verwaltungsrat haben, der die Voraussetzungen des § 100 Abs. 5 des Aktiengesetzes erfüllen muss, sind verpflichtet, einen Prüfungsausschuss im Sinn des Absatzes 2 einzurichten, der sich insbesondere mit den in § 107 Abs. 3 Satz 2 des Aktiengesetzes beschriebenen Aufgaben befasst. ²Dies gilt nicht für

1. Kapitalgesellschaften im Sinn des Satzes 1, deren ausschließlicher Zweck in der Ausgabe von Wertpapieren im Sinn des § 2 **Absatz 1** des Wertpapierhandelsgesetzes besteht, die durch Vermögensgegenstände besichert sind; im Anhang ist darzulegen, weshalb ein Prüfungsausschuss nicht eingerichtet wird;

2. Kreditinstitute im Sinn des § 340 Abs. 1, die einen organisierten Markt im Sinn des § 2 Abs. 5 des Wertpapierhandelsgesetzes nur durch die Ausgabe von Schuldtiteln im Sinn des § 2 **Absatz 1 Nummer 3** Buchstabe a des Wertpapierhandelsgesetzes in Anspruch nehmen, soweit deren Nominalwert 100 Millionen Euro nicht übersteigt und keine Verpflichtung zur Veröffentlichung eines Prospekts nach dem Wertpapierprospektgesetz besteht.

(2) ¹Die Mitglieder des Prüfungsausschusses sind von den Gesellschaftern zu wählen. ²Mindestens ein Mitglied muss die Voraussetzungen des § 100 Abs. 5 des Aktiengesetzes erfüllen. ³Der Vorsitzende des Prüfungsaus-

schusses darf nicht mit der Geschäftsführung betraut sein. ⁴§ 124 Abs. 3 Satz 2 und § 171 Abs. 1 Satz 2 und 3 des Aktiengesetzes sind entsprechend anzuwenden.

Begründung Regierungsentwurf v. 20.2.2015 (BT-Drucks. 18/4050, 77):

Die Änderungen von § 324 HGB dienen der Bereinigung von früheren Redaktionsversehen aus der Änderung von § 2 Absatz 1 des Wertpapierhandelsgesetzes.

D. Offenlegung

§ 325
Offenlegung

(1) ¹Die gesetzlichen Vertreter von Kapitalgesellschaften haben für diese den Jahresabschluss beim Betreiber des Bundesanzeigers elektronisch einzureichen. ²Er ist unverzüglich nach seiner Vorlage an die Gesellschafter, jedoch spätestens vor Ablauf des zwölften Monats des dem Abschlussstichtag nachfolgenden Geschäftsjahrs, mit dem Bestätigungsvermerk oder dem Vermerk über dessen Versagung einzureichen. ³Gleichzeitig sind der Lagebericht, der Bericht des Aufsichtsrats, die nach § 161 des Aktiengesetzes vorgeschriebene Erklärung und, soweit sich dies aus dem eingereichten Jahresabschluss nicht ergibt, der Vorschlag für die Verwendung des Ergebnisses und der Beschluss über seine Verwendung unter Angabe des Jahresüberschusses oder Jahresfehlbetrags elektronisch einzureichen. ⁴Angaben über die Ergebnisverwendung brauchen von Gesellschaften mit beschränkter Haftung nicht gemacht zu werden, wenn sich anhand dieser Angaben die Gewinnanteile von natürlichen Personen feststellen lassen, die Gesellschafter sind. ⁵Werden zur Wahrung der Frist nach Satz 2 oder Absatz 4 Satz 1 der Jahresabschluss und der Lagebericht ohne die anderen Unterlagen eingereicht, sind der Bericht und der Vorschlag nach ihrem Vorliegen, die Beschlüsse nach der Beschlussfassung und der Vermerk nach der Erteilung unverzüglich einzureichen. ⁶Wird der Jahresabschluss bei nachträglicher Prüfung oder Feststellung geändert, ist auch die Änderung nach Satz 1 einzureichen. ⁷Die Rechnungslegungsunterlagen sind in einer Form einzureichen, die ihre Bekanntmachung nach Absatz 2 ermöglicht.

(1) ¹Die gesetzlichen Vertreter von Kapitalgesellschaften haben für die Gesellschaft folgende Unterlagen in deutscher Sprache offenzulegen:

1. den festgestellten oder gebilligten Jahresabschluss, den Lagebericht und den Bestätigungsvermerk oder den Vermerk über dessen Versagung sowie

2. den Bericht des Aufsichtsrats und die nach § 161 des Aktiengesetzes vorgeschriebene Erklärung.

²Die Unterlagen sind elektronisch beim Betreiber des Bundesanzeigers in einer Form einzureichen, die ihre Bekanntmachung ermöglicht.

(1a) ¹Die Unterlagen nach Absatz 1 Satz 1 sind spätestens ein Jahr nach dem Abschlussstichtag des Geschäftsjahrs einzureichen, auf das sie sich beziehen. ²Liegen die Unterlagen nach Absatz 1 Satz 1 Nummer 2 nicht innerhalb der Frist vor, sind sie unverzüglich nach ihrem Vorliegen nach Absatz 1 offenzulegen.

(1b) ¹Wird der Jahresabschluss oder der Lagebericht geändert, so ist auch die Änderung nach Absatz 1 Satz 1 offenzulegen. ²Ist im Jahresabschluss nur der Vorschlag für die Ergebnisverwendung enthalten, ist der Beschluss über die Ergebnisverwendung nach seinem Vorliegen nach Absatz 1 Satz 1 offenzulegen.

(2) Die gesetzlichen Vertreter der Kapitalgesellschaft haben für diese die in Absatz 1 bezeichneten Unterlagen jeweils unverzüglich nach der Einreichung im Bundesanzeiger bekannt machen zu lassen.

(2a) ¹Bei der Offenlegung nach Absatz 2 kann an die Stelle des Jahresabschlusses ein Einzelabschluss treten, der nach den in § 315a Abs. 1 bezeichneten internationalen Rechnungslegungsstandards aufgestellt worden ist. ²Ein Unternehmen, das von diesem Wahlrecht Gebrauch macht, hat die dort genannten Standards vollständig zu befolgen. ³Auf einen solchen Abschluss sind § 243 Abs. 2, die §§ 244, 245, 257, **264 Absatz 1a, 2 Satz 3**, § 285 Nr. 7, 8 Buchstabe b, Nr. 9 bis 11a, 14 bis 17, § 286 Abs. 1, 3 und 5 *sowie § 287* anzuwenden. ⁴Der Lagebericht nach § 289 muss in dem erforderlichen Umfang auch auf den Abschluss nach Satz 1 Bezug nehmen. ⁵Die übrigen Vorschriften des Zweiten Unterabschnitts des Ersten Abschnitts und des Ersten Unterabschnitts des Zweiten Abschnitts gelten insoweit nicht. ⁶Kann wegen der Anwendung des § 286 Abs. 1 auf den Anhang die in Satz 2 genannte Voraussetzung nicht eingehalten werden, entfällt das Wahlrecht nach Satz 1.

(2b) Die befreiende Wirkung der Offenlegung des Einzelabschlusses nach Absatz 2a tritt ein, wenn

1. statt des vom Abschlussprüfer zum Jahresabschluss erteilten Bestätigungsvermerks oder des Vermerks über dessen Versagung der entsprechende Vermerk zum Abschluss nach Absatz 2a in die Offenlegung nach Absatz 2 einbezogen wird,

2. der Vorschlag für die Verwendung des Ergebnisses und gegebenenfalls der Beschluss über seine Verwendung unter Angabe des Jahresüberschusses oder Jahresfehlbetrags in die Offenlegung nach Absatz 2 einbezogen werden und

3. der Jahresabschluss mit dem Bestätigungsvermerk oder dem Vermerk über dessen Versagung nach Absatz 1 Satz 1 bis 4 offen gelegt wird.

(3) Die Absätze 1 **bis** 2 und 4 Satz 1 gelten entsprechend für die gesetzlichen Vertreter einer Kapitalgesellschaft, die einen Konzernabschluss und einen Konzernlagebericht aufzustellen haben.

(3a) Wird der Konzernabschluss zusammen mit dem Jahresabschluss des Mutterunternehmens oder mit einem von diesem aufgestellten Einzelabschluss nach Absatz 2a bekannt gemacht, können die Vermerke des Abschlussprüfers nach § 322 zu beiden Abschlüssen zusammengefasst werden; in diesem Fall können auch die jeweiligen Prüfungsberichte zusammengefasst werden.

(4) ¹Bei einer Kapitalgesellschaft im Sinn des § 264d, die keine Kapitalgesellschaft im Sinn des § 327a ist, beträgt die Frist nach Absatz **1a Satz 1** längstens vier Monate. ²Für die Wahrung der Fristen nach Satz 1 und Absatz **1a Satz 1** ist der Zeitpunkt der Einreichung der Unterlagen maßgebend.

(5) Auf Gesetz, Gesellschaftsvertrag oder Satzung beruhende Pflichten der Gesellschaft, den Jahresabschluss, den Einzelabschluss nach Absatz 2a, den Lagebericht, den Konzernabschluss oder den Konzernlagebericht in anderer Weise bekannt zu machen, einzureichen oder Personen zugänglich zu machen, bleiben unberührt.

(6) Die §§ 11 und 12 Abs. 2 gelten für die beim Betreiber des Bundesanzeigers einzureichenden Unterlagen entsprechend; § 325a Abs. 1 Satz 3 und § 340l **Absatz 2 Satz 6** bleiben unberührt.

Begründung Regierungsentwurf v. 20.2.2015 (BT-Drucks. 18/4050, 77 f.):

Abs. 1–1b: Artikel 30 Absatz 1 der Richtlinie 2013/34/EU sieht erstmals auf europäischer Ebene vor, dass die Mitgliedstaaten eine Offenlegungsfrist von maximal zwölf Monaten nach dem Bilanzstichtag einzuführen haben. Nach den bisher geltenden europäischen Vorgaben war keine Frist vorgesehen. Insoweit entspricht § 325 Absatz 1 HGB bereits den neuen Vorgaben, da er ebenfalls eine Offenlegungsfrist von höchstens einem Jahr nach dem Bilanzstichtag vorsieht. Änderungsbedarf besteht aber, weil sich die Offenlegungsfrist nach Artikel 30 Absatz 1 der Richtlinie 2013/34/EU nunmehr auf den Jahresabschluss, den Lagebericht und den Bestätigungsvermerk des Abschlussprüfers oder der Prüfungsgesellschaft erstreckt. Es ist damit nicht zulässig, dass Unternehmen zur Wahrung der Offenlegungsfrist zunächst ungeprüfte Jahresabschlüsse und Lageberichte einreichen und den Bestätigungsvermerk später nachreichen. Erforderlich ist vielmehr, vorzuschreiben, dass neben dem Jahresabschluss auch der Lagebericht und der Bestätigungsvermerk innerhalb der Jahresfrist durch Einreichung offenzulegen sind. Damit entfällt auch ein Bedürfnis dafür, eine gestaffelte Einreichung von Jahresabschluss, Lagebericht und Bestätigungsvermerk zuzulassen; möglich bleibt aber wie bisher, für sonstige offenzulegende Unterlagen eine spätere Offenlegung zu gestatten.

Außerdem ergibt sich aus Artikel 30 Absatz 1 der Richtlinie 2013/34/EU, dass der ordnungsgemäß festgestellte oder gebilligte Jahresabschluss offenzulegen ist. Eine fristwahrende Offenlegung vor Feststellung oder Billigung ist damit nicht mehr vereinbar. Dementsprechend ist die bisherige Vorgabe, den Jahresabschluss unverzüglich nach seiner Vorlage bei den Gesellschaftern offenzulegen, aufzuheben. Ausreichend und notwendig ist die Vorgabe der Jahresfrist für die Offenlegung. Diese Änderung beseitigt auch in der Praxis aufgetretene Unklarheiten über den Beginn einer Offenlegungssäumnis. Zugleich ergeben sich Folgeänderungen in § 328 HGB.

Darüber hinaus führt die Pflicht mittelgroßer und großer Kapitalgesellschaften, im Anhang bzw. im Konzernanhang den Vorschlag über die Verwendung des Ergebnisses oder gegebenenfalls den Beschluss über die Verwendung des Ergebnisses auszuweisen, dazu, dass die bisher vorgeschriebene gesonderte Offenlegung dieses Vorschlags oder Beschlusses nicht mehr notwendig ist. Im Regelfall wird der Jahresabschluss oder Konzernabschluss den Verwendungsvorschlag enthalten, da zur

Zeit der Aufstellung noch kein Verwendungsbeschluss vorliegen wird. In diesem Fall ist wie bisher der Verwendungsbeschluss unverzüglich nach seinem Vorliegen offenzulegen. Ziel ist es, den Nutzern der Rechnungslegung in jedem Fall auch die endgültige Entscheidung der Kapitalgesellschaft über die Ergebnisverwendung zugänglich zu machen.

Schließlich wird klargestellt, dass die Unterlagen in deutscher Sprache offenzulegen sind. Dies entspricht der heutigen Rechtslage. Eine ausdrückliche Regelung dürfte vor allem deshalb geboten sein, da zunehmend von der Möglichkeit Gebrauch gemacht wird, Unterlagen ausländischer Kapitalgesellschaften offenzulegen. Die freiwillige zusätzliche Offenlegung in anderen Sprachen richtet sich wie bisher nach § 325 Absatz 6 in Verbindung mit den §§ 11 und 12 HGB.

Der Gesetzentwurf sieht insgesamt eine Neufassung des Absatzes 1 und die Aufspaltung in drei Absätze (1 bis 1b) vor, um die Lesbarkeit der Vorschrift zu verbessern. Das bisherige System der Offenlegung und auch die Regelungsinhalte werden dabei im Übrigen nicht verändert. Absatz 1 enthält künftig die Vorgaben, welche Unterlagen offenzulegen sind und auf welche Weise die Offenlegung zu erfolgen hat. Absatz 1a enthält die Vorgaben zur Offenlegungsfrist und die Möglichkeit der späteren Einreichung bestimmter Unterlagen. Absatz 1b enthält die Regelungen für den Fall einer Änderung des Jahresabschlusses oder Lageberichts.

Abs. 2a: Die Änderungen in Absatz 2a sind Folgeänderungen zur Änderung der §§ 264 und 286 HGB und hinsichtlich der Streichung des Verweises auf § 287 HGB die Bereinigung eines früheren Redaktionsversehens.

Abs. 3 und 4: Die Änderungen in Absatz 3 und 4 sind jeweils Folgeänderungen zur Neufassung der Absätze 1 bis 1b.

Abs. 6: Die Änderung in Absatz 6 (Vorgaben für die Sprache, in der die Unterlagen einzureichen sind) dient der Bereinigung eines früheren Redaktionsversehens. Die Erleichterungen für Zweigniederlassungen von ausländischen Kreditinstituten sind in § 340l Absatz 2 Satz 6 HGB geregelt, so dass hierauf zu verweisen ist.

Bericht des Ausschusses für Recht und Verbraucherschutz v. 17.6.2015: (BT-Drucks. 18/5256, 85 f.):

Abs. 1–1b und 4: Der Gesetzentwurf sieht eine stärkere Systematisierung der Regelung über die Offenlegungspflicht von Kapitalgesellschaften vor und nimmt zugleich aus der Richtlinie 2013/34/EU folgende zwingende Änderungen vor.

Der Ausschuss hat im Hinblick auf die Offenlegung der Lage- und Konzernlageberichte erwogen, ob nunmehr von der in Artikel 30 Absatz 1 Unterabsatz 2 der Richtlinie 2013/34/EU enthaltenen Option Gebrauch gemacht werden sollte, Kapitalgesellschaften oder Mutterunternehmen von der Offenlegungspflicht zu befreien, wenn der Lage- oder Konzernlagebericht hinterlegt oder Dritten auf Anfrage herausgegeben wird. Von der inhaltsgleichen Option der beiden früheren Richtlinien hat der deutsche Gesetzgeber allerdings schon seit Beginn keinen Gebrauch gemacht. Auch im europäischen Vergleich nutzen die meisten Mitgliedstaaten diese Option nicht. Die Offenlegung der Lage- und Konzernlageberichte ist wichtig, um den Nutzern der Rechnungslegung Informationen über Chancen und Risiken, über den Geschäftsverlauf und über die künftige Entwicklung des Unternehmens zu geben. Auch im Hinblick auf die nach § 289 Absatz 3 HGB erforderliche Darstellung zu Arbeitnehmer- und Umweltbelangen im Lagebericht einer großen Kapitalgesellschaft erscheint die Offenlegung geboten. Vor diesem Hintergrund sollte an der früheren Wertentscheidung des Gesetzgebers festgehalten werden.

Zudem wurde in der Anhörung von einem Experten vorgeschlagen, die Offenlegung des Beschlusses über die Gewinnverwendung zu streichen, da Dritte anderenfalls Einblick in private Vermögensverhältnisse von Gesellschaftern erhalten würden.

Der Ausschuss hat auch diese Bitte erwogen, unterstützt aber den Gesetzentwurf. Die uneingeschränkte Offenlegung des Gewinnverwendungsvorschlags ist durch Artikel 17 Absatz 1 Buchstabe o der Richtlinie 2013/34/EU vorgegeben. Im geltenden Recht ist zudem auch die Offenlegung des Gewinnverwendungsbeschlusses vorgeschrieben, wenn der Beschluss bei der Offenlegung des Jahresabschlusses noch nicht vorliegt. Der Gesetzentwurf greift diesen Gedanken konsequent auf. Zudem dürfte der Gewinnverwendungsvorschlag und -beschluss in der Regel darauf beschränkt sein, über die Art und den Umfang der Verwendung des Gewinns zu entscheiden, gerade ohne eine Zuordnung der Ausschüttung zu einzelnen Gesellschaftern vorzunehmen.

Der Ausschuss hält es allerdings für erforderlich, den Regelungstext im Übrigen geringfügig anzupassen.

Die Änderung in § 325 Absatz 1a Satz 1 HGB-E dient der Klarstellung, wie die Jahresfrist für die Offenlegung zu berechnen ist, um so der Praxis eine konkrete Hilfestellung zu geben. Die Offenlegungsfrist beginnt mit dem Abschlussstichtag des Geschäftsjahres, auf das sich die Offenlegung bezieht, und endet ein Jahr später.

Die Änderungen in § 325 Absatz 4 HGB sind notwendige Folgeänderungen aus der Neufassung von § 325 Absatz 1 bis 1b HGB und zu ergänzen; sie stellen sicher, dass die in § 325 Absatz 1a HGB-E bezeichnete Offenlegungsfrist bei kapitalmarktorientierten Unternehmen wie bisher vier Monate beträgt.

I. Wesentliche Neuerungen

– Klarstellung, dass die Veröffentlichung grundsätzlich in deutscher Sprache erfolgen muss.

276

– Wegfall der Möglichkeit zur Veröffentlichung eines ungeprüften Abschlusses und anschließender Nachreichung des Bestätigungsvermerks bzw. des Versagungsvermerks.

– Verpflichtung zur Veröffentlichung des Beschlusses über die Ergebnisverwendung, wenn dieser nicht bereits im Jahresabschluss enthalten ist.

II. Erläuterungen zu § 325 HGB (Inhalt der Offenlegungspflicht)

Durch das BilRUG wurden die Vorschriften zur Offenlegung modifiziert. Der bisherige § 325 Abs. 1 HGB wurde in Teilen materiell geändert und in drei Absätze aufgespalten, was der besseren Übersichtlichkeit und Systematisierung dient.

277

Wie bisher in § 325 Abs. 1 a.F. ist jetzt in § 325 Abs. 1a HGB kodifiziert, dass die gesetzlichen Vertreter von Kapitalgesellschaften die für die Offenlegung geforderten Unterlagen spätestens ein Jahr nach dem Abschlussstichtag des Geschäftsjahres beim Betreiber des Bundesanzeigers **in elektronischer Form** einzureichen haben.[1] Die Offenlegungsfrist von einem

278

---

[1] Hiervon ausgenommen werden gem. § 325 Abs. 4 HGB kapitalmarktorientierte Kapitalgesellschaften gem. § 264d HGB. Für diese beträgt die Offenlegungsfrist wie bisher vier Monate.

Jahr bleibt unverändert. Sie beginnt mit dem Abschlussstichtag des Geschäftsjahres, auf das sich die Offenlegung bezieht, und endet ein Jahr später.[1]

279 § 325 Abs. 1 HGB enthält eine Auflistung der offenzulegenden **Unterlagen**. Hiernach sind beim Betreiber des Bundesanzeigers einzureichen:
- der festgestellte oder gebilligte Jahresabschluss, der Lagebericht und der Bestätigungsvermerk oder der Vermerk über dessen Versagung (Nr. 1) sowie
- der Bericht des Aufsichtsrats und die Erklärung gem. § 161 AktG (Nr. 2).

Der neue § 325 Abs. 1 HGB fordert somit, dass ein bereits **geprüfter Jahresabschluss** und Lagebericht mit seinem Bestätigungsvermerk oder dem Vermerk über dessen Versagung offenzulegen ist. Die fristgerechte Veröffentlichung eines zunächst ungeprüften Abschlusses und die Nachreichung des Bestätigungsvermerks bzw. des Versagungsvermerks reicht nicht mehr aus, um die Offenlegungserfordernisse zu erfüllen. Kommt es dennoch dazu, dass nicht sämtliche Unterlagen fristgerecht offengelegt werden können, sind diese gem. § 325 Abs. 1a HGB unverzüglich nachzureichen. Bei (wiederholter) verspäteter Offenlegung ist mit Sanktionen zu rechnen. Weiterhin wird nun explizit die Veröffentlichung **in deutscher Sprache** in § 325 Abs. 1 Satz 1 HGB kodifiziert.

280 Wird ein Jahresabschluss oder Lagebericht geändert, so fordert § 325 Abs. 1b HGB eine gesonderte **Offenlegung der Änderungen** nach § 325 Abs. 1 Satz 1 HGB Es ergeben sich keine materiellen Auswirkungen zur bisherigen Regelung.

§ 325 Abs. 1b HGB enthält das Erfordernis, den **Beschluss über die Ergebnisverwendung** nach seinem Vorliegen offenzulegen, wenn dieser nicht bereits im Jahresabschluss enthalten ist. Durch die neue Anhangangabe gem. § 285 Nr. 34 HGB ist der Ergebnisverwendungsbeschluss bzw. der Vorschlag für die Verwendung des Ergebnisses im Anhang angabepflichtig und ist nun grundsätzlich Bestandteil des Jahresabschlusses. Enthält der Anhang wegen fehlenden Beschlusses lediglich den Vorschlag für die Verwendung des Ergebnisses, was regelmäßig der Fall sein wird, so ist eine gesonderte Offenlegung des Ergebnisverwendungsbeschlusses vorzunehmen (s. hierzu Rz. 168 ff.).

281 Erwähnenswert ist, dass durch das BilRUG nicht von der Option gem. Art. 30 Abs. 1 Unterabs. 2 der Richtlinie 2013/34/EU Gebrauch gemacht wurde. Diese Option ermöglicht es, Kapitalgesellschaften oder Mutterunternehmen von der Offenlegungspflicht der Lage- bzw. Konzernlageberichte zu befreien, wenn diese beim Bundesanzeiger hinterlegt oder Dritten auf Anfrage herausgegeben werden. Ob die Option den Unternehmen gewährt wird oder nicht, bleibt den Mitgliedstaaten vorbehalten.

---
1 Bericht des Rechtsaussch., BT-Drucks. 18/5256, 85.

Aufgrund der weiterführenden Informationsfunktion, die dem Lagebericht zukommt, insbesondere über Chancen und Risiken und den Geschäftsverlauf der Gesellschaft, wurde die von der Bilanzrichtlinie gewährte Option vom deutschen Gesetzgeber nicht ausgeübt und die Offenlegung des (Konzern-)Lageberichts verpflichtend vorgeschrieben. Es bleibt somit bei der bisher geltenden Rechtslage.[1]

§ 326
Größenabhängige Erleichterungen für kleine Kapitalgesellschaften und Kleinstkapitalgesellschaften bei der Offenlegung

(1) ¹Auf kleine Kapitalgesellschaften (§ 267 Abs. 1) ist § 325 Abs. 1 mit der Maßgabe anzuwenden, daß die gesetzlichen Vertreter nur die Bilanz und den Anhang einzureichen haben. ²Der Anhang braucht die die Gewinn- und Verlustrechnung betreffenden Angaben nicht zu enthalten.

(2) ¹Die gesetzlichen Vertreter von Kleinstkapitalgesellschaften (§ 267a) können ihre sich aus § 325 **Absatz 1 bis 2** ergebenden Pflichten auch dadurch erfüllen, dass sie die Bilanz in elektronischer Form zur dauerhaften Hinterlegung beim Betreiber des Bundesanzeigers einreichen und einen Hinterlegungsauftrag erteilen. ²§ 325 Absatz 1 Satz 2, **Absatz 1a und 1b** ist entsprechend anzuwenden. ³Kleinstkapitalgesellschaften dürfen von dem in Satz 1 geregelten Recht nur Gebrauch machen, wenn sie gegenüber dem Betreiber des Bundesanzeigers mitteilen, dass sie zwei der drei in § 267a Absatz 1 genannten Merkmale für die nach § 267 Absatz 4 maßgeblichen Abschlussstichtage nicht überschreiten.

Begründung Regierungsentwurf v. 20.2.2015 (BT-Drucks. 18/4050, 78):

Mit der Änderung von Absatz 2 Satz 1 wird präzisiert, dass Kleinstkapitalgesellschaften mit der Hinterlegung der Bilanz nicht alle Pflichten aus § 325 HGB, sondern nur die Pflichten zur Offenlegung des Jahresabschlusses erfüllen können. In dem seltenen Fall, dass eine Kleinstkapitalgesellschaft einen Konzernabschluss aufstellen muss, wird die heutige Rechtslage klargestellt, dass die Pflicht zur Offenlegung dieses Konzernabschlusses unberührt bleibt.

Die Änderung von § 326 Absatz 2 Satz 2 ist eine Folgeänderung zur Änderung von § 325 Absatz 1 HGB.

§ 327a
Erleichterung für bestimmte kapitalmarktorientierte Kapitalgesellschaften

§ 325 Abs. 4 Satz 1 ist auf eine Kapitalgesellschaft nicht anzuwenden, wenn sie ausschließlich zum Handel an einem organisierten Markt zugelassene Schuldtitel im Sinn des § 2 **Absatz 1 Nummer 3** des Wertpapier-

---
[1] Bericht des Rechtsaussch., BT-Drucks. 18/5256, 85.

handelsgesetzes mit einer Mindeststückelung von **100 000 Euro**[1] oder dem am Ausgabetag entsprechenden Gegenwert einer anderen Währung begibt.

Begründung Regierungsentwurf v. 20.2.2015 (BT-Drucks. 18/4050, 78):

Die Änderung in § 327a HGB dient der Bereinigung eines früheren Redaktionsversehens aus der Änderung von § 2 Absatz 1 des Wertpapierhandelsgesetzes.

§ 328
Form und Inhalt der Unterlagen bei der Offenlegung, Veröffentlichung und Vervielfältigung

(1) Bei der vollständigen oder teilweisen Offenlegung des Jahresabschlusses, des Einzelabschlusses nach § 325 Abs. 2a oder des Konzernabschlusses und bei der Veröffentlichung oder Vervielfältigung in anderer Form auf Grund des Gesellschaftsvertrags oder der Satzung sind die folgenden Vorschriften einzuhalten:

1. Abschlüsse sind so wiederzugeben, daß sie den für ihre Aufstellung maßgeblichen Vorschriften entsprechen, soweit nicht Erleichterungen nach §§ 326, 327 in Anspruch genommen werden oder eine Rechtsverordnung des Bundesministeriums der Justiz nach Absatz 4 hiervon Abweichungen ermöglicht; sie haben in diesem Rahmen vollständig und richtig zu sein. ²Ist der Abschluss festgestellt oder gebilligt worden, so ist das Datum der Feststellung oder Billigung anzugeben. ³Wurde der Abschluss auf Grund gesetzlicher Vorschriften durch einen Abschlußprüfer geprüft, so ist jeweils der vollständige Wortlaut des Bestätigungsvermerks oder des Vermerks über dessen Versagung wiederzugeben; wird der Jahresabschluß wegen der Inanspruchnahme von Erleichterungen nur teilweise offengelegt und bezieht sich der Bestätigungsvermerk auf den vollständigen Jahresabschluß, so ist hierauf hinzuweisen.

2. Werden der Jahresabschluß oder der Konzernabschluß zur Wahrung der gesetzlich vorgeschriebenen Fristen über die Offenlegung vor der Prüfung oder Feststellung, sofern diese gesetzlich vorgeschrieben sind, oder nicht gleichzeitig mit beizufügenden Unterlagen offengelegt, so ist hierauf bei der Offenlegung hinzuweisen.

(1) ¹Bei der Offenlegung des Jahresabschlusses, des Einzelabschlusses nach § 325 Absatz 2a, des Konzernabschlusses oder des Lage- oder Konzernlageberichts sind diese Abschlüsse und Lageberichte so wiederzugeben, dass sie den für ihre Aufstellung maßgeblichen Vorschriften entsprechen, soweit nicht Erleichterungen nach den §§ 326 und 327 in Anspruch

---

[1] Durch das Gesetz zur Umsetzung der Transparenzrichtlinie-Änderungsrichtlinie v. 20.11.2015 (BGBl. I 2015, 2029) wurde in § 327a die Angabe „50 000 Euro" durch die Angabe „100 000 Euro" ersetzt.

genommen werden oder eine Rechtsverordnung des Bundesministeriums der Justiz und für Verbraucherschutz nach Absatz 4 hiervon Abweichungen ermöglicht. ²Sie haben in diesem Rahmen vollständig und richtig zu sein. ³Die Sätze 1 und 2 gelten auch für die teilweise Offenlegung sowie für die Veröffentlichung oder Vervielfältigung in anderer Form auf Grund des Gesellschaftsvertrages oder der Satzung.

(1a) ¹Das Datum der Feststellung oder der Billigung der in Absatz 1 Satz 1 bezeichneten Abschlüsse ist anzugeben. ²Wurde der Abschluss auf Grund gesetzlicher Vorschriften durch einen Abschlussprüfer geprüft, so ist jeweils der vollständige Wortlaut des Bestätigungsvermerks oder des Vermerks über dessen Versagung wiederzugeben; wird der Jahresabschluss wegen der Inanspruchnahme von Erleichterungen nur teilweise offengelegt und bezieht sich der Bestätigungsvermerk auf den vollständigen Jahresabschluss, ist hierauf hinzuweisen. ³Bei der Offenlegung von Jahresabschluss, Einzelabschluss nach § 325 Absatz 2a oder Konzernabschluss ist gegebenenfalls darauf hinzuweisen, dass die Offenlegung nicht gleichzeitig mit allen anderen nach § 325 offenzulegenden Unterlagen erfolgt.

(2) ¹Werden Abschlüsse in Veröffentlichungen und Vervielfältigungen, die nicht durch Gesetz, Gesellschaftsvertrag oder Satzung vorgeschrieben sind, nicht in der nach Absatz 1 vorgeschriebenen Form wiedergegeben, so ist jeweils in einer Überschrift darauf hinzuweisen, daß es sich nicht um eine der gesetzlichen Form entsprechende Veröffentlichung handelt. ²Ein Bestätigungsvermerk darf nicht beigefügt werden. ³Ist jedoch auf Grund gesetzlicher Vorschriften eine Prüfung durch einen Abschlußprüfer erfolgt, so ist anzugeben, zu welcher der in § 322 Abs. 2 Satz 1 genannten zusammenfassenden Beurteilungen des Prüfungsergebnisses der Abschlussprüfer in Bezug auf den in gesetzlicher Form erstellten Abschluss gelangt ist und ob der Bestätigungsvermerk einen Hinweis nach § 322 Abs. 3 Satz 2 enthält. ⁴Ferner ist anzugeben, ob die Unterlagen bei dem Betreiber des Bundesanzeigers eingereicht worden sind.

(3) ¹Absatz 1 *Nr. 1*[1] ist auf den Lagebericht, den Konzernlagebericht, den Vorschlag für die Verwendung des Ergebnisses und den Beschluß über seine Verwendung entsprechend anzuwenden. ²Werden die in Satz 1 bezeichneten Unterlagen nicht gleichzeitig mit dem Jahresabschluß oder dem Konzernabschluß offengelegt, so ist bei ihrer nachträglichen Offenlegung jeweils anzugeben, auf welchen Abschluß sie sich beziehen und wo dieser offengelegt worden ist; dies gilt auch für die nachträgliche Offenlegung des Bestätigungsvermerks oder des Vermerks über seine Versagung.

(4) Die Rechtsverordnung nach § 330 Abs. 1 Satz 1, 4 und 5 kann dem Betreiber des Bundesanzeigers Abweichungen von der Kontoform nach § 266 Abs. 1 Satz 1 gestatten.

---

[1] Durch das Gesetz zur Umsetzung der Transparenzrichtlinie-Änderungsrichtlinie v. 20.11.2015 (BGBl. I 2015, 2029) wurde in § 328 Abs. 3 Satz 1 die Angabe „Nr. 1" gestrichen.

(5) Für die Hinterlegung der Bilanz einer Kleinstkapitalgesellschaft (§ 326 Absatz 2) gilt Absatz 1 entsprechend.

Begründung Regierungsentwurf v. 20.2.2015 (BT-Drucks. 18/4050, 78 f.):

Es handelt sich um eine Klarstellung in Folge der Änderung in § 325 Absatz 1 HGB-E, insbesondere um die zwingende Offenlegung des Bestätigungs- oder Versagungsvermerks des Abschlussprüfers innerhalb der Offenlegungsfrist sicherzustellen. Daher entfallen die auf den Fall der Offenlegung vor Prüfung der Abschlüsse bezogenen Sonderregelungen. Zugleich soll die Klarstellung zum Anlass genommen werden, Absatz 1 in zwei Absätze aufzuspalten und so die Lesbarkeit zu verbessern. Absatz 1 regelt nunmehr die allgemeinen Anforderungen an die offenzulegenden Unterlagen, während Absatz 1a die mit der Feststellung und Billigung der Unterlagen verbundenen speziellen Fragen regelt.

Zugleich werden im neuen Absatz 1a weitere Folgefragen aus dem neuen Artikel 30 Absatz 1 der Richtlinie 2013/34/EU geregelt. Da der ordnungsgemäß festgestellte oder gebilligte Jahres- oder Konzernabschluss innerhalb der Jahresfrist offenzulegen ist, kann es eine fristwahrende Offenlegung vor der Feststellung oder Billigung nicht mehr geben. Erforderlich bleibt aber weiterhin, das Datum der Feststellung oder Billigung des Jahres- oder Konzernabschlusses bei der Offenlegung anzugeben.

Bericht des Ausschusses für Recht und Verbraucherschutz v. 17.6.2015 (BT-Drucks. 18/5256, 86):

Abs. 1a: Die aus der Praxis angeregte redaktionelle Änderung dient der Angleichung an die im HGB im Übrigen verwendete Terminologie (Einzelabschluss „nach § 325 Absatz 2a HGB").

I. Wesentliche Neuerungen

282 – Klarstellende Änderung des § 328 Abs. 1 und 1a HGB in Folge der Änderung des § 325 Abs. 1 HGB, der vorschreibt, dass der Bestätigungsvermerk oder der Versagungsvermerk zwingend innerhalb der Offenlegungsfrist zu veröffentlichen ist.

II. Erläuterungen zu § 328 Abs. 1 und 1a HGB (Folgeänderungen zu § 325 HGB)

283 Die Änderung des § 328 Abs. 1 HGB hat lediglich **klarstellenden Charakter** und resultiert aus der Änderung des § 325 Abs. 1 HGB. Zur Verbesserung der Lesbarkeit wurde der Inhalt des ersten Absatzes auf zwei neue Absätze aufgeteilt. Weithin enthält § 328 Abs. 2 HGB nicht mehr die bisher in § 328 Abs. 1 Nr. 2 HGB a.F. enthaltene Sonderregel. Demnach muss der Jahresabschluss nunmehr zwingend zusammen dem Bestätigungsvermerk bzw. dem Versagungsvermerk veröffentlicht werden. Eine vorläufige fristgerechte Veröffentlichung des Jahresabschlusses und die daran anschließende Veröffentlichung des Bestätigungsvermerks bzw. Versagungsvermerks außerhalb der gesetzlichen Offenlegungsfrist ist nicht mehr zulässig.

§ 329
Prüfungs- und Unterrichtungspflicht des Betreibers des Bundesanzeigers

(1) ¹Der Betreiber des Bundesanzeigers prüft, ob die einzureichenden Unterlagen fristgemäß und vollzählig eingereicht worden sind. ²Der Betreiber des Unternehmensregisters stellt dem Betreiber des Bundesanzeigers die nach § 8b Abs. 3 Satz 2 von den Landesjustizverwaltungen übermittelten Daten zur Verfügung, soweit dies für die Erfüllung der Aufgaben nach Satz 1 erforderlich ist. ³Die Daten dürfen vom Betreiber des Bundesanzeigers nur für die in Satz 1 genannten Zwecke verwendet werden.

(2) ¹Gibt die Prüfung Anlass zu der Annahme, dass von der Größe der Kapitalgesellschaft abhängige Erleichterungen oder die Erleichterung nach § 327a nicht hätten in Anspruch genommen werden dürfen, kann der Betreiber des Bundesanzeigers von der Kapitalgesellschaft innerhalb einer angemessenen Frist die Mitteilung der Umsatzerlöse (§ 277 Abs. 1) und der durchschnittlichen Zahl der Arbeitnehmer (§ 267 Abs. 5) oder Angaben zur Eigenschaft als Kapitalgesellschaft im Sinn des § 327a verlangen. ²Unterlässt die Kapitalgesellschaft die fristgemäße Mitteilung, gelten die Erleichterungen als zu Unrecht in Anspruch genommen.

(3) In den Fällen des § 325a Abs. 1 Satz 3 und des § 340l **Absatz 2 Satz 6** kann im Einzelfall die Vorlage einer Übersetzung in die deutsche Sprache verlangt werden.

(4) Ergibt die Prüfung nach Absatz 1 Satz 1, dass die offen zu legenden Unterlagen nicht oder unvollständig eingereicht wurden, wird die jeweils für die Durchführung von Ordnungsgeldverfahren nach den §§ 335, 340o und 341o zuständige Verwaltungsbehörde unterrichtet.

Begründung Regierungsentwurf v. 20.2.2015 (BT-Drucks. 18/4050, 79):

Die Änderung beseitigt ein früheres Redaktionsversehen. Die Ausführungen zu § 325 Absatz 6 HGB gelten entsprechend.

§ 331
Unrichtige Darstellung

Mit Freiheitsstrafe bis zu drei Jahren oder mit Geldstrafe wird bestraft, wer

1. als Mitglied des vertretungsberechtigten Organs oder des Aufsichtsrats einer Kapitalgesellschaft die Verhältnisse der Kapitalgesellschaft in der Eröffnungsbilanz, im Jahresabschluß, im Lagebericht oder im Zwischenabschluß nach § 340a Abs. 3 unrichtig wiedergibt oder verschleiert,

1a. als Mitglied des vertretungsberechtigten Organs einer Kapitalgesellschaft zum Zwecke der Befreiung nach § 325 Abs. 2a Satz 1, Abs. 2b einen Einzelabschluss nach den in § 315a Abs. 1 genannten internationalen Rechnungslegungsstandards, in dem die Verhältnisse der Kapitalgesellschaft unrichtig wiedergegeben oder verschleiert worden sind, vorsätzlich oder leichtfertig offen legt,

2. als Mitglied des vertretungsberechtigten Organs oder des Aufsichtsrats einer Kapitalgesellschaft die Verhältnisse des Konzerns im Konzernabschluß, im Konzernlagebericht oder im Konzernzwischenabschluß nach § 340i Abs. 4 unrichtig wiedergibt oder verschleiert,

3. als Mitglied des vertretungsberechtigten Organs einer Kapitalgesellschaft zum Zwecke der Befreiung nach § 291 Abs. 1 und 2 oder *einer* nach § 292 *erlassenen Rechtsverordnung* einen Konzernabschluß oder Konzernlagebericht, in dem die Verhältnisse des Konzerns unrichtig wiedergegeben oder verschleiert worden sind, vorsätzlich oder leichtfertig offenlegt,

3a. entgegen § 264 Abs. 2 Satz 3, § 289 Abs. 1 Satz 5, § 297 Abs. 2 Satz 4 oder § 315 Abs. 1 Satz 6 eine Versicherung nicht richtig abgibt,

4. als Mitglied des vertretungsberechtigten Organs einer Kapitalgesellschaft oder als Mitglied des vertretungsberechtigten Organs oder als vertretungsberechtigter Gesellschafter eines ihrer Tochterunternehmen (§ 290 Abs. 1, 2) in Aufklärungen oder Nachweisen, die nach § 320 einem Abschlußprüfer der Kapitalgesellschaft, eines verbundenen Unternehmens oder des Konzerns zu geben sind, unrichtige Angaben macht oder die Verhältnisse der Kapitalgesellschaft, eines Tochterunternehmens oder des Konzerns unrichtig wiedergibt oder verschleiert.

Begründung Regierungsentwurf v. 20.2.2015 (BT-Drucks. 18/4050, 79):

Es handelt sich um eine Folgeänderung zur Änderung von § 292 HGB.

§ 334
Bußgeldvorschriften

(1) Ordnungswidrig handelt, wer als Mitglied des vertretungsberechtigten Organs oder des Aufsichtsrats einer Kapitalgesellschaft

1. bei der Aufstellung oder Feststellung des Jahresabschlusses einer Vorschrift

   a) des § 243 Abs. 1 oder 2, der §§ 244, 245, 246, 247, 248, 249 Abs. 1 Satz 1 oder Abs. 2, des § 250 Abs. 1 oder 2, des § 251 oder des § 264 **Absatz 1a oder Absatz 2** über Form oder Inhalt,

   b) des § 253 Absatz 1 Satz 1, 2, 3, 4, 5 oder Satz 6, Abs. 2 Satz 1, auch in Verbindung mit Satz 2, **Absatz 3 Satz 1, 2, 3, 4 oder Satz 5**, Abs. 4 oder 5, des § 254 oder des § 256a über die Bewertung,

   c) des § 265 Abs. 2, 3, 4 oder 6, der §§ 266, 268 **Absatz 3, 4, 5, 6 oder Absatz 7**, der §§ 272, 274, 275 oder des § 277 über die Gliederung oder

d) des § 284 oder des § 285 über die in der Bilanz, unter der Bilanz oder im Anhang zu machenden Angaben,
2. bei der Aufstellung des Konzernabschlusses einer Vorschrift
   a) des § 294 Abs. 1 über den Konsolidierungskreis,
   b) des § 297 **Absatz 1a, 2 oder 3** oder des § 298 Abs. 1 in Verbindung mit den §§ 244, 245, 246, 247, 248, 249 Abs. 1 Satz 1 oder Abs. 2, dem § 250 Abs. 1 oder dem § 251 über Inhalt oder Form,
   c) des § 300 über die Konsolidierungsgrundsätze oder das Vollständigkeitsgebot,
   d) des § 308 Abs. 1 Satz 1 in Verbindung mit den in Nummer 1 Buchstabe b bezeichneten Vorschriften, des § 308 Abs. 2 oder des § 308a über die Bewertung,
   e) des § 311 Abs. 1 Satz 1 in Verbindung mit § 312 über die Behandlung assoziierter Unternehmen oder
   f) des § 308 Abs. 1 Satz 3, des § 313 oder des § 314 über die im **Konzernanhang** zu machenden Angaben,
3. bei der Aufstellung des Lageberichts einer Vorschrift des § 289 *Abs. 1, 4 oder Abs. 5* oder des § 289a über den Inhalt des Lageberichts,
4. bei der Aufstellung des Konzernlageberichts einer Vorschrift des § 315 **Absatz 1, 2, 4 oder Absatz 5** über den Inhalt des Konzernlageberichts,
5. bei der Offenlegung, Hinterlegung, Veröffentlichung oder Vervielfältigung einer Vorschrift des § 328 über Form oder Inhalt oder
6. einer auf Grund des § 330 Abs. 1 Satz 1 erlassenen Rechtsverordnung, soweit sie für einen bestimmten Tatbestand auf diese Bußgeldvorschrift verweist,

zuwiderhandelt.

(2) Ordnungswidrig handelt, wer zu einem Jahresabschluss, zu einem Einzelabschluss nach § 325 Abs. 2a oder zu einem Konzernabschluss, der aufgrund gesetzlicher Vorschriften zu prüfen ist, einen Vermerk nach § 322 Abs. 1 erteilt, obwohl nach § 319 Abs. 2, 3, 5, § 319a Abs. 1 Satz 1, Abs. 2, § 319b Abs. 1 Satz 1 oder 2 er oder nach § 319 Abs. 4, auch in Verbindung mit § 319a Abs. 1 Satz 2, oder § 319a Abs. 1 Satz 4, 5, § 319b Abs. 1 die Wirtschaftsprüfungsgesellschaft oder die Buchprüfungsgesellschaft, für die er tätig wird, nicht Abschlussprüfer sein darf.

(3) Die Ordnungswidrigkeit kann mit einer Geldbuße bis zu fünfzigtausend Euro geahndet werden.

(4) Verwaltungsbehörde im Sinn des § 36 Abs. 1 Nr. 1 des Gesetzes über Ordnungswidrigkeiten ist in den Fällen der Absätze 1 und 2 das Bundesamt für Justiz.

(5) Die Absätze 1 bis 4 sind auf Kreditinstitute im Sinn des § 340 und auf Versicherungsunternehmen im Sinn des § 341 Abs. 1 nicht anzuwenden.

Teil II: Erläuterungen zu den Gesetzesänderungen

Begründung Regierungsentwurf v. 20.2.2015 (BT-Drucks. 18/4050, 79):
Die materiellen Änderungen des HGB sind auch bei der Festlegung der Handlungen, die ordnungswidrig sind, nachzuvollziehen. Aus diesem Grund wird § 334 Absatz 1 HGB an mehreren Stellen angepasst. Zugleich wird die Gelegenheit genutzt, ein früheres Redaktionsversehen bei § 334 Absatz 1 Nummer 2 HGB zu beseitigen.

§ 335b
Anwendung der Straf- und Bußgeld- sowie der Ordnungsgeldvorschriften auf bestimmte offene Handelsgesellschaften und Kommanditgesellschaften

¹Die Strafvorschriften der §§ 331 bis 333, die Bußgeldvorschrift des § 334 sowie die Ordnungsgeldvorschrift des § 335 gelten auch für offene Handelsgesellschaften und Kommanditgesellschaften im Sinn des § 264a Abs. 1. ²Das Verfahren nach § 335 ist in diesem Fall gegen die persönlich haftenden Gesellschafter oder gegen die Mitglieder der vertretungsberechtigten Organe der persönlich haftenden Gesellschafter zu richten. ³Es kann auch gegen die offene Handelsgesellschaft oder gegen die Kommanditgesellschaft gerichtet werden. **⁴§ 335a ist entsprechend anzuwenden.**

Begründung Regierungsentwurf v. 20.2.2015 (BT-Drucks. 18/4050, 79):
Die Ergänzung von § 335b HGB dient der Klarstellung.

E. Ergänzende Vorschriften für eingetragene Genossenschaften

§ 336
Pflicht zur Aufstellung von Jahresabschluss und Lagebericht

(1) ¹Der Vorstand einer Genossenschaft hat den Jahresabschluß (§ 242) um einen Anhang zu erweitern, der mit der Bilanz und der Gewinn- und Verlustrechnung eine Einheit bildet, sowie einen Lagebericht aufzustellen. ²Der Jahresabschluß und der Lagebericht sind in den ersten fünf Monaten des Geschäftsjahrs für das vergangene Geschäftsjahr aufzustellen.

(2) ¹Auf den Jahresabschluss und den Lagebericht sind, soweit in diesem Abschnitt nichts anderes bestimmt ist, die folgenden Vorschriften entsprechend anzuwenden:

1. § 264 Absatz 1 Satz 4 erster Halbsatz und **Absatz 1a, 2,**
2. die §§ 265 bis 289, mit Ausnahme von § 277 Absatz 3 Satz 1 **und § 285 Nummer 17,**
3. § 289a Absatz 4 nach Maßgabe des § 9 Absatz 3 und 4 des Genossenschaftsgesetzes.

²Sonstige Vorschriften, die durch den Geschäftszweig bedingt sind, bleiben unberührt. ³*Die Erleichterungen für Kleinstkapitalgesellschaften (§ 267a) sind auf Genossenschaften nicht anzuwenden.* ³**Genossenschaf-**

ten, die die Merkmale für Kleinstkapitalgesellschaften nach § 267a Absatz 1 erfüllen (Kleinstgenossenschaften), dürfen auch die Erleichterungen für Kleinstkapitalgesellschaften nach näherer Maßgabe des § 337 Absatz 4 und § 338 Absatz 4 anwenden.

(3) § 330 Abs. 1 über den Erlaß von Rechtsverordnungen ist entsprechend anzuwenden.

Begründung Regierungsentwurf v. 20.2.2015 (BT-Drucks. 18/4050, 79):

Die Änderungen in § 336 Absatz 2 Satz 1 HGB sind Folgeänderungen zu den materiellen Änderungen des HGB für den Anwendungsbereich der Genossenschaften. Zugleich wird die Änderung von § 336 HGB zum Anlass genommen, die mit dem MicroBilG für Kleinstkapitalgesellschaften eingeführten Erleichterungen der Rechnungslegungsvorgaben auf Kleinstgenossenschaften zu erstrecken, wobei einzelne Anpassungen an die Besonderheiten der Genossenschaften erforderlich sind. Die Neufassung von § 336 Absatz 2 Satz 3 HGB-E sieht nunmehr abweichend vom bisherigen Recht vor, dass die Erleichterungen für Kleinstkapitalgesellschaften grundsätzlich auch auf Kleinstgenossenschaften anzuwenden sind. Zugleich wird darauf hingewiesen, dass die entsprechende Anwendung nach Maßgabe neuer Regelungen in den §§ 337 und 338 HGB erfolgt.

I. Wesentliche Neuerungen

- Die Erleichterungsvorschriften für Kleinstkapitalgesellschaften sind grundsätzlich auch für Kleinstgenossenschaften anwendbar. 284

II. Erläuterungen zu § 336 Abs. 2 HGB (Erleichterungen für Kleinstgenossenschaften)

Bislang waren Genossenschaften von der Anwendung der Erleichterungen für Kleinstkapitalgesellschaften gem. § 336 Abs. 2 Satz 3 HGB a.F. ausgeschlossen. Der neu gefasste § 336 Abs. 2 HGB gestattet zukünftig auch Genossenschaften, von den **Erleichterungsvorschriften für Kleinstkapitalgesellschaften** Gebrauch zu machen, wenn sie die Größenkriterien des § 267a Abs. 1 HGB erfüllen. 285

Einschränkend wird jedoch in § 336 Abs. 2 Satz 2 HGB darauf hingewiesen, dass die Erleichterungsvorschriften für Kleinstkapitalgesellschaften nur nach den Maßgaben der §§ 337 Abs. 4 und 338 Abs. 4 HGB anzuwenden sind. Die Einschränkungen sind den Besonderheiten der Genossenschaften geschuldet. Somit sind weiterhin die nachfolgenden Angaben zu machen:

- Gesonderter Ausweis des Betrag der Geschäftsguthaben der Mitglieder sowie der gesetzlichen Rücklage in der Bilanz,
- Angaben zur Entwicklung der Zahl der Mitglieder, der Geschäftsguthaben und der Haftsummen gem. § 338 Abs. 1 HGB,
- Name und Anschrift des zuständigen Prüfungsverbands, dem die Genossenschaft angehört gem. § 338 Abs. 2 Nr. 1 HGB

– Forderungen der Genossenschaft gegen die Organmitglieder gem. § 338 Abs. 3 HGB,

– Angaben nach § 251 HGB zu den Haftungsverhältnissen.

Warum in § 338 Abs. 4 Nr. 1 HGB auf die weiterhin bestehenden Angabepflichten gem. §§ 251 bzw. § 268 Abs. 7 HGB bei Inanspruchnahme der Erleichterung zur Aufstellung eines Anhangs verwiesen wird, kann dahingestellt bleiben. Denn bereits § 264 Abs. 1 Satz 5 Nr. 1 HGB schreibt verpflichtend vor, dass Kleinstkapitalgesellschaften die Angaben nach § 268 Abs. 7 HGB zwingend unter der Bilanz anzugeben haben, wenn sie den Jahresabschluss nicht um einen Anhang erweitern.

§ 337
Vorschriften zur Bilanz

(1) ¹An Stelle des gezeichneten Kapitals ist der Betrag der Geschäftsguthaben der Mitglieder auszuweisen. ²Dabei ist der Betrag der Geschäftsguthaben der mit Ablauf des Geschäftsjahrs ausgeschiedenen Mitglieder gesondert anzugeben. ³Werden rückständige fällige Einzahlungen auf Geschäftsanteile in der Bilanz als Geschäftsguthaben ausgewiesen, so ist der entsprechende Betrag auf der Aktivseite unter der Bezeichnung „Rückständige fällige Einzahlungen auf Geschäftsanteile" einzustellen. ⁴Werden rückständige fällige Einzahlungen nicht als Geschäftsguthaben ausgewiesen, so ist der Betrag bei dem Posten „Geschäftsguthaben" zu vermerken. ⁵In beiden Fällen ist der Betrag mit dem Nennwert anzusetzen. Ein in der Satzung bestimmtes Mindestkapital ist gesondert anzugeben.

(2) An Stelle der Gewinnrücklagen sind die Ergebnisrücklagen auszuweisen und wie folgt aufzugliedern:

1. Gesetzliche Rücklage;

2. andere Ergebnisrücklagen; die Ergebnisrücklage nach § 73 Abs. 3 des Genossenschaftsgesetzes und die Beträge, die aus dieser Ergebnisrücklage an ausgeschiedene Mitglieder auszuzahlen sind, müssen vermerkt werden.

(3) Bei den Ergebnisrücklagen sind in der Bilanz oder im Anhang gesondert aufzuführen:

1. Die Beträge, welche die Generalversammlung aus dem Bilanzgewinn des Vorjahrs eingestellt hat;

2. die Beträge, die aus dem Jahresüberschuß des Geschäftsjahrs eingestellt werden;

3. die Beträge, die für das Geschäftsjahr entnommen werden.

(4) Kleinstgenossenschaften, die von der Erleichterung für Kleinstkapitalgesellschaften nach § 266 Absatz 1 Satz 4 Gebrauch machen, haben den

Betrag der Geschäftsguthaben der Mitglieder sowie die gesetzliche Rücklage in der Bilanz im Passivposten A Eigenkapital wie folgt auszuweisen:

Davon:
Geschäftsguthaben der Mitglieder
gesetzliche Rücklage.

Begründung Regierungsentwurf v. 20.2.2015 (BT-Drucks. 18/4050, 79):

Bei der Erstreckung der Erleichterungen für Kleinstkapitalgesellschaften auf Kleinstgenossenschaften nach § 336 Absatz 2 Satz 3 HGB-E würde es für Genossenschaften möglich, die Bilanz auf wenige Hauptposten zu begrenzen, so dass insbesondere die Geschäftsguthaben der Mitglieder und die gesetzliche Rücklage nicht mehr gesondert ausgewiesen würden. Diese für die Nutzer der Jahresabschlüsse auch von Kleinstgenossenschaften wichtigen Angaben sollen Kleinstgenossenschaften auch weiterhin in der Bilanz machen müssen. Zu diesem Zweck wird § 337 um einen Absatz 4 erweitert.

§ 338
Vorschriften zum Anhang

(1) ¹Im Anhang sind auch Angaben zu machen über die Zahl der im Laufe des Geschäftsjahrs eingetretenen oder ausgeschiedenen sowie die Zahl der am Schluß des Geschäftsjahrs der Genossenschaft angehörenden Mitglieder. ²Ferner sind der Gesamtbetrag, um welchen in diesem Jahr die Geschäftsguthaben sowie die Haftsummen der Mitglieder sich vermehrt oder vermindert haben, und der Betrag der Haftsummen anzugeben, für welche am Jahresschluß alle Mitglieder zusammen aufzukommen haben.

(2) Im Anhang sind ferner anzugeben:

1. Name und Anschrift des zuständigen Prüfungsverbands, dem die Genossenschaft angehört;
2. alle Mitglieder des Vorstands und des Aufsichtsrats, auch wenn sie im Geschäftsjahr oder später ausgeschieden sind, mit dem Familiennamen und mindestens einem ausgeschriebenen Vornamen; ein etwaiger Vorsitzender des Aufsichtsrats ist als solcher zu bezeichnen.

(3) ¹An Stelle der in § 285 Nr. 9 vorgeschriebenen Angaben über die an Mitglieder von Organen geleisteten Bezüge, Vorschüsse und Kredite sind lediglich die Forderungen anzugeben, die der Genossenschaft gegen Mitglieder des Vorstands oder Aufsichtsrats zustehen. ²Die Beträge dieser Forderungen können für jedes Organ in einer Summe zusammengefaßt werden.

(4) Kleinstgenossenschaften brauchen den Jahresabschluss nicht um einen Anhang zu erweitern, wenn sie unter der Bilanz angeben:

1. die in den §§ 251 und 268 Absatz 7 genannten Angaben und
2. die in den Absätzen 1, 2 Nummer 1 und Absatz 3 genannten Angaben.

Begründung Regierungsentwurf v. 20.2.2015 (BT-Drucks. 18/4050, 79):
Kleinstkapitalgesellschaften dürfen nach § 264 Absatz 1 Satz 5 HGB unter bestimmten Voraussetzungen darauf verzichten, einen Anhang zu erstellen. Auch dieses Wahlrecht wird in § 336 Absatz 2 Satz 3 HGB-E auf Kleinstgenossenschaften erstreckt. Allerdings sieht § 338 HGB eine Reihe zusätzlicher genossenschaftsspezifischer Angabepflichten vor, deren Darstellung zum Verständnis der Vermögens-, Finanz- und Ertragslage auch von Kleinstgenossenschaften wichtig ist. Das Wahlrecht zum Verzicht auf den Anhang soll Kleinstgenossenschaften deshalb nur eingeräumt werden, wenn diese genossenschaftsspezifischen Angaben unter der Bilanz gemacht werden. Zu diesem Zweck wird § 338 um einen Absatz 4 erweitert.

§ 339
Offenlegung

(1) ¹Der Vorstand hat unverzüglich nach der Generalversammlung über den Jahresabschluß, jedoch spätestens vor Ablauf des zwölften Monats des dem Abschlussstichtag nachfolgenden Geschäftsjahrs, den festgestellten Jahresabschluß, den Lagebericht und den Bericht des Aufsichtsrats beim Betreiber des Bundesanzeigers elektronisch einzureichen. ²Ist die Erteilung eines Bestätigungsvermerks nach § 58 Abs. 2 des Genossenschaftsgesetzes vorgeschrieben, so ist dieser mit dem Jahresabschluß einzureichen; hat der Prüfungsverband die Bestätigung des Jahresabschlusses versagt, so muß dies auf dem eingereichten Jahresabschluß vermerkt und der Vermerk vom Prüfungsverband unterschrieben sein. ³Ist die Prüfung des Jahresabschlusses im Zeitpunkt der Einreichung der Unterlagen nach Satz 1 nicht abgeschlossen, so ist der Bestätigungsvermerk oder der Vermerk über seine Versagung unverzüglich nach Abschluß der Prüfung einzureichen. ⁴Wird der Jahresabschluß oder der Lagebericht nach der Einreichung geändert, so ist auch die geänderte Fassung einzureichen.

(2) ¹§ 325 **Absatz 1 Satz 2, Absatz** 2, 2a und 6 sowie die §§ 326 bis 329 sind entsprechend anzuwenden. ²**Hat eine Kleinstgenossenschaft von der Erleichterung für Kleinstkapitalgesellschaften nach § 326 Absatz 2 Gebrauch gemacht, gilt § 9 Absatz 6 Satz 3 entsprechend.**

Begründung Regierungsentwurf v. 20.2.2015 (BT-Drucks. 18/4050, 79):
Kleinstkapitalgesellschaften dürfen nach § 326 Absatz 2 HGB die Offenlegungspflichten hinsichtlich des Jahresabschlusses auch durch die Hinterlegung der Bilanz beim Betreiber des Bundesanzeigers erfüllen. Dieses Wahlrecht wird Kleinstgenossenschaften mit § 336 Absatz 2 Satz 3 HGB-E künftig ebenfalls eingeräumt. Um klarzustellen, dass Dritte in die hinterlegten Bilanzen auch von Kleinstgenossenschaften Einsicht nehmen können, ordnet § 339 Absatz 2 Satz 2 HGB-E künftig die entsprechende Geltung von § 9 Absatz 6 Satz 3 HGB an.

§ 340

(1) ¹Dieser Unterabschnitt ist auf Kreditinstitute im Sinne des § 1 Abs. 1 des Gesetzes über das Kreditwesen anzuwenden, soweit sie nach dessen § 2 Abs. 1, 4 oder 5 von der Anwendung nicht ausgenommen sind, sowie

§ 340 – (Anwendung auf Kreditinstitute usw.)

auf Zweigniederlassungen von Unternehmen mit Sitz in einem Staat, der nicht Mitglied der Europäischen Gemeinschaft und auch nicht Vertragsstaat des Abkommens über den Europäischen Wirtschaftsraum ist, sofern die Zweigniederlassung nach § 53 Abs. 1 des Gesetzes über das Kreditwesen als Kreditinstitut gilt. ²§ 340l Abs. 2 und 3 ist außerdem auf Zweigniederlassungen im Sinne des § 53b Abs. 1 Satz 1 und Abs. 7 des Gesetzes über das Kreditwesen, auch in Verbindung mit einer Rechtsverordnung nach § 53c Nr. 1 dieses Gesetzes, anzuwenden, sofern diese Zweigniederlassungen Bankgeschäfte im Sinne des § 1 Abs. 1 Satz 2 Nr. 1 bis 5 und 7 bis 12 dieses Gesetzes betreiben. ³Zusätzliche Anforderungen auf Grund von Vorschriften, die wegen der Rechtsform oder für Zweigniederlassungen bestehen, bleiben unberührt.

(2) Dieser Unterabschnitt ist auf Unternehmen der in § 2 Abs. 1 Nr. 4 und 5 des Gesetzes über das Kreditwesen bezeichneten Art insoweit ergänzend anzuwenden, als sie Bankgeschäfte betreiben, die nicht zu den ihnen eigentümlichen Geschäften gehören.

(3) Dieser Unterabschnitt ist auf Wohnungsunternehmen mit Spareinrichtung nicht anzuwenden.

(4) ¹Dieser Unterabschnitt ist auch auf Finanzdienstleistungsinstitute im Sinne des § 1 Abs. 1a des Gesetzes über das Kreditwesen anzuwenden, soweit sie nicht nach dessen § 2 Abs. 6 oder 10 von der Anwendung ausgenommen sind, sowie auf Zweigniederlassungen von Unternehmen mit Sitz in einem anderen Staat, der nicht Mitglied der Europäischen Gemeinschaft und auch nicht Vertragsstaat des Abkommens über den Europäischen Wirtschaftsraum ist, sofern die Zweigniederlassung nach § 53 Abs. 1 des Gesetzes über das Kreditwesen als Finanzdienstleistungsinstitut gilt. ²§ 340c Abs. 1 ist nicht anzuwenden auf Finanzdienstleistungsinstitute und Kreditinstitute, soweit letztere Skontroführer im Sinne des § 27 Abs. 1 Satz 1 des Börsengesetzes und nicht CRR-Kreditinstitute im Sinne des § 1 Abs. 3d Satz 1 des Gesetzes über das Kreditwesen sind. *³§ 340l ist nur auf Finanzdienstleistungsinstitute anzuwenden, die Kapitalgesellschaften sind.* ³Zusätzliche Anforderungen auf Grund von Vorschriften, die wegen der Rechtsform oder für Zweigniederlassungen bestehen, bleiben unberührt.

(5) ¹Dieser Unterabschnitt ist auch auf Institute im Sinne des § 1 Absatz 2a des Zahlungsdiensteaufsichtsgesetzes anzuwenden. *²§ 340l ist nur auf Institute im Sinne des § 1 Absatz 2a des Zahlungsdiensteaufsichtsgesetzes anzuwenden, die Kapitalgesellschaften sind.* ²Zusätzliche Anforderungen auf Grund von Vorschriften, die wegen der Rechtsform oder für Zweigniederlassungen bestehen, bleiben unberührt.

Begründung Regierungsentwurf v. 20.2.2015 (BT-Drucks. 18/4050, 80):

Es handelt sich um die Beseitigung zweier früherer Redaktionsversehen. Die Vorschriften des Ersten Unterabschnitts des Vierten Abschnitts des Dritten Buchs des HGB sind rechtsformunabhängig anzuwenden, das gilt auch für die von Absatz 4 erfassten Finanzdienstleistungsinstitute und für die von Absatz 5 erfassten Institute. Die Streichung hat in Verbindung mit der in Absatz 1 des neuen Artikels des EGHGB-E geregelten Übergangsvorschrift zur Folge, dass Finanzdienstleistungsinstitute und Zahlungsinstitute mit anderer Rechtsform als einer Kapitalgesellschaft erstmals den Jahresabschluss für ein nach dem 31. Dezember 2015 beginnendes Geschäftsjahr nach § 340l Absatz 1 HGB offenzulegen haben.

§ 340a
Anzuwendende Vorschriften

(1) ¹Kreditinstitute, auch wenn sie nicht in der Rechtsform einer Kapitalgesellschaft betrieben werden, haben auf ihren Jahresabschluß die für große Kapitalgesellschaften geltenden Vorschriften des Ersten Unterabschnitts des Zweiten Abschnitts anzuwenden, soweit in den Vorschriften dieses Unterabschnitts nichts anderes bestimmt ist. ²Kreditinstitute haben außerdem einen Lagebericht nach den für große Kapitalgesellschaften geltenden Bestimmungen *des § 289* aufzustellen.

(2) ¹§ 265 Abs. 6 und 7, §§ 267, 268 Abs. 4 Satz 1, Abs. 5 Satz 1 und 2, §§ 276, 277 Abs. 1, 2, 3 Satz 1, § 284 **Absatz 2 Nummer 3**, § 285 Nr. 8 und 12, § 288 sind nicht anzuwenden. ²An Stelle von § 247 Abs. 1, §§ 251, 266, 268 **Absatz 7, §§ 275, 284 Absatz 3, § 285 Nummer 1, 2, 4, 9 Buchstabe c und Nummer 27** sind die durch Rechtsverordnung erlassenen Formblätter und anderen Vorschriften anzuwenden. ³§ 246 Abs. 2 ist nicht anzuwenden, soweit abweichende Vorschriften bestehen. ⁴§ 264 Abs. 3 und § 264b sind mit der Maßgabe anzuwenden, daß das Kreditinstitut unter den genannten Voraussetzungen die Vorschriften des Vierten Unterabschnitts des Zweiten Abschnitts nicht anzuwenden braucht. ⁵**§ 285 Nummer 31 ist nicht anzuwenden; unter den Posten „außerordentliche Erträge" und „außerordentliche Aufwendungen" sind Erträge und Aufwendungen auszuweisen, die außerhalb der gewöhnlichen Geschäftstätigkeit anfallen. ⁶Im Anhang sind diese Posten hinsichtlich ihres Betrags und ihrer Art zu erläutern, soweit die ausgewiesenen Beträge für die Beurteilung der Ertragslage nicht von untergeordneter Bedeutung sind.**

(3) ¹Sofern Kreditinstitute einer prüferischen Durchsicht zu unterziehende Zwischenabschlüsse zur Ermittlung von Zwischenergebnissen im Sinne des Artikels 26 Absatz 2 der Verordnung (EU) Nr. 575/2013 des Europäischen Parlaments und des Rates vom 26. Juni 2013 über Aufsichtsanforderungen an Kreditinstitute und Wertpapierfirmen und zur Änderung der Verordnung (EU) Nr. 646/2012 (ABl. L 176 vom 27.6.2013, S. 1) aufstellen, sind auf diese die für den Jahresabschluss geltenden Rechnungslegungsgrundsätze anzuwenden. ²Die Vorschriften über die Bestellung des Abschlussprüfers sind auf die prüferische Durchsicht entsprechend anzuwenden. ³Die prüferische Durchsicht ist so anzulegen, dass bei gewissenhafter Berufsausübung ausgeschlossen werden kann, dass der Zwischenabschluss in wesentlichen Belangen den anzuwendenden Rechnungslegungsgrundsätzen widerspricht. ⁴Der Abschlussprüfer hat das Ergebnis der prüferischen Durchsicht in einer Bescheinigung zusammenzufassen. ⁵§ 320 und § 323 gelten entsprechend.

(4) Zusätzlich haben Kreditinstitute im Anhang zum Jahresabschluß anzugeben:

1. alle Mandate in gesetzlich zu bildenden Aufsichtsgremien von großen Kapitalgesellschaften (§ 267 Abs. 3), die von gesetzlichen Vertretern oder anderen Mitarbeitern wahrgenommen werden;
2. alle Beteiligungen an großen Kapitalgesellschaften, die fünf vom Hundert der Stimmrechte überschreiten.

Begründung Regierungsentwurf v. 20.2.2015 (BT-Drucks. 18/4050, 80):

In Absatz 1 wird klargestellt, dass Kreditinstitute, die börsennotierte Aktiengesellschaften oder Kommanditgesellschaften auf Aktien sind, auch § 289a HGB anzuwenden haben; Absatz 1 enthält eine Rechtsgrundverweisung. Im Übrigen handelt es sich um Folgeänderungen zu den Änderungen des Zweiten Abschnitts des Dritten Buchs des HGB.

Bericht des Ausschusses für Recht und Verbraucherschutz v. 17.6.2015 (BT-Drucks. 18/5256, 86):

Abs. 2 Satz 5 und 6: Der Gesetzentwurf sieht im Einklang mit der Richtlinie 2013/34/EU vor, dass die Gewinn- und Verlustrechnung keine Posten außerordentliche Erträge und außerordentliche Aufwendungen (sowie das entsprechende Ergebnis) mehr enthält. Stattdessen werden nach § 285 Nummer 31 HGB-E und § 314 Absatz 1 Nummer 23 HGB-E im Anhang zusätzliche, auch von kleinen Kapitalgesellschaften zu erfüllende Angabepflichten über die einzelnen Erträge und Aufwendungen von außergewöhnlicher Größenordnung oder Bedeutung vorgeschrieben. Für Kreditinstitute und Versicherungsunternehmen sieht der Gesetzentwurf keine Sondervorschriften vor. Allerdings bleiben Kreditinstitute und Versicherungsunternehmen nach § 340a HGB in Verbindung mit den Vorschriften der Kreditinstitute-Rechnungslegungsverordnung weiterhin verpflichtet, in ihrer Gewinn- und Verlustrechnung die Posten außerordentliche Erträge und außerordentliche Aufwendungen auszuweisen.

Hintergrund ist, dass die Richtlinie 86/635/EWG des Rates vom 8. Dezember 1986 (ABl. L 372, S. 1) noch nicht geändert wurde und weiterhin den Ausweis dieser Erträge und Aufwendungen verlangt. Auf europäischer Ebene bestehen damit verschiedene Vorgaben in zwei Richtlinien. Vorrangig ist aber die für Kreditinstitute spezifische Richtlinie 86/635/EWG, was sich aus Erwägungsgrund 7 der Richtlinie 2013/34/EU ergibt. Die unterschiedlichen Regelungsansätze der Richtlinie 2013/34/EU und der Richtlinie 86/635/EWG in Bezug auf außerordentliche Posten stehen miteinander nicht im Einklang. Soweit in der Gewinn- und Verlustrechnung außerordentliche Erträge oder Aufwendungen auszuweisen sind, reicht es aus, diese im Anhang zu erläutern, wie es das geltende Recht vorsieht. Eine zusätzliche Angabepflicht im Anhang im Hinblick auf die in allen anderen Ertrags- oder Aufwandsposten enthaltenen Erträge oder Aufwendungen von außergewöhnlicher Größenordnung oder von außergewöhnlicher Bedeutung kann zu Missverständnissen führen, weil ein großer Teil der Angaben doppelt erscheinen müsste. Dementsprechend ist es sachgemäß, für Kreditinstitute ausschließlich die Vorgaben der Richtlinie 86/635/EWG in Bezug auf außerordentliche Posten anzuwenden und auch im Anhang eine Erläuterung dieser Posten entsprechend dem geltenden Recht beizubehalten, also keine zusätzlichen Angaben nach § 285 Nummer 31 HGB-E bzw. § 314 Absatz 1 Nummer 23 HGB-E zu verlangen. Damit werden Doppelangaben und Umstellungsaufwand für die Kreditinstitute vermieden.

Dazu ist es erforderlich, in § 340a Absatz 2 HGB-E nicht nur für die Gewinn- und Verlustrechnung, sondern auch für die Angabe im Anhang zu außergewöhnlichen Erträgen oder Aufwendungen auf die entsprechende oder unmittelbare Anwendung des § 285 Nummer 31 HGB-E zu verzichten und stattdessen eine dem geltenden § 277 Absatz 4 HGB nachgebildete Erläuterungspflicht im Anhang für die in der Gewinn- und Verlustrechnung auszuweisenden außerordentlichen Erträge oder Aufwendungen vorzusehen.

§ 340e
Bewertung von Vermögensgegenständen

(1) ¹Kreditinstitute haben Beteiligungen einschließlich der Anteile an verbundenen Unternehmen, Konzessionen, gewerbliche Schutzrechte und ähnliche Rechte und Werte sowie Lizenzen an solchen Rechten und Werten, Grundstücke, grundstücksgleiche Rechte und Bauten einschließlich der Bauten auf fremden Grundstücken, technische Anlagen und Maschinen, andere Anlagen, Betriebs- und Geschäftsausstattung sowie Anlagen im Bau nach den für das Anlagevermögen geltenden Vorschriften zu bewerten, es sei denn, daß sie nicht dazu bestimmt sind, dauernd dem Geschäftsbetrieb zu dienen; in diesem Falle sind sie nach Satz 2 zu bewerten. ²Andere Vermögensgegenstände, insbesondere Forderungen und Wertpapiere, sind nach den für das Umlaufvermögen geltenden Vorschriften zu bewerten, es sei denn, daß sie dazu bestimmt werden, dauernd dem Geschäftsbetrieb zu dienen; in diesem Falle sind sie nach Satz 1 zu bewerten. ³§ 253 **Absatz 3 Satz 6** ist nur auf Beteiligungen und Anteile an verbundenen Unternehmen im Sinn des Satzes 1 sowie Wertpapiere und Forderungen im Sinn des Satzes 2, die dauernd dem Geschäftsbetrieb zu dienen bestimmt sind, anzuwenden.

(2) ¹Abweichend von § 253 Abs. 1 Satz 1 dürfen Hypothekendarlehen und andere Forderungen mit ihrem Nennbetrag angesetzt werden, soweit der Unterschiedsbetrag zwischen dem Nennbetrag und dem Auszahlungsbetrag oder den Anschaffungskosten Zinscharakter hat. ²Ist der Nennbetrag höher als der Auszahlungsbetrag oder die Anschaffungskosten, so ist der Unterschiedsbetrag in den Rechnungsabgrenzungsposten auf der Passivseite aufzunehmen; er ist planmäßig aufzulösen und in seiner jeweiligen Höhe in der Bilanz oder im Anhang gesondert anzugeben. ³Ist der Nennbetrag niedriger als der Auszahlungsbetrag oder die Anschaffungskosten, so darf der Unterschiedsbetrag in den Rechnungsabgrenzungsposten auf der Aktivseite aufgenommen werden; er ist planmäßig aufzulösen und in seiner jeweiligen Höhe in der Bilanz oder im Anhang gesondert anzugeben.

(3) ¹Finanzinstrumente des Handelsbestands sind zum beizulegenden Zeitwert abzüglich eines Risikoabschlags zu bewerten. ²Eine Umgliederung in den Handelsbestand ist ausgeschlossen. ³Das Gleiche gilt für eine Umgliederung aus dem Handelsbestand, es sei denn, außergewöhnliche Umstände, insbesondere schwerwiegende Beeinträchtigungen der Handelbarkeit der Finanzinstrumente, führen zu einer Aufgabe der Han-

delsabsicht durch das Kreditinstitut. ⁴Finanzinstrumente des Handelsbestands können nachträglich in eine Bewertungseinheit einbezogen werden; sie sind bei Beendigung der Bewertungseinheit wieder in den Handelsbestand umzugliedern.

(4) ¹In der Bilanz ist dem Sonderposten „Fonds für allgemeine Bankrisiken" nach § 340g in jedem Geschäftsjahr ein Betrag, der mindestens 10 vom Hundert der Nettoerträge des Handelsbestands entspricht, zuzuführen und dort gesondert auszuweisen. ²Dieser Posten darf nur aufgelöst werden

1. zum Ausgleich von Nettoaufwendungen des Handelsbestands sowie
2. zum Ausgleich eines Jahresfehlbetrags, soweit er nicht durch einen Gewinnvortrag aus dem Vorjahr gedeckt ist,
3. zum Ausgleich eines Verlustvortrags aus dem Vorjahr, soweit er nicht durch einen Jahresüberschuss gedeckt ist, oder
4. soweit er 50 vom Hundert des Durchschnitts der letzten fünf jährlichen Nettoerträge des Handelsbestands übersteigt.

³Auflösungen, die nach Satz 2 erfolgen, sind im Anhang anzugeben und zu erläutern.

Begründung Regierungsentwurf v. 20.2.2015 (BT-Drucks. 18/4050, 80):
Es handelt sich um eine Folgeänderung zur Änderung von § 253 HGB.

§ 340i
Pflicht zur Aufstellung

(1) ¹Kreditinstitute, auch wenn sie nicht in der Rechtsform einer Kapitalgesellschaft betrieben werden, haben unabhängig von ihrer Größe einen Konzernabschluß und einen Konzernlagebericht nach den Vorschriften des Zweiten Unterabschnitts des Zweiten Unterabschnitts über den Konzernabschluß und Konzernlagebericht aufzustellen, soweit in den Vorschriften dieses Unterabschnitts nichts anderes bestimmt ist. ²Zusätzliche Anforderungen auf Grund von Vorschriften, die wegen der Rechtsform bestehen, bleiben unberührt.

(2) ¹Auf den Konzernabschluß sind, soweit seine Eigenart keine Abweichung bedingt, die §§ 340a bis 340g über den Jahresabschluß und die für die Rechtsform und den Geschäftszweig der in den Konzernabschluß einbezogenen Unternehmen mit Sitz im Geltungsbereich dieses Gesetzes geltenden Vorschriften entsprechend anzuwenden, soweit sie für große Kapitalgesellschaften gelten. ²Die §§ 293, 298 **Absatz 1**, § 314 Abs. 1 Nr. 1, 3, 6 Buchstabe c **und Nummer 23** sind nicht anzuwenden. ³In den Fällen des § 315a Abs. 1 finden von den in Absatz 1 genannten Vorschriften nur die §§ 290 bis 292, 315a Anwendung; die Sätze 1 und 2 dieses Absatzes sowie § 340j sind nicht anzuwenden. ⁴Soweit § 315a Abs. 1 auf die Bestimmung des § 314 Abs. 1 Nr. 6 Buchstabe c verweist, tritt an deren

Stelle die Vorschrift des § 34 Abs. 2 Nr. 2 in Verbindung mit § 37 der Kreditinstituts-Rechnungslegungsverordnung in der Fassung der Bekanntmachung vom 11. Dezember 1998 (BGBl. I S. 3658) **in der jeweils geltenden Fassung.** [5]Im Übrigen findet die Kreditinstituts-Rechnungslegungsverordnung in den Fällen des § 315a Abs. 1 keine Anwendung.

(3) Als Kreditinstitute im Sinne dieses Titels gelten auch Mutterunternehmen, deren einziger Zweck darin besteht, Beteiligungen an Tochterunternehmen zu erwerben sowie die Verwaltung und Verwertung dieser Beteiligungen wahrzunehmen, sofern diese Tochterunternehmen ausschließlich oder überwiegend Kreditinstitute sind.

(4) [1]Sofern Kreditinstitute einer prüferischen Durchsicht zu unterziehende Konzernzwischenabschlüsse zur Ermittlung von Konzernzwischenergebnissen im Sinne des Artikels 26 Absatz 2 in Verbindung mit Artikel 11 der Verordnung (EU) Nr. 575/2013 aufstellen, sind auf diese die für den Konzernabschluss geltenden Rechnungslegungsgrundsätze anzuwenden. [2]Die Vorschriften über die Bestellung des Abschlussprüfers sind auf die prüferische Durchsicht entsprechend anzuwenden. [3]Die prüferische Durchsicht ist so anzulegen, dass bei gewissenhafter Berufsausübung ausgeschlossen werden kann, dass der Zwischenabschluss in wesentlichen Belangen den anzuwendenden Rechnungslegungsgrundsätzen widerspricht. [4]Der Abschlussprüfer hat das Ergebnis der prüferischen Durchsicht in einer Bescheinigung zusammenzufassen. [5]§ 320 und § 323 gelten entsprechend.

Begründung Regierungsentwurf v. 20.2.2015 (BT-Drucks. 18/4050, 80):

Es handelt sich um eine Folgeänderung zur Änderung von § 298 HGB und um eine redaktionelle Änderung, um eine dynamische Verweisung auf die Kreditinstituts-Rechnungslegungsverordnung.

Bericht des Ausschusses für Recht und Verbraucherschutz v. 17.6.2015 (BT-Drucks. 18/5256, 86):

Abs. 2 Satz 2: Die Änderung vollzieht die Änderung von § 340a Absatz 2 HGB-E für den Konzernabschluss von Kreditinstituten nach. Zusätzliche Angaben nach § 314 Absatz 1 Nummer 23 HGB-E sind im Konzernanhang eines Kreditinstitut-Mutterunternehmens entbehrlich. Stattdessen sind die nach § 340a Absatz 2 HGB-E notwendigen Erläuterungen zu außerordentlichen Erträgen oder Aufwendungen nach § 340i Absatz 2 Satz 1 HGB-E auch im Konzernanhang zu machen.

§ 340l

(1) [1]Kreditinstitute haben den Jahresabschluß und den Lagebericht sowie den Konzernabschluß und den Konzernlagebericht und die anderen in § 325 bezeichneten Unterlagen nach § 325 Abs. 2 bis 5, §§ 328, 329 Abs. 1 und 4 offenzulegen. [2]Kreditinstitute, die nicht Zweigniederlassungen sind, haben die in Satz 1 bezeichneten Unterlagen außerdem in jedem anderen Mitgliedstaat der Europäischen Gemeinschaft und in jedem anderen Vertragsstaat des Abkommens über den Europäischen Wirtschafts-

§ 340l – (Offenlegung)

raum offenzulegen, in dem sie eine Zweigniederlassung errichtet haben. ³Die Offenlegung **nach Satz 2** richtet sich nach dem Recht des jeweiligen Mitgliedstaats oder Vertragsstaats.

(2) ¹Zweigniederlassungen im Geltungsbereich dieses Gesetzes von Unternehmen mit Sitz in einem anderen Staat haben die in Absatz 1 Satz 1 bezeichneten Unterlagen ihrer Hauptniederlassung, die nach deren Recht aufgestellt und geprüft worden sind, nach § 325 Abs. 2 bis 5, §§ 328, 329 Abs. 1, 3 und 4 offenzulegen. ²Unternehmen mit Sitz in einem Drittstaat im Sinn des § 3 Abs. 1 Satz 1 der Wirtschaftsprüferordnung, deren Wertpapiere im Sinn des § 2 **Absatz 1** des Wertpapierhandelsgesetzes an einer inländischen Börse zum Handel am regulierten Markt zugelassen sind, haben zudem eine Bescheinigung der Wirtschaftsprüferkammer gemäß § 134 Abs. 2a der Wirtschaftsprüferordnung über die Eintragung des Abschlussprüfers oder eine Bestätigung der Wirtschaftsprüferkammer gemäß § 134 Abs. 4 Satz 8 der Wirtschaftsprüferordnung über die Befreiung von der Eintragungsverpflichtung offenzulegen. ³Satz 2 ist nicht anzuwenden, soweit ausschließlich Schuldtitel im Sinn des § 2 **Absatz 1 Nummer 3** des Wertpapierhandelsgesetzes mit einer Mindeststückelung von 50 000 Euro oder einem entsprechenden Betrag anderer Währung an einer inländischen Börse zum Handel am regulierten Markt zugelassen sind.[1] ⁴Zweigniederlassungen im Geltungsbereich dieses Gesetzes von Unternehmen mit Sitz in einem Staat, der nicht Mitglied der Europäischen Gemeinschaft und auch nicht Vertragsstaat des Abkommens über den Europäischen Wirtschaftsraum ist, brauchen auf ihre eigene Geschäftstätigkeit bezogene gesonderte Rechnungslegungsunterlagen nach Absatz 1 Satz 1 nicht offenzulegen, sofern die nach den Sätzen 1 und 2 offenzulegenden Unterlagen nach einem an die Richtlinie 86/635/EWG angepaßten Recht aufgestellt und geprüft worden oder den nach einem dieser Rechte aufgestellten Unterlagen gleichwertig sind. ⁵Die Unterlagen sind in deutscher Sprache einzureichen. ⁶Soweit dies nicht die Amtssprache am Sitz der Hauptniederlassung ist, können die Unterlagen der Hauptniederlassung auch

1. in englischer Sprache oder
2. **in** einer von dem Register der Hauptniederlassung beglaubigten Abschrift oder,

---

[1] Nach Art. 4 Nr. 4 i.V.m. Art. 12 Abs. 1 des Abschlussprüferaufsichtsreformgesetzes 2016 gilt § 340l Abs. 2 Satz 3 HGB ab 17.6.2016 in der folgenden Fassung:
„Satz 2 ist nicht anzuwenden, soweit ausschließlich Schuldtitel im Sinne des § 2 Absatz 1 Nummer 3 des Wertpapierhandelsgesetzes
 1. mit einer Mindeststückelung zu je 100 000 Euro oder einem entsprechenden Betrag anderer Währung an einer inländischen Behörde zum Handel am regulierten Markt zugelassen sind oder
 2. mit einer Mindeststückelung zu je 50 000 Euro oder einem entsprechenden Betrag anderer Währung an einer inländischen Börse zum Handel am regulierten Markt zu gelassen sind und diese Schuldtitel vor dem 31. Dezember 2010 begeben worden sind."

3. wenn eine dem Register vergleichbare Einrichtung nicht vorhanden oder diese nicht zur Beglaubigung befugt ist, in einer von einem Wirtschaftsprüfer bescheinigten Abschrift, verbunden mit der Erklärung, dass entweder eine dem Register vergleichbare Einrichtung nicht vorhanden oder diese nicht zur Beglaubigung befugt ist,

eingereicht werden; von der Beglaubigung des Registers ist eine beglaubigte Übersetzung in deutscher Sprache einzureichen.

(3) § 339 ist auf Kreditinstitute, die Genossenschaften sind, nicht anzuwenden.

(4) Macht ein Kreditinstitut von dem Wahlrecht nach § 325 Absatz 2a Satz 1 Gebrauch, sind § 325 Absatz 2a Satz 3 und 5 mit folgenden Maßgaben anzuwenden:

1. Die in § 325 Abs. 2a Satz 3 genannten Vorschriften des Ersten Unterabschnitts des Zweiten Abschnitts des Dritten Buchs sind auch auf Kreditinstitute anzuwenden, die nicht in der Rechtsform einer Kapitalgesellschaft betrieben werden.

2. *§ 285 Nr. 8 Buchstabe b findet keine Anwendung. ²Jedoch ist im Anhang zum Einzelabschluss nach § 325 Abs. 2a der Personalaufwand des Geschäftsjahrs in der Gliederung nach Formblatt 3 Posten 10 Buchstabe a der Kreditinstituts-Rechnungslegungsverordnung in der Fassung der Bekanntmachung vom 11. Dezember 1998 (BGBl. I S. 3658), die zuletzt durch Artikel 8 Abs. 11 Nr. 1 des Gesetzes vom 4. Dezember 2004 (BGBl. I S. 3166) geändert worden ist, anzugeben, sofern diese Angaben nicht gesondert in der Gewinn- und Verlustrechnung erscheinen.*

2. **§ 285 Nummer 8 Buchstabe b findet keine Anwendung; der Personalaufwand des Geschäftsjahrs ist jedoch im Anhang zum Einzelabschluss nach § 325 Absatz 2a gemäß der Gliederung nach Formblatt 3 im Posten Allgemeine Verwaltungsaufwendungen Unterposten Buchstabe a Personalaufwand der Kreditinstituts-Rechnungslegungsverordnung in der Fassung der Bekanntmachung vom 11. Dezember 1998 (BGBl. I S. 3658) in der jeweils geltenden Fassung anzugeben, sofern diese Angaben nicht gesondert in der Gewinn- und Verlustrechnung erscheinen.**

3. An Stelle des § 285 Nr. 9 Buchstabe c gilt § 34 Abs. 2 Nr. 2 der Kreditinstituts-Rechnungslegungsverordnung in der Fassung der Bekanntmachung vom 11. Dezember 1998 (BGBl. I S. 3658) **in der jeweils geltenden Fassung**.

4. Für den Anhang gilt zusätzlich die Vorschrift des § 340a Abs. 4.

5. Im Übrigen finden die Bestimmungen des Zweiten bis Vierten Titels dieses Unterabschnitts sowie der Kreditinstituts-Rechnungslegungsverordnung keine Anwendung.

Begründung Regierungsentwurf v. 20.2.2015 (BT-Drucks. 18/4050, 80):
§ 340l HGB ist aus redaktionellen Gründen zu ändern.

Abs. 1: Die Änderung von Absatz 1 Satz 3 dient der Klarstellung, dass der Hinweis auf das anzuwendende Recht für die Offenlegung ausschließlich auf den Fall von Absatz 1 Satz 2 bezogen ist, wonach das Kreditinstitut die Rechnungslegungsunterlagen auch im Ausland offenzulegen hat.

Abs. 2: Die Änderungen der Sätze 2 und 3 bereinigen ein Redaktionsversehen aus der Änderung von § 2 Absatz 1 des Wertpapierhandelsgesetzes. Die Ergänzung von Satz 6 Nummer 2 beseitigt ein früheres Redaktionsversehen.

Abs. 4: Absatz 4 führt eine dynamische Verweisung auf die Kreditinstituts-Rechnungslegungsverordnung in ihrer jeweils geltenden Fassung ein. Zugleich soll die Lesbarkeit der Vorschrift verbessert und die Regelung präzisiert werden. Absatz 4 ist anzuwenden, wenn ein Kreditinstitut von dem Wahlrecht zur Offenlegung eines Einzelabschlusses nach den Internationalen Rechnungslegungsstandards (IFRS) Gebrauch macht.

§ 340n
Bußgeldvorschriften

(1) Ordnungswidrig handelt, wer als Geschäftsleiter im Sinne des § 1 Abs. 2 Satz 1 oder des § 53 Abs. 2 Nr. 1 des Kreditwesengesetzes oder als Inhaber eines in der Rechtsform des Einzelkaufmanns betriebenen Kreditinstituts oder Finanzdienstleistungsinstituts im Sinne des § 340 Abs. 4 Satz 1 oder als Geschäftsleiter im Sinne des § 1 Absatz 8 Satz 1 und 2 des Zahlungsdiensteaufsichtsgesetzes eines Instituts im Sinne des § 340 Absatz 5 oder als Mitglied des Aufsichtsrats eines der vorgenannten Unternehmen

1. bei der Aufstellung oder Feststellung des Jahresabschlusses oder bei der Aufstellung des Zwischenabschlusses gemäß § 340a Abs. 3 einer Vorschrift

    a) des § 243 Abs. 1 oder 2, der §§ 244, 245, 246 Abs. 1 oder 2, dieser in Verbindung mit § 340a Abs. 2 Satz 3, des § 246 Abs. 3 Satz 1, des § 247 Abs. 2 oder 3, der §§ 248, 249 Abs. 1 Satz 1 oder Abs. 2, des § 250 Abs. 1 oder Abs. 2, des § 264 **Absatz 1a oder Absatz 2**, des § 340b Abs. 4 oder 5 oder des § 340c Abs. 1 über Form oder Inhalt,

    b) des § 253 Abs. 1 Satz 1, 2, 3 oder 4, Abs. 2 Satz 1, auch in Verbindung mit Satz 2, **Absatz 3 Satz 1, 2, 3, 4 oder Satz 5**, Abs. 4 oder 5, der §§ 254, 256a, 340e Abs. 1 Satz 1 oder 2, Abs. 3 Satz 1, 2, 3 oder 4 Halbsatz 2, Abs. 4 Satz 1 oder 2, des § 340f Abs. 1 Satz 2 oder des § 340g Abs. 2 über die Bewertung,

    c) des § 265 Abs. 2, 3 oder 4, des § 268 Abs. 3 oder 6, der §§ 272, 274 oder des § 277 Abs. 3 Satz 2 *oder Abs. 4* über die Gliederung,

    d) *des § 284 Abs. 1, 2 Nr. 1, 3 oder Nr. 5 oder des § 285 Nr. 3, 6, 7, 9 Buchstabe a oder Buchstabe b, Nr. 10, 11, 13, 14, 17 bis 29 über die im Anhang zu machenden Angaben,*

    d) **des § 284 Absatz 1, 2 Nummer 1, 2 oder Nummer 4, Absatz 3 oder des § 285 Nummer 3, 3a, 7, 9 Buchstabe a oder Buchstabe b, Num-**

mer 10 bis 11b, 13 bis 15a, 16 bis 26, 28 bis 33 oder Nummer 34 über die im Anhang zu machenden Angaben,

2. bei der Aufstellung des Konzernabschlusses oder des Konzernzwischenabschlusses gemäß § 340i Abs. 4 einer Vorschrift

   a) des § 294 Abs. 1 über den Konsolidierungskreis,

   b) des § 297 **Absatz 1a, 2 oder Absatz 3** oder des § 340i Abs. 2 Satz 1 in Verbindung mit einer der in Nummer 1 Buchstabe a bezeichneten Vorschriften über Form oder Inhalt,

   c) des § 300 über die Konsolidierungsgrundsätze oder das Vollständigkeitsgebot,

   d) des § 308 Abs. 1 Satz 1 in Verbindung mit den in Nummer 1 Buchstabe b bezeichneten Vorschriften, des § 308 Abs. 2 oder des § 308a über die Bewertung,

   e) des § 311 Abs. 1 Satz 1 in Verbindung mit § 312 über die Behandlung assoziierter Unternehmen oder

   f) des § 308 Abs. 1 Satz 3, des § 313 oder des § 314 über die im **Konzernanhang** zu machenden Angaben,

3. bei der Aufstellung des Lageberichts einer Vorschrift des § 289 *Abs. 1, 4 oder Abs. 5* oder des § 289a über den Inhalt des Lageberichts,

4. bei der Aufstellung des Konzernlageberichts einer Vorschrift des § 315 **Absatz 1, 2, 4 oder Absatz 5** über den Inhalt des Konzernlageberichts,

5. bei der Offenlegung, Veröffentlichung oder Vervielfältigung einer Vorschrift des § 328 über Form oder Inhalt oder

6. einer auf Grund des § 330 Abs. 2 in Verbindung mit Abs. 1 Satz 1 erlassenen Rechtsverordnung, soweit sie für einen bestimmten Tatbestand auf diese Bußgeldvorschrift verweist,

zuwiderhandelt.

(2) Ordnungswidrig handelt, wer zu einem Jahresabschluss, zu einem Einzelabschluss nach § 325 Abs. 2a oder zu einem Konzernabschluss, der aufgrund gesetzlicher Vorschriften zu prüfen ist, einen Vermerk nach § 322 Abs. 1 erteilt, obwohl nach § 319 Abs. 2, 3, 5, § 319a Abs. 1 Satz 1, Abs. 2, § 319b Abs. 1 er, nach § 319 Abs. 4, auch in Verbindung mit § 319a Abs. 1 Satz 2, oder § 319a Abs. 1 Satz 4, 5, § 319b Abs. 1 die Wirtschaftsprüfungsgesellschaft oder nach § 340k Abs. 2 oder Abs. 3 der Prüfungsverband oder die Prüfungsstelle, für die oder für den er tätig wird, nicht Abschlussprüfer sein darf.

(3) Die Ordnungswidrigkeit kann mit einer Geldbuße bis zu fünfzigtausend Euro geahndet werden.

(4) Verwaltungsbehörde im Sinn des § 36 Abs. 1 Nr. 1 des Gesetzes über Ordnungswidrigkeiten ist in den Fällen der Absätze 1 und 2 die Bundesanstalt für Finanzdienstleistungsaufsicht.

§ 341 – (Anwendung auf Versicherungsunternehmen)

Begründung Regierungsentwurf v. 20.2.2015 (BT-Drucks. 18/4050, 80):

Die Änderungen von § 340n HGB sind Folgeänderungen zu den materiellen Änderungen im HGB, die in den Sanktionsvorschriften für Kreditinstitute gesondert und unter Beachtung der Abweichungen nach den §§ 340 ff. HGB spiegelbildlich zu § 334 HGB vorzunehmen sind.

§ 341

(1) ¹Dieser Unterabschnitt ist, soweit nichts anderes bestimmt ist, auf Unternehmen, die den Betrieb von Versicherungsgeschäften zum Gegenstand haben und nicht Träger der Sozialversicherung sind (Versicherungsunternehmen), anzuwenden. ²Dies gilt nicht für solche Versicherungsunternehmen, die auf Grund von Gesetz, Tarifvertrag oder Satzung ausschließlich für ihre Mitglieder oder die durch Gesetz oder Satzung begünstigten Personen Leistungen erbringen oder als nicht rechtsfähige Einrichtungen ihre Aufwendungen im Umlageverfahren decken, es sei denn, sie sind Aktiengesellschaften, Versicherungsvereine auf Gegenseitigkeit oder rechtsfähige kommunale Schadenversicherungsunternehmen.

(2) ¹Versicherungsunternehmen im Sinne des Absatzes 1 sind auch Niederlassungen im Geltungsbereich dieses Gesetzes von Versicherungsunternehmen mit Sitz in einem anderen Staat, wenn sie zum Betrieb des Direktversicherungsgeschäfts der Erlaubnis durch die deutsche Versicherungsaufsichtsbehörde bedürfen. ²Niederlassungen von Versicherungsunternehmen mit Sitz in einem Mitgliedstaat der Europäischen Union oder einem anderen Vertragsstaat des Abkommens über den Europäischen Wirtschaftsraum, die keiner Erlaubnis zum Betrieb des Direktversicherungsgeschäfts durch die deutsche Versicherungsaufsichtsbehörde bedürfen, haben die **ergänzenden Vorschriften über den Ansatz und die Bewertung von Vermögensgegenständen und Schulden des Ersten bis Vierten Titels dieses Unterabschnitts und der Versicherungsunternehmens-Rechnungslegungsverordnung in ihrer jeweils geltenden Fassung anzuwenden.**

(3) Zusätzliche Anforderungen auf Grund von Vorschriften, die wegen der Rechtsform oder für Niederlassungen bestehen, bleiben unberührt.

(4) ¹Die Vorschriften des Ersten bis Siebenten Titels dieses Unterabschnitts sind mit Ausnahme von Absatz 1 Satz 2 auf Pensionsfonds (§ 112 Abs. 1 des Versicherungsaufsichtsgesetzes) entsprechend anzuwenden. ²§ 341d ist mit der Maßgabe anzuwenden, dass Kapitalanlagen für Rechnung und Risiko von Arbeitnehmern und Arbeitgebern mit dem Zeitwert unter Berücksichtigung des Grundsatzes der Vorsicht zu bewerten sind; §§ 341b, 341c sind insoweit nicht anzuwenden.

Begründung Regierungsentwurf v. 20.2.2015 (BT-Drucks. 18/4050, 80):

Die Änderung in Absatz 2 Satz 2 dient der Klarstellung, dass auf die in Absatz 2 genannten Versicherungsunternehmen die Vorschriften des Ersten bis Vierten Titels des Zweiten Unterabschnitts des Vierten Abschnitts des Dritten Buchs und die

Vorschriften der Versicherungsunternehmens-Rechnungslegungsverordnung, und zwar jeweils nur hinsichtlich der Vorschriften zum Ansatz und zur Bewertung von Vermögensgegenständen und Schulden anzuwenden sind.

§ 341a
Anzuwendende Vorschriften

(1) ¹Versicherungsunternehmen haben einen Jahresabschluß und einen Lagebericht nach den für große Kapitalgesellschaften geltenden Vorschriften des Ersten Unterabschnitts des Zweiten Abschnitts in den ersten vier Monaten des Geschäftsjahres für das vergangene Geschäftsjahr aufzustellen und dem Abschlußprüfer zur Durchführung der Prüfung vorzulegen; die Frist des § 264 Abs. 1 Satz 3 gilt nicht. ²Ist das Versicherungsunternehmen eine Kapitalgesellschaft im Sinn des § 325 Abs. 4 Satz 1 und nicht zugleich im Sinn des § 327a, beträgt die Frist nach Satz 1 vier Monate.

(2) ¹§ 265 Abs. 6, §§ 267, 268 Abs. 4 Satz 1, Abs. 5 Satz 1 und 2, §§ 276, 277 Abs. 1 und 2, § 285 Nr. 8 Buchstabe a und § 288 sind nicht anzuwenden. ²Anstelle von § 247 Abs. 1, §§ 251, 265 Abs. 7, §§ 266, 268 **Absatz 7**, §§ 275, **284 Absatz 3, § 285 Nummer 4** und 8 Buchstabe b sowie § 286 Abs. 2 sind die durch Rechtsverordnung erlassenen Formblätter und anderen Vorschriften anzuwenden. ³§ 246 Abs. 2 ist nicht anzuwenden, soweit abweichende Vorschriften bestehen. ⁴§ 264 Abs. 3 und § 264b sind mit der Maßgabe anzuwenden, daß das Versicherungsunternehmen unter den genannten Voraussetzungen die Vorschriften des Vierten Unterabschnitts des Zweiten Abschnitts nicht anzuwenden braucht. ⁵§ 285 Nr. 3a gilt mit der Maßgabe, daß die Angaben für solche finanzielle Verpflichtungen nicht zu machen sind, die im Rahmen des Versicherungsgeschäfts entstehen. ⁶**§ 285 Nummer 31 ist nicht anzuwenden; unter den Posten „außerordentliche Erträge" und „außerordentliche Aufwendungen" sind Erträge und Aufwendungen auszuweisen, die außerhalb der gewöhnlichen Geschäftstätigkeit anfallen. ⁷Im Anhang sind diese Posten hinsichtlich ihres Betrags und ihrer Art zu erläutern, soweit die ausgewiesenen Beträge für die Beurteilung der Ertragslage nicht von untergeordneter Bedeutung sind.**

(3) Auf Krankenversicherungsunternehmen, die das Krankenversicherungsgeschäft ausschließlich oder überwiegend nach Art der Lebensversicherung betreiben, sind die für die Rechnungslegung der Lebensversicherungsunternehmen geltenden Vorschriften entsprechend anzuwenden.

(4) Auf Versicherungsunternehmen, die nicht Aktiengesellschaften, Kommanditgesellschaften auf Aktien oder kleinere Vereine sind, sind § 152 Abs. 2 und 3 sowie die §§ 170 bis 176 des Aktiengesetzes entsprechend anzuwenden; *§ 160 des Aktiengesetzes ist entsprechend anzuwenden, soweit er sich auf Genußrechte bezieht.*

(5) ¹Bei Versicherungsunternehmen, die ausschließlich die Rückversicherung betreiben oder deren Beiträge aus in Rückdeckung übernommenen

Versicherungen die übrigen Beiträge übersteigen, verlängert sich die in Absatz 1 Satz 1 erster Halbsatz genannte Frist von vier Monaten auf zehn Monate, sofern das Geschäftsjahr mit dem Kalenderjahr übereinstimmt; die Hauptversammlung oder die Versammlung der obersten Vertretung, die den Jahresabschluß entgegennimmt oder festzustellen hat, muß abweichend von § 175 Abs. 1 Satz 2 des Aktiengesetzes spätestens 14 Monate nach dem Ende des vergangenen Geschäftsjahres stattfinden. ²Die Frist von vier Monaten nach Absatz 1 Satz 2 verlängert sich in den Fällen des Satzes 1 nicht.

Begründung Regierungsentwurf v. 20.2.2015 (BT-Drucks. 18/4050, 81):

Abs. 2: Die Änderung ist eine Folgeänderung zur Aufhebung von § 268 Absatz 2 HGB und zur Verlagerung seines Inhalts in § 284 Absatz 3 HGB-E. Inhaltliche Änderungen für die Rechnungslegung von Versicherungsunternehmen gegenüber der bestehenden Rechtslage sind nicht beabsichtigt.

Abs. 4: Die Streichung in § 341a Absatz 4 HGB beruht auf der Verschiebung von § 160 Absatz 1 Nummer 6 AktG in § 285 Nummer 15a HGB-E. Da § 285 Nummer 15a HGB-E anders als § 160 Absatz 1 Nummer 6 AktG bereits nach § 341a Absatz 1 HGB auf Versicherungsunternehmen anzuwenden ist, bedarf es einer gesonderten Bezugnahme nicht mehr.

Bericht des Ausschusses für Recht und Verbraucherschutz v. 17.6.2015 (BT-Drucks. 18/5256, 86 f.):

Abs. 2 Satz 6 und 7: Wie bei Kreditinstituten sind auch bei Versicherungsunternehmen spezielle europäische Vorgaben für die Rechnungslegung in Gestalt der Richtlinie 91/674/EWG des Rates vom 19. Dezember 1991 (ABl. L 374 vom 31. Dezember 1991, S. 7) zu beachten, die nicht geändert worden sind. Das für die Kreditinstitute zu § 340a Absatz 2 Satz 5 und 6 HGB-E beschriebene Problem besteht in gleicher Weise bei Versicherungsunternehmen und sollte auch in gleicher Weise aufgelöst werden.

Dazu ist in § 341a Absatz 2 Satz 6 und 7 HGB-E zu regeln, dass § 285 Nummer 31 HGB-E auf Versicherungsunternehmen keine Anwendung findet. An seine Stelle tritt eine Erläuterungspflicht im Anhang in Anlehnung an das bisherige Recht (§ 277 Absatz 4 HGB), die sich auf die in der Gewinn- und Verlustrechnung ausgewiesenen außerordentlichen Erträge oder Aufwendungen beschränkt.

§ 341b
Bewertung von Vermögensgegenständen

(1) ¹Versicherungsunternehmen haben immaterielle Vermögensgegenstände, soweit sie entgeltlich erworben wurden, Grundstücke, grundstücksgleiche Rechte und Bauten einschließlich der Bauten auf fremden Grundstücken, technische Anlagen und Maschinen, andere Anlagen, Betriebs- und Geschäftsausstattung, Anlagen im Bau und Vorräte nach den für das Anlagevermögen geltenden Vorschriften zu bewerten. ²Satz 1 ist vorbehaltlich Absatz 2 und § 341c auch auf Kapitalanlagen anzuwenden, soweit es sich hierbei um Beteiligungen, Anteile an verbundenen Unternehmen, Ausleihungen an verbundene Unternehmen oder an Unternehmen, mit denen ein Beteiligungsverhältnis besteht, Namensschuldver-

schreibungen, Hypothekendarlehen und andere Forderungen und Rechte, sonstige Ausleihungen und Depotforderungen aus dem in Rückdeckung übernommenen Versicherungsgeschäft handelt. ³§ 253 **Absatz 3 Satz 6** ist nur auf die in Satz 2 bezeichneten Vermögensgegenstände anzuwenden.

(2) Auf Kapitalanlagen, soweit es sich hierbei um Aktien einschließlich der eigenen Anteile, Anteile oder Aktien an Investmentvermögen sowie sonstige festverzinsliche und nicht festverzinsliche Wertpapiere handelt, sind die für das Umlaufvermögen geltenden § 253 Abs. 1 Satz 1, Abs. 4 und 5, § 256 anzuwenden, es sei denn, dass sie dazu bestimmt werden, dauernd dem Geschäftsbetrieb zu dienen; in diesem Fall sind sie nach den für das Anlagevermögen geltenden Vorschriften zu bewerten.

(3) § 256 Satz 2 in Verbindung mit § 240 Abs. 3 über die Bewertung zum Festwert ist auf Grundstücke, Bauten und im Bau befindliche Anlagen nicht anzuwenden.

(4) Verträge, die von Pensionsfonds bei Lebensversicherungsunternehmen zur Deckung von Verpflichtungen gegenüber Versorgungsberechtigten eingegangen werden, sind mit dem Zeitwert unter Berücksichtigung des Grundsatzes der Vorsicht zu bewerten; die Absätze 1 bis 3 sind insoweit nicht anzuwenden.

Begründung Regierungsentwurf v. 20.2.2015 (BT-Drucks. 18/4050, 81):

Es handelt sich um eine Folgeänderung zur Änderung von § 253 HGB.

§ 341j
Anzuwendende Vorschriften

(1) ¹Auf den Konzernabschluß und den Konzernlagebericht sind die Vorschriften des Zweiten Unterabschnitts des Zweiten Abschnitts über den Konzernabschluß und den Konzernlagebericht und, soweit die Eigenart des Konzernabschlusses keine Abweichungen bedingt, die §§ 341a bis 341h über den Jahresabschluß sowie die für die Rechtsform und den Geschäftszweig der in den Konzernabschluß einbezogenen Unternehmen mit Sitz im Geltungsbereich dieses Gesetzes geltenden Vorschriften entsprechend anzuwenden, soweit sie für große Kapitalgesellschaften gelten. ²Die §§ 293, 298 **Absatz 1** sowie § 314 **Absatz 1 Nummer 3 und 23** sind nicht anzuwenden. ³§ 314 Abs. 1 Nr. 2a gilt mit der Maßgabe, daß die Angaben für solche finanzielle Verpflichtungen nicht zu machen sind, die im Rahmen des Versicherungsgeschäfts entstehen. ⁴In den Fällen des § 315a Abs. 1 finden abweichend von Satz 1 nur die §§ 290 bis 292, 315a Anwendung; die Sätze 2 und 3 dieses Absatzes und Absatz 2, § 341i Abs. 3 Satz 2 sowie die Bestimmungen der Versicherungsunternehmens-Rechnungslegungsverordnung vom 8. November 1994 (BGBl. I S. 3378) und der Pensionsfonds-Rechnungslegungsverordnung vom 25. Februar 2003 (BGBl. I S. 246) in ihren jeweils geltenden Fassungen sind nicht anzuwenden.

§ 341l – (Offenlegung)

(2) § 304 Abs. 1 braucht nicht angewendet zu werden, wenn die Lieferungen oder Leistungen zu üblichen Marktbedingungen vorgenommen worden sind und Rechtsansprüche der Versicherungsnehmer begründet haben.

(3) Auf Versicherungsunternehmen, die nicht Aktiengesellschaften, Kommanditgesellschaften auf Aktien oder kleinere Vereine sind, ist § 170 Abs. 1 und 3 des Aktiengesetzes entsprechend anzuwenden.

Begründung Regierungsentwurf v. 20.2.2015 (BT-Drucks. 18/4050, 81):
Es handelt sich um eine Folgeänderung zur Änderung von § 298 HGB.

Bericht des Ausschusses für Recht und Verbraucherschutz v. 17.6.2015 (BT-Drucks. 18/5256, 87):

Abs. 1 Satz 2: Die Änderung vollzieht die in § 341a Absatz 2 Satz 6 und 7 HGB-E vorgenommene Änderung im Konzernabschluss von Versicherungsunternehmen-Mutterunternehmen nach. Zusätzliche Angaben nach § 314 Absatz 1 Nummer 23 HGB-E sind im Konzernanhang eines Kreditinstitut-Mutterunternehmens entbehrlich. Stattdessen sind die nach § 341a Absatz 2 HGB-E notwendigen Erläuterungen zu außerordentlichen Erträgen oder Aufwendungen nach § 341j Absatz 1 Satz 1 HGB-E auch im Konzernanhang zu machen.

§ 341l

(1) ¹Versicherungsunternehmen haben den Jahresabschluß und den Lagebericht sowie den Konzernabschluß und den Konzernlagebericht und die anderen in § 325 bezeichneten Unterlagen nach § 325 Abs. 2 bis 5, §§ 328, 329 Abs. 1 und 4 offenzulegen. ²Von den in § 341a Abs. 5 genannten Versicherungsunternehmen ist § 325 Abs. 1 mit der Maßgabe anzuwenden, dass die Frist für die Einreichung der Unterlagen beim Betreiber des Bundesanzeigers 15 Monate, im Fall des § 325 Abs. 4 Satz 1 vier Monate beträgt; § 327a ist anzuwenden.

(2) Die gesetzlichen Vertreter eines Mutterunternehmens haben abweichend von § 325 Abs. 3 unverzüglich nach der Hauptversammlung oder der dieser entsprechenden Versammlung der obersten Vertretung, welcher der Konzernabschluß und der Konzernlagebericht vorzulegen sind, jedoch spätestens vor Ablauf des dieser Versammlung folgenden Monats den Konzernabschluß mit dem Bestätigungsvermerk oder dem Vermerk über dessen Versagung und den Konzernlagebericht mit Ausnahme der Aufstellung des Anteilsbesitzes beim Betreiber des Bundesanzeigers elektronisch einzureichen.

(3) Soweit Absatz 1 Satz 1 auf § 325 Abs. 2a Satz 3 und 5 verweist, gelten die folgenden Maßgaben und ergänzenden Bestimmungen:

1. Die in § 325 Abs. 2a Satz 3 genannten Vorschriften des Ersten Unterabschnitts des Zweiten Abschnitts des Dritten Buchs sind auch auf Versicherungsunternehmen anzuwenden, die nicht in der Rechtsform einer Kapitalgesellschaft betrieben werden.

2. An Stelle des § 285 Nr. 8 Buchstabe b gilt die Vorschrift des § 51 Abs. 5 in Verbindung mit Muster 2 der Versicherungsunternehmens-Rechnungslegungsverordnung vom 8. November 1994 (BGBl. I S. 3378) **in der jeweils geltenden Fassung.**

3. § 341a Abs. 4 ist anzuwenden, soweit er auf die Bestimmungen der §§ 170, 171 und 175 des Aktiengesetzes über den Einzelabschluss nach § 325 Abs. 2a dieses Gesetzes verweist.

4. Im Übrigen finden die Bestimmungen des Zweiten bis Vierten Titels dieses Unterabschnitts sowie der Versicherungsunternehmens-Rechnungslegungsverordnung keine Anwendung.

Begründung Regierungsentwurf v. 20.2.2015 (BT-Drucks. 18/4050, 81):

Es handelt sich um eine redaktionelle Änderung, um auf die jeweils geltende Fassung der Versicherungsunternehmens-Rechnungslegungsverordnung zu verweisen.

§ 341n
Bußgeldvorschriften

(1) Ordnungswidrig handelt, wer als Mitglied des vertretungsberechtigten Organs oder des Aufsichtsrats eines Versicherungsunternehmens oder eines Pensionsfonds oder als Hauptbevollmächtigter (§ 106 Abs. 3 des Versicherungsaufsichtsgesetzes)

1. bei der Aufstellung oder Feststellung des Jahresabschlusses einer Vorschrift

    a) des § 243 Abs. 1 oder 2, der §§ 244, 245, 246 Abs. 1 oder 2, dieser in Verbindung mit § 341a Abs. 2 Satz 3, des § 246 Abs. 3 Satz 1, des § 247 Abs. 3, der §§ 248, 249 Abs. 1 Satz 1 oder Abs. 2, des § 250 Abs. 1 oder Abs. 2, des § 264 **Absatz 1a oder Absatz 2**, des § 341e Abs. 1 oder 2 oder der §§ 341f, 341g oder 341h über Form oder Inhalt,

    b) des § 253 Abs. 1 Satz 1, 2, 3 oder Satz 4, Abs. 2 Satz 1, auch in Verbindung mit Satz 2, **Absatz 3 Satz 1, 2, 3, 4 oder Satz 5**, Abs. 4, 5, der §§ 254, 256a, 341b Abs. 1 Satz 1 oder des § 341d über die Bewertung,

    c) des § 265 Abs. 2, 3 oder 4, des § 268 Abs. 3 oder 6, der §§ 272, 274 oder des § 277 Abs. 3 Satz 2 *oder Abs. 4* über die Gliederung,

    d) der §§ 284, 285 Nr. 1, 2 oder Nr. 3, auch in Verbindung mit § 341a Abs. 2 Satz 5, oder des § 285 **Nummer 3a, 7, 9 bis 14a, 15a, 16 bis 33 oder Nummer 34** über die im Anhang zu machenden Angaben,

2. bei der Aufstellung des Konzernabschlusses einer Vorschrift

    a) des § 294 Abs. 1 über den Konsolidierungskreis,

    b) des § 297 **Absatz 1a, 2 oder Absatz 3** oder des § 341j Abs. 1 Satz 1 in Verbindung mit einer der in Nummer 1 Buchstabe a bezeichneten Vorschriften über Form oder Inhalt,

c) des § 300 über die Konsolidierungsgrundsätze oder das Vollständigkeitsgebot,

d) des § 308 Abs. 1 Satz 1 in Verbindung mit den in Nummer 1 Buchstabe b bezeichneten Vorschriften, des § 308 Abs. 2 oder des § 308a über die Bewertung,

e) des § 311 Abs. 1 Satz 1 in Verbindung mit § 312 über die Behandlung assoziierter Unternehmen oder

f) des § 308 Abs. 1 Satz 3, des § 313 oder des § 314 in Verbindung mit § 341j Abs. 1 Satz 2 oder 3 über die im **Konzernanhang** zu machenden Angaben,

3. bei der Aufstellung des Lageberichts einer Vorschrift des § 289 *Abs. 1, 4 oder Abs. 5* oder des § 289a über den Inhalt des Lageberichts,

4. bei der Aufstellung des Konzernlageberichts einer Vorschrift des § 315 **Absatz 1, 2, 4 oder Absatz 5** über den Inhalt des Konzernlageberichts,

5. bei der Offenlegung, Veröffentlichung oder Vervielfältigung einer Vorschrift des § 328 über Form oder Inhalt oder

6. einer auf Grund des § 330 Abs. 3 und 4 in Verbindung mit Abs. 1 Satz 1 erlassenen Rechtsverordnung, soweit sie für einen bestimmten Tatbestand auf diese Bußgeldvorschrift verweist,

zuwiderhandelt.

(2) Ordnungswidrig handelt, wer zu einem Jahresabschluss, zu einem Einzelabschluss nach § 325 Abs. 2a oder zu einem Konzernabschluss, der aufgrund gesetzlicher Vorschriften zu prüfen ist, einen Vermerk nach § 322 Abs. 1 erteilt, obwohl nach § 319 Abs. 2, 3, 5, § 319a Abs. 1 Satz 1, Abs. 2, § 319b Abs. 1 er oder nach § 319 Abs. 4, auch in Verbindung mit § 319a Abs. 1 Satz 2, oder § 319a Abs. 1 Satz 4, 5, § 319b Abs. 1 die Wirtschaftsprüfungsgesellschaft, für die er tätig wird, nicht Abschlussprüfer sein darf.

(3) Die Ordnungswidrigkeit kann mit einer Geldbuße bis zu fünfzigtausend Euro geahndet werden.

(4) ¹Verwaltungsbehörde im Sinne des § 36 Abs. 1 Nr. 1 des Gesetzes über Ordnungswidrigkeiten ist in den Fällen der Absätze 1 und 2 die Bundesanstalt für Finanzdienstleistungsaufsicht für die ihrer Aufsicht unterliegenden Versicherungsunternehmen und Pensionsfonds. ²Unterliegt ein Versicherungsunternehmen und Pensionsfonds der Aufsicht einer Landesbehörde, so ist diese zuständig.

Begründung Regierungsentwurf v. 20.2.2015 (BT-Drucks. 18/4050, 81):
Die Änderungen von § 341n HGB sind Folgeänderungen zu den materiellen Änderungen im HGB, die in den Sanktionsvorschriften für Kreditinstitute gesondert und unter Beachtung der Abweichungen in den §§ 341 ff. HGB spiegelbildlich zu § 334 HGB vorzunehmen sind.

§ 341o
Festsetzung von Ordnungsgeld

¹Personen, die

1. als Mitglieder des vertretungsberechtigten Organs eines Versicherungsunternehmens oder eines Pensionsfonds **§ 341l in Verbindung mit** § 325 über die Pflicht zur Offenlegung des Jahresabschlusses, des Lageberichts, des Konzernabschlusses, des Konzernlageberichts und anderer Unterlagen der Rechnungslegung oder

2. als Hauptbevollmächtigter (§ 106 Abs. 3 des Versicherungsaufsichtsgesetzes) § 341l Abs. 1 über die Offenlegung der Rechnungslegungsunterlagen

nicht befolgen, sind hierzu vom Bundesamt für Justiz durch Festsetzung von Ordnungsgeld anzuhalten. ²Die §§ 335 bis 335b sind entsprechend anzuwenden.

Begründung Regierungsentwurf v. 20.2.2015 (BT-Drucks. 18/4050, 81):
Es handelt sich um die Bereinigung eines früheren Redaktionsversehens, da die Offenlegungspflicht von Versicherungsunternehmen und Pensionsfonds in § 341l HGB spezialgesetzlich geregelt ist.

F. Ergänzende Vorschriften für bestimmte Unternehmen des Rohstoffsektors

Dritter Unterabschnitt
Ergänzende Vorschriften für bestimmte Unternehmen des Rohstoffsektors

Begründung Regierungsentwurf v. 20.2.2015 (BT-Drucks. 18/4050, 81):
Kapitel 10 der Richtlinie 2013/34/EU über die Transparenz von bestimmten Unternehmen des Rohstoffsektors über ihre Zahlungen an staatliche Stellen wird durch Einfügung eines Dritten Unterabschnitts im Vierten Abschnitt des Dritten Buchs des HGB sowie Folgeänderungen umgesetzt.

Der Unterabschnitt wird in drei Titel gegliedert:
– Anwendungsbereich und Begriffsbestimmungen;
– Zahlungsbericht, Konzernzahlungsbericht und Offenlegung und
– Bußgeldvorschriften, Ordnungsgelder.

Für die von den Unternehmen zu erstellenden Berichte wird die Bezeichnung „Zahlungsbericht" bzw. „Konzernzahlungsbericht" eingeführt. Diese Kurzbezeichnung ermöglicht die eindeutige Zuordnung in Abgrenzung zu anderen Bestandteilen der Rechnungslegung im weiteren Sinne. Sie wird eingeführt, da sich die Berichte auf die geordnete Darstellung von Zahlungen beschränken, die an bestimmte Empfänger geleistet worden sind. Anders als für Jahres- und Konzernabschlüsse kommt es auf die tatsächliche Bewirkung der Zahlung, also auf einen Zahlungsfluss an.

Die im Gesetzentwurf vorgesehenen Regelungen entsprechen weitgehend den Vorgaben der Richtlinie 2013/34/EU und werden punktuell um Vorschriften ergänzt, die die Anwendung der Regeln erleichtern sollen.

Erster Titel
Anwendungsbereich; Begriffsbestimmungen

§ 341q
Anwendungsbereich

¹Dieser Unterabschnitt gilt für Kapitalgesellschaften mit Sitz im Inland, die in der mineralgewinnenden Industrie tätig sind oder Holzeinschlag in Primärwäldern betreiben, wenn auf sie nach den Vorschriften des Dritten Buchs die für große Kapitalgesellschaften geltenden Vorschriften des Zweiten Abschnitts anzuwenden sind. ²Satz 1 gilt entsprechend für Personenhandelsgesellschaften im Sinne des § 264a Absatz 1.

Begründung Regierungsentwurf v. 20.2.2015 (BT-Drucks. 18/4050, 81 f.):

§ 341q HGB-E regelt den Anwendungsbereich in Einklang mit der Richtlinie 2013/34/EU und sieht zunächst allgemeine Qualifizierungsmerkmale für die erfassten Unternehmen vor. Die Richtlinie 2013/34/EU bezieht große Unternehmen und alle Unternehmen von öffentlichem Interesse im Sinne der Richtlinie ein. Sie gilt für die in ihrem Anhang I (Kapitalgesellschaften) bzw. Anhang II (Personenhandelsgesellschaften) erfassten Rechtsformen und für Personenhandelsgesellschaften, wenn keine natürliche Person als Gesellschafter unbeschränkt für Verbindlichkeiten der Personenhandelsgesellschaft haftet. § 341q HGB-E bezieht sich daher auf alle Kapitalgesellschaften mit Sitz im Inland, auf die nach den Vorschriften des Dritten Buchs die für große Kapitalgesellschaften geltenden Vorschriften des Zweiten Abschnitts anzuwenden sind. Das erfasst neben den großen Kapitalgesellschaften im Sinne des § 267 Absatz 3 Satz 1 HGB auch alle kapitalmarktorientierten Kapitalgesellschaften unabhängig von ihrer tatsächlichen Größe, die nach § 267 Absatz 3 Satz 2 HGB als große Kapitalgesellschaften gelten. Zudem werden auch Kreditinstitute und Finanzdienstleistungsinstitute, Versicherungsunternehmen und Pensionsfonds erfasst, die nach § 340a Absatz 1 und § 341a Absatz 1 HGB die für große Kapitalgesellschaften geltenden Vorschriften anzuwenden haben. Die für sie nach dem HGB geltenden branchenspezifischen Sondervorschriften und Ausnahmen sind für diese Einstufung unbeachtlich. Erfasst werden auch insoweit nur Kapitalgesellschaften (und Personenhandelsgesellschaften im Sinne des § 264a HGB). Kreditinstitute und Versicherungsunternehmen anderer Rechtsformen sind keine Kapitalgesellschaften im Sinne des § 341q HGB-E. Soweit andere gesetzliche Regelungen außerhalb des Handelsgesetzbuchs die Anwendung für große Kapitalgesellschaften vorschreiben, bleibt dies außer Betracht. Die Definition steht im Einklang mit der Definition in Artikel 2 Nummer 1 der Richtlinie 2013/34/EU.

Als große Kapitalgesellschaften sind zudem große Personenhandelsgesellschaften im Sinne des § 264a Absatz 1 HGB anzusehen, was die Richtlinie 2013/34/EU mit ihrem Artikel 1 klarstellt. Da die allgemeine Regelung des § 264a Absatz 1 HGB nur bestimmte Vorschriften des Dritten Buchs auf Personenhandelsgesellschaften anwenden lässt, ist eine ausdrückliche Regelung für die Vorschriften über die Transparenz im Rohstoffsektor geboten. Zu diesem Zweck wird eine Rechtsgrundverweisung in § 341q Satz 2 auf § 341q Satz 1 HGB-E vorgesehen. Auf Personenhandelsgesellschaften im Sinne des § 264a Absatz 1 HGB ist der neue Dritte Unterabschnitt daher anzuwenden, wenn sie große Personenhandelsgesellschaften sind oder wenn auf sie nach den Vorgaben des Dritten Buchs die für große Personenhandelsgesellschaften geltenden Vorschriften des Zweiten Abschnitts des Dritten Buchs anzuwenden sind.

Als weitere Voraussetzung stellt § 341q HGB-E auf, dass die Kapitalgesellschaft bzw. die Personenhandelsgesellschaft in der mineralgewinnenden Industrie tätig sind oder Holzeinschlag in Primärwäldern betreiben. Diese Einstufung richtet sich nach den in § 341r Nummer 1 und 2 HGB-E enthaltenen Begriffsbestimmungen und begrenzt die erfassten Branchen.

I. Wesentliche Neuerungen

286 – Verpflichtung zur jährlichen Erstellung eines (Konzern-)Zahlungsberichts für Unternehmen der mineralgewinnenden Industrie oder auf dem Gebiet des Holzeinschlags.

II. Erläuterungen zu § 341q HGB (Erfasste Unternehmen)

287 § 341q HGB definiert, welche Unternehmen der Berichtspflicht über Zahlungen an staatliche Stellen unterliegen. In den Anwendungsbereich fallen Kapitalgesellschaften und Personengesellschaften i.S.d. § 264a HGB[1] mit Sitz im Inland, auf die die Vorschriften für große Kapitalgesellschaften anzuwenden sind. Weiterhin sind nur solche Unternehmen betroffen, die der **mineralgewinnenden Industrie** angehören oder **Holzeinschlag in Primärwäldern** betreiben. Wann ein Unternehmen als in der mineralgewinnenden Industrie tätig oder Holzeinschlag in Primärwäldern betreibend zu klassifizieren ist, bestimmt § 341r HGB (s. hierzu Rz. 291).

288 Eine Kapitalgesellschaft bzw. Personengesellschaft i.S.d. § 264a HGB unterliegt nur dann der Berichtspflicht, wenn sie die Vorschriften für **große Kapitalgesellschaften** anzuwenden hat. Das Tatbestandsmerkmal setzt voraus, dass eine Pflicht zur Anwendung der Vorschriften für große Kapitalgesellschaften bestehen muss. Eine freiwillige Anwendung dieser Vorschriften hat somit nicht zur Folge, dass das Unternehmen berichtspflichtig gem. § 341q HGB wird. Die Vorschriften für große Kapitalgesellschaften sind aufgrund verschiedener Rechtsnormen verpflichtend anzuwenden. Zum einen, wenn sie infolge des Überschreitens der Größenklassen des § 267 Abs. 2 HGB als große Kapitalgesellschaft bzw. Personengesellschaft i.S.d. § 264a HGB zu klassifizieren sind. Zum anderen unterliegen einige Kapitalgesellschaften unabhängig von ihrer Größe den Vorschriften für große Kapitalgesellschaften. Dies betrifft gem. § 267 Abs. 3 Satz 2 HGB kapitalmarktorientierte Kapitalgesellschaften i.S.d.

---

1 Im Folgenden wird vereinfachend lediglich von Kapitalgesellschaften gesprochen. Hierunter sind auch die den Kapitalgesellschaften gleichgestellten Personengesellschaften i.S.d. § 264a HGB zu subsumieren.

§ 264d HGB. Diese gelten stets als groß und fallen somit regelmäßig in den Anwendungsbereich der §§ 341q–341y HGB, wenn sie im Rohstoffsektor tätig sind.

§ 341r
Begriffsbestimmungen

Im Sinne dieses Unterabschnitts sind

1. Tätigkeiten in der mineralgewinnenden Industrie: Tätigkeiten auf dem Gebiet der Exploration, Prospektion, Entdeckung, Weiterentwicklung und Gewinnung von Mineralien, Erdöl-, Erdgasvorkommen oder anderen Stoffen in den Wirtschaftszweigen, die in Anhang I Abschnitt B Abteilung 05 bis 08 der Verordnung (EG) Nr. 1893/2006 des Europäischen Parlaments und des Rates vom 20. Dezember 2006 zur Aufstellung der statistischen Systematik der Wirtschaftszweige NACE Revision 2 und zur Änderung der Verordnung (EWG) Nr. 3037/90 des Rates sowie einiger Verordnungen der EG über bestimmte Bereiche der Statistik (ABl. L 393 vom 30.12.2006, S. 1) aufgeführt sind;

2. Kapitalgesellschaften, die Holzeinschlag in Primärwäldern betreiben: Kapitalgesellschaften, die auf den in Anhang I Abschnitt A Abteilung 02 Gruppe 02.2 der Verordnung (EG) Nr. 1893/2006 aufgeführten Gebieten in natürlich regenerierten Wäldern mit einheimischen Arten, in denen es keine deutlich sichtbaren Anzeichen für menschliche Eingriffe gibt und die ökologischen Prozesse nicht wesentlich gestört sind, tätig sind;

3. Zahlungen: als Geldleistung oder Sachleistung entrichtete Beträge im Zusammenhang mit Tätigkeiten in der mineralgewinnenden Industrie oder dem Betrieb des Holzeinschlags in Primärwäldern, wenn sie auf einem der nachfolgend bezeichneten Gründe beruhen:

   a) Produktionszahlungsansprüche,

   b) Steuern, die auf die Erträge, die Produktion oder die Gewinne von Kapitalgesellschaften erhoben werden; ausgenommen sind Verbrauchssteuern[1], Umsatzsteuern, Mehrwertsteuern sowie Lohnsteuern der in Kapitalgesellschaften beschäftigten Arbeitnehmer und vergleichbare Steuern,

   c) Nutzungsentgelte,

   d) Dividenden und andere Gewinnausschüttungen aus Gesellschaftsanteilen,

   e) Unterzeichnungs-, Entdeckungs- und Produktionsboni,

---

[1] Durch das Gesetz zur Umsetzung der Transparenzrichtlinie-Änderungsrichtlinie v. 20.11.2015 (BGBl. I 2015, 2029) wurde in § 341r Nr. 3 Buchst. b das Wort „Verbrauchssteuern" durch das Wort „Verbrauchsteuern" ersetzt.

f) Lizenz-, Miet- und Zugangsgebühren sowie sonstige Gegenleistungen für Lizenzen oder Konzessionen sowie

g) Zahlungen für die Verbesserung der Infrastruktur;

4. staatliche Stellen: nationale, regionale oder lokale Behörden eines Mitgliedstaats der Europäischen Union, eines anderen Vertragsstaats des Abkommens über den Europäischen Wirtschaftsraum oder eines Drittstaats einschließlich der von einer Behörde kontrollierten Abteilungen oder Agenturen sowie Unternehmen, auf die eine dieser Behörden im Sinne von § 290 beherrschenden Einfluss ausüben kann;

5. Projekte: die Zusammenfassung operativer Tätigkeiten, die die Grundlage für Zahlungsverpflichtungen gegenüber einer staatlichen Stelle bilden und sich richten nach

a) einem Vertrag, einer Lizenz, einem Mietvertrag, einer Konzession oder einer ähnlichen rechtlichen Vereinbarung oder

b) einer Gesamtheit von operativ und geografisch verbundenen Verträgen, Lizenzen, Mietverträgen oder Konzessionen oder damit verbundenen Vereinbarungen mit einer staatlichen Stelle, die im Wesentlichen ähnliche Bedingungen vorsehen;

6. Zahlungsberichte: Berichte über Zahlungen von Kapitalgesellschaften an staatliche Stellen im Zusammenhang mit ihrer Tätigkeit in der mineralgewinnenden Industrie oder mit dem Betrieb des Holzeinschlags in Primärwäldern;

7. Konzernzahlungsberichte: Zahlungsberichte von Mutterunternehmen über Zahlungen aller einbezogenen Unternehmen an staatliche Stellen auf konsolidierter Ebene, die im Zusammenhang mit ihrer Tätigkeit in der mineralgewinnenden Industrie oder mit dem Betrieb des Holzeinschlags in Primärwäldern stehen;

8. Berichtszeitraum: das Geschäftsjahr der Kapitalgesellschaft oder des Mutterunternehmens, das den Zahlungsbericht oder Konzernzahlungsbericht zu erstellen hat.

Begründung Regierungsentwurf v. 20.2.2015 (BT-Drucks. 18/4050, 82 f.):

§ 341r HGB-E enthält die Begriffsbestimmungen, die für die Anwendung des Dritten Unterabschnitts des Vierten Abschnitts des Dritten Buchs des HGB festgelegt werden. Die Begriffsbestimmungen orientieren sich an den Definitionen nach Artikel 41 der Richtlinie 2013/34/EU.

Nr. 1 und 2: Die Nummern 1 und 2 entsprechen wörtlich den Definitionen nach Artikel 41 Nummer 1 und Nummer 2 der Richtlinie 2013/34/EU und enthalten spezielle Qualifizierungsmerkmale für die erfassten Unternehmen, indem die erfassten Rohstoffe und die erfassten Tätigkeiten benannt werden. Ergänzt wird in Nummer 2 lediglich die Definition des Primärwalds, die sich nach Erwägungsgrund 44 der Richtlinie 2013/34/EU in Anlehnung an Artikel 17 Absatz 3 Buchstabe a der Richtlinie 2009/28/EG des Europäischen Parlaments und des Rates vom 23. April 2009 zur Förderung der Nutzung von Energie aus erneuerbaren Quellen und zur Änderung und anschließenden Aufhebung der Richtlinien 2001/77/EG

§ 341r – Begriffsbestimmungen

und 2003/30/EG richtet. Diese Richtlinie nimmt wiederum Bezug auf die international gebräuchliche Terminologie, die hinsichtlich des Baumbestands, der Flächengröße und der menschlichen Nutzung Kriterien aufstellt.

Nr. 3–8: Die Nummern 3 bis 5 setzen Artikel 41 Nummer 3 bis 5 der Richtlinie 2013/34/EU um. Dabei werden die Begriffsbestimmungen aus Artikel 41 Nummer 3 und 5 der Richtlinie 2013/34/EU wörtlich in die Absätze 4 und 5 übernommen. Lediglich in § 341r Nummer 3 Buchstabe b und d werden die Formulierungen ergänzt. Die Ergänzungen erfolgen zur Klarstellung. Nach Buchstabe d haben Aktiengesellschaften Dividenden auszuweisen, Gesellschaften mit beschränkter Haftung hingegen vergleichbare Gewinnausschüttungen auf Gesellschaftsanteile. Im Übrigen sind Präzisierungen im Hinblick auf die im deutschen Recht festgelegten bzw. üblichen Begriffe nicht möglich, da die Berichterstattung weltweite Sachverhalte erfasst. So sind staatliche Stellen und Zahlungsformen in allen Staaten gleichermaßen erfasst, was allgemeine Beschreibungen, etwa zu den erfassten Steuerarten, erfordert. Eine nähere Definition durch den deutschen Gesetzgeber ist aufgrund der Vielfalt ausländischer Rechtsordnungen und deren Veränderlichkeit nicht möglich.

Im Hinblick auf die Definition des Projekts enthält Nummer 5 auch die in Erwägungsgrund 45 der Richtlinie 2013/34/EU enthaltenen näheren Erläuterungen. Diese sollen der Praxis helfen, die Einordnung bestimmter Sachverhalte als Projekt vorzunehmen. Relevant wird der Projektbegriff erst, wenn eine Kapitalgesellschaft mehr als ein Projekt betreibt und deshalb nach § 341u Absatz 3 HGB-E eine gesonderte Darstellung zu einzelnen Projekten erforderlich wird.

Die Nummern 6 und 7 enthalten eine Definition der Begriffe Zahlungsbericht und Konzernzahlungsbericht und dienen dazu, klarzustellen, dass nur Zahlungen im Zusammenhang mit Tätigkeiten in der mineralgewinnenden Industrie oder mit dem Betrieb des Holzeinschlags in Primärwäldern zu berichten sind.

Schließlich ist in Nummer 8 festgelegt, dass der Berichtszeitraum eines Unternehmens mit dessen Geschäftsjahr zusammenfällt. Diese Regelung ist notwendig, damit die Rechnungslegung eines Unternehmens einheitlich erstellt wird und nachvollzogen werden kann.

I. Wesentliche Neuerungen

– Verpflichtung zur jährlichen Erstellung eines (Konzern-)Zahlungsberichts für Unternehmen der mineralgewinnenden Industrie oder auf dem Gebiet des Holzeinschlags. 289

II. Erläuterungen zu § 341r HGB (Begriffsbestimmungen)

Ein Unternehmen ist gem. § 341r Nr. 1 HGB als ein Unternehmen der **mineralgewinnenden Industrie** zu klassifizieren, wenn es einer Tätigkeit auf dem Gebiet der Exploration, Prospektion, Entdeckung, Weiterentwicklung oder Gewinnung von Mineralien, Erdöl-, Erdgasvorkommen oder anderen Stoffen nachgeht. Welche anderen Stoffe außer Mineralien, Erdöl- und Erdgasvorkommen noch von der Definition „mineralgewinnende Industrie" umfasst werden, wird durch einen Verweis auf die EG-Verordnung zur Aufstellung der statistischen Systematik der Wirtschafts- 290 zweige¹ konkretisiert. Demnach sind folgende Wirtschaftszweige unter „mineralgewinnende Industrie" zu subsumieren:

- Kohlebergbau (Stein- und Braunkohle),
- Gewinnung von Erdöl und Erdgas,
- Erzbergbau (Eisenerz, Bergbau auf Uran- und Thoriumerze, sonstiger NE-Metallerzbergbau) sowie
- Gewinnung von Steinen und Erden (Naturwerksteine, Natursteine, Kalk- und Gipsstein, Kreide, Schiefer, Kies, Sand, Ton, Kaolin, Bergbau auf chemische und Düngemittelminerale, Torfgewinnung, Gewinnung von Salz, Steinen und Erden).

291 Die zweite Gruppe, die unter den Anwendungsbereich des Zahlungsberichts fällt, sind die Kapitalgesellschaften, die **Holzeinschlag in Primärwäldern** betreiben. Dabei definiert § 341r Nr. 2 HGB „Primärwald" als Gebiete in natürlich regenerierten Wäldern mit einheimischen Arten, in denen es keine deutlich sichtbaren Anzeichen für menschliche Eingriffe gibt und die ökologischen Prozesse nicht wesentlich gestört sind.

Zweiter Titel
Zahlungsbericht, Konzernzahlungsbericht und Offenlegung

§ 341s
Pflicht zur Erstellung des Zahlungsberichts; Befreiungen

(1) Kapitalgesellschaften im Sinne des § 341q haben jährlich einen Zahlungsbericht zu erstellen.

(2) ¹Ist die Kapitalgesellschaft in den von ihr oder einem anderen Unternehmen mit Sitz in einem Mitgliedstaat der Europäischen Union oder einem anderen Vertragsstaat des Abkommens über den Europäischen Wirtschaftsraum erstellten Konzernzahlungsbericht einbezogen, braucht sie keinen Zahlungsbericht zu erstellen. ²In diesem Fall hat die Kapitalgesellschaft im Anhang des Jahresabschlusses anzugeben, bei welchem Unternehmen sie in den Konzernzahlungsbericht einbezogen ist und wo dieser erhältlich ist.

(3) ¹Hat die Kapitalgesellschaft einen Bericht im Einklang mit den Rechtsvorschriften eines Drittstaats, dessen Berichtspflichten die Europäische Kommission im Verfahren nach Artikel 47 der Richtlinie 2013/34/EU als gleichwertig bewertet hat, erstellt und diesen Bericht nach § 341w offengelegt, braucht sie den Zahlungsbericht nicht zu erstellen. ²Auf die Offen-

---

1 Verordnung (EG) Nr. 1893/2006 des Europäischen Parlaments und des Rates v. 20.12.2006 zur Aufstellung der statistischen Systematik der Wirtschaftszweige NACE Revision 2 und zur Änderung der Verordnung (EWG) Nr. 3037/90 des Rates sowie einiger Verordnungen der EG über bestimmte Bereiche der Statistik, ABl. L 393 v. 30.12.2006; hier Anhang I Abschn. B Abt. 05–08.

§ 341s – Pflicht zur Erstellung des Zahlungsberichts

legung dieses Berichts ist § 325a Absatz 1 Satz 3 entsprechend anzuwenden.

Begründung Regierungsentwurf v. 20.2.2015 (BT-Drucks. 18/4050, 83 f.):

§ 341s HGB-E ist die Grundsatznorm für die Pflicht zur Erstellung von Zahlungsberichten, mit der Artikel 42 Absatz 1 der Richtlinie 2013/34/EU umgesetzt wird. Inhalt und Darstellung des Zahlungsberichts werden durch die § 341t und § 341u HGB-E geregelt.

Abs. 1: In Absatz 1 wird festgelegt, dass der Zahlungsbericht von Kapitalgesellschaften im Sinne des § 341q HGB-E jährlich zu erstellen ist. Zu berichten ist dabei über Zahlungen an staatliche Stellen und insoweit, als diese Zahlungen im Zusammenhang mit einer Tätigkeit in der mineralgewinnenden Industrie nach § 341r Nummer 1 HGB-E oder mit dem Betrieb des Holzeinschlags in Primärwäldern nach § 341r Nummer 2 HGB-E stehen. Das ergibt sich aus der Begriffsbestimmung in § 341r Nummer 6 HGB-E.

Von dieser Pflicht ist eine Kapitalgesellschaft nur in den Fällen der Absätze 2 oder 3 befreit. Weitere Ausnahmen werden nicht eingeführt und sind in der Richtlinie 2013/34/EU auch nicht vorgesehen. Etwaige Pflichtverletzungen sind in den dafür nach § 341x und § 341y HGB-E vorgesehenen Verfahren festzustellen und zu sanktionieren.

Abs. 2: Absatz 2 enthält im Einklang mit Artikel 42 Absatz 2 der Richtlinie 2013/34/EU eine Befreiung eines Unternehmens nach § 341q HGB-E von der Pflicht zur Erstellung eines Zahlungsberichts, wenn es in einen Konzernzahlungsbericht nach § 341v HGB-E oder den Konzernzahlungsbericht eines anderen Unternehmens mit Sitz im EU- oder EWR-Ausland einbezogen ist. Für diesen Fall muss das befreite Unternehmen in seinem Jahresabschluss (im Anhang) angeben, bei welchem Unternehmen es in den Konzernzahlungsbericht einbezogen ist. Diese Angabe ist erforderlich, weil es in mehrfach gestuften Unternehmensgruppen möglich wäre, dass zwar Konzernabschlüsse auf Zwischenebenen, nicht aber auch Konzernzahlungsberichte auf Zwischenebenen erstellt werden.

Abs. 3: Nach Artikel 46 Absatz 1 der Richtlinie 2013/34/EU sind Unternehmen von den Pflichten des Kapitels 10 der Richtlinie ausgenommen, wenn sie einen Bericht erstellen und offenlegen, der die Berichtspflichten eines Drittlands erfüllt, die gemäß Artikel 47 der Richtlinie 2013/34/EU als mit den Anforderungen des Kapitels 10 gleichwertig bewertet wurden. Die Bewertung trifft die Europäische Kommission im Verfahren nach Artikel 46 Absatz 2 und Artikel 47 der Richtlinie 2013/34/EU.

Es ist deshalb erforderlich, Unternehmen nach § 341q HGB-E von der Pflicht zur Erstellung eines Zahlungsberichts freizustellen, wenn es entsprechende Berichtspflichten eines Drittstaats erfüllt hat. Diese Freistellung wird in Absatz 3 geregelt. Voraussetzung für die Freistellung ist, dass das Unternehmen den nach den Berichtspflichten eines Drittstaats erstellten und offengelegten Bericht nochmals nach den für die Offenlegung des Jahresabschlusses geltenden Vorschriften offenlegt (Artikel 46 Absatz 1 Richtlinie 2013/34/EU). Dieser Vorgabe folgend, wird in Absatz 3 die Offenlegung des befreienden Berichts nach § 341w HGB-E angeordnet. Zur Vermeidung übermäßiger bürokratischer Belastungen soll es dem Unternehmen ermöglicht werden, die Erleichterungen des § 325a HGB hinsichtlich der Sprache der einzureichenden Unterlagen zu nutzen. Das bedeutet vor allem, dass in englischer Sprache erstellte Berichte nicht übersetzt werden müssen. Im Hinblick darauf, dass der Zahlungsbericht mit Ausnahme der knappen Bezeichnung der staatlichen Stellen und Zahlungsgründe und Projekte nur Zahlen enthält, wird damit kein Transparenzverlust verbunden sein.

I. Wesentliche Neuerungen

292 – Verpflichtung zur jährlichen Erstellung eines Zahlungsberichts und Befreiungen.

II. Erläuterungen zu § 341s HGB (Aufstellungspflicht und Befreiungsvorschriften)

293 Fällt ein Unternehmen in den Anwendungsbereich des § 341q HGB, so ist es gem. § 341s Abs. 1 HGB verpflichtet, jährlich einen **Zahlungsbericht** zu erstellen. Abweichend hiervon sieht das Gesetzt in § 341s Abs. 2 und Abs. 3 HGB zwei **Befreiungstatbestände** vor, die die Kapitalgesellschaft von der Pflicht zur Erstellung eines Zahlungsberichts entbinden.

294 Zum einen braucht eine Kapitalgesellschaft keinen separaten Zahlungsbericht zu erstellen, wenn sie in einen **Konzernzahlungsbericht** einbezogen ist, der von ihr oder von einem anderen Unternehmen mit Sitz in einem EU- oder EWR-Staat erstellt wurde. In einem Konzernzahlungsbericht hat das Mutterunternehmen gem. § 341r Nr. 7 HGB über Zahlungen aller in den Konzernabschluss einbezogenen Tochterunternehmen zu berichten. Durch den Einbezug in einen Konzernzahlungsbericht werden nicht nur die einbezogenen Tochterunternehmen von ihrer jährlichen Berichtspflicht befreit. Der Gesetzgeber eröffnet mit § 341s Abs. 2 HGB einer Kapitalgesellschaft, die Mutterunternehmen ist, die Möglichkeit der Selbstbefreiung durch die eigene Aufstellung eines befreienden Konzernzahlungsberichts. Das Gesetz formuliert, dass der Konzernzahlungsbericht von der Kapitalgesellschaft selbst oder einer anderen Kapitalgesellschaft bzw. Personengesellschaft i.S.d. § 264a HGB aufgestellt werden kann. Infolgedessen brauchen sämtliche in diesen Konzernzahlungsbericht einbezogene Unternehmen nicht separat auf Einzelabschlussebene zu berichten. Wird von dieser Befreiungsmöglichkeit Gebrauch gemacht, so muss die befreite Kapitalgesellschaft im Anhang ihres Jahresabschlusses angeben, bei welchem Unternehmen sie in den Konzernzahlungsbericht einbezogen wurde und wo dieser erhältlich ist.

295 Zum anderen braucht eine Kapitalgesellschaft keinen Zahlungsbericht gem. §§ 341q ff. HGB aufzustellen, wenn sie einen Zahlungsbericht im Einklang mit den **Rechtsvorschriften eines Drittstaats** erstellt hat und dieser Bericht von der EU-Kommission als **gleichwertig** qualifiziert wurde. Weitere Voraussetzung ist, dass dieser Bericht entsprechend den für den Jahresabschluss geltenden Vorschriften offengelegt wurde. Im Rahmen der Offenlegung kann jedoch von der Erleichterung des § 325a Abs. 1 Satz 3 HGB Gebrauch gemacht werden, so dass der Bericht nicht zwangsweise in deutscher Sprache, sondern alternativ auch in Englisch offengelegt werden kann und daher nicht ins Deutsche übersetzt werden muss. Diese Erleichterung scheint auch angemessen, da der Bericht hauptsächlich numerische Angaben über die getätigten Zahlungen enthält und da-

her mit der Offenlegung in englischer Sprache kein Transparenzverlust einhergehen sollte.[1]

§ 341t
Inhalt des Zahlungsberichts

(1) [1]In dem Zahlungsbericht hat die Kapitalgesellschaft anzugeben, welche Zahlungen sie im Berichtszeitraum an staatliche Stellen im Zusammenhang mit ihrer Geschäftätigkeit in der mineralgewinnenden Industrie oder mit dem Betrieb des Holzeinschlags in Primärwäldern geleistet hat. [2]Andere Zahlungen dürfen in den Zahlungsbericht nicht einbezogen werden. [3]Hat eine zur Erstellung eines Zahlungsberichts verpflichtete Kapitalgesellschaft in einem Berichtszeitraum an keine staatliche Stelle berichtspflichtige Zahlungen geleistet, hat sie im Zahlungsbericht für den betreffenden Berichtszeitraum nur anzugeben, dass eine Geschäftätigkeit in der mineralgewinnenden Industrie ausgeübt oder Holzeinschlag in Primärwäldern betrieben wurde, ohne dass Zahlungen geleistet wurden.

(2) Die Kapitalgesellschaft hat nur über staatliche Stellen zu berichten, an die sie Zahlungen unmittelbar erbracht hat; das gilt auch dann, wenn eine staatliche Stelle die Zahlung für mehrere verschiedene staatliche Stellen einzieht.

(3) Ist eine staatliche Stelle stimmberechtigter Gesellschafter oder Aktionär der Kapitalgesellschaft, so müssen gezahlte Dividenden oder Gewinnanteile nur berücksichtigt werden, wenn sie

1. nicht unter denselben Bedingungen wie an andere Gesellschafter oder Aktionäre mit vergleichbaren Anteilen oder Aktien gleicher Gattung gezahlt wurden oder

2. anstelle von Produktionsrechten oder Nutzungsentgelten gezahlt wurden.

(4) [1]Die Kapitalgesellschaft braucht Zahlungen unabhängig davon, ob sie als eine Einmalzahlung oder als eine Reihe verbundener Zahlungen geleistet werden, nicht in dem Zahlungsbericht zu berücksichtigen, wenn sie im Berichtszeitraum 100 000 Euro unterschreiten. [2]Im Falle einer bestehenden Vereinbarung über regelmäßige Zahlungen ist der Gesamtbetrag der verbundenen regelmäßigen Zahlungen oder Raten im Berichtszeitraum zu betrachten. [3]Eine staatliche Stelle, an die im Berichtszeitraum insgesamt weniger als 100 000 Euro gezahlt worden sind, braucht im Zahlungsbericht nicht berücksichtigt zu werden.

(5) [1]Werden Zahlungen als Sachleistungen getätigt, werden sie ihrem Wert und gegebenenfalls ihrem Umfang nach berücksichtigt. [2]Im Zah-

---

1 Begr. RegE, BT-Drucks. 18/4050, 83 f.

lungsbericht ist gegebenenfalls zu erläutern, wie der Wert festgelegt worden ist.

(6) ¹Bei der Angabe von Zahlungen wird auf den Inhalt der betreffenden Zahlung oder Tätigkeit und nicht auf deren Form Bezug genommen. ²Zahlungen und Tätigkeiten dürfen nicht künstlich mit dem Ziel aufgeteilt oder zusammengefasst werden, die Anwendung dieses Unterabschnitts zu umgehen.

Begründung Regierungsentwurf v. 20.2.2015 (BT-Drucks. 18/4050, 84 f.):

§ 341t HGB-E regelt den Inhalt des Zahlungsberichts und setzt dazu Artikel 43 Absatz 1, 3 und 4 sowie Erwägungsgrund 48 der Richtlinie 2013/34/EU um.

Abs. 1: In Absatz 1 wird in Präzisierung von § 341s Absatz 1 HGB-E festgelegt, dass nur Zahlungen an staatliche Stellen im Zusammenhang mit einer Tätigkeit in der mineralgewinnenden Industrie oder mit dem Betrieb des Holzeinschlags in Primärwäldern zu berichten sind. Andere Zahlungen an staatliche Stellen sind nicht einzubeziehen, um die Zahlungsberichte verschiedener Unternehmen vergleichbar zu machen. Ohne diese Begrenzung könnten die Zahlungsberichte nicht deutlich machen, welchen konkreten Beitrag die Rohstoffindustrie zu den Einnahmen von Staaten leistet. Sollte ein und dieselbe Zahlung ausnahmsweise sowohl Tätigkeiten nach § 341r Nummer 1 oder 2 HGB-E als auch sonstige Tätigkeiten abdecken, dürfte auf den Schwerpunkt abzustellen sein. Eine künstliche Aufteilung dieser Zahlung in einen erfassten und einen nicht erfassten Teil wird nicht gefordert und würde zu erheblichen Zusatzbelastungen und Unsicherheiten führen. Zugleich wird klargestellt, dass Unternehmen keine getrennten Angaben für unterschiedliche Rohstoffe, etwa Erdöl und Erdgas einerseits und metallische Erze andererseits, vorzunehmen haben. Auch eine Trennung zwischen mineralgewinnender Industrie und Holzeinschlag in Primärwäldern kann unterbleiben.

Schließlich wird festgelegt, dass die erfassten Unternehmen auch dann einen Zahlungsbericht zu erstellen haben, wenn sie in einem Berichtszeitraum zwar in dem entsprechenden Bereich tätig waren, aber an keine staatliche Stelle Zahlungen geleistet haben. In diesem Fall genügt nach der Richtlinie 2013/34/EU ein Bericht, der auf diesen Umstand hinweist (keine Angabe zu jeder staatlichen Stelle notwendig). Diese Berichterstattung ist erforderlich, damit Dritte nachverfolgen können, ob Unternehmen in der mineralgewinnenden Industrie tätig sind oder Holzeinschlag betreiben. Sie dient zugleich dazu, Nachfragen Dritter an die Unternehmen zu begrenzen und so die bürokratischen Belastungen für die Unternehmen zu mindern. Einen gänzlichen Verzicht der erfassten Unternehmen auf den Zahlungsbericht sieht die Richtlinie 2013/34/EU nicht vor.

Abs. 2: Absatz 2 dient zur Klarstellung, dass nur über die Zahlungsabflüsse vom Unternehmen zu berichten ist, auch wenn die einziehende staatliche Stelle die Geldbeträge für mehrere staatliche Stellen vereinnahmen sollte. Der Abgleich mit den vereinnahmten Beträgen der Einzugsstelle bleibt gleichwohl möglich.

Abs. 3: Absatz 3 gibt vor, dass entsprechend Erwägungsgrund 48 der Richtlinie 2013/34/EU Dividendenzahlungen von Unternehmen, an denen staatliche Stellen beteiligt sind, an diese staatlichen Stellen unter bestimmten Voraussetzungen nicht zu berichten sind.

Abs. 4: Absatz 4 setzt Artikel 43 Absatz 1 der Richtlinie 2013/34/EU um, wonach nur Zahlungen zu berücksichtigen sind, die mindestens 100 000 Euro betragen. Absatz 4 nimmt dabei ergänzend auch die Erläuterungen von Erwägungsgrund 46 der Richtlinie 2013/34/EU auf. Klargestellt wird, dass sich der Schwellenwert von

§ 341t – Inhalt des Zahlungsberichts

100 000 Euro nicht ausschließlich auf jede einzelne Zahlung bezieht, sondern sich auch auf die Summe gleichartiger und miteinander verbundener Zahlungen (wie Monatsraten) beziehen kann.

Die Zahlungen sind unabhängig von ihrer Berechtigung und wirtschaftlichen Veranlassung zu berichten, wenn sie tatsächlich erfolgt sind und ein Zusammenhang mit einer in § 341r Nummer 1 oder 2 genannten Tätigkeit besteht. Daher sind etwaige spätere Rückzahlungen grundsätzlich weder zu berichten noch bei der Prüfung des Schwellenwerts zu berücksichtigen. Sind Zahlungen in einer Fremdwährung geleistet worden, dürfte für den Schwellenwert auf den Wechselkurs im Zeitpunkt der Zahlung abzustellen sein. Im Übrigen ist § 341t Absatz 6 HGB-E zu beachten.

Abs. 5: Absatz 5 setzt Artikel 41 Nummer 5 und Artikel 43 Absatz 3 der Richtlinie 2013/34/EU um und legt fest, welche Angaben bei Zahlungen in Form von Sachleistungen zu machen sind.

Abs. 6: Absatz 6 setzt Artikel 43 Absatz 4 der Richtlinie 2013/34/EU um. Bei der Prüfung ist der wirtschaftliche Gehalt der entsprechenden Vereinbarung zu berücksichtigen; zugleich wird ein Umgehungsverbot aufgestellt.

I. Wesentliche Neuerungen

– Inhalt der Berichtspflichten.   296

II. Erläuterungen zu § 341t HGB (Angabepflichten und Abgrenzungen)

In § 341t HGB wird genau festgelegt, über **welche Transaktionen** die Kapitalgesellschaft im Zahlungsbericht zu berichten hat. Es wird hervorgehoben, dass lediglich über Zahlungen im Berichtszeitraum zu berichten ist, die an staatliche Stellen im Zusammenhang mit der Geschäftstätigkeit in der mineralgewinnenden Industrie oder mit dem Betrieb des Holzeinschlags in Primärwäldern geleistet wurden. Der Berichtszeitraum entspricht dabei dem Geschäftsjahr der Kapitalgesellschaft (§ 341r Nr. 8 HGB). Im Gesetzeswortlaut wird explizit darauf hingewiesen, dass andere Zahlungen nicht in den Bericht einbezogen werden dürfen. Würden anderweitige Zahlungen an staatliche Stellen mit in den Bericht einbezogen, so wäre eine Vergleichbarkeit der Berichte nicht mehr gegeben und der Zielsetzung, mehr Transparenz im Bereich der Rohstoffbranche zu schaffen, würde nicht mehr in vollem Umfang entsprochen.   297

Leistet die Kapitalgesellschaft Zahlungen an staatliche Stellen, die sowohl mit der Rohstoffindustrie als auch mit anderweitigen Tätigkeiten zusammenhängen, ist fraglich, wie diese Zahlungen im Bericht aufzunehmen sind. In der Gesetzesbegründung wird hierzu angeführt, dass eine künstliche Aufteilung dieser Zahlungen auf einen zu erfassenden und einen nicht zu erfassenden Teil nicht gefordert wird. Vielmehr hat das Unternehmen zu beurteilen, welcher Tätigkeit die Zahlung **schwerpunktmäßig zuzuordnen** ist. Ist sie im Wesentlichen aufgrund der Tätigkeit innerhalb   298 der Rohstoffindustrie geleistet worden, so ist sie in vollem Umfang im Zahlungsbericht aufzunehmen. Die Verpflichtung zur Aufteilung von geleisteten Beträgen hat der Gesetzgeber den Unternehmen aufgrund der hiermit verbundenen Mehrbelastung und der daraus resultierenden Unsicherheiten nicht zumuten wollen. Ebenso wird von der berichtenden Kapitalgesellschaft weder gefordert, die geleisteten Zahlungen zwischen den beiden Rohstoffindustriezweigen Mineralgewinnung und Holzeinschlag in Primärwäldern noch innerhalb eines Zweigs auf die verschiedenen Rohstoffe aufzuteilen.[1]

299 Hat das berichtende Unternehmen im entsprechenden Berichtszeitraum **keine Zahlungen** an staatliche Stellen geleistet, die im Zusammenhang mit der Rohstoffindustrie stehen, so ist dennoch ein Zahlungsbericht zu erstellen. In diesem ist anzugeben, welcher Geschäftätigkeit die Gesellschaft zugehörig ist, d.h. entweder der Tätigkeit in der Mineralgewinnung oder innerhalb des Holzeinschlags in Primärwäldern. Weiterhin ist anzugeben, dass im Berichtszeitraum keine Zahlungen an staatliche Stellen geleistet wurden. Hierbei hat eine Aufführung von evtl. in Frage kommenden staatlichen Stellen bzw. staatlichen Stellen, an die in früheren Berichtsperioden Zahlungen geleistet wurden, zu unterbleiben.[2]

300 Zahlungen an staatliche Stellen sind gem. § 341t Abs. 2 HGB nur in den Bericht aufzunehmen, wenn sie **unmittelbar** von der Kapitalgesellschaft an die entsprechende Stelle geleistet wurden. Dies gilt auch für die Fälle, bei denen eine staatliche Stelle Geldbeträge für mehrere staatliche Stellen vereinnahmt. Es ist im Bericht nicht anzugeben, bei welchen staatlichen Stellen die geleisteten Zahlungen bzw. Teilbeträge davon schlussendlich ankommen. Berichtspflichtig ist der Gesamtbetrag der Zahlung an die erste staatliche Stelle in der Zahlungsreihe.[3]

301 Die Angabepflicht von unmittelbar an staatliche Stellen geleisteten Zahlungen würde grundsätzlich auch Dividendenzahlungen bzw. Zahlungen von Gewinnanteilen umfassen, wenn die staatliche Stelle Gesellschafter der Kapitalgesellschaft ist und im Berichtszeitraum eine Ausschüttung an die Gesellschafter erfolgt ist. Die Angabe solcher Zahlungen, die **auf dem Gesellschaftsverhältnis beruhen** und somit nicht nur die staatliche Stelle als Gesellschafter treffen, genügen nicht dem Zweck, der mit dem Zahlungsbericht verfolgt wird. Aufgrund dessen schränkt der Gesetzgeber die Angabepflicht von Dividendenzahlungen und Zahlungen von Gewinnanteilen in § 341t Abs. 3 HGB ein. Solche Zahlungen unterliegen nur dann einer Angabepflicht, wenn sie nicht unter denselben Bedingun-

---

1 Begr. RegE, BT-Drucks. 18/4050, 84; wie die einzeln geleisteten Zahlungen im Bericht darzustellen sind, wird in Rz. 308 ff. zur Gliederung des Zahlungsberichts ausgeführt.
2 Begr. RegE, BT-Drucks. 18/4050, 84.
3 Begr. RegE, BT-Drucks. 18/4050, 84.

§ 341t – Inhalt des Zahlungsberichts

gen wie an andere Gesellschafter geleistet oder anstelle von Produktionsrechten oder Nutzungsentgelten gezahlt wurden.

302 In § 341t Abs. 4 HGB wird mit der Bezifferung eines Schwellenwerts das Wesentlichkeitskonzept kodifiziert. Einmalzahlungen oder eine Reihe verbundener Zahlungen wie z.B. monatlich zu zahlende Raten sind nur zu berücksichtigen, wenn sie **mindestens 100 000 Euro** betragen. Hieraus resultiert, dass eine staatliche Stelle, an die Zahlungen von weniger als 100 000 Euro im Berichtszeitraum geleistet wurden, nicht im Zahlungsbericht aufzuführen ist. Die Gesetzesbegründung führt weiterhin aus, dass Zahlungen unabhängig von ihrer Berechtigung zu berichten sind. Somit ist es für die Prüfung des Schwellenwerts unerheblich, ob Teile der Zahlung später zurückgezahlt werden. Rückzahlungen sind aus diesem Grund auch nicht im Zahlungsbericht aufzunehmen, d.h. es herrscht ein Verrechnungsverbot von Rückzahlungen mit ggf. geleisteten Zahlungen.[1]

303 Zahlungen an staatliche Stellen müssen nicht zwangsweise in bar getätigt werden. Sie können auch durch **Sachleistungen** erbracht werden. § 341t Abs. 5 HGB stellt für diese Sachverhalte klar, dass die Sachleistungen mit ihrem jeweiligen Wert im Zahlungsbericht zu berücksichtigen sind. Welcher Wert anzusetzen ist, gibt weder das Gesetz noch die Gesetzesbegründung an. Es ist jedoch davon auszugehen, dass der gemeine Wert der Sachleistung anzusetzen ist. Somit ist ein fiktives Entgelt, das zwischen fremden Dritten gezahlt werden würde, zu ermitteln, das den Wert der Sachleistung widerspiegelt. Das Gesetz fordert, dass bei Sachleistungen im Zahlungsbericht ggf. zu erläutern ist, wie der berichtete Wert festgelegt wurde. Diese „kann"-Vorschrift sollte als „soll"-Vorschrift ausgelegt werden, so dass im Regelfall bei Sachleistungen eine Erläuterung im Zahlungsbericht über die Wertfestsetzung zu erfolgen hat.

304 ⇨ **Praxistipp:** Wurden Sachleistungen an staatliche Stellen geleistet, so ist im Zahlungsbericht zu erläutern, wie der Wert der Sachleistung ermittelt wurde. Hier sind grundsätzlich Fremdvergleichsgrundsätze heranzuziehen, die den gemeinen Wert der Sachleistung beziffern. Anzugeben sind u.a. die unterstellten Prämissen, die angewendeten Bewertungsmethoden und die wertbegründenden Bewertungsparameter.

305 § 341t Abs. 6 HGB enthält den Grundsatz der wirtschaftlichen Betrachtungsweise sowie ein generelles Umgehungsverbot. Dem Grundsatz der **wirtschaftlichen Betrachtungsweise** folgend sind die geleisteten Zahlungen nicht auf ihre formellen Kriterien hin zu beurteilen, ob sie der Berichtspflicht unterliegen oder nicht, sondern nach ihrem wirtschaftlichen Gehalt. Somit kann eine Nichtangabe von Zahlungen oder Leistungen nicht durch die äußere Form bzw. formale Kriterien gerechtfertigt wer-

---

[1] Begr. RegE, BT-Drucks. 18/4050, 84.

den, wenn der Inhalt der Zahlung eindeutig und überwiegend mit der Geschäftstätigkeit in der Rohstoffindustrie zusammenhängt.

306 Das **Umgehungsverbot** untersagt die künstliche Zusammenfassung oder Aufteilung von Zahlungen und Tätigkeiten mit dem Ziel, eine Angabepflicht im Zahlungsbericht zu vermeiden. Eine Berichtspflicht kann somit z.B. nicht dadurch umgangen werden, dass eine Einmalzahlung von über 100 000 Euro in mehrere Einzelzahlungen aufgeteilt wird. Diese Einzelzahlungen sind bereits gem. § 341t Abs. 4 HGB zusammenzufassen, da sie aufgrund ihrer Verbundenheit für die Ermittlung des Schwellenwerts in Summe zu betrachten sind.

§ 341u
Gliederung des Zahlungsberichts

(1) ¹Der Zahlungsbericht ist nach Staaten zu gliedern. ²Für jeden Staat hat die Kapitalgesellschaft diejenigen staatlichen Stellen zu bezeichnen, an die sie innerhalb des Berichtszeitraums Zahlungen geleistet hat. ³Die Bezeichnung der staatlichen Stelle muss eine eindeutige Zuordnung ermöglichen. ⁴Dazu genügt es in der Regel, die amtliche Bezeichnung der staatlichen Stelle zu verwenden und zusätzlich anzugeben, an welchem Ort und in welcher Region des Staates die Stelle ansässig ist. ⁵Die Kapitalgesellschaft braucht die Zahlungen nicht danach aufzugliedern, auf welche Rohstoffe sie sich beziehen.

(2) Zu jeder staatlichen Stelle hat die Kapitalgesellschaft folgende Angaben zu machen:

1. den Gesamtbetrag aller an diese staatliche Stelle geleisteten Zahlungen und

2. die Gesamtbeträge getrennt nach den in § 341r Nummer 3 Buchstabe a bis g benannten Zahlungsgründen; zur Bezeichnung der Zahlungsgründe genügt die Angabe des nach § 341r Nummer 3 maßgeblichen Buchstabens.

(3) Wenn Zahlungen an eine staatliche Stelle für mehr als ein Projekt geleistet wurden, sind für jedes Projekt ergänzend folgende Angaben zu machen:

1. eine eindeutige Bezeichnung des Projekts,

2. den Gesamtbetrag aller in Bezug auf das Projekt an diese staatliche Stelle geleisteten Zahlungen und

3. die Gesamtbeträge getrennt nach den in § 341r Nummer 3 Buchstabe a bis g benannten Zahlungsgründen, die an diese staatliche Stelle in Bezug auf das Projekt geleistet wurden; zur Bezeichnung der Zahlungsgründe genügt die Angabe des nach § 341r Nummer 3 maßgeblichen Buchstabens.

§ 341u – Gliederung des Zahlungsberichts

(4) Angaben nach Absatz 3 sind nicht erforderlich für Zahlungen zur Erfüllung von Verpflichtungen, die der Kapitalgesellschaft ohne Zuordnung zu einem bestimmten Projekt auferlegt werden.

Begründung Regierungsentwurf v. 20.2.2015 (BT-Drucks. 18/4050, 85):

§ 341u HGB-E regelt die Gliederung des Zahlungsberichts und dient der Umsetzung von Artikel 43 Absatz 2 der Richtlinie 2013/34/EU.

Abs. 1: Absatz 1 legt fest, dass in dem Zahlungsbericht eine Gliederung nach Staaten und innerhalb der Staaten nach einzelnen staatlichen Stellen vorzunehmen ist, die Empfänger von Zahlungen waren. Die staatlichen Stellen sind so zu bezeichnen, dass eine eindeutige Zuordnung ermöglicht wird; dafür wird in der Regel deren amtliche Bezeichnung, Ort und Region des Staates ausreichen.

Abs. 2: Absatz 2 regelt in Umsetzung von Artikel 43 Absatz 2 Unterabsatz 1 Buchstabe a und b der Richtlinie 2013/34/EU die Darstellung des Gesamtbetrags aller Zahlungen an eine staatliche Stelle und deren Aufgliederung nach den in § 341r Nummer 3 Buchstabe a bis g HGB-E aufgeführten Zahlungsgründen (Steuern, Boni usw.). Dabei muss zur Vereinfachung nicht zu jeder Zahlung angegeben werden, welcher Zahlungsgrund im Einzelnen besteht; ausreichend ist vielmehr die Bezeichnung der Nummer von § 341r Nummer 3 HGB-E, in deren Kategorie die Zahlung fällt. Diese Vereinfachung dient der Begrenzung der bürokratischen Belastungen für die Unternehmen.

Abs. 3: Absatz 3 regelt die sog. projektbezogene Darstellung der Zahlungen in Umsetzung von Artikel 43 Absatz 2 Unterabsatz 1 Buchstabe c der Richtlinie 2013/34/EU. Erforderlich ist dabei zunächst eine eindeutige Bezeichnung des Projekts, um dieses Projekt von anderen Projekten desselben Unternehmens abzugrenzen. Zu diesem Projekt sind sodann der Gesamtbetrag aller darauf bezogenen Zahlungen an eine staatliche Stelle und dann eine Aufgliederung nach den Zahlungsgründen des § 341r Nummer 3 HGB-E vorzunehmen. Auch insofern genügt es, als Zahlungsgrund die betreffende Nummer von § 341r Nummer 3 HGB-E zu bezeichnen.

Abs. 4: Absatz 4 setzt Artikel 43 Absatz 2 Unterabsatz 2 der Richtlinie 2013/34/EU um. Zahlungen wie z.B. die Körperschaftsteuer, die nicht projektgenau ermittelt werden, müssen nicht projektbezogen dargestellt werden.

I. Wesentliche Neuerungen

– Vorschriften zur Gliederung des Zahlungsberichts.   307

II. Erläuterungen zu § 341u HGB (Gliederungsvorschriften und Angabepflichten)

In § 341u HGB wird geregelt, wie der Zahlungsbericht zu gliedern ist. 308
§ 341u Abs. 1 HGB gibt eine Gliederung des Zahlungsberichts **getrennt nach Staaten** vor, in denen die empfangenden Stellen ansässig sind. Pro Staat ist anzugeben, welche Zahlungen an die jeweiligen staatlichen Stellen geleistet wurden. Um eine eindeutige Zuordnung der Zahlungen zu den staatlichen Stellen zu gewährleisten, sollen diese mit ihrer amtlichen Bezeichnung, dem Ort und der Region angegeben werden.

309 Pro staatlicher Stelle sind gem. § 341u Abs. 2 HGB folgende **Angaben** zu machen:
- Gesamtbetrag der an diese staatliche Stelle geleisteten Zahlungen und
- Gesamtbeträge getrennt nach folgenden Zahlungsgründen (lt. § 341r Nr. 3 Buchst. a–g HGB):
  - Produktionszahlungsansprüche,
  - Steuern, die auf die Erträge, die Produktion oder die Gewinne von Kapitalgesellschaften erhoben werden,
  - Nutzungsentgelte,
  - Dividenden und andere Gewinnausschüttungen aus Gesellschaftsanteilen,
  - Unterzeichnungs-, Entdeckungs- und Produktionsboni,
  - Lizenz-, Miet- und Zugangsgebühren sowie sonstige Gegenleistungen für Lizenzen oder Konzessionen und
  - Zahlungen für die Verbesserung der Infrastruktur.

310 ⇨ **Praxistipp:** Zahlungen von Dividenden und anderen Gewinnausschüttungen aus Gesellschaftsanteilen sind nur unter der Voraussetzung des § 341t Abs. 3 HGB anzugeben, d.h. nur dann, wenn sie nicht unter denselben Bedingungen wie an andere Gesellschafter geleistet oder anstelle von Produktionsrechten oder Nutzungsentgelten gezahlt wurden.

311 Neben diesen Angaben fordert § 341u Abs. 3 HGB eine **projektbezogene Darstellung der Gesamtzahlungen**. Wurden an eine staatliche Stelle Zahlungen aufgrund von mehreren Projekten geleistet, so sind folgende Angaben zu machen:
- eindeutige Projektbezeichnung,
- Gesamtbetrag der aufgrund dieses Projektes geleisteten Zahlungen und
- Aufschlüsselung der Gesamtbeträge nach Zahlungsgründen (s. Rz. 309; lt. § 341r Nr. 3 Buchst. a–g HGB).

Wurden Zahlungen ohne Projektbezug geleistet, so entfallen gem. § 341u Abs. 4 HGB die zusätzlichen Angabepflichten nach Absatz 3. Zahlungen ohne Projektbezug sind z.B. die zu zahlende Körperschaftsteuer. Diese ist nicht projektgebunden und muss somit auch nicht projektbezogen dargestellt werden.

§ 341u – Gliederung des Zahlungsberichts

⮕ **Praxistipp:** Der Zahlungsbericht sollte somit wie folgt gegliedert sein: 312

Zahlungsbericht der XY-GmbH
für das Geschäftsjahr vom 1. Januar bis zum 31. Dezember 2016

Tätigkeit der Gesellschaft: Mineralgewinnende Industrie/Holzeinschlag in Primärwäldern

An staatliche Stellen geleistete Zahlungen im Berichtszeitraum

Staat 1: Deutschland

1. Amtliche Bezeichnung/Ort/Region	in Euro
Gesamtbetrag der Zahlungen	xxx.xxx,xx
davon	in Euro
– Produktionszahlungsansprüche	xxx.xxx,xx
– Steuern, die auf die Erträge, die Produktion oder die Gewinne von Kapitalgesellschaften erhoben werden	xxx.xxx,xx
– Nutzungsentgelte	xxx.xxx,xx
…	

Zahlungen auf Grund von folgenden Projekten

Projekt A (eindeutige Bezeichnung)	in Euro
Gesamtbetrag der Zahlungen	xxx.xxx,xx
davon	in Euro
– Produktionszahlungsansprüche	xxx.xxx,xx
– Steuern, die auf die Erträge, die Produktion oder die Gewinne von Kapitalgesellschaften erhoben werden	xxx.xxx,xx
– Nutzungsentgelte	xxx.xxx,xx
…	

Projekt B (eindeutige Bezeichnung)	in Euro
Gesamtbetrag der Zahlungen	xxx.xxx,xx
davon	in Euro
– Produktionszahlungsansprüche	xxx.xxx,xx
– Steuern, die auf die Erträge, die Produktion oder die Gewinne von Kapitalgesellschaften erhoben werden	xxx.xxx,xx
– Nutzungsentgelte	xxx.xxx,xx
…	

	in Euro
Zahlungen ohne Projektbezug insgesamt	xxx.xxx,xx

2. Amtliche Bezeichnung/Ort/Region	in Euro
Gesamtbetrag der Zahlungen	xxx.xxx,xx
…	

Staat 2: Österreich

1. Amtliche Bezeichnung/Ort/Region	in Euro
Gesamtbetrag der Zahlungen	xxx.xxx,xx
davon	in Euro
…	

§ 341v
Konzernzahlungsbericht; Befreiung

(1) ¹Kapitalgesellschaften im Sinne des § 341q, die Mutterunternehmen (§ 290) sind, haben jährlich einen Konzernzahlungsbericht zu erstellen. ²Mutterunternehmen sind auch dann in der mineralgewinnenden Industrie tätig oder betreiben Holzeinschlag in Primärwäldern, wenn diese Voraussetzungen nur auf eines ihrer Tochterunternehmen zutreffen.

(2) Ein Mutterunternehmen ist nicht zur Erstellung eines Konzernzahlungsberichts verpflichtet, wenn es zugleich ein Tochterunternehmen eines anderen Mutterunternehmens mit Sitz in einem Mitgliedstaat der Europäischen Union oder in einem anderen Vertragsstaat des Abkommens über den Europäischen Wirtschaftsraum ist.

(3) In den Konzernzahlungsbericht sind das Mutterunternehmen und alle Tochterunternehmen unabhängig von deren Sitz einzubeziehen; die auf den Konzernabschluss angewandten Vorschriften sind entsprechend anzuwenden, soweit in den nachstehenden Absätzen nichts anderes bestimmt ist.

(4) ¹Unternehmen, die nicht in der mineralgewinnenden Industrie tätig sind und keinen Holzeinschlag in Primärwäldern betreiben, sind nicht nach Absatz 3 einzubeziehen. ²Ein Unternehmen braucht nicht in den Konzernzahlungsbericht einbezogen zu werden, wenn es

1. nach § 296 Absatz 1 Nummer 1 oder 3 nicht in den Konzernabschluss einbezogen wurde,

2. nach § 296 Absatz 1 Nummer 2 nicht in den Konzernabschluss einbezogen wurde und die für die Erstellung des Konzernzahlungsberichts erforderlichen Angaben ebenfalls nur mit unverhältnismäßig hohen Kosten oder ungebührlichen Verzögerungen zu erhalten sind.

(5) ¹Auf den Konzernzahlungsbericht sind die §§ 341s bis 341u entsprechend anzuwenden. ²Im Konzernzahlungsbericht sind konsolidierte Angaben über alle Zahlungen an staatliche Stellen zu machen, die von den einbezogenen Unternehmen im Zusammenhang mit ihrer Tätigkeit in der mineralgewinnenden Industrie oder mit dem Holzeinschlag in Primärwäldern geleistet worden sind. ³Das Mutterunternehmen braucht die Zahlungen nicht danach aufzugliedern, auf welche Rohstoffe sie sich beziehen.

Begründung Regierungsentwurf v. 20.2.2015 (BT-Drucks. 18/4050, 85 f.):

Spiegelbildlich zum Zahlungsbericht des einzelnen Unternehmens sieht § 341v HGB-E in Umsetzung von Artikel 44 der Richtlinie 2013/34/EU eine Berichterstattung auf konsolidierter Ebene durch ein Mutterunternehmen vor.

Abs. 1: Das Mutterunternehmen hat einen Konzernzahlungsbericht zu erstellen, wenn es eine Kapitalgesellschaft oder Personenhandelsgesellschaft im Sinne des § 341q HGB-E ist. Voraussetzung ist dafür zunächst, dass es sich um ein Mutter-

§ 341v – Konzernzahlungsbericht; Befreiung

unternehmen im Sinne des § 290 HGB handelt, also mindestens ein Tochterunternehmen hat.

Darüber hinaus muss das Mutterunternehmen die Voraussetzungen des § 341q HGB-E erfüllen, also nach den Vorschriften des Dritten Buchs den für große Kapitalgesellschaften geltenden Vorschriften des Zweiten Abschnitts des Dritten Buchs des Handelsgesetzbuchs unterworfen sein. Nähere Einzelheiten sind in der Begründung zu § 341q HGB-E dargestellt. Auf Besonderheiten der Tochterunternehmen kommt es insoweit nicht an.

Hinsichtlich der Branchenzugehörigkeit muss das Mutterunternehmen selbst oder zumindest eines seiner Tochterunternehmen in der mineralgewinnenden Industrie tätig sein oder Holzeinschlag in Primärwäldern betreiben. Sind weder das Mutterunternehmen noch ein Tochterunternehmen in diesen Branchen tätig, ist ein Konzernzahlungsbericht nicht zu erstellen.

Abs. 2: Absatz 2 regelt in Umsetzung von Artikel 44 Absatz 2 der Richtlinie 2013/34/EU, unter welchen Umständen ein Mutterunternehmen keinen Konzernzahlungsbericht erstellen muss. Dabei wird nur der Fall geregelt, dass das Mutterunternehmen seinerseits als Tochterunternehmen in einen übergeordneten Konzernzahlungsbericht einbezogen ist und entspricht insofern im Ergebnis der vergleichbaren Regelung für den Konzernabschluss in § 291 HGB.

Eine Umsetzung von Artikel 44 Absatz 2 Buchstabe a und b der Richtlinie 2013/34/EU kann unterbleiben. Danach müssen Mutterunternehmen kleiner und mittlerer Konzerne keinen Konzernzahlungsbericht erstellen. Dieser Befreiungstatbestand hat aber keinen Anwendungsbereich, da Artikel 44 Absatz 1 der Richtlinie 2013/34/EU nur große Unternehmen, die Mutterunternehmen sind, erfasst. Ist aber das Mutterunternehmen groß, kann der Konzern nicht klein oder mittelgroß sein. Auch die Rückausnahme hinsichtlich von Unternehmen von öffentlichem Interesse bedarf keiner Umsetzung. Sofern das Mutterunternehmen ein Unternehmen von öffentlichem Interesse ist, muss es nach Artikel 44 Absatz 1 einen Konzernzahlungsbericht erstellen. Ist nur ein Tochterunternehmen ein Unternehmen von öffentlichem Interesse, ändert das den Status des Mutterunternehmens nicht und kann daher keine Berichtspflicht auf Konzernebene auslösen.

Abs. 3: In Absatz 3 wird klargestellt, dass in den Konzernzahlungsbericht das Mutterunternehmen und alle Tochterunternehmen ohne Rücksicht auf ihren Sitz einzubeziehen sind. Das entspricht der für den Konzernabschluss geltenden Vorgabe des § 294 Absatz 1 HGB. Sofern das Mutterunternehmen den Konzernabschluss nicht nach dem HGB, sondern im Einklang mit § 315a HGB nach Maßgabe der von der Europäischen Union übernommenen internationalen Rechnungslegungsstandards aufstellt, richtet sich der Konsolidierungskreis auch für den Konzernzahlungsbericht nach diesen Vorschriften.

Abs. 4: Ist ein nach Absatz 3 einzubeziehendes Unternehmen nicht in der mineralgewinnenden Industrie tätig und betreibt auch keinen Holzeinschlag in Primärwäldern, kann die Einbeziehung nach Absatz 4 Satz 1 unterbleiben. Auch insoweit ist allerdings § 341t Absatz 6 HGB-E zu beachten, der nach Absatz 5 entsprechend anzuwenden ist und eine Umgehung der Berichterstattung untersagt.

In Umsetzung von Artikel 44 Absatz 3 der Richtlinie 2013/34/EU sieht Absatz 4 Satz 2 Nummer 1 vor, dass Unternehmen nicht in den Konzernzahlungsbericht einbezogen werden müssen, wenn sie nach § 296 Absatz 1 Nummer 1 oder 3 nicht in den Konzernabschluss einbezogen werden müssen und davon Gebrauch gemacht haben. Insofern wird damit ein Gleichlauf zwischen Konzernabschluss und Konzernzahlungsbericht hergestellt.

Darüber hinaus wird in Absatz 4 Satz 2 Nummer 2 ein eigenständiger Befreiungstatbestand vorgesehen, der Artikel 44 Absatz 3 Unterabsatz 1 Buchstabe b in Verbindung mit Unterabsatz 2 der Richtlinie 2013/34/EU entspricht. Sind die für den Konzernzahlungsbericht benötigten Angaben nicht ohne unverhältnismäßig hohe Kosten oder ungebührliche Verzögerungen verfügbar, kann auf die Einbeziehung verzichtet werden. Vorausgesetzt ist aber, dass das Tochterunternehmen nach § 296 Absatz 1 Nummer 2 HGB aus dem gleichen Grund – bezogen auf die für den Konzernabschluss benötigten Angaben – nicht in den Konzernabschluss einbezogen wurde.

Abs. 5: Der Inhalt und die Gliederung des Konzernzahlungsberichts richtet sich im Wesentlichen nach den Vorgaben für den Zahlungsbericht, was Absatz 5 mit der entsprechenden Verweisung auf die §§ 341s bis 341u HGB-E anordnet. Klargestellt wird, dass die Berichterstattung konsolidierte Angaben zu allen einbezogenen Unternehmen enthalten muss. Klargestellt wird in Umsetzung von Artikel 44 Absatz 1 Unterabsatz 3 der Richtlinie 2013/34/EU, dass in den Konzernzahlungsbericht nur solche Zahlungen an staatliche Stellen aufzunehmen sind, die sich aus der Geschäftstätigkeit in der mineralgewinnenden Industrie oder aus dem Holzeinschlag in Primärwäldern ergeben. Auch insoweit ist aber entsprechend der Begründung zu § 341t Absatz 1 HGB-E keine künstliche Aufteilung von Zahlungen auf erfasste und nicht erfasste Tätigkeiten geboten. Zugleich wird klargestellt, dass das Mutterunternehmen die Zahlungen im Konzernzahlungsbericht nicht danach aufgliedern muss, auf welchen Rohstoff sie sich beziehen.

I. Wesentliche Neuerungen

313 – Verpflichtung zur jährlichen Erstellung eines Konzernzahlungsberichts und Befreiungen.

II. Erläuterungen zu § 341v HGB (Aufstellungspflicht und Befreiungsvorschriften beim Konzernzahlungsbericht)

1. Pflicht zur Aufstellung eines Konzernlageberichts

314 Kapitalgesellschaften, die gem. § 341q HGB in den Anwendungsbereich dieses Unterabschnitts fallen und **Mutterunternehmen** gem. § 290 HGB sind, haben jährlich zusätzlich einen Konzernzahlungsbericht zu erstellen. Um der Pflicht zur Konzernzahlungsberichterstattung zu unterliegen, muss das Unternehmen gem. § 341v Abs. 1 HGB folgende Bedingungen erfüllen:

– Kapitalgesellschaft oder Personengesellschaft i.S.d. § 264a HGB,

– Mutterunternehmen gem. § 290 HGB,

– Anwendung der Vorschriften für große Kapitalgesellschaften.

315 Das Mutterunternehmen selbst muss nicht unbedingt in der Rohstoffindustrie tätig sein. Die Berichtspflicht tritt gem. § 341v Abs. 1 HGB auch dann ein, wenn das Mutterunternehmen selbst nicht der Rohstoffindustrie angehört, jedoch **ein in den Konzernabschluss einbezogenes Tochterunternehmen**. Ist ein Tochterunternehmen in der mineralgewinnenden Industrie tätig oder betreibt es Holzeinschlag in Primärwäldern,

§ 341v – Konzernzahlungsbericht; Befreiung

so löst dieses die Berichtspflicht zur Konzernzahlungsberichterstattung aus. Nur wenn weder das Mutterunternehmen noch ein in den Konzernabschluss einbezogenes Tochterunternehmen in der Rohstoffindustrie tätig ist, ist kein Konzernzahlungsbericht zu erstellen.

In § 341v Abs. 3 HGB wird klargestellt, dass grundsätzlich **alle Tochterunternehmen** des Mutterunternehmens in den Konzernzahlungsbericht einzubeziehen sind. Dies gilt unabhängig vom Sitz des Tochterunternehmens und entspricht der für den Konzernabschluss geltenden Vorschrift des § 294 Abs. 1 HGB. 316

Dem Zweck des Zahlungsberichts folgend, werden in § 341v Abs. 4 HGB **Ausnahmetatbestände** zu der allgemeinen Einbeziehungspflicht definiert. Ein Tochterunternehmen ist grundsätzlich nicht in den Zahlungsbericht einzubeziehen, wenn es weder in der mineralgewinnenden Industrie tätig ist noch Holzeinschlag in Primärwäldern betreibt. Dieser Ausnahmetatbestand hat lediglich klarstellenden Charakter, da ein solches Tochterunternehmen aufgrund seiner Tätigkeit außerhalb der Rohstoffindustrie i.d.R. keine angabepflichtigen Zahlungen tätigt. Tätigt in Ausnahmefällen ein solches Tochterunternehmen doch Zahlungen an staatliche Stellen, die mit der mineralgewinnenden Industrie oder dem Holzeinschlag in Primärwäldern zusammenhängen, so sind diese Zahlungen gem. § 341v Abs. 5 HGB im Konzernzahlungsbericht angabepflichtig. Durch diese Vorschrift soll vermieden werden, dass durch die Verschiebung von Zahlungen an staatliche Stellen im Konzernverbund der Einbezug dieser Zahlungen in den Konzernzahlungsbericht umgangen werden kann. Dies untersagt bereits das generelle Umgehungsverbot, das gem. § 341v Abs. 5 i.V.m. § 341t Abs. 6 HGB entsprechend auf den Konzernzahlungsbericht anzuwenden ist, wird hier jedoch nochmals explizit aufgeführt. Im Konzernverbund sind somit sämtliche Zahlungen an staatliche Stellen in den Konzernzahlungsbericht einzubeziehen, die mit der mineralgewinnenden Industrie oder dem Betreiben von Holzeinschlag in Primärwäldern zusammenhängen, unabhängig davon, welches Tochterunternehmen diese Zahlungen tatsächlich leistet. 317

Ein weiterer Ausnahmetatbestand, den § 341v Abs. 4 HGB enthält, betrifft solche Tochterunternehmen, die aufgrund des § 296 Abs. 1 Nr. 1 (erhebliche und andauernde Beschränkungen bzgl. der Ausübung der Rechte des Mutterunternehmens) oder Nr. 3 (Weiterveräußerungsabsicht der Anteile des Tochterunternehmens) HGB **nicht in den Konzernabschluss einbezogen** werden. Die von diesen Unternehmen geleisteten Zahlungen müssen nicht in den Konzernzahlungsbericht aufgenommen werden. Insoweit wird ein Gleichlauf zwischen Konzernabschluss und Konzernzahlungsbericht erzielt. Zahlungen von Tochterunternehmen, die gem. § 296 Abs. 1 Nr. 2 HGB nicht in den Konzernabschluss einbezogen wurden, weil die erforderlichen Angaben nicht ohne unverhältnismäßig hohe Kosten oder Verzögerungen zu erhalten sind, sind nur dann nicht im Konzernzahlungsbericht angabepflichtig, wenn die für den Konzernzah- 318 lungsbericht erforderlichen Informationen ebenfalls nur mit unverhältnismäßig hohen Kosten oder ungebührlichen Verzögerungen zu erhalten sind. Somit sind von diesen Tochterunternehmen geleistete Zahlungen im Konzernzahlungsbericht zu berücksichtigen, wenn die Zahlungsinformationen vorliegen, obwohl das Tochterunternehmen nicht in den Konzernabschluss einbezogen wurde. Klarstellend wird in der Gesetzesbegründung darauf hingewiesen, dass auf die Einbeziehung der Zahlungen in den Konzernzahlungsbericht unter den genannten Voraussetzungen auch nur dann verzichtet werden kann, wenn das Tochterunternehmen nach § 296 Abs. 1 Nr. 2 HGB nicht in den Konzernabschluss einbezogen wurde.[1]

319   Für den **Inhalt** und die **Gliederung** des Konzernzahlungsberichts gelten die Vorschriften für den Zahlungsbericht im Jahresabschluss gem. § 341v Abs. 5 i.V.m. §§ 341s–341u HGB entsprechend. Insoweit wird auf die Ausführungen zum Zahlungsbericht verwiesen (s. Rz. 293 ff.). Klarstellend wird erwähnt, dass auch im Konzernzahlungsbericht keine Aufgliederung der Zahlungen nach den einzelnen Rohstoffindustriezweigen noch nach einzelnen Rohstoffen erforderlich ist.

320   Im Konzernzahlungsbericht sind **konsolidierte Angaben** über alle Zahlungen an staatliche Stellen zu machen, die von den einbezogenen Unternehmen im Zusammenhang mit ihrer Tätigkeit in der mineralgewinnenden Industrie oder mit dem Holzeinschlag in Primärwäldern geleistet wurden. Ggf. sind, wie oben (Rz. 318) beschrieben, daneben noch Zahlungen von Tochterunternehmen zu berücksichtigen, obwohl diese gem. § 296 Abs. 1 Nr. 2 HGB nicht in den Konzernabschluss einbezogen sind.

2. Befreiung von der Aufstellungspflicht

321   In § 341v Abs. 2 HGB ist eine Befreiungsvorschrift kodifiziert, die im Ergebnis der Regelung für den befreienden Konzernabschluss gem. § 291 HGB entspricht. So ist ein Mutterunternehmen, das **gleichzeitig auch Tochterunternehmen** eines anderen Mutterunternehmens mit Sitz in einem EU- oder EWR-Vertragsstaat ist, nicht zur Aufstellung eines Konzernzahlungsberichts verpflichtet. In diesem Fall wird das untere Mutterunternehmen in den übergeordneten Konzernzahlungsbericht einbezogen und von seiner originären Berichterstattungspflicht befreit.

§ 341w
Offenlegung

(1) ¹**Die gesetzlichen Vertreter von Kapitalgesellschaften haben für diese den Zahlungsbericht spätestens ein Jahr nach dem Abschlussstichtag elektronisch in deutscher Sprache beim Betreiber des Bundesanzeigers**

---

1 Begr. RegE, BT-Drucks. 18/4050, 86.

§ 341w – Offenlegung

einzureichen und unverzüglich nach Einreichung im Bundesanzeiger bekannt machen zu lassen. ²Im Falle einer Kapitalgesellschaft im Sinne des § 264d beträgt die Frist abweichend von Satz 1 sechs Monate nach dem Abschlussstichtag; § 327a gilt entsprechend.[1]

(2) Absatz 1 gilt entsprechend für die gesetzlichen Vertreter von Mutterunternehmen, die einen Konzernzahlungsbericht zu erstellen haben.

(3) § 325 Absatz 1 Satz 2 und Absatz 6 sowie die §§ 328 und 329 Absatz 1, 3 und 4 gelten entsprechend.

Begründung Regierungsentwurf v. 20.2.2015 (BT-Drucks. 18/4050, 86 f.):

Abs. 1: Ein wesentliches Element der Transparenz im Rohstoffsektor ist die Offenlegung der Zahlungsberichte. Dabei gibt Artikel 45 der Richtlinie 2013/34/EU vor, dass die Offenlegung in der Weise zu erfolgen hat, in der auch (andere) Rechnungslegungsunterlagen und für das Handelsregister relevante Umstände offenzulegen sind. § 341w HGB-E knüpft daran an und sieht eine Offenlegung im Bundesanzeiger vor. Das Verfahren wird entsprechend dem Verfahren zur Offenlegung von Jahres- und Konzernabschlüssen geregelt. Danach beträgt die Offenlegungsfrist höchstens ein Jahr nach dem Abschlussstichtag. Die Jahresfrist ist an Artikel 30 Absatz 1 der Richtlinie 2013/34/EU angelehnt und ergibt sich inhaltlich aus der jährlichen Berichtspflicht, die erwarten lässt, dass der Zahlungsbericht spätestens dann offengelegt wird, wenn wegen Ablaufs des nächsten Berichtszeitraums bereits mit der Erstellung des nachfolgenden Berichts begonnen werden kann. Zudem entspricht diese Frist der allgemeinen Frist des § 325 Absatz 1 HGB für die Offenlegung von Jahres- und Konzernabschlüssen.

Die Offenlegung im Bundesanzeiger erfolgt durch die elektronische Einreichung des Zahlungsberichts beim Betreiber des Bundesanzeigers und die Erteilung eines entsprechenden Veröffentlichungsauftrags. Die veröffentlichten Zahlungsberichte werden im Anschluss auch im Unternehmensregister gespeichert und sind dann im Internet einsehbar. Die Offenlegung hat in deutscher Sprache zu erfolgen (wie beim Jahresabschluss nach § 325 HGB-E).

Abs. 2: Absatz 2 erweitert die Offenlegungspflicht auf den Konzernzahlungsbericht.

Abs. 3: Absatz 3 sieht die entsprechende Anwendung bestimmter allgemeiner Offenlegungsvorschriften vor. Damit gelten die allgemeinen Vorgaben hinsichtlich der Sprache der Unterlagen vorbehaltlich des Ausnahmefalls nach § 341s Absatz 3 HGB-E sowie die Vorgaben zum Inhalt der Offenlegung und zu Prüfungen durch den Betreiber des Bundesanzeigers.

I. Wesentliche Neuerungen

– Verpflichtung zur Offenlegung des (Konzern-)Zahlungsberichts spätestens ein Jahr bzw. sechs Monate nach dem Abschlussstichtag in elektronischer Form im Bundesanzeiger.

322

---

[1] Durch das Gesetz zur Umsetzung der Transparenzrichtlinie-Änderungsrichtlinie v. 20.11.2015 (BGBl. I 2015, 2029) wurde in § 341w Abs. 1 der Satz 2 angefügt.

II. Erläuterungen zu § 341w HGB (Gegenstand und Fristen der Offenlegung von [Konzern-]Zahlungsberichten)

323 Der Zahlungsbericht soll mehr **Transparenz im Rohstoffsektor** schaffen. Daher besteht sowohl für den Zahlungsbericht auf Einzelabschlussebene als auch für den Konzernzahlungsbericht gem. § 341w HGB eine Offenlegungspflicht. Der Bericht ist grundsätzlich spätestens ein Jahr nach dem Abschlussstichtag elektronisch in deutscher Sprache beim Betreiber des Bundesanzeigers einzureichen. Zusammen mit der Einreichung ist ein entsprechender Veröffentlichungsauftrag zu erteilen. Durch Verweis auf § 325 Abs. 1 Satz 2 HGB gilt insoweit die gleiche Frist wie für die Veröffentlichung des Jahres- bzw. Konzernabschlusses. Einer verkürzten Offenlegungsfrist unterliegen kapitalmarktorientierte Kapitalgesellschaften i.S.d. § 264d HGB. Diese haben ihren (Konzern-)Zahlungsbericht innerhalb der nächsten sechs Monate nach dem Abschlussstichtag beim Betreiber des Bundesanzeigers einzureichen.

324 Der Zahlungsbericht ist grundsätzlich in **deutscher Sprache** zu veröffentlichen. Ausgenommen hiervon wird lediglich der Zahlungsbericht, der im Einklang mit den Rechtsvorschriften eines Drittstaats, dessen Berichtspflichten die Europäische Kommission als gleichwertig bewertet hat, erstellt wurde. Dieser darf gem. § 341s Abs. 3 i.V.m. § 325a Abs. 1 Satz 3 HGB abweichend in englischer Sprache offengelegt werden.

325 Weiterhin verweist § 341w Abs. 3 HGB auf §§ 325 Abs. 6, 328 und 329 Abs. 1, 3 und 4 HGB. Hierdurch wird klargestellt, dass auch für die Veröffentlichung des (Konzern-)Zahlungsberichts die **allgemeinen Offenlegungspflichten über Form und Inhalt** sowie die Vorschriften zur Prüfung durch den Betreiber des Bundesanzeigers gelten.

Dritter Titel
Bußgeldvorschriften, Ordnungsgelder

§ 341x
Bußgeldvorschriften

(1) Ordnungswidrig handelt, wer als Mitglied des vertretungsberechtigten Organs oder des Aufsichtsrats einer Kapitalgesellschaft

1. bei der Erstellung eines Zahlungsberichts einer Vorschrift des § 341t Absatz 1, 2, 3, 5 oder Absatz 6 oder des § 341u Absatz 1, 2 oder Absatz 3 über den Inhalt oder die Gliederung des Zahlungsberichts zuwiderhandelt oder

2. bei der Erstellung eines Konzernzahlungsberichts einer Vorschrift des § 341v Absatz 4 Satz 1 in Verbindung mit § 341t Absatz 1, 2, 3, 5 oder Absatz 6 oder mit § 341u Absatz 1, 2 oder Absatz 3 über den Inhalt oder die Gliederung des Konzernzahlungsberichts zuwiderhandelt.

(2) Die Ordnungswidrigkeit kann mit einer Geldbuße bis fünfzigtausend Euro geahndet werden.

(3) Verwaltungsbehörde im Sinne des § 36 Absatz 1 Nummer 1 des Gesetzes über Ordnungswidrigkeiten ist in den Fällen des Absatzes 1 das Bundesamt für Justiz.

(4) Die Bestimmungen der Absätze 1 bis 3 gelten auch für die Mitglieder der gesetzlichen Vertretungsorgane von Personenhandelsgesellschaften im Sinne des § 341q Satz 2.

Begründung Regierungsentwurf v. 20.2.2015 (BT-Drucks. 18/4050, 87):

§ 341x HGB sieht in Anlehnung an § 334 HGB die Einstufung bestimmter Verstöße gegen Vorgaben des Dritten Unterabschnitts als Ordnungswidrigkeiten und deren Ahndung vor. Verwaltungsbehörde ist auch insoweit das Bundesamt für Justiz. Ordnungswidrig ist zwar nicht der Verzicht auf das Erstellen oder die Offenlegung von Zahlungs- oder Konzernzahlungsberichten, da insofern das Ordnungsgeldverfahren nach § 341y HGB-E vorgesehen ist. Ordnungswidrig ist es aber, vorsätzlich den inhaltlichen Vorgaben an Zahlungs- und Konzernzahlungsberichte zuwiderzuhandeln, also erforderliche Angaben wegzulassen oder den Aussagegehalt durch unrichtige Angaben zu verfälschen. Die Ordnungswidrigkeit kann mit einer Geldbuße bis zu fünfzigtausend Euro geahndet werden. Für Personenhandelsgesellschaften im Sinne des § 264a Absatz 1 wird eine entsprechende Anwendung vorgesehen.

I. Wesentliche Neuerungen

– Bußgeldandrohung bei Verstößen gegen die Erstellungspflichten. 326

II. Erläuterungen zu § 341x HGB (Bußgeld bei Verstoß gegen die Erstellungspflichten)

In § 341x Abs. 1 HGB wird definiert, wann eine ordnungswidrige Handlung vorliegt. Die Vorschrift ist an § 334 HGB angelehnt. Eine Ordnungswidrigkeit begeht derjenige, der bei der Erstellung eines (Konzern-)Zahlungsberichts **vorsätzlich** einer Vorschrift über **Inhalt** oder **Gliederung** des Zahlungsberichts zuwiderhandelt. Hierunter fällt das Weglassen erforderlicher Angaben oder die Verfälschung des Aussagegehalts durch unrichtige Angaben. Die Ordnungswidrigkeit kann mit einer Geldbuße von bis zu 50 000 Euro geahndet werden. 327

Sämtliche Bußgeldvorschriften gelten auch für Personengesellschaften gem. § 264a HGB (§ 341x Abs. 4 i.V.m. § 341q Satz 2 HGB). 328

§ 341y
Ordnungsgeldvorschriften

(1) ¹Gegen die Mitglieder des vertretungsberechtigten Organs einer Kapitalgesellschaft im Sinne des § 341q oder eines Mutterunternehmens im Sinne des § 341v, die § 341w hinsichtlich der Pflicht zur Offenlegung des

Zahlungsberichts oder Konzernzahlungsberichts nicht befolgen, hat das Bundesamt für Justiz in entsprechender Anwendung der §§ 335 bis 335b ein Ordnungsgeldverfahren durchzuführen. ²Das Verfahren kann auch gegen die Kapitalgesellschaft gerichtet werden.

(2) ¹Das Bundesamt für Justiz kann eine Kapitalgesellschaft zur Erklärung auffordern, ob sie im Sinne des § 341q in der mineralgewinnenden Industrie tätig ist oder Holzeinschlag in Primärwäldern betreibt, und eine angemessene Frist setzen. ²Die Aufforderung ist zu begründen. ³Gibt die Kapitalgesellschaft innerhalb der Frist keine Erklärung ab, wird für die Einleitung des Verfahrens nach Absatz 1 vermutet, dass die Gesellschaft in den Anwendungsbereich des § 341q fällt. ⁴Die Sätze 1 bis 3 sind entsprechend anzuwenden, wenn das Bundesamt für Justiz Anlass für die Annahme hat, dass eine Kapitalgesellschaft ein Mutterunternehmen im Sinne des § 341v Absatz 1 ist.

(3) Die vorstehenden Absätze gelten entsprechend für Personenhandelsgesellschaften im Sinne des § 341q Satz 2.

Begründung Regierungsentwurf v. 20.2.2015 (BT-Drucks. 18/4050, 87 f.):

§ 341y HGB-E sieht als Sanktion für die unterlassene Offenlegung eines erforderlichen Zahlungs- oder Konzernzahlungsberichts die Durchführung eines Ordnungsgeldverfahrens vor.

Abs. 1: Das Ordnungsgeldverfahren nach § 341y HGB-E orientiert sich an dem bewährten Ordnungsgeldverfahren zur Durchsetzung der Offenlegungspflicht hinsichtlich der Jahres- und Konzernabschlüsse, das dazu beigetragen hat, dass heute weit über 90 Prozent der Kapitalgesellschaften in Deutschland ihre Rechnungslegungsunterlagen rechtzeitig offenlegen. Da die vom Dritten Unterabschnitt erfassten Unternehmen schon aufgrund ihrer wirtschaftlichen Bedeutung bei Verstößen gegen die Offenlegungspflicht Reaktionen der Allgemeinheit und weitere Nachteile erwarten dürften, wird nicht damit zu rechnen sein, dass viele Verfahren durchzuführen sind.

Abs. 2: Das Bundesamt für Justiz soll die Möglichkeit erhalten, Unternehmen zu einer Erklärung über deren Tätigkeit in der mineralgewinnenden Industrie oder im Holzeinschlag in Primärwäldern aufzufordern, wenn es dafür Anhaltspunkte gibt. Die Erklärungspflicht soll zur Klarstellung ausdrücklich geregelt werden. Reagiert das Unternehmen innerhalb angemessener Frist nicht, wird gesetzlich vermutet, dass es in den Anwendungsbereich des § 341q HGB fällt. Die Vermutung erlaubt die Einleitung des Ordnungsgeldverfahrens nach § 341x Absatz 1 HGB. Hat das Unternehmen lediglich die Frist zur Erklärung versäumt, kann es mit dem Einspruch gegen die Androhung eines Ordnungsgeldes vortragen, nicht in den Anwendungsbereich des § 341q HGB zu fallen. Die gesetzliche Vermutung nach Absatz 2 Satz 1 wird aber nur widerlegt, wenn der Einspruch hinreichend substantiiert ist. Damit eine betroffene Kapitalgesellschaft sachgerecht auf die Aufforderung reagieren kann, ist die Aufforderung seitens des Bundesamtes für Justiz zu begründen. In der Begründung sollten nähere Angaben dazu erfolgen, ob Anhaltspunkte für eine Tätigkeit in der mineralgewinnenden Industrie oder dafür bestehen, dass Holzeinschlag in Primärwäldern betrieben wird und, soweit bekannt, ob die Anhaltspunkte auf eine Tätigkeit im Inland oder in einem anderen Staat schließen lassen. Satz 4 dehnt die Verpflichtung bzw. die Vermutungswirkung auf den Konzernzahlungsbericht aus.

Abs. 3: Absatz 3 stellt ergänzend zu § 341q Satz 2 HGB-E klar, dass auch die Ordnungsgeldvorschrift, die Übermittlungspflichten und das Auskunftsrecht des Bundesamtes für Justiz auf Sachverhalte mit Personenhandelsgesellschaften anzuwenden sind.

I. Wesentliche Neuerungen

- Ordnungsgeldandrohung bei Verstößen gegen die Offenlegungspflichten. 329

II. Erläuterungen zu § 341y HGB (Ordnungsgeld bei Verstoß gegen die Offenlegungspflichten)

Wurde der (Konzern-)Zahlungsbericht nicht ordnungsgemäß offengelegt, wird gem. § 341y Abs. 1 HGB vom Bundesamt für Justiz in entsprechender Anwendung der §§ 335–335b HGB ein Ordnungsgeldverfahren durchgeführt. Dieses Verfahren richtet sich entweder gegen die Mitglieder des vertretungsberechtigten Organs der Kapitalgesellschaft oder gegen die Kapitalgesellschaft selbst. Somit wird bei **Verletzung von Offenlegungspflichten** ein entsprechendes Verfahren angestoßen wie bei der Verletzung von Offenlegungspflichten der Jahres- und Konzernabschlüsse. 330

Alle Unternehmen der mineralgewinnenden Industrie oder die Holzeinschlag in Primärwäldern betreiben, müssen einen Zahlungsbericht erstellen. Ggf. ist in diesem Bericht lediglich die Tätigkeit anzugeben, wenn im Berichtszeitraum keine Zahlungen an staatliche Stellen geleistet wurden. In § 341y Abs. 2 HGB wird dem Bundesamt für Justiz die Möglichkeit eingeräumt, bei Anhaltspunkten eine Kapitalgesellschaft aufzufordern, eine Erklärung abzugeben, ob sie in der mineralgewinnenden Industrie tätig ist oder Holzeinschlag in Primärwäldern betreibt. Somit wird dem Bundesamt für Justiz eine **Kontrollmöglichkeit** über pflichtwidrig unterlassene Berichterstattungen bzw. den Verstoß gegen die Offenlegungsverpflichtung eingeräumt. Erklärt sich die aufgeforderte Kapitalgesellschaft nicht in der gesetzten Frist, so besteht die gesetzliche Vermutung, dass die Kapitalgesellschaft in einem der beiden Rohstoffindustriezweige tätig ist und so in den Anwendungsbereich des § 341q HGB fällt. Das Bundesamt für Justiz leitet nach Ablauf der Erklärungsfrist ein Ordnungsgeldverfahren in entsprechender Anwendung der §§ 335–335b HGB ein. Ebenso wird vorgegangen bei Bestehen eines Anhaltspunkts, dass eine Kapitalgesellschaft ein Mutterunternehmen i.S.d. § 341v Abs. 1 HGB ist. 331

Hat die Kapitalgesellschaft lediglich die Frist zur Beantwortung der Erklärung versäumt und fällt tatsächlich nicht in den Anwendungsbereich des § 341q oder § 341v HGB, so kann sie **Einspruch** gegen die Androhung eines Ordnungsgelds einlegen und die Begründung, warum sie nicht in den Anwendungsbereich des § 341q bzw. § 341v HGB fällt, nachreichen. Durch eine hinreichend substantiierte Begründung kann die gesetzliche 332

Vermutung, dass das Unternehmen in der rohstoffgewinnenden Industrie tätig ist bzw. Holzeinschlag in Primärwäldern betreibt, widerlegt werden.[1]

333 Sämtliche Bußgeld- und Ordnungsgeldvorschriften gelten auch für Personengesellschaften gem. § 264a HGB (§ 341x Abs. 4 und § 341y Abs. 3 i.V.m. § 341q Satz 2 HGB).

§ 342b
Prüfstelle für Rechnungslegung

(1) [1]Das Bundesministerium der Justiz **und für Verbraucherschutz**[2] kann im Einvernehmen mit dem Bundesministerium der Finanzen eine privatrechtlich organisierte Einrichtung zur Prüfung von Verstößen gegen Rechnungslegungsvorschriften durch Vertrag anerkennen (Prüfstelle) und ihr die in den folgenden Absätzen festgelegten Aufgaben übertragen. [2]Es darf nur eine solche Einrichtung anerkannt werden, die aufgrund ihrer Satzung, ihrer personellen Zusammensetzung und der von ihr vorgelegten Verfahrensordnung gewährleistet, dass die Prüfung unabhängig, sachverständig, vertraulich und unter Einhaltung eines festgelegten Verfahrensablaufs erfolgt. [3]Änderungen der Satzung und der Verfahrensordnung sind vom Bundesministerium der Justiz **und für Verbraucherschutz**[152] im Einvernehmen mit dem Bundesministerium der Finanzen zu genehmigen. [4]Die Prüfstelle kann sich bei der Durchführung ihrer Aufgaben anderer Personen bedienen. [5]Das Bundesministerium der Justiz **und für Verbraucherschutz**[152] macht die Anerkennung einer Prüfstelle sowie eine Beendigung der Anerkennung im amtlichen Teil des Bundesanzeigers bekannt.

(2) [1]Die Prüfstelle prüft, ob der zuletzt festgestellte Jahresabschluss und der zugehörige Lagebericht oder der zuletzt gebilligte Konzernabschluss und der zugehörige Konzernlagebericht, der zuletzt veröffentlichte verkürzte Abschluss und der zugehörige Zwischenlagebericht **sowie zuletzt veröffentlichte Zahlungsberichte oder Konzernzahlungsberichte**[3] eines Unternehmens im Sinne des Satzes 2 den gesetzlichen Vorschriften einschließlich der Grundsätze ordnungsmäßiger Buchführung oder den sonstigen durch Gesetz zugelassenen Rechnungslegungsstandards entspricht. [2]Geprüft werden die Abschlüsse und Berichte von Unternehmen, **die als**

---

1 Begr. RegE, BT-Drucks. 18/4050, 87.
2 Durch die 10. Zuständigkeitsanpassungsverordnung v. 31.8.2015 (BGBl. I 2015, 1474) wurde in § 342b Abs. 1 Satz 1, 3 und 5 HGB jeweils das Wort „Justiz" durch die Wörter „Justiz und für Verbraucherschutz" ersetzt.
3 Durch das Gesetz zur Umsetzung der Transparenzrichtlinie-Änderungsrichtlinie v. 20.11.2015 (BGBl. I 2015, 2029) wurden in § 342b Abs. 2 Satz 1 die Wörter „sowie der zuletzt veröffentlichte verkürzte Abschluss und der zugehörige Zwischenlagebericht" durch die Wörter ", der zuletzt veröffentlichte verkürzte Abschluss und der zugehörige Zwischenlagebericht sowie zuletzt veröffentlichte Zahlungsberichte oder Konzernzahlungsberichte" ersetzt.

Emittenten von zugelassenen Wertpapieren im Sinne des § 2 Absatz 1 des Wertpapierhandelsgesetzes die Bundesrepublik Deutschland als Herkunftsstaat haben; unberücksichtigt bleiben hierbei Anteile und Aktien an offenen Investmentvermögen im Sinne des § 1 Absatz 4 des Kapitalanlagegesetzbuchs.[1] ³Die Prüfstelle prüft,

1. soweit konkrete Anhaltspunkte für einen Verstoß gegen Rechnungslegungsvorschriften vorliegen,
2. auf Verlangen der Bundesanstalt für Finanzdienstleistungsaufsicht oder
3. ohne besonderen Anlass (stichprobenartige Prüfung).

⁴Im Fall des Satzes 3 Nr. 1 unterbleibt die Prüfung, wenn offensichtlich kein öffentliches Interesse an der Prüfung besteht; Satz 3 Nr. 3 ist auf die Prüfung des verkürzten Abschlusses und des zugehörigen Zwischenlageberichts **sowie des Zahlungsberichts und des Konzernzahlungsberichts**[2] nicht anzuwenden. ⁵Die stichprobenartige Prüfung erfolgt nach den von der Prüfstelle im Einvernehmen mit dem Bundesministerium der Justiz **und für Verbraucherschutz**[3] und dem Bundesministerium der Finanzen festgelegten Grundsätzen. ⁶Das Bundesministerium der Finanzen kann die Ermächtigung zur Erteilung seines Einvernehmens auf die Bundesanstalt für Finanzdienstleistungsaufsicht übertragen.

(2a) Prüfungsgegenstand nach Absatz 2 können auch die Abschlüsse und Berichte sein, die das Geschäftsjahr zum Gegenstand haben, das dem Geschäftsjahr vorausgeht, auf das Absatz 2 Satz 1 Bezug nimmt. Eine stichprobenartige Prüfung ist hierbei nicht zulässig[4]

(3) ¹Eine Prüfung des Jahresabschlusses und des zugehörigen Lageberichts durch die Prüfstelle findet nicht statt, solange eine Klage auf Nichtigkeit gemäß § 256 Abs. 7 des Aktiengesetzes anhängig ist. ²Wenn nach § 142 Abs. 1 oder Abs. 2 oder § 258 Abs. 1 des Aktiengesetzes ein Sonderprüfer bestellt worden ist, findet eine Prüfung ebenfalls nicht statt, soweit der Gegenstand der Sonderprüfung, der Prüfungsbericht oder eine gerichtliche Entscheidung über die abschließenden Feststellungen der Sonderprüfer nach § 260 des Aktiengesetzes reichen.

(4) ¹Wenn das Unternehmen bei einer Prüfung durch die Prüfstelle mitwirkt, sind die gesetzlichen Vertreter des Unternehmens und die sonstigen Personen, derer sich die gesetzlichen Vertreter bei der Mitwirkung

---

1 Durch das Gesetz zur Umsetzung der Transparenzrichtlinie-Änderungsrichtlinie v. 20.11.2015 (BGBl. I 2015, 2029) wurde § 342b Abs. 2 Satz 3 neu gefasst.
2 Durch das Gesetz zur Umsetzung der Transparenzrichtlinie-Änderungsrichtlinie v. 20.11.2015 (BGBl. I 2015, 2029) wurden in § 342b Abs. 2 Satz 4 nach dem Wort „Zwischenlageberichts" die Wörter „sowie des Zahlungsberichts und des Konzernzahlungsberichts" eingefügt.
3 Durch die 10. Zuständigkeitsanpassungsverordnung v. 31.8.2015 (BGBl. I 2015, 1474) wurde in § 342b Abs. 2 Satz 5 HGB das Wort „Justiz" durch die Wörter „Justiz und für Verbraucherschutz" ersetzt.
4 Durch das Gesetz zur Umsetzung der Transparenzrichtlinie-Änderungsrichtlinie v. 20.11.2015 (BGBl. I 2015, 2029) wurde in § 342b der Abs. 2a eingefügt.

bedienen, verpflichtet, richtige und vollständige Auskünfte zu erteilen und richtige und vollständige Unterlagen vorzulegen. ²Die Auskunft und die Vorlage von Unterlagen kann verweigert werden, soweit diese den Verpflichteten oder einen seiner in § 52 Abs. 1 der Strafprozessordnung bezeichneten Angehörigen der Gefahr strafgerichtlicher Verfolgung oder eines Verfahrens nach dem Gesetz über Ordnungswidrigkeiten aussetzen würde. ³Der Verpflichtete ist über sein Recht zur Verweigerung zu belehren.

(5) ¹Die Prüfstelle teilt dem Unternehmen das Ergebnis der Prüfung mit. ²Ergibt die Prüfung, dass die Rechnungslegung fehlerhaft ist, so hat sie ihre Entscheidung zu begründen und dem Unternehmen unter Bestimmung einer angemessenen Frist Gelegenheit zur Äußerung zu geben, ob es mit dem Ergebnis der Prüfstelle einverstanden ist.

(6) ¹Die Prüfstelle berichtet der Bundesanstalt für Finanzdienstleistungsaufsicht über

1. die Absicht, eine Prüfung einzuleiten,
2. die Weigerung des betroffenen Unternehmens, an einer Prüfung mitzuwirken,
3. das Ergebnis der Prüfung und gegebenenfalls darüber, ob sich das Unternehmen mit dem Prüfungsergebnis einverstanden erklärt hat.

²Ein Rechtsbehelf dagegen ist nicht statthaft.

(7) Die Prüfstelle und ihre Beschäftigten sind zur gewissenhaften und unparteiischen Prüfung verpflichtet; sie haften für durch die Prüfungstätigkeit verursachte Schäden nur bei Vorsatz.

(8) ¹Die Prüfstelle zeigt Tatsachen, die den Verdacht einer Straftat im Zusammenhang mit der Rechnungslegung eines Unternehmens begründen, der für die Verfolgung zuständigen Behörde an. ²Tatsachen, die auf das Vorliegen einer Berufspflichtverletzung durch den Abschlussprüfer schließen lassen, übermittelt sie der Wirtschaftsprüferkammer[1].

Begründung Regierungsentwurf v. 20.2.2015 (BT-Drucks. 18/4050, 88):
Die Änderung dient der Bereinigung eines früheren Redaktionsversehens aus der Änderung von § 2 Absatz 1 des Wertpapierhandelsgesetzes.

---

[1] Nach Art. 4 Nr. 5 i.V.m. Art. 12 Abs. 1 des Abschlussprüferaufsichtsreformgesetzes 2016 werden in § 342b Abs. 8 Satz 2 HGB ab 17.6.2016 die Wörter „der Wirtschaftsprüferkammer" durch die Wörter „der Abschlussprüferaufsichtsstelle beim Bundesamt für Wirtschaft und Ausfuhrkontrolle" ersetzt.

Anhang

Wortprotokoll der 51. Sitzung
des Ausschusses für Recht und Verbraucherschutz am 22.4.2015

Dr. Jan-Marco Luczak (CDU/CSU) [Vorsitz]: Meine sehr verehrten Damen und Herren, wir beginnen. Ich darf zunächst die Kolleginnen und Kollegen Abgeordneten begrüßen, die zur Anhörung gekommen sind. Selbstverständlich geht auch ein herzliches Willkommen an Sie, liebe Sachverständige. Sie sind für uns besonders wichtig, da Sie Ihren Sachverstand bei uns einbringen. Ich darf des Weiteren die Vertreter der Bundesregierung begrüßen. Angekündigt hatte sich Herr Staatssekretär Lange, der jedoch aufgrund der aktuellen Situation im Plenum leider nicht zugegen ist. Er wird unter anderem von Herrn Schäfer aus dem BMJV vertreten. Aufgrund der besonderen Situation im Plenum werden wir unsere Anhörung leider unterbrechen müssen. Um 15.00 Uhr gibt es im Plenum eine aktuelle Debatte über das Flüchtlingsdrama. Sie haben sicherlich Verständnis, dass wir als Abgeordnete dort zugegen sein müssen. Das bedeutet, wir unterbrechen die Anhörung um 14.55 Uhr, eilen ins Plenum und würden um 15.45 Uhr wieder beginnen. Dann ist die Debatte im Plenum zwar noch nicht ganz vorbei, wir führen die Anhörung aber mit Blick auf die Arbeitsabläufe und die nächsten dringenden Termine der Teilnehmer fort. Ich bitte die Kolleginnen und Kollegen Abgeordneten, pünktlich aus dem Plenum zu gehen und sich hier wieder einzufinden.

Wir beraten heute einen Gesetzentwurf, der sich mit der Umsetzung einer EU-Richtlinie beschäftigt. Es geht um den Gesetzentwurf der Bundesregierung zur Umsetzung der Richtlinie über den Jahresabschluss, den konsolidierten Abschluss und damit verbundene Berichte von Unternehmen bestimmter Rechtsformen. Das klingt für die meisten Menschen ziemlich trocken, für Sie als Sachverständige sicherlich nicht, denn Sie beschäftigen sich im Zweifel mit großer Leidenschaft damit. Insgesamt ist es ein sehr wichtiges Thema, denn der grenzüberschreitende Handel hat in den letzten Jahren, insbesondere seit Inkrafttreten der ersten Bilanzrichtlinie, ganz erheblich zugenommen und sich intensiviert. Insofern war eine Überarbeitung des maßgeblichen Rechtsrahmens für die Rechnungslegung mit Blick auf eine vollständige Harmonisierung geboten. Die Richtlinie vereinheitlicht die derzeit unterschiedlichen europäischen Rechtsrahmen für die Rechnungslegung für Unternehmen und Konzerne. Insofern ist das Ziel der Richtlinie, vor allem für eine bürokratische Entlastung zu sorgen. Die Richtlinie strebt weiterhin eine höhere Vergleichbarkeit der Abschlüsse von Kapitalgesellschaften und bestimmter Personenhandelsgesellschaften innerhalb der Europäischen Union an. Schließlich soll auch das verantwortliche Unternehmertum gestärkt und Korruption eingedämmt werden. Dazu wird eine Berichtspflicht für Unternehmen der Rohstoffindustrie und auch der Primärwaldforstwirtschaft über Zahlungen an staatliche Stellen eingeführt. Die Richtlinie müssen wir bis zum 20. Juli 2015 umsetzen und insofern ist es wichtig, dass wir unseren Zeitplan einhalten. Zur Umsetzung der Richtlinie ist eine ganze Reihe von Anpassungen in Gesetzen erforderlich. Es geht um das Handelsgesetzbuch (HGB), das Publizitätsgesetz (PublG), das Aktiengesetz (AktG), das Gesetz betreffend die Gesellschaften mit beschränkter Haftung (GmbHG) und die zugehörigen Einführungsgesetze (EGHGB, EGAktG, EGGmbHG). Darüber hinaus sollen die Schwellenwerte für die Einstufung als mittelgroße Unternehmen um ca. 20 Prozent angehoben werden. Dies soll zu einer deutlichen Entlastung von kleineren Unternehmen führen. Schließlich enthält der Gesetzentwurf – wie das fast immer der Fall ist – auch eine Vielzahl von redaktionellen Änderungen, insbesondere im HGB.

Ich habe es schon gesagt: Sie sind heute die Hauptpersonen, sehr geehrte Sachverständige. Sie müssen uns mit Ihrem Sachverstand unterstützen, so dass wir hinterher fundierte Beratungen führen können. Wir haben einen relativ strukturierten Ablauf. Sie geben zuerst Ihre Eingangsstatements ab. Der Zeitrahmen hierfür ist fünf Minuten. Wir haben heute sechs Sachverständige zu Gast. Die Fraktion DIE LINKE. hat keinen eigenen Sachverständigen benannt, insofern haben wir hinterher mehr Zeit für die Fragen. Für die Einführung rufe ich Sie in alphabetischer Reihenfolge auf. Danach haben die Kollegen Abgeordneten Gelegenheit, Fragen zu stellen. Im Ausschuss für Recht und Verbraucherschutz haben wir das Prozedere, dass man entweder eine Frage an zwei Sachverständige richten kann oder zwei Fragen an jeweils einen Sachverständigen. Die Antwortrunde findet in umgekehrter alphabetischer Reihenfolge statt. Ich bitte Sie als Sachverständige genau zuzuhören, wer Ihnen welche Frage gestellt hat. Wir notieren das selbstverständlich auch, damit wir hinterher die Antwortrunde strukturieren können. Wenn nach der ersten Fragerunde noch Bedarf ist, gibt es weitere Fragerunden. Die Anhörung ist öffentlich, es wird ein Wortprotokoll durch das Sekretariat angefertigt, das im Internet abrufbar ist. Bild- und Tonaufnahmen machen wir nicht, so weit reicht die Öffentlichkeit nicht. Nach dieser Vorrede fangen wir an. Frau Dr. Feldt, Sie sind alphabetisch die Erste, insofern darf ich Ihnen gleich das Wort geben. Bitteschön.

SVe **Dr. Heidi Feldt**: Herzlichen Dank, Herr Vorsitzender, und auch vielen Dank für die Einladung. Ich werde mich auf einen ganz bestimmten Bereich der Bilanzrichtlinie und der Umsetzung in Deutschland fokussieren – auf das Kapitel 10, das sich auf die neugeschaffene Informationspflicht für die rohstoffgewinnende Industrie und Unternehmen, die Holzeinschlag in Primärwäldern betreiben, bezieht. Für mich ist es das erste Mal, dass ich im Rechtsausschuss bin. Ich arbeite eher zu entwicklungspolitischen Fragen. Das ist, glaube ich, auch das erste Mal, dass entwicklungspolitische Organisationen sich so stark mit einer Bilanzrichtlinie auseinandersetzen, dass EU-Abgeordnete und Abgeordnete im Deutschen Bundestag von entwicklungspolitischen Organisationen lobbyiert werden, sich mit Fragen der Bilanzrichtlinie auseinanderzusetzen. Das ist dem Kapitel 10 und der Frage der Informationspflicht für mineralgewinnende Industrie und Holzeinschlagunternehmen geschuldet. Der Abbau von metallischen und nicht metallischen Rohstoffen sowie die Förderungen von Erdöl und Erdgas sind in über 50 Entwicklungsländern ein entscheidender Wirtschaftsfaktor, der es diesen Ländern ermöglichen könnte, mehr eigene Gelder für Bildung, Gesundheitsversorgung und Infrastruktur zu mobilisieren. Das ist der entwicklungspolitische Zusammenhang dieses Kapitels. Leider stellen Bestechung und Korruption in diesem Segment nach wie vor ein erhebliches Entwicklungshemmnis dar. Die Bergbau- und Erdölindustrie gelten weltweit als besonders korruptionsanfällige Industriesektoren. In dem Perceptions Index für die Bestechung ausländischer Amtsträger von Transparency International rangiert der Erdöl-, Erdgas- und Bergbausektor ganz oben in der Bestechungsvermutung. Übertroffen wird dieser nur noch vom Baugewerbe und vom Immobilienmarkt. Die Herstellung von Transparenz bei Zahlungsströmen soll dazu beitragen, dass Einnahmen aus dem Rohstoffsektor der wirtschaftlichen und sozialen Entwicklung eines Landes zu Gute kommen. Dies ist das Ziel einer freiwilligen Initiative, der Extractive Industry Transparency Initiative (EITI), und der verbindlichen Informationspflichten für Unternehmen. Im Rahmen der Stellungnahme möchte ich zuerst auf Synergieeffekte zwischen der EITI und den verbindlichen Transparenzrichtlinien und im zweiten Teil dann auf die Umsetzung von Transparenzrichtlinien in anderen Nicht-EU-Staaten eingehen und abschließend das vorliegende Gesetz einschätzen. Zu den Synergieeffekten möchte ich betonen, dass der EITI zurzeit 27 Staaten als Vollmitglieder angeschlossen sind und weitere 17 Staaten den Kandidatenstatus haben. In letzter Zeit sind neben den rohstoffreichen Entwicklungsländern, vermehrt auch OECD-Länder der EITI beigetreten. Auch Deutschland hat beschlossen, den Kandidatenstatus in naher Zukunft zu beantragen. Aber nicht alle rohstoffreichen Länder, wie zum Beispiel Äquatorialguinea oder Angola, sind Mitglieder in der EITI, und nicht alle Unternehmen legen ihre Zahlungen an einzelne Länder offen. Verbindliche Transparenzregeln sind daher eine notwendige Weiterentwicklung des EITI-Ansatzes. Ohne EITI hätte es höchstwahrscheinlich keine verbindliche Transparenzregel gegeben, da EITI die internationale Diskussion über die Notwendigkeit eines internationalen Standards für Transparenz im extraktiven Sektor sehr forciert hat. Daher verstärken EITI und die Informationspflichten für Unternehmen sich gegenseitig. Zudem gibt es weitere direkte Synergien zwischen einem verbindlichen Informationsstandard – wie wir ihn jetzt in der EU und in Deutschland diskutieren – für Rohstoffunternehmen und EITI. Diese liegen besonders in der Nutzung der Daten. Für die Transparenz im Rohstoffsektor haben sich weltweit über 600 Organisationen in dem Publish-What-You-Pay-Netzwerk zusammengeschlossen. Viele dieser Organisationen arbeiten in den nationalen Multi-Stakeholder-Committees von EITI mit. Dies sind die zivilgesellschaftlichen Organisationen, die gelernt haben die Zahlen zu interpretieren und anzuwenden. Die Veröffentlichung erfolgt also nicht um des Veröffentlichen willens. Zum anderen besteht die Frage der Rechenschaftspflicht. Allein die Veröffentlichung von Daten bekämpft nicht die Korruptionen, sondern es ist notwendig, dass es eine Zivilgesellschaft, ein Parlament gibt, die die Rechenschaftspflicht der jeweiligen Regierungen einfordern. Dafür werden die Zahlen benötigt. Dass das möglich ist und auch umgesetzt wird, zeigen viele Multi-Stakeholder-Initiativen innerhalb von EITI, sodass auch dort die Nutzung der Daten gewährleistet wird. Dies ist ein großer Vorteil der Synergien der EITI-Initiative und der Transparenzrichtlinien. Dies sind daher sinnvolle, sich ergänzende Maßnahmen, um einen internationalen Transparenzstandard für den extraktiven Sektor zu etablieren und um Korruption bekämpfen zu können. Dabei ist die EU nicht alleine: Sowohl in den USA als auch in Kanada und Norwegen sind bereits entsprechende Transparenzgesetze verabschiedet. In der Schweiz gibt es eine Diskussion über ein bestehendes Gesetz. Am weitesten fortgeschritten ist höchstwahrscheinlich Norwegen.

Dr. Jan-Marco Luczak (CDU/CSU) [Vorsitz]: Frau Dr. Feldt ich will Sie nicht unterbrechen, wir müssen nur auf die Zeit schauen. Vielleicht konzentrieren Sie sich auf die wesentlichen Punkte.

SVe **Dr. Heid Feldt**: Norwegen verfügt seit Januar 2014 über ein entsprechendes Gesetz. Das erste große Unternehmen, Statoil, hat im März dieses Jahres seine Zahlen veröffentlicht. In dem Bericht von Statoil wird klar, dass es durchaus möglich ist, in Ländern Zahlen zu veröffentlichen, die sich nicht den Transparenzverpflichtungen verpflichtet sehen, wie zum Beispiel Angola. Der Bericht könnte als Beispiel für die Veröffentlichung von lesbaren und interpretierbaren Zahlen genutzt werden. Im Rahmen der Diskussion können wir vielleicht auf die aktuelle Umsetzung in Kanada und den USA eingehen. Ich möchte in dem Zusammenhang noch klarstellen, dass ich es begrüße, dass das Umsetzungsgesetz sich eng an die Vorgaben der EU hält und zum Beispiel keine Ausnahmeregelungen zugelassen sind. Verbesserungsbedarf und Möglichkeiten zur Verbesserung sehe ich allerdings bei den Vorgaben für die Verständlichkeit der Daten. Statoil könnte ein Beispiel sein. Zum anderen sind die vorgegebenen Sanktionen sehr niedrigschwellig angesetzt. Hier wäre ein eskalierendes Modell, ähnlich wie zum Beispiel in Großbritannien sinnvoll. Herzlichen Dank!

Dr. Jan-Marco Luczak (CDU/CSU) [Vorsitz]: Wir haben Ihnen zu danken, Frau Feldt. Jetzt bitte ich Herrn Professor Dr. Hennrichs von der Universität Köln um sein Statement.

SV **Prof. Dr. Joachim Hennrichs**: Vielen Dank, meine Damen und Herren, für die Einladung zu der Anhörung. Ich möchte mein einleitendes Statement auf zwei Vorschriften des Entwurfs konzentrieren, auf § 272 Absatz 5 HGB-E – die neue Ausschüttungssperre bei sogenannter phasengleicher Dividendenaktivierung und § 264 Absatz 3 HGB-E – eine Befreiungsvorschrift für bestimmte Tochterunternehmen. Die beiden Vorschriften haben gemeinsam, dass sich der Gesetzesentwurf eng am

Wortlaut der Richtlinie orientiert. Die beiden Vorschriften haben außerdem gemeinsam, dass sie teilweise heftige Kritik ausgelöst haben. Wir werden davon sicherlich gleich noch einiges hören. Ich möchte die Vorschriften allerdings verteidigen. Ich meine, dass dem Gesetzgeber die Orientierung am Wortlaut bei der Umsetzung einer Richtlinie nicht vorzuwerfen ist. Für Kritik am Wortlaut, am Regelungsinhalt ist der Bundesgesetzgeber der falsche Adressat. Sachliche oder inhaltliche Kritik muss beim Unionsgesetzgeber angebracht werden. Der Bundesgesetzgeber ist allerdings gut beraten die Richtlinie so, wie sie besteht, umzusetzen. Zunächst zu § 272 HGB-E – worum geht es da eigentlich? Es geht um Fälle der Dividendenaktivierung in einer Mutter-Tochter-Konstellation. Nehmen wir an, eine Tochtergesellschaft hat zum 31.12.2014 einen Gewinn von 100 Geldeinheiten ausgewiesen. Das ist der zur Ausschüttung zur Verfügung stehende Betrag. Ob der ausgeschüttet oder einbehalten wird, entscheidet sich mit der Beschlussfassung über die Gewinnverwendung und die erfolgt erst im nächsten Jahr. Aus dieser Beschlussfassung entsteht daraus ein Dividendenauszahlungsanspruch, aber auch erst in diesem Jahr. Das heißt, dass nach der gesellschaftsrechtlichen Ausgangslage ein Dividendenanspruch rechtlich mit der Beschlussfassung über die Gewinnverwendung entsteht, also zum Beispiel am 22.4.2015 und nicht am 31.12.2014. Dennoch sagt unsere herrschende Meinung im Bilanzrecht mit Unterstützung des Bundesgerichtshofs und des Europäischen Gerichtshofs, dass diese künftige Forderung auf Dividendenauszahlung im Jahresabschluss der Muttergesellschaft per 31.12.2014, also zu einem Zeitpunkt, zu dem sie rechtlich noch nicht entstanden ist, unter bestimmten, von der Rechtsprechung entwickelten, Voraussetzungen aktiviert werden darf. Das ist die bilanzrechtliche Ausgangssituation. Was sagt dazu die Richtlinie? Die Richtlinie stellt für solche Fälle eine Regelung auf, die besagt: Übersteigt der auf die Beteiligung entfallende Teil des Ergebnisses die Beträge, die als Dividenden entweder bereits eingegangen sind oder auf deren Zahlung ein Anspruch besteht, so ist der Betrag für die Ausschüttung zu sperren. Nach meiner Leseart ist das eine Regelung, die nach dem Prinzip „gläserne, aber verschlossene Taschen" funktioniert. Der künftige Anspruch wird in der Bilanz schon als realisierte Forderung angezeigt, darf aber nicht ausgeschüttet werden. Das ist, nach meinem Verständnis, die Regelung der Richtlinie, die jetzt vom Gesetzgeber umgesetzt wird. Natürlich lässt sich darüber streiten, ob das das richtige Verständnis ist. Was meint „Anspruch" im Sinne dieser Formulierung? Einige sagen, das meint nur die bilanzrechtlich realisierte Forderung, dann gebe es für diese Ausschüttungssperre gar keinen Anwendungsfall. Wird ein Jurist gefragt, was mit „Anspruch" gemeint ist, ist die Antwort klar: ein rechtlich durchsetzbarer Anspruch. Auch die Formulierung der anderen Sprachfassungen und der systematische Zusammenhang der Richtlinie – Gleichstellung mit den bereits eingegangenen Dividenden – deuten auch nach meinem Verständnis darauf hin, dass ein durchsetzbarer Anspruch gemeint ist. Letztverbindlich wird diese Frage zur Auslegung der Richtlinie vielleicht der Europäische Gerichtshof zu entscheiden haben. Bis dahin ist diese Auslegung der Richtlinie unsicher. Aus meiner Sicht ist der Bundesgesetzgeber in dieser Ausgangssituation gut beraten die Richtlinie so umzusetzen, wie sie formuliert ist. Ganz kurz zu § 264 Absatz 3 HGB-E: Auch dort orientiert sich der Gesetzgeber streng an dem Wortlaut der Richtlinie, was meiner Ansicht nach wiederum kein Kritikpunkt ist. Ist man der Meinung, dass diese Formulierung unlösbare Probleme aufwirft, so ist diese Kritik in Brüssel anzubringen. Eine neue Formulierung wirft neue Auslegungsfragen auf. Das ist nicht nur im Bilanzrecht, sondern bei jedem Gesetz der Fall. Sind diese Auslegungsfragen lösbar? Ich meine ja, sie sind lösbar. Auch ist meiner Ansicht nach mit den neuen Formulierungen des Gesetzes keine Verschärfung der Anforderung gegenüber dem Status quo verbunden, anders als es in der Regierungsbegründung anklingt. Das ist aber eine Auslegungsfrage des Gesetzes und nicht eine Frage des Gesetzeswortlautes. Der Gesetzeswortlaut ist aus meiner Sicht untadelig. Er orientiert sich an der Richtlinie. Vielen Dank.

Dr. Jan-Marco Luczak (CDU/CSU) [Vorsitz]: Vielen Dank Herr Professor Hennrichs. Dann bitte ich Herrn Hübers von ONE aus Berlin um sein Statement. Bitteschön!

SV **Andreas Hübers**: Vielen Dank Herr Vorsitzender, Danke für die Einladung. Ich bitte Sie gedanklich zu Kapitel 10 der Richtlinie zu gehen. ONE hat in den letzten drei bis vier Jahren für Offenlegungspflichten in der Rohstoffindustrie gekämpft, auch mit – sie nannten den europäischen Gesetzgeber – auch mit Büros in Brüssel, Paris und London. Wir verfolgen in verschiedenen Ländern als Teil einer globalen zivilgesellschaftlichen Bewegung die Forderung „Publish what you pay". Insofern freut es mich außerordentlich, dass diese Regelungen in deutsches Recht umgesetzt werden. Warum freue ich mich? Welchen Nutzen haben diese zukünftigen Regelungen im Bereich der Rohstofftransparenz? Da wir eine Afrika-Organisation sind, wähle ich dieses Beispiel: Die Exporteinnahmen afrikanischer Länder bei Öl und Mineralien betragen das 9-fache der Entwicklungszusammenarbeit. Kirchen, Gewerkschafter, aber auch Parlamentarier dieser Länder beschweren sich bei uns regelmäßig. Diese Zahlen erscheinen entweder nicht oder nur in geringen Teilen im Haushalt, der Verbleib des größeren Teils ist nicht klar. Daher freue ich mich, dass zukünftig auch die Regierungen afrikanischer Länder für die Mittelverwendung in die Verantwortung genommen werden und aussagekräftige Berichte über die Zahlungen von großen europäischen Rohstoffunternehmen an die Regierungen der Abbauländer vorgelegt werden müssen. Im Folgenden gehe ich auf einige für uns wesentliche Regelungen der Richtlinie ein, werde ein Argument skizzieren, das in Brüssel sehr ausführlich diskutiert wurde, und zwei Forderungen, die im Hoheitsbereich des deutschen Gesetzgebers stehen, formulieren. Zu den wesentlichen Regelungen ist insbesondere festzuhalten, dass es weder für Länder oder bestimmte Verträge Ausnahmen geben kann. Die zweite wesentliche Regelung ist eine projektgenaue Offenlegung. Dazu ein Beispiel: Bei einer

Beteiligung von Total an sieben Förderprojekten in Angola, muss Total sieben Berichte offenlegen, pro Konzession ein Bericht. Nur so sind, im Gegensatz zu zusammengefassten Zahlen, Unregelmäßigkeiten auch wirklich nachvollziehbar. Die dritte Reglung ist die Wesentlichkeitsschwelle bei der jährliche Zahlungen über 100 000 Euro offengelegt werden müssen; das Sponsern einer Briefmarke fällt nicht unter die Bilanzrichtlinie. Jetzt komme ich zu meinem zweiten Teil, in dem ich eines der vielen Argumente, mit denen sich der EU-Gesetzgeber ausführlich beschäftigt hat, nennen möchte. Sie können gerne in der Fragerunde noch nachfragen. Die Frage, ob europäischen Rohstoffunternehmen Wettbewerbsnachteile entstehen, ist eindeutig mit „nein" zu beantworten. Festmachen möchte ich das an drei Aspekten: Erstens sind auch große Rohstoffunternehmer der Schwellenländer zukünftig von der EU-Regelung betroffen. Als Beispiel nenne ich Russland – Gazprom, Rosneft, Lukoil, alle versorgen sich auf EU-Börsen mit Kapital und werden nach der Richtlinie berichten müssen, um diesen Kapitalzugang zu erhalten. Zweitens sind die veröffentlichten Zahlen mindestens ein Jahr alt und lassen keine Rückschlüsse auf betriebswirtschaftlich sensible Daten wie Gewinne, Reserven oder Betriebskosten zu. Drittens möchte ich auf die parallel stattfindende Anhörung im Ausschuss für wirtschaftliche Zusammenarbeit und Entwicklung verweisen, wo der BDI zu genau dieser Frage Stellung nimmt. Der BDI stellt sich nicht gegen diese verpflichtende Rohstofftransparenz. Die einzige Forderung in der dort vorgestellten Stellungnahme ist kein doppelter Berichtsstandard mit EITI. Abschließend gehe ich noch auf zwei Forderungen bzw. Wünsche ein, die wir an Sie als Gesetzgeber hätten. Die erste ist die Veröffentlichung als offenes System und als maschinenlesbare Daten. Momentan ist eine Veröffentlichung im Bundesanzeiger, ich denke als PDF, vorgesehen. Wie auch Frau Dr. Feldt ausgeführt hat, sitzen die Menschen, die Kapazitäten entwickelt haben, um diese Daten zu lesen, vor allem in afrikanischen Ländern. Dazu gibt es einen Präzedenzfall. Das Bundesministerium für wirtschaftliche Zusammenarbeit und Entwicklung legt jede im Rahmen der deutschen bilateralen Entwicklungszusammenarbeit getätigte Zahlung auf einer externen Website offen. Das wünschen wir uns auch und das würde der Open-Data-Charta des G8-Gipfels in Lough Erne entsprechen. Die zweite Forderung sind Sanktionen. Für diese ist in der Richtlinie vorgeschrieben, dass sie wirksam, verhältnismäßig und abschreckend sein müssen. Der Gesetzentwurf hat sich auf 50 000 Euro festgelegt. Ich weise darauf hin, dass die Abschreckung von anderen EU-Mitgliedsstaaten anders bewertet wird. In Italien zum Beispiel ist ein Betrag von 150 000 Euro festgelegt. In Großbritannien gibt es die fortschreitenden Sanktionen: Zahlt oder berichtet ein Unternehmen nicht sofort, kann man zunächst „ein Auge zudrücken", zahlt es längerfristig nicht, verbirgt sich irgendetwas dahinter und dann sind die Strafen zu erhöhen. Vielen Dank!

Dr. Jan-Marco Luczak (CDU/CSU) [Vorsitz]: Vielen Dank Herr Hübers. Wir sind es als Gesetzgeber gewohnt, uns mit Forderungen konfrontiert zu sehen. Deswegen müssen Sie es gar nicht als Wünsche verklausulieren. Herr Professor Dr. Naumann, Sie haben das Wort. Bitteschön!

SV Prof. Dr. Klaus-Peter Naumann: Vielen Dank Herr Vorsitzender. Ich möchte mich auf einige wenige Punkte aus diesem Gesetzesentwurf konzentrieren. Wir finden es als IDW gut, dass sich der Gesetzesentwurf an dem Modell einer Eins-zu-eins-Umsetzung der europarechtlichen Vorgaben orientiert und darüber grundsätzlich nicht hinausgeht. Ich möchte als ersten Punkt die Befreiung der Kapitalgesellschaften von einschlägigen Rechnungslegungspflichten nach § 264 Absatz 3 HGB-E ansprechen. Professor Hennrichs ist auf das Thema schon eingegangen. Wir fordern im HGB, wie auch im EU-Recht die Anbindung strengerer Rechnungslegungsvorschriften für Kapitalgesellschaften, weil bei diesen Gesellschaften die Haftung gegenüber den Gläubigern begrenzt ist. Erklärt ein anderes Unternehmen, für die Verpflichtungen dieses Unternehmens einzustehen, wird diese Kapitalgesellschaft befreit. In der Vergangenheit erfolgte dies durch eine Verlustausgleichserklärung – eine Innenhaftung. Nach dem Wortlaut zwingt uns das Europarecht, Herr Hennrichs hat darauf hingewiesen, zu einer Art Außenhaftung. Das Tochterunternehmen bzw. das Mutterunternehmen muss sich verpflichten, für die Verpflichtungen des Tochterunternehmens einzustehen. Die konkrete Umsetzung am Ende ist noch unklar. Ich bin diesbezüglich anderer Meinung als Herr Hennrichs, der sagt dass sich nicht viel ändern würde. Im Gesetzentwurf steht, dass das Mutterunternehmen für die Verpflichtungen des Tochterunternehmens aus dem jeweiligen Geschäftsjahr einstehen muss. Es genügt, wenn das Mutterunternehmen zum 31.12.2014 für die Verpflichtungen des Tochterunternehmens einsteht, die dieses im Jahr 2014 begründet hat. Gläubigern mit einer Forderung aus 2012 oder 2013 hilft diese Verpflichtung nicht weiter. Für mich ist so der Gläubigerschutz gefährdet. Ich bin der Meinung, dass es sinngemäß heißen muss, dass das Mutterunternehmen für alle am Abschlussstichtag bestehenden Verpflichtungen eintreten muss, unabhängig vom Alter. Diskussionswürdig ist auch die Frage, wie lange diese Verpflichtungsübernahme andauern muss oder ob die Erklärung des Mutterunternehmens für das folgende Geschäftsjahr ausreicht. Aber das ist ein anderes Thema als das des Gesetzentwurfes. Darüber hinaus möchte ich auf die Beteiligungserträge eingehen, auch das Thema hat Herr Professor Hennrichs angesprochen. Ich bin etwas anderer Auffassung als Herr Hennrichs, es geht dabei nicht nur darum, Anforderungen des EU-Rechts eins zu eins umzusetzen. Im EU-Recht gibt es eine Beteiligungsbewertung, also die Bewertung von Anteilen an einem anderen Unternehmen zum sogenannten „anteiligen Eigenkapital (equity)". Jeder Gewinn eines anderen Unternehmens wird bei dieser Bilanzierungsform anteilig in der Bilanz des Gesellschafters gespiegelt, unabhängig davon, ob der Gesellschafter einen rechtlichen oder quasi sicheren Anspruch hat. Für diese Bilanzierung ist es völlig unstrittig, dass ich ausgewiesene Gewinne beim Gesellschafter einer ausschüttungsgesperrten Rücklage zuführen muss. Hier diskutieren wir aber ein anderes Thema. Wir haben in Deutschland, abgesichert durch höchstrichterliche Rechtsprechung, eine sogenannte phasengleiche Vereinnahmung von Beteiligungserträgen zugelassen, wenn diese Gewinne aus Sicht des Gesellschafters so gut wie sicher sind. Wenn er einen Anspruch zwar noch nicht hat, aber jederzeit geltend machen kann, so ist dieser Gewinn damit auch nicht mehr unsicher, sondern als realisiert beim Gesellschafter anzusehen. Das war bislang unsere herrschende Auffassung in Deutschland. Und ich weiß nicht, warum ein solcher Gewinn zukünftig nicht mehr ausgeschüttet werden soll. Bei einem n-stufigen Konzern würde das bedeuten, dass der Gewinn der Tochter auf der n-ten Stufe erst nach n+1 Jahren frühestens auf der Ebene der Muttergesellschaft ankommen kann. Ob das nun Gläubiger- oder Gesellschafterschutz ist, kann ich wiederum nicht erklären. Wir haben bereits mit Vertretern des BMJV über diesen Punkt schon gesprochen. Man hat uns dort erklärt, an diesen Fall sei konkret auch überhaupt nicht gedacht. Hilfreich wäre es, wenn wir in den Gesetzesmaterialien deutlich machen könnten, dass an eine solche Beschränkung der heute zugelassenen phasengleichen Gewinnvereinnahmung mit dieser Regelung nicht gedacht ist. Der dritte Punkt ist ein praktischer Punkt. Es geht um die Frage des Zeitpunktes für die Aufstellung eines Konzernabschlusses für sogenannte Teilkonzerne, also für den Fall, dass der Teilkonzern selbst wieder in einen Konzernabschluss eines übergeordneten Mutterunternehmens einbezogen wird. Wenn dieses übergeordnete Mutterunternehmen nicht in der EU ansässig ist, dann fordert der § 292 HGB in der Neufassung, dass der nationale Teilkonzern nur dann befreit wird, wenn der Konzernabschluss des Mutterunternehmens im Nicht-EU-Ausland und der zugehörige Konzernlagebericht durch einen Abschlussprüfer geprüft worden sind. Bei amerikanischen Unternehmen kennen wir etwas Ähnliches wie einen Lagebericht, die sogenannten MD&A. Diese MD&A wird aber in den USA nie durch einen Abschlussprüfer geprüft. Wir haben bislang auch keine Prüfungspflicht für die MD&A zur Befreiung des nationalen Teilkonzerns gefordert. Das war sogar explizit in der Konzernabschlussbefreiungsverordnung so geregelt. Ich bitte, hier zu prüfen, ob man auf die Notwendigkeit einer Prüfung des Lageberichts auf der Befreiungsebene verzichten kann. Die weiteren Punkte, die wir in unserer Stellungnahme erwähnt haben, sind eher technischer Natur. Ich verweise aus Zeitgründen auf die Stellungnahme. Vielen Dank.

Dr. Jan-Marco Luczak (CDU/CSU) [Vorsitz]: Vielen Dank Herr Professor Naumann. Jetzt bitte ich Herrn Säglitz vom Gesamtverband der Deutschen Versicherungswirtschaft, um seine Stellungnahme.

SV **Hans-Jürgen Säglitz**: Herr Vorsitzender, meine Damen und Herren, auch ich bedanke mich für die Möglichkeit, als Sachverständiger für die Deutschen Versicherer zum BilRUG Stellung zu beziehen. Für Versicherer gehört die Bilanzierung zu den zentralen Regelungsinstrumenten. Bei einem Vergleich der Versicherer mit der Automobilindustrie würde ich überspitzt formulieren, dass die Versicherer auf einmal beginnen, Autos mit drei oder mit fünf Rädern zu bauen, wenn die Bilanzierungsregeln nicht zum Geschäftsmodell der Versicherer passen. Insofern sind wir als Versicherer grundsätzlich sehr froh über die nahe Eins-zu-eins-Umsetzung der europäischen Richtlinie. Aber von jedem Grundsatz gibt es auch Ausnahmen. Wir denken, dass die Formulierungen in einigen Regelungsbereichen wegen möglichen Unsicherheiten oder Zweifelsfragen vielleicht überdacht werden sollten. Bilanzierung ist ein zentrales Instrument der Unternehmenssteuerung und gerade in unserer Wirtschaftszeit, in der Abschlüsse sehr schnell erstellt werden müssen, sind Diskussionen über Zweifelsfragen nicht sehr zielführend. Deswegen möchte ich den bereits von Professor Hennrichs thematisierten Bereich der Ausschüttungssperre ansprechen. Als Ökonom bin ich natürlich sehr demütig, einem Juristen zu widersprechen, aber ich glaube gelernt zu haben, dass auch der Gesetzes- bzw. der Richtlinienzweck zu beachten ist. Das Bilanzrecht hat eine eigene Systematik, in der die wirtschaftliche Betrachtungsweise eine viel größere Rolle spielt. Daher macht eine Ausschüttungssperre keinen Sinn, ohne die Aussagen von Professor Naumann wiederholen zu wollen. Es kann in manchen Fällen notwendig sein, hier jedoch nicht. Ich werde die Argumentation der Notwendigkeit einer Ausschüttungssperre überspitzt formulieren. Wir befinden uns in einer Bilanzwelt, in der ich mit wirtschaftlichem Blick Erträge, Aufwendungen, Forderungen und Verbindlichkeiten bilanziere. Exemplarisch nehmen wir den simplen Fall eines dienstleistenden Unternehmers, der eine Leistung vom 1. Oktober bis zum 30. März des Folgejahres versprochen hat. Auch die Rechnungsstellung datiert auf den 30. März des Folgejahres. Trotzdem wird der Ertrag am 31. Dezember erfasst. Dieser Ertrag geht in meinen Jahresüberschuss und ist zudem Bemessungsgrundlage für meine Dividendenermittlung. Das schütte ich unverfroren im nächsten Geschäftsjahr aus. Jetzt bin ich in der Situation, in der es um Beteiligungserträge geht, die nur unter ganz bestimmten Bedingungen überhaupt vereinnahmt werden dürfen und in der eine Einflussnahme auf diese Gesellschaft möglich ist. Würde man den Gedankengang von Professor Hennrichs auf die Spitze treiben, stellen wir unser Bilanzsystem in Frage. Dann kämen wir zu einer Cash-Flow-Betrachtung, d.h. ausgeschüttet werden darf nur das, was tatsächlich in der Kasse vorhanden ist. Ich glaube nicht, dass das vom europäischen und nationalen Gesetzgeber gemeint ist. Insofern ist der Hinweis auf Equity-Bilanzierung sehr wichtig. In der vierten und siebten Vorgängerrichtlinie gab es Regelungen zur Equity-Bilanzierung. Dabei macht eine Ausschüttungssperre Sinn. Warum? Ich halte 20 Prozent der Anteile einer Gesellschaft, ich zeige in der Bilanz 20 Prozent Eigenkapitalmehrung, zeige das auch in der Gewinn- und Verlustrechnung, aber schon als 20 Prozent-Gesellschafter kann ich nie erzwingen, dass es eine Dividende wird. Insofern möchte ich zu bedenken geben, dass wir hier nicht hier das Bilanzsystem grundsätzlich in Frage stellen wollen. Es ist nicht sinnvoll, ein Gesetz zu schaffen, das viele Aufsätze produziert und einige Menschen beschäftigt, aber nicht die Produktivität der Wirtschaft fördert. Das gilt auch für den zweiten Aspekt, den ich noch in einem anderen Kontext ansprechen möchte. Professor Naumann hatte auf Professor Hennrichs in Bezug auf bestimmte Erleichterungen erwidert, die ein in den Konzernabschluss eingebundenes Tochterunternehmen in Anspruch nehmen kann. Wir haben in unserer Stellungnahme einen zweiten Fall angesprochen. Da geht es um eine simple Klarstellung. Sie wissen, die IFRS sind in der Europäischen Union nach Durchlaufen eines bestimmten Prozesses Regelwerk für kapitalorientierte Konzernabschlüsse auch in Deutschland. Und bisher steht im HGB: bei Einbeziehung in einen Konzernabschluss nach IFRS kann das Tochterunternehmen auch von diesen Erleichterungen Gebrauch machen. Das ist jetzt wegen der Bezugnahme auf die entsprechenden EU-Richtlinien im HGB etwas anders formuliert, aber gemeint ist dasselbe. Um auch an dieser Stelle Zweifelsfragen zu vermeiden, empfehlen wir klarstellend zu formulieren, dass der IFRS-Konzernabschluss auch gelten kann, sofern die IFRS den normalen EU-Prozess durchlaufen haben.

Dr. Jan-Marco Luczak (CDU/CSU) [Vorsitz]: Vielen Dank Herr Säglitz. Jetzt bitte ich – last but not least – Herrn Professor Dr. Schüppen um sein Statement.

SV **Prof. Dr. Matthias Schüppen**: Herr Vorsitzender, sehr geehrte Herren Abgeordnete, sehr geehrte Damen und Herren, ich bin Herrn Dr. Luczak sehr dankbar, dass er einleitend die große Bedeutung des Bilanzrechts hervorgehoben hat und ich bin Ihnen dankbar, dass Sie sich so intensiv mit dieser Materie befassen. In der Tat – Rechnungslegung und Abschlussprüfung und die hierauf bezogenen Informationspflichten und Informationsrechte beeinflussen sowohl in der Mikrosicht, als auch in der Makrosicht die gute Unternehmensführung und die Rahmenbedingungen unternehmerischer Tätigkeit ganz entscheidend. Das gilt nicht nur für die Versicherungswirtschaft, es gilt für die deutsche Wirtschaft insgesamt und dort insbesondere auch für den deutschen Mittelstand. Aus der Sicht des deutschen Mittelstandes ist es besonders problematisch, wenn ein Übermaß an Informationen einer unbegrenzten Öffentlichkeit und damit auch Wettbewerbern zur Verfügung gestellt werden muss. Diese Problematik stellt sich sowohl absolut vom Maß der Informationen als auch insbesondere im internationalen Vergleich und im internationalen Wettbewerb. Wir denken hier insbesondere an die USA, die Schweiz und an die für die deutschen Unternehmen zunehmend als Wettbewerber auftretenden Unternehmen aus China. In diesem internationalen Vergleich müssen die deutschen Unternehmen überproportional viel zur Verfügung stellen. Diese Sorge vor übermäßiger Öffentlichkeit von Informationen gilt im Übrigen bereits seit 1987, also seit dem Bilanzrichtliniengesetz. Sie gilt aber erst recht im heutigen Umfeld von Internet und Big Data. Anders als im Bereich Korruptionsbekämpfung bei den Rohstoffindustrien, wo man sicherlich gute Gründe für eine maximale Transparenz anführen kann, kann es im Bereich der mittelständischen Unternehmen nicht richtig sein, eine maximale Transparenz von Daten zu fordern. Dafür gibt es keine Rechtfertigung. Ich möchte in diesem Kontext von den dreizehn konkreten Vorschlägen, die ich mit meiner schriftlichen Stellungnahme unterbreitet habe, drei Komplexe hervorheben, und zwar meine Vorschläge eins bis drei, meine Vorschläge neun und dreizehn und schließlich meine Vorschläge elf und zwölf. Die Vorschläge der Ziffern eins bis drei betreffen die Voraussetzungen für die befreiende Einbeziehung von Jahresabschlüssen in den Konzernabschluss. Das ist eine zentrale Vorschrift für die etwas größeren Wirtschaftsunternehmen, die unangemessenen Verwaltungsaufwand und übertriebene Transparenz bekämpft. Indem die Einzelabschlüsse nicht mehr nach den für Kapitalgesellschaften geltende Normen aufzustellen, zu veröffentlichen und zu prüfen lassen sind, erspare ich erheblichen Verwaltungsaufwand. Da ich nur aggregierte Zahlen veröffentliche, habe ich auch dieses Transparenzproblem gegenüber Wettbewerbern erheblich reduziert. In all diesen drei Punkten geht es letztlich um das richtige Verständnis der Eins-zu-eins-Umsetzung. Wir alle begrüßen, dass nicht gold plating betrieben wird, sondern eine Eins-zu-eins-Umsetzung versucht wird. Dies kann jedoch nicht die wörtliche Übernahme der Richtlinie bedeuten. In Einzelfällen kann es sinnvoll sein, wenn wir noch keine Regelung haben. Wir haben keine Erfahrung. Die Einordnung ist in Einzelfällen noch unklar. Im Prinzip heißt Eins-zu-eins-Umsetzung, dass wir den Regelungsgehalt der Richtlinie in das deutsche Recht übernehmen und dort so rechtssicher wie möglich gestalten. Deshalb müssen spezifische Regelungen Vorrang haben. Das gilt für den schon mehrfach angesprochenen Fall des § 264 Absatz 3 HGB-E, also die Frage des Verlustausgleichs. Selbstverständlich genügen der bewehrte deutsche Unternehmensvertrag und die bisherige Fassung des deutschen Gesetzes den Anforderungen der Richtlinie, zumal sich an dieser Stelle am Gesetzestext nichts geändert hat. Ein weiterer wichtiger inhaltlicher Punkt der Richtlinie ist: Voraussetzung für einen befreienden Konzernabschluss ist die Einbeziehung einer größeren Gesamtheit von Unternehmen. Wir alle sind uns mit der Regierungsbegründung darüber einig, dass eine größere Gesamtheit mindestens drei Unternehmen sind. Dann lassen Sie uns doch mindestens drei ins Gesetz schreiben und nicht den akademischen Kommentatoren und den Gerichten überlassen, was wir unter einer größeren Gesamtheit verstehen wollen. Eins-zu-eins-Umsetzung heißt eine der deutschen Rechtstradition entsprechende richtige Umsetzung. Damit ist auch den Interessen der Unternehmen am besten gedient. Meine Vorschläge neun und dreizehn betreffen die Offenlegung von Anteilsbesitzliste und Lagebericht. Die Anteilsbesitzliste ist die Liste, in der die Beteiligungen aufzuführen sind. Die muss im Prinzip im Jahresabschluss veröffentlicht werden. Bei diesen beiden Punkten – Anteilsbesitzliste und Lageberichtsoffenlegung – geht es um eine mittelstandsfreundliche Ausnutzung von Wahlrechten der Mitgliedstaaten. Für beide Instrumente eröffnet die europäische Bilanzrichtlinie ausdrücklich die Möglichkeit, statt der Internetpublizität des Bundesanzeigers eine Hinterlegung beim Handelsregister vorzusehen. Erstens bietet es eine erhebliche Erleichterung im Verwaltungsaufwand und zweitens stellt es eine gewisse Schwelle dar. Jeder kann diese Informationen beim Handelsregister erhalten, doch sie sind nicht einfach über Google zu erlangen. Von diesen beiden Optionen sollte der Gesetzgeber Gebrauch machen. Den Bedürfnissen der Unternehmen nach Reduzierung des Verwaltungsaufwands und Eindämmung uferloser Publizität kann damit entsprochen werden, ohne dass die Transparenz von Unternehmensinformationen in ihrer Substanz beeinträchtigt wird.

Dr. Jan-Marco Luczak (CDU/CSU) [Vorsitz]: Auf Ihren letzten Punkt, Herr Professor Schüppen, müssen wir aus Zeitnot im Rahmen der Frage- und Antwortrunde kommen. Wir beenden die Statementrunde mit einem ganz herzlichen Dank an die Sachverständigen. Einzelne Kollegen Abgeordneten haben mich darauf hingewiesen, dass sie am zweiten Teil der Sitzung nach der Unterbrechung nicht mehr anwesend sein können. Der Kollege Gambke hatte den Wunsch nach einer Frage geäußert und vielleicht können wir weitere Fragen von den Kollegen, die nicht zurückkehren, kurz sammeln, um sie dann nach der Unterbrechung zu beantworten. Wenn Einverständnis besteht, erteile ich zunächst dem Kollegen Gambke das Wort. Bitteschön!

Abg. **Thomas Gambke** (BÜNDNIS 90/DIE GRÜNEN): Herzlichen Dank Herr Vorsitzender für diese Flexibilität. Ich habe eine Frage, die ich gerne an Frau Dr. Feldt und Herrn Hübers stellen möchte. Sie haben das Thema „Sanktionsmöglichkeiten" angesprochen. Dabei müsste man die genannten 50 000 Euro zur Bestimmung der Angemessenheit ins Verhältnis zu den möglichen Zahlungen setzen. Können Sie dies für bestimmte Länder im Bereich der rohstoffextrahierenden Industrie tun? Und können Sie neben den 50 000 Euro noch einmal die Summe in anderen Staaten bewerten? Sie sagten, in einem Fall sind es 150 000 Euro, in einem anderen Fall ist es ein Eskalationsmechanismus. Ich möchte Sie bitten, dazu Stellung zu nehmen.

Dr. Jan-Marco Luczak (CDU/CSU) [Vorsitz]: Vielen Dank Herr Gambke! Da es keine weiteren Fragen von Kollegen gibt, die angekündigt haben, nachher nicht mehr anwesend zu sein, unterbrechen wir die Sitzung an dieser Stelle. Um 15.45 Uhr setzen wir diese fort.

(Sitzungsunterbrechung bis 15.49 Uhr)

Dr. Jan-Marco Luczak (CDU/CSU) [Vorsitz]: Wir sind jetzt wieder vollständig versammelt und setzen die Fragerunde fort. Herr Gambke hatte bereits eine erste Frage an zwei Sachverständige gerichtet. Jetzt darf ich dem Kollegen Hirte, der sich als nächster gemeldet hatte, das Wort erteilen. Bitteschön.

Abg. **Dr. Heribert Hirte** (CDU/CSU): Vielen Dank Herr Vorsitzender. Ich habe eine Frage an Herrn Hennrichs, die die Diskussion um die Einbeziehungsvoraussetzungen der Verlustübernahme einerseits und die Frage des phasengleichen Gewinnausweises andererseits betrifft. Sie haben darauf verwiesen, dass der Wortlaut der Richtlinie das entsprechend vorgebe. Andere Länder gehen durchaus andere Wege. Der Begriff „guarantee" wird im Englischen als Voraussetzung angesehen, was für ausreichend gehalten wird. Vor diesem Hintergrund ist die Liquiditätsübernahme im

Rahmen von § 302 Aktiengesetz nicht zwingend. Zu der Vereinnahmung der Beteiligungserträge bemerkte Herr Naumann, dass diese so gut wie sicher seien. Es wurde nicht angesprochen, ob das ähnlich wie bei latenten Steuern ist. Das sind künftige Erträge, die nach menschlichem Ermessen so sicher sind, dass man sie unter dem Gesichtspunkt des „European true and fair view" als Gewinn verbuchen kann, wie das bislang unter der Rechtsprechung „Tomberger" gemacht wurde. Meinen Sie nicht, dass auf der Basis auch der anderen Rechtsordnungen gerade in Europa – bei latenten Steuern gibt es insbesondere in Südeuropa solche Ansätze – eine solche Auslegung der Richtlinie vertreten könnte oder sogar müsste. Die zweite Frage richtet sich an den Kollegen Schüppen, mit der Bitte, sein Statement zu beenden.

Dr. Jan-Marco Luczak (CDU/CSU) [Vorsitz]: Dazu wird Gelegenheit sein. Zunächst hat Herr Pitterle eine weitere Frage. Bitteschön!

Abg. **Richard Pitterle** (DIE LINKE.): Ich möchte eine Frage an Andreas Hübers und an Frau Feldt stellen. Sie haben dargestellt, wie wichtig die geplante Offenlegungsfrist für die Unternehmen des Rohstoffsektors ist, sind auf die Vorbehalte gegenüber den nichteuropäischen Gesellschaften, die ebenfalls tangiert sind, eingegangen und haben versucht diese auszuräumen. Sie haben das Transparenzgebot für den Bereich des Rohstoffsektors begründet. Wäre es um Wettbewerbsnachteile zu vermeiden sinnvoll, dieses auf alle Unternehmen ab einer bestimmten Größe auszuweiten? Wettbewerbsnachteil ist das Schlüsselwort, wenn man etwas verhindern will, das habe ich inzwischen im Bundestag gelernt. So könnte die Öffentlichkeit erfahren, welche Abgaben in Luxemburg an den Staat gezahlt werden und nachvollziehen, weshalb das dort vier Prozent und nicht wie bei uns fünfzehn sind. Wäre die Ausweitung sinnvoll, um dem Argument des Wettbewerbsnachteils der Rohstoffindustrie so entgegnen zu können?

Dr. Jan-Marco Luczak (CDU/CSU) [Vorsitz]: Vielen Dank, Herr Pitterle! Jetzt habe ich noch eine weitere Frage von Graf Lerchenfeld. Bitteschön!

Abg. **Philipp Graf von und zu Lerchenfeld** (CDU/CSU): Vielen Dank, Herr Vorsitzender. Meine Frage richtet sich an Professor Naumann und an Professor Schüppen. Momentan haben wir ein Zinsniveau mit weiter absinkenden Zinsen. Die Problematik spüren wir sehr deutlich bei der Bilanzierung der Pensionsrückstellungen. Hier kommen enorme Belastungen auf Unternehmen zu. Dazu kommt die Diskrepanz zwischen Handels- und Steuerrecht, eine Verzinsung im Steuerrecht wird nur mit sechs Prozent anerkannt, sodass theoretisch Scheingewinne besteuert werden. Sehen Sie die Gelegenheit, dass wir diese für Unternehmen große Belastung etwas reduzieren können, indem wir bei den Bilanzierungsvorschriften eine geringere Belastung bekommen, indem wir beispielsweise den Zinssatz, zu dem die Pensionsrückstellungen zu bilden sind, begrenzen bzw. den Korridor erweitern und die Zinszyklen, die länger geworden sind und sich so anders darstellen, berücksichtigen könnten?

Dr. Jan-Marco Luczak (CDU/CSU) [Vorsitz]: Vielen Dank! Ich habe keine weiteren Fragen auf der Liste. Wir steigen in die Antwortrunde ein, die wir in umgekehrter alphabetischer Reihenfolge beginnen. Herr Professor Schüppen beginnt mit der Frage von Herrn Graf von und zu Lerchenfeld und der Aufforderung von Herrn Professor Hirte, seine Ausführungen aus der Statementrunde zu beenden. Bitteschön!

SV **Prof. Dr. Mattias Schüppen**: Vielen Dank. Ich ergänze zunächst den letzten Punkt, der eine Hervorhebung von bestimmten Punkten aus meinen Vorschlägen war, nämlich die Notwendigkeit, die Mitgliedstaatenwahlrechte für die Hinterlegungslösung zu nutzen. Ein weiteres, ähnliches, traditionelles und legitimes Anliegen der deutschen Unternehmer ist es, private Finanzinformationen nicht ans Licht der Öffentlichkeit zu zerren. Es geht um den Schutz von Persönlichkeitsrechten und der Privatheit, dort sind Schutzklauseln erforderlich. Der Aufnahme solcher Klauseln dienen meine Vorschläge Ziffern 11 und 12. Die Ziffer 11 schließt nur eine offensichtliche Regelungslücke. Das Regelungskonzept des Gesetzgebers ist klar und dabei ist eine Lücke entstanden. Die Ziffer 12 übernimmt nur die im geltenden Recht schon enthaltene Schutzklausel des § 325 HGB. Demnach müssen Gewinnverwendungsbeschlüsse nicht offen gelegt werden, wenn daraus die individualisierten Gewinnbezüge natürlicher Personen erkennbar sind. Diese Schutzklausel ist – so hoffe und vermute ich – versehentlich bei der Überarbeitung herausgefallen, und ich schlage vor, sie wieder aufzunehmen. Das war der dritte Punkt in meinem Eingangsstatement. Die Frage von Graf Lerchenfeld nach der Berücksichtigung von Pensionslasten ist sehr berechtigt. Das ist ein Riesenproblem für die deutschen Unternehmen. Die Welle der Ertragsbelastungen durch die Niedrigzinsen rollt gerade erst an, da wir momentan eine Rechtslage haben, bei der ein siebenjähriger Durchschnitt gebildet wird. Bei dieser Durchschnittsbildung kommen wir jetzt in die Niedrigzinsphase und damit in massive Ertragsbelastungen. Die Diskussion darüber, ob und was man bilanzrechtlich tun kann, hat begonnen. Wenn sich nicht sehr bald eine Änderung der Zinslandschaft abzeichnet, wird man gesetzlich handeln müssen. Andererseits muss man sich gut überlegen, dass man mit gesetzlichen Maßnahmen nicht das komplette System des HGB aus den Angeln heben sollte. So notwendig es ist, sich damit zu beschäftigen, würde ich davor warnen, den Gesetzentwurf, der wegen der Umsetzungspflicht relativ zeitnah abgeschlossen werden muss, mit diesem wichtigen Anliegen zu belasten.

Dr. Jan-Marco Luczak (CDU/CSU) [Vorsitz]: Vielen Dank, Herr Professor Schüppen. Jetzt hat Professor Naumann auf die Frage des Zinsniveaus von Herrn Graf Lerchenfeld das Wort.

SV **Prof. Dr. Klaus-Peter Naumann**: Meine Damen und Herren. Wir sind im Steuerrecht durch § 6a EStG gezwungen, Pensionsverpflichtungen mit sechs Prozent abzuzinsen. Im Handelsrecht zinsen wir mit einem Zinssatz, der von der Bundesbank bekannt gemacht wird, ab. Der liegt Ende 2014 bei rund 4,5 Prozent. Nach den internationalen Rechnungslegungsregeln zinsen wir mit einem Zinssatz von zwei Prozent ab, das ist ein aktueller Stichtagszins. Ein Prozentpunkt Differenz bei der Bewertung von Pensionsrückstellungen macht je nach Alter des Versorgungskollektivs rund 20 Prozent der Rückstellungshöhe aus. Das heißt, unsere Rückstellungen sind im Handelsrecht heute im Schnitt 30 Prozent höher als im Steuerrecht, nach dem IFRS sind sie nochmal 50 Prozent höher. Die Pensionsrückstellungen machen häufig in den Bilanzen der Unternehmen die maßgebliche Schuldposition aus, eine solche Zinssatzvariation führt relativ schnell zum Verlust des gesamten Jahresergebnis, vielleicht sogar des freiverfügbaren Eigenkapitals der Unternehmen. Wir reden hier über ein massives Problem. Die Unternehmen reagieren auf diese Situation, in dem sie sich überlegen, ob sie überhaupt noch Pensionszulagen erteilen. Es ist eine politische Entscheidung, ob man den Unternehmen Anreize bieten will, in der betrieblichen Altersversorgung zu bleiben oder nicht. Soll dieser Anreiz durch die Politik zum Erhalt betrieblicher Altersversorgungssysteme gegeben werden, dann muss etwas an der steuerlichen und handelsrechtlichen Situation verändert werden. Noch einmal: Wenn wir steuerlich mit sechs Prozent abzinsen, liegen unsere Rückstellungen um 30 Prozent niedriger als im Handelsrecht. Das heißt, wir besteuern einen Gewinn in der Steuerbilanz der 30 Prozent höher ist als im Handelsrecht. Gegebenenfalls habe ich nur noch einen steuerlichen und keinen handelsrechtlichen Gewinn mehr. Dann tritt der Effekt ein, den Graf Lerchenfeld beschreibt, dann besteuere ich aus der Substanz. Die Frage ist, was man dagegen tun kann. Wie kann es sein, dass der deutsche Gesetzgeber für das Steuerrecht sechs Prozent vorschreibt und für das Handelsrecht viereinhalb Prozent? In Zukunft werden wir nach den Prognosen auch handelsrechtlich unter drei Prozent bleiben. Da muss man sich überlegen, ob man diese Regeln nicht angleichen kann. Es gibt außer fiskalpolitischen Gründen gar keinen Grund für einen eigenen steuerlichen Zinssatz. Meine erste Anregung wäre daher, den steuerlichen Zinssatz nicht mehr fest vorzuschreiben, sondern den handelsrechtlichen auch für die Steuerbilanz zu übernehmen. Das zweite Thema ist die Entwicklung des handelsrechtlichen Zinssatzes. Herr Schüppen hat zu Recht gesagt: Wenn wir über Änderungen nachdenken, sollten wir nicht die Systematik des HGB verwerfen. Bei der ersten Regelung im HGB haben wir uns gegen die IFRS-Regelung und stark volatile Zinssätze und entsprechende Ergebnisse der Unternehmen entschieden. Unser Vorschlag als IdW von einem fünfjährigen Durchschnitt wurde im Gesetzgebungsverfahren auf Hinweis der Bundesbank auf die Abbildung typischer Zinszyklen auf sieben Jahre ausgedehnt. Das bedeutet, dass durch die Durchschnittsbetrachtung eigentlich gar keine Änderungen des Zinssatzes entstehen, die sich ausschließlich aus einem Zinszyklus ergeben.

Stellen wir aber fest, dass die Durchschnittsbetrachtung aufgrund immer niedrigerer Zinsen nicht mehr passt, dann ist die Frage zu stellen, ob wir seit der Finanz- und Wirtschaftskrise eine andere Situation am Kapitalmarkt und somit längere Zinszyklen haben. Wenn man einen längeren Zinszyklus feststellen könnte, dann könnte man im Modell des HGB gut begründen, weshalb man diesen Durchschnittszeitraum von sieben Jahren beispielsweise auf zehn oder 15 Jahre ausdehnt. Einfacher, aber nicht so sauber theoretisch begründbar wäre aufgrund der Unvorhersehbarkeit des Geschehens an den Märkten, den Unternehmen eine Art Bilanzierungshilfe zu geben, indem wir den aktuellen Zinssatz von viereinhalb Prozent – zum Ende des nächsten Geschäftsjahres erwarten wir vier Prozent – für eine Zeit gesetzlich einfrieren, um weitere Belastungen zu verhindern. Das Ganze darf aber nicht zur Gläubigergefährdung führen. Diese würde ich vor allen Dingen dann sehen, wenn durch Änderung des Zinssatzes Rückstellungen aufgelöst und entsprechende Beträge dann an die Anteilseigner ausgeschüttet werden können. Ich fände es wichtig, jede dieser Überlegungen damit zu flankieren, dass man durch Bewertungsänderungen entstehende Gewinne nicht an die Gesellschafter ausschütten kann. Denn irgendwann werden diese Beträge benötigt, um die Rückstellung vom Barwert auf den Nominalwert im Zeitablauf anzupassen. Zusammenfassend geht es um die Diskussion über eine betriebliche Altersvorsorge und der Verteilung der sich daraus ergebenden Lasten. Aus Sicht der Gesamtgesellschaft ist es eine schwierige Entscheidung zu sagen, wir fördern die Pensionszusagen von Unternehmen, aber die lastenansteigenden Zinsen tragen nur die Unternehmen selbst und ihre Gesellschafter. Der Fiskus greift weiter auf ein Ergebnis zu, das real überhaupt nicht erwirtschaftet worden ist. Das ist die aktuelle Situation, die schlichtweg nicht passt. Ob man das kurzfristig ändern kann oder es dafür einen langfristigeren Prozess braucht, das ist eine Entscheidung für die politischen Experten.

Dr. Jan-Marco Luczak (CDU/CSU) [Vorsitz]: Vielen Dank, Professor Naumann! Jetzt kann Herr Hübers auf die Fragen des Kollegen Gambke und Pitterle antworten.

SV **Andreas Hübers**: Zur Beantwortung der Frage von Herrn Dr. Gambke zu den 50 000 Euro als Sanktion im Verhältnis zu den Zahlungen und auch im Verhältnis zur Höhe des Vergehens hat Frau Dr. Feldt vielleicht noch weitere Anmerkungen. Ich möchte auf eine Information zu Großbritannien in meiner Stellungnahme verweisen. Die Briten haben sich dafür entschieden, kein eigenes Sanktionsregime zu formulieren, sondern auf eine existierende Durchsetzungsmaßnahme in einem bestehenden gesetzlichen Sanktionsregime zu verweisen. Diese umfassen Geldstrafen sowie im äußersten Fall sogar Freiheitsstrafen. Wenn wir uns kurz von der Bilanzrichtlinie entfernen und auf die Transparenzrichtlinie konzentrieren, die in Kürze im Finanzausschuss umgesetzt wird, fällt Folgendes auf: Der Regelungsansatz im Rohstoffverfahren ist identisch zu dieser Richtlinie, allerdings für börsennotierte Unternehmen. Die Londoner Börse schreibt vor, dass diese Veröffentlichungspflicht eine sogenannte „regulated information", also eine vorgeschriebene Information, ist. Dieser nicht nachzukommen eröffnet der Aufsichtsbehörde die Möglichkeit, das gesamte Instrumentarium zu benutzen und das jeweils im Verhältnis zur Schwere der Verletzung und mit einem erheblichen Spielraum zur

Abschreckung. Das kann auch zu Strafen führen, die sich am Wert der Kapitalisierung bemessen. Demzufolge bestehen ganz erhebliche Sanktionsmechanismen. Zu der zweiten Frage von Herrn Pitterle: Gibt es einen Wettbewerbsnachteil der Rohstoffindustrie gegenüber anderen Industrien? Kurz bevor in den Trilogverhandlungen in Brüssel diese Richtlinie angenommen wurde, wurde nochmal über die Öffnung diskutiert. Ich glaube, das war eine Reaktion auf die ersten „tax leaks scandals", die es für andere Industriebereiche gab. Wir haben uns zunächst auf die Rohstoffindustrie und die Forstwirtschaft festgelegt. Es gibt aber eine ähnlich gelagerte Diskussion beim „country reporting", die nur die ländergenaue Offenlegung enthält und in dieser Hinsicht nicht so weitgehend ist wie die Projektoffenlegung. Das würde alle Industriebereiche betreffen und teilweise auch noch weitergehende Informationen verlangen, wie die Offenlegung der gesamten Konzernbilanz von großen multinationalen Konzernen, für jedes Land, in dem sie tätig sind, nicht nur an dem Standort der Börse, weiterhin die Anzahl der Mitarbeiter in dem Land und ebenso den Umsatz in jedem Land. Das betrifft Fälle wie „Lux-leaks" oder Amazon. Das sind Anliegen bei der Diskussion um „country reporting" für alle Industriebereiche, die wir auch aus entwicklungspolitischer Sicht sehr, sehr wichtig finden.

Dr. Jan-Marco Luczak (CDU/CSU) [Vorsitz]: Vielen Dank Herr Hübers. Nun antwortet Professor Hennrichs auf die Frage des Kollegen Hirte. Bitteschön!

SV **Prof. Dr. Joachim Hennrichs**: Ich gehe zuerst auf die Frage zu § 264 Absatz 3 HGB ein: Der Gesetzentwurf orientiert sich hier an der deutschen Sprachfassung der Richtlinie. Allerdings ist es richtig, dass die anderen Sprachfassungen teilweise eigenständige Formulierungen enthalten. Das Problem dieser Vorschrift und deren Umsetzung in das deutsche Recht besteht darin, dass andere Länder unser deutsches Instrumentarium eines Unternehmensvertrags gar nicht kennen. Deshalb geht die Richtlinienvorschrift auf eine Besonderheit – es genügt eine Verlustübernahmepflicht aus einem Unternehmensvertrag – nicht ein. Das gibt es nur bei uns, so dass das Problem der Formulierung der Richtlinie entsteht, die im Kontext der Gesamtheit der Mitgliedstaaten zu verstehen ist und keine Besonderheiten wie nationale Insellösungen berücksichtigt. Wir haben aber in Deutschland ein gewachsenes Instrumentarium, das an dieser Stelle durchaus einen guten Gläubigerschutz verwirklicht. Ich meine, dass man beides vereinen kann und dass die Neufassung der Richtlinie, die jetzt umgesetzt wird, es ermöglicht, unser bisher geübtes Instrumentarium der Verlustübernahme aus einem Unternehmensvertrag unterzubringen. Gleiches gilt für eine klarstellende Formulierung wie „das Mutterunternehmen hat eine Verlustübernahmeverpflichtung gemäß § 302 Aktiengesetz übernommen oder in sonstiger Weise erklärt, dass ...". Das wäre eine Klarstellung und die von Herrn Schüppen angemahnte Einbettung in den deutschen Kontext. Zugleich wäre eine nähere Anlehnung an den Richtlinienwortlaut erreicht. Zum zweiten Punkt:

§ 272 Absatz 5 HGB-E. Mir war bewusst, dass mir diesbezüglich viele Einwände entgegengebracht werden würden. Auch die Frage von Herrn Hirte zielt in diese Richtung. Brauchen wir tatsächlich mehr, ist diese Ausschüttungssperre sachlich eigentlich gefordert? Erstens: Das ist eigentlich ein Einwand, der an Brüssel gerichtet ist. Zweitens: Der Hauptpunkt ist, dass es bei der Ausschüttungssperre gar nicht in erster Linie um Gläubigerschutz geht. Auch ich bin der Meinung, dass dieser so gut wie sicher ausreichend ist. Deswegen lassen wir die phasengleiche Dividendenaktivierung nach herrschender Auffassung zu. Die Rechnungslegungsrichtlinie will ausweislich der Erwägungsgründe und der Primärrechtsgrundlage auch Gesellschafterschutz und Vergleichbarkeit der Rechnungslegung. Zum Verständnis: Die Technik der phasengleichen Dividendenaktivierung ist genau genommen eine Gewähr dieser Rechtsprechung, ein faktisches Wahlrecht. Die Frage, ob die Dividende phasengleich oder phasenverschoben aktiviert wird, hängt von der zeitlichen Reihenfolge der Abschlüsse in Mutter- und Tochtergesellschaft ab. Das wiederum kann die Muttergesellschaft frei gestalten. Formal besteht damit zwar eine Rechtspflicht, aber nur bei Einhaltung bestimmter zeitlicher Reihenfolgen, die wiederum gestaltet werden können. Damit haben wir die Situation eines faktischen Wahlrechts zur phasengleichen Dividendenaktivierung. Die Ausschüttungssperre trägt dazu bei, dass diese faktischen Gestaltungsmöglichkeiten auf die Ausschüttungsmasse keine Auswirkungen haben: Ob phasengleich oder phasenverschoben, die Ausschüttungsmasse bleibt immer gleich. Das ist ein Gesichtspunkt, der bei der Vergleichbarkeit der Rechnungslegung untergebracht werden kann, die Gewährleistung ist ein Regelungsanliegen des Richtliniengesetzgebers. Letztlich streiten wir bei dieser Frage über die Auslegung der Richtlinie, doch das wird vom Europäischen Gerichtshof letztverbindlich entschieden. Nach meinem Standpunkt sollte der Gesetzgeber die Richtlinie umsetzen und sich nicht auf den Standpunkt stellen, dass es nach einer anderen Lesart der Richtlinie die Vorschrift gar nicht braucht. Vielen Dank!

Dr. Jan-Marco Luczak (CDU/CSU) [Vorsitz]: Vielen Dank Herr Professor Hennrichs. Jetzt kommt Frau Dr. Feldt mit den Fragen von Herrn Gambke und Herrn Pitterle.

SVe **Dr. Heidi Feldt**: Vielen Dank. Ganz kurz zur Frage von Herrn Dr. Gambke. Im Hinblick auf die Größenordnungen müssen wir uns bei den Sanktionen über die Frage der Bandbreite der Zahlungen auf Projektebene im Klaren sein. 50 000 Euro sind für ein Unternehmen aus dem Stein- und Erdensektor mit drei Projekten und Steuerzahlungen in Höhe von 100 000 Euro relativ viel. Im Erdölsektor sieht das anders aus. Zum Beispiel hat Statoil in seinem Bericht veröffentlicht, dass bei einem einzigen Projekt im Norden von Angola 1,1 Milliarden US-Dollar Steuern bezahlt wurden. Bei den Erdölprojekten wird ein relativ hoher Betrag generiert, wo die Sanktionsmöglichkeit von 50 000 Euro zu vernachlässigen ist. Die Frage ist, ob man nicht ein aufbauendes System entwickelt, in dem 50 000 Euro als Grundlage oder erste Abmahnung und dann darauf aufbauend ein fortschreitendes System eingeführt werden. Der Ursprung von Diskussionen über Sanktionen liegt in der Frage, ob Ausnahmen zugelassen werden sollen. Es ist wichtig, dass in der EU-Regulierung und in dem deutschen Umsetzungsgesetz keine Ausnahmen für bestimmte Länder gemacht werden. Zu der Frage von Herrn Pitterle zur Öffnung des Bereichs „country-by-country-reporting" hatte Herr Hübers bereits auf die diesbezügliche Diskussion im Entstehungsprozess hingewiesen. Die Konzentration erfolgte letztlich auf die Rohstoffbereiche Bergbau, Erdöl, Erdgas und Holzindustrie, die in Primärwäldern einschlägt. Ich glaube nicht, dass das einen Wettbewerbsnachteil für die Unternehmen im Rohstoffsektor darstellt. Betroffen sind fast alle Unternehmen im Rohstoffsektor. Die Konkurrenz erstreckt sich nicht auf den Bereich der Transparenz. Untersuchungen haben ergeben, dass bei den 100 größten Bergbauunternehmen 80 Prozent durch die Regulierung in den USA, Kanada und Europa abgedeckt sind, im Erdölsektor sogar über 90 Prozent. So kann ein „level playing field" hergestellt werden, was das Argument der Wettbewerbsfähigkeit schwächt. Darüber hinaus spielt unter dem Gesichtspunkt der Transparenz auch die Korruptionsbekämpfung eine Rolle. Neben Erdöl, Erdgas und Bergbau werden der Immobiliensektor, vor allem der Bausektor, die Sicherheitsindustrie, die Fischerei und die Pharmaindustrie stark mit Korruption und Bestechung in Verbindung gebracht, so dass Transparenz dort eine sinnvolle Forderung ist. In diesem Zusammenhang sollten zunächst die Umsetzung und die ersten Berichte aus dem Rohstoffsektor abgewartet werden. In der EU-Bilanzrichtlinie ist meiner Erinnerung nach eine Evaluierung dieses Vorhabens nach drei Jahren vorgesehen, aus der dann Schlüsse zur Ausweitung auf andere Sektoren getroffen werden sollten. Dankeschön!

Dr. Jan-Marco Luczak (CDU/CSU) [Vorsitz]: Vielen Dank, Frau Dr. Feldt. Damit sind wir am Ende der ersten Antwortrunde und steigen gleich in die zweite Fragerunde ein. Ich erteile dem Kollegen Hakverdi das Wort.

Abg. **Metin Hakverdi** (SPD): Ich muss mich entschuldigen: Ich werde die Fragen stellen und dann aufgrund meines engen Terminplans gehen müssen. Professor Hennrichs, Sie unterstützen die Neufassung des § 264 Absatz 3 HGB und sind zuversichtlich, dass sich alle Fragen in der Praxis durch Gerichte klären lassen. Allerdings handelt es sich doch um eine zentrale Vorschrift, die regelt, wie der Jahresabschluss einer Tochtergesellschaft anzusehen ist und was veröffentlich wird. Halten Sie es für richtig, dass wir bei Verabschiedung nicht genau wissen, welche Voraussetzungen für den erleichterten Jahresabschluss vorliegen müssen? Auch wenn Sie bereits viel dazu gesagt haben, bitte ich Sie, die Argumente noch einmal zu schärfen. Auch Professor Naumann bitte ich um seine diesbezügliche Sicht, auch unter den Aspekten der europäischen Vergleichbarkeit, Wettbewerbsfähigkeit, Waffengleichheit unter den einzelnen Bilanzvorschriften. Diese Aspekte habe ich bei Professor Hennrichs im Hintergrund gehört. Es könnte ein Argument sein, von dem Recht, auf nationaler zu individualisieren gerade keinen Gebrauch zu machen. Eine weitere Frage zu § 272 HGB geht an Professor Naumann und Professor Schüppen: Bitte erläutern Sie mir, warum es schädlich ist, wenn bei phasengleichen Gewinnvereinnahmungen die Tochtergesellschaft eine Rücklage bilden muss. Was hätte diese Rücklage für negative Auswirkungen? Nach der Gewinnabführung der Tochter an die Mutter könnte diese doch aufgelöst werden. Ich habe Ihre Argumentation dagegen verstanden, bitte aber um Berücksichtigung des europäischen Kontextes. Vielleicht kennen Sie auch Beispiele zur Handhabung aus anderen Mitgliedstaaten. Wenn die Absicht besteht, für Wettbewerbsgleichheit zu sorgen, könnte eine individuelle deutsche Lösung dem ausdrücklich widersprechen. Vielen Dank!

Dr. Jan-Marco Luczak (CDU/CSU) [Vorsitz]: Vielen, Dank Herr Hakverdi. Professor Hirte bitte!

Abg. **Dr. Heribert Hirte** (CDU/CSU): Herr Naumann hat in seiner Stellungnahme auf § 264 HGB hingewiesen, dass die offenlegungspflichtige Tochtergesellschaft, also die Einbeziehung in den Konzernabschluss erforderlich oder möglich ist, wenn das Mutterunternehmen die betreffende Unterlage in deutscher oder englischer Sprache offen gelegt hat, und hat Kritik an dem Hinweis auf die englische Sprache angemahnt. Meine Frage dazu geht an die Herren Säglitz und Hennrichs: Sollte man nicht die umgekehrte Vorgehensweise wählen und in größerem Umfang englische Bilanzen als Alternative zu deutschen Bilanzen erlauben? Im Kapitalmarktrecht ist das bereits in viel weiterem Umfang zulässig. Für kapitalmarktorientierte Unternehmen sind das kapitalmarktorientierte Informationen, die zur Vereinfachung insgesamt in englischen Sprache abgefasst werden könnten.

Dr. Jan-Marco Luczak (CDU/CSU) [Vorsitz]: Vielen Dank, Kollege Hirte. Ich habe keine weiteren Fragen, so dass wir in die nächste Antwortrunde einsteigen. Ich bitte Professor Hennrichs auf die Fragen des Kollegen Hakverdi und des Kollegen Hirte zu antworten.

SV **Prof. Dr. Joachim Hennrichs**: Vielen Dank! Mit einer klarstellenden Ergänzung des § 264 Abs. 3 HGB, dass der bisherige Status quo auch unter den neuen, den Richtlinien angelehnten Gesetzesformulierungen zulässig ist, wäre ich einverstanden. Das wäre zwar eine Insellösung, die jedoch den Sachgrund hätte, dass es das Institut des Unternehmensvertrags mit der Verlustübernahmeverpflichtung nach § 302 AktG so nur bei uns gibt. Dieser Sachgrund würde eine solche Insellösung legitimieren. Damit wäre den Interessen der Wirtschaft Genüge getan und der Gesetzgeber hätte die Richtlinie wortnah umgesetzt und würde kein Vertragsverletzungsverfahren riskieren. Zu der Frage von Herrn Hirte, ob man englische Bilanzen – ich nehme an, gemeint sind IFRS-Bilanzen – weitergehend zulassen sollte.

(Zwischenruf)

Wenn es nur um die Sprache ging, habe ich die Frage nicht richtig verstanden. Dürfte ich Sie bitten, die Frage für mich zu wiederholen?

(Unverständlicher Zwischenruf des Abg. Dr. Heribert Hirte (CDU/CSU))

Ich wäre zurückhaltend, das zu öffnen. Der Hauptadressat bei uns sind die dem deutschen Recht Unterworfenen. Das ist eine politische Entscheidung.

SV **Hans-Jürgen Säglitz**: Vielleicht darf ich die Frage beantworten? Wir haben das nicht in den Verbandsgremien diskutiert, aber bei der Vorbereitung einer gemeinsamen Kapitalmarktunion in Brüssel sind mutige Schritte sicherlich sinnvoll. Das einzelne Unternehmen wird sich für einen Adressatenkreis entscheiden und bei Vollendung des einheitlichen Binnenmarkts kann das auch bedeuten, dass eine Sprache, die mittlerweile mehr als eine Fremdsprache ist, auch für solche Zwecke genutzt werden kann.

Vorsitz **Dr. Jan-Marco Luczak** (CDU/CSU): Herr Säglitz hat jetzt darauf geantwortet und wir haben Herrn Naumann übersprungen, der noch eine Frage von Herrn Hakverdi beantworten muss. Herr Naumann, bitteschön, Sie haben das Wort.

SV **Prof. Dr. Klaus-Peter Naumann**: Die erste Frage war zu § 264 Absatz 3 HGB nach den Voraussetzungen für die Befreiung. Es ist zu berücksichtigen, dass sich das EU-Recht, was die Befreiungsmöglichkeit nach § 264 Absatz 3 HGB angeht, überhaupt nicht geändert hat. Das bedeutet, wir reparieren im deutschen Recht etwas, was zumindest nicht durch Änderung des EU-Rechts virulent geworden ist. Ich könnte mich deshalb guten Gewissens auf den Standpunkt stellen, dass wir es bei der geltenden deutschen Rechtslage belassen. Das hieße, die Verlustausgleichsverpflichtung ist ausreichend. Der Vorschlag von Herrn Schüppen zur Änderung des Wortlauts kann ein Kompromiss sein. Aus meiner Sicht wäre dies nicht notwendig, man könnte es bei der derzeitigen Situation belassen. Ich glaube, da sind wir drei uns vollkommen einig. Ihre zweite Frage zu § 272 HGB, der Bilanzierung von Beteiligungserträgen: Wie sieht das im EU-Kontext aus? Die Regelung im EU-Recht zur Ausschüttungssperre bei der Mutter, nicht der Tochter – die Tochter macht den Gewinn von 100, ich halte 30 Prozent der Anteile und stelle, nachdem ich diese als Gewinn gezeigt habe, 30 von 100 bei mir in die Rücklage, damit ich sie nicht ausschütten kann. Nach EU-Recht müssen diese Beiträge nie ausgeschüttet werden, weil in vielen Ländern „at-equity" bilanziert wird. Über Jahre wird Geld in Tochterunternehmen geparkt, das nie an Mutterunternehmen ausgeschüttet wird. Da hierauf kein quasi-sicherer Anspruch entsteht, ist es sinnvoll, diesen Gewinn auf der Ebene des Mutterunternehmens nicht an die Gesellschafter des Mutterunternehmens auszuschütten, wie Herr Säglitz vorhin gesagt hat. Bei einem quasi-sicheren Anspruch des Mehrheitsgesellschafters, der jederzeit den Ausschüttungsbeschluss auf den Gewinn der Tochter fassen kann, gibt es kein Argument, diesen Gewinn aus Sicherheitsgründen nicht bei der Mutter als

Ertrag zu vereinnahmen und dann bei der Mutter ausschütten zu können. Natürlich hat Herr Hennrichs Recht, dass diese faktische Verpflichtung zur Gewinnvereinnahmung durch entsprechende Gestaltung umgangen werden kann. Doch ich bin mir nicht sicher, ob man daraus ein Verbot machen und damit die phasengleiche Vereinnahmung untersagen sollte. Zu meinem Beispiel: Ich habe einen n-stufigen Konzern. Der Gewinn von unten kommt nach frühestens n-Jahren oben an. Das ist neben dem Problem des Gesellschafterschutzes auch ein Problem des Arbeitnehmerschutzes, wenn ich die ausgewiesene und dargestellte wirtschaftliche Lage eines Unternehmens nutze, um auch gegenüber Arbeitnehmern zu zeigen, wie die wirtschaftliche Lage in diesem Unternehmen tatsächlich ist. Durch ein solches Modell lässt sich der Gewinn künstlich kleinrechnen, was mitunter nicht im Arbeitnehmerinteresse sein kann. Orientiert an der Entwicklung des HGB bin ich der Meinung, dass wir nur realisierte Gewinne zeigen dürfen. Als solche bezeichnen wir Gewinne, auf die wir einen Rechtsanspruch haben oder einen Anspruch, den wir für ähnlich sicher halten. Das ist in der Rechtsprechung akzeptiert und wir raten dazu, dabei zu bleiben. Würden wir uns trauen, uns bei § 264 Absatz 3 HGB etwas vom Wortlaut zu lösen, weil wir glauben mit der Verlustübernahmeverpflichtung etwas zu haben, was genauso wertvoll und sicher wie eine solche Außenverpflichtung ist, dann sollten wir deshalb von einer solchen Ausschüttungssperre absehen. Die Regelung ist erkennbar im EU-Recht für etwas anderes gemacht worden.

Dr. Jan-Marco Luczak (CDU/CSU) [Vorsitz]: Jetzt bitte ich Herrn Professor Schüppen auf die Fragen des Kollegen Hakverdi zu antworten.

SV **Prof. Dr. Matthias Schüppen**: Ich darf zunächst sagen, dass ich Professor Naumann bei allen Ausführungen zu § 272 Absatz 5 HGB-E zustimme. So ist es in der Situation der phasengleichen Gewinnvereinnahmung: Wir haben eine Mutter- und eine Tochtergesellschaft, der Gewinn ist vorhanden, der Jahresabschluss aufgestellt und es geht nur noch um den puren Formalismus des Gewinnverwendungsbeschlusses. Den kann die Mutter Kraft ihrer Stimmrechtskraft jederzeit herbeiführen. Es geht bei der phasengleichen Gewinnvereinnahmung nur um die Vermeidung überflüssigen Formalismus. Bei Übernahme der jetzt im Entwurf vorliegenden Regelung in das Gesetz würde keine Änderung des wirtschaftlichen Geschehens erfolgen. In der Literatur wird diskutiert, ob eine solche Regelung nicht ohnehin leerlaufen würde. Ich glaube das wäre der Fall, da ohnehin nur realisierte Ansprüche aktiviert werden dürfen. Würde man unterstellen, die Regelung würde funktionieren, müssten sich die Unternehmen, die phasengleich ausschütten müssen – jeder Gesellschafter erwartet eine Ausrichtung seiner Dividende am Konzernergebnis des Jahres und nicht am Ergebnis der Einzelgesellschaft – phasengleich vereinnahmen, und dann müssen wir gestalten. Es besteht die Möglichkeit, Vorabgewinnausschüttungen zu beschließen, die das GmbH-Recht in weitem Umfang zulässt. Bei dem Beschluss eines Vorabgewinns lässt sich die Existenz eines Zahlungsanspruchs nicht bezweifeln. Das führt nur zu immensen Komplikationen in der Buchführung und in der Dokumentation von Beschlüssen, so wird Bürokratie verursacht. Der Bundesfinanzhof hat – zwar nicht zum Steuerrecht, sondern zu den Grundsätzen ordnungsgemäßer Buchführung – unlängst entschieden, dass wenn die Voraussetzungen einer Vorabausschüttung vorliegen, auch schon für noch nicht existente Gewinne einen Gewinnverwendungsbeschluss gefasst werden kann. Diese Gestaltungsmöglichkeiten müssten dann genutzt werden, was einen Gestaltungsaufwand und Formalismus auslösen würde, der ohne Veränderung der derzeitigen Rechtslage vermieden werden könnte. Die Frage nach der europarechtlichen Zulässigkeit beantworte ich einig mit Herrn Naumann positiv. Es ist selbstverständlich richtig, was Herr Hennrichs sagt, dass am Ende theoretisch der EuGH zu entscheiden hat, wie eine EU-Richtlinie auszulegen ist. Jedoch nur im Streitfall, zu dem es nicht kommen wird. Zunächst müssen die deutsche Regierung und das Parlament bei der Umsetzung selbst entscheiden, wie die Richtlinie auszulegen ist. Selbstverständlich legen wir Richtlinien richtig und pragmatisch aus, und dann wird keine Kommission kommen und einen Verstoß gegen die Richtlinie bei der Umsetzung feststellen.

Dr. Jan-Marco Luczak (CDU/CSU) [Vorsitz]: Vielen Dank Herr Professor Schüppen! Weitere Fragen gibt es nicht, so dass wir am Ende der Anhörung sind. Ganz herzlichen Dank an Frau Dr. Feldt und die Herren Sachverständigen. Es ist für uns sehr wichtig, bei diesen sehr komplexen Themen auf Ihren Sachverstand zurückzugreifen. Auch bedanke ich mich für ihr Verständnis für die Unterbrechung. Wir werden nach einer Auswertung auf dieser Grundlage sehr gute parlamentarische Beratungen haben. Herzlichen Dank und allen einen guten Tag.

Schluss der Sitzung: 16:37 Uhr

Dr. Jan-Marco Luczak, MdB
Stellvertretender Vorsitzer

Stichwortverzeichnis

Angaben, unternehmensspezifische (Einzelabschluss) 25
Angaben, unternehmensspezifische (Konzernabschluss) 196 f.
Anhangangaben (Einzelabschluss)
- Abschreibungszeitraum entgeltlich erworbener Geschäfts- oder Firmenwerte 146 ff.
- Anlagespiegel 133 ff.
- Anteilsbesitz 142 ff.
- Außerbilanzielle Geschäfte 139
- Außergewöhnliche Aufwendungen und Erträge 127 ff., 159 ff.
- Darstellung, Reihenfolge 131
- Ergebnisverwendung, Vorschlag 168 ff.
- Erleichterungen für kleine und mittelgroße Kapitalgesellschaften 172 f.
- Genussscheine, Genussrechte, Wandelschuldverschreibungen 151 f.
- Haftungsverhältnisse 153
- Latente Steuern 154 ff.
- Mutterunternehmen des Konzernabschlusses 149 f.
- Nachtragsbericht 164 ff.
- Periodenfremde Aufwendungen und Erträge 163
- Sonstige finanzielle Verpflichtungen 140
- Unbeschränkt haftender Gesellschafter 145
- Vorschüsse bzw. Kredite an Organmitglieder 141
- Währungsumrechnung 132

Anlagespiegel 77, 133 ff.
Anschaffungspreisminderungen 21 ff.
Anteile anderer Gesellschafter 209 f.
Assoziierte Unternehmen s. Equity Methode
Ausschüttungssperre 82 ff.
- Bilanzrechtlicher Anspruch 91
- Phasengleich vereinnahmte Beteiligungserträge 90

Außerordentliches Ergebnis, Wegfall 123 ff.
- Anhangangabe außergewöhnliche Aufwendungen und Erträge 127 ff.

- Aufstockungsbeträge Pensionsrückstellungen 126

Befreiende Wirkung EU/EWR-Konzernabschluss 176 ff.
- IFRS-Abschluss 181
- Versagungsvermerk 179

Befreiende Wirkung Konzernabschlüsse aus Drittstaaten 183 ff.
- Anhangangaben 188
- Bestätigungsvermerk 186 f.
- Konzernlagebericht, 185

Befreiungsmöglichkeiten Tochterkapitalgesellschaften 24 ff.
- Einstandspflicht 35 ff.
- Gewinnabführungsvertrag § 302 AktG 39 ff.
- Innenhaftung 40
- Kleinstkapitalgesellschaften 34
- Konzernabschluss, PublG bzw. freiwillig 45
- Nachschusspflicht 44
- Offenlegungsverpflichtung 31 ff.
- Patronatserklärung 44
- Verlustübernahmeverpflichtung, freiwillige 43
- Voraussetzungen 27

Befreiungsmöglichkeiten Tochterpersonengesellschaft 46 ff.
- Größere Gesamtheit von Unternehmen 48
- Offenlegungsverpflichtung 59
- Selbstbefreiung 47
- Voraussetzungen 47 ff.

Bestätigungsvermerk 274 ff.
Beteiligungen, Definition 80 f.
Beteiligungserträge, phasengleich vereinnahmte s. Ausschüttungssperre
Bewertung Rückstellungen 5
Bilanzsumme, Definition 55 ff.

Einstandspflicht s. Befreiungsvorschrift Tochterkapitalgesellschaften)
Equity Methode 220 ff.
- Erstmalige Konzernabschlusserstellung 221 ff.
- Latente Steuern 226 f.

– Zwischenergebniseliminierung 224 f.
Erleichterungen für kleine und mittelgroße Kapitalgesellschaften, Anhangangaben 172 f.
Erstanwendungszeitpunkt 8 ff.

Genossenschaften 284 f.
Gewinn- und Verlustrechnung, Gliederung 97
Größenklassen, Anhebung Schwellenwerte (Einzelabschluss) 51 ff.
– Bilanzsumme, Definition 55 ff.
– Erstanwendung 9 f., 60 ff.
– Formwechsel 58 f.
– Offenlegung 66 ff.
– Prüfungspflicht 63 ff.
Größenklassen, Anhebung Schwellenwerte (Konzernabschluss) 190 ff.
– Bilanzsumme, Definition 192
– Bruttomethode 191
– Einschränkung Befreiungsmöglichkeit 194
– Erstanwendung 9 f., 195
– Formwechsel 193
– Nettomethode 191

Haftungsverhältnisse 79, 153
Holdinggesellschaften, Ausschluss vom Anwendungsbereich der Kleinstkapitalgesellschaften 69 ff.

Kapitalkonsolidierung bei erstmaliger Konzernabschlusserstellung 202 ff.
Kleinstgenossenschaften 75, 284 ff.
Kleinstkapitalgesellschaften 69 ff.
Konzernanhangangaben 228 ff.
– Abschreibungsdauer entgeltlich erworbener Geschäfts- oder Firmenwerte 247
– Anteilsbesitz 230 ff.
– Arbeitnehmeranzahl 253
– Außerbilanzielle Geschäfte 245
– Außergewöhnliche Aufwendungen und Erträge 249
– Befreiungsvorschriften 237 f.
– Darstellung, Reihenfolge 229
– Ergebnisverwendung, Vorschlag 252
– Fremdkapitalzinsen, Herstellungskosten 241 f.
– Genussscheine, Genussrechte, Wandelschuldverschreibungen 256 f.

– Geschäfte mit nahestehenden Personen 258 ff.
– Geschäftsführungsvergütung, Schutzvorschrift 261
– Konzernabschluss
  – größten Kreis von Unternehmen 236
  – kleinsten Kreis von Unternehmen 236
– Konzernanlagespiegel 239 f.
– Latente Steuern 248
– Nachtragsbericht 251
– Periodenfremde Aufwendungen und Erträge 250
– Personalaufwand 254
– Sonstige finanzielle Verpflichtungen 246
– Unbeschränkt haftender Gesellschafter 235
– Vorschüsse bzw. Kredite an Organmitglieder 255
– Währungsumrechnung 229
Konzernlagebericht 262 ff.
– Erklärung zur Unternehmensführung 264 ff.
– Zweigniederlassungsberichterstattung 268 ff.

Lagebericht 174 ff.
Latente Steuern *s. Anhangangaben*

Nachtragsbericht *s. Anhangangaben*
Nutzungsdauer immaterielle Vermögensgegenstände und derivativer Geschäfts- oder Firmenwert 12 ff.

Offenlegung 276 ff.
– Ergebnisverwendung 280
– Jahresabschluss, geprüft 279, 282 f.

Passivischer Unterschiedsbetrag 211 ff.
Prüfungsumfang, Erweiterung 271 ff.

Schwellenwerte *s. Größenklassen*
Synopse 7

Transactions under common control 5

Umsatzerlöse, Neudefinition 99 ff.
– Angabepflichten im Jahr der Erstanwendung 119

- Anhangangaben 122
- Erstanwendung 9 f.
- Forderungen aus Lieferungen und Leistungen 120 f.
- Herstellungskosten 112 ff.
- Leistungsaustausch 107
- Produkte 102
- Sonstige betriebliche Erträge, Beispiele 109
- Steuern 117 f.
- Umsatzerlöse, Beispiele 103
- Verbindlichkeiten aus Lieferungen und Leistungen 121

Verbindlichkeitenspiegel 78

Wesentlichkeit 5
Wirtschaftliche Betrachtungsweise 5

Zahlungsbericht, Konzernzahlungsbericht 286 ff.
- Aufstellungspflicht 287 ff.
- Befreiungsvorschriften 293 ff.
- Begriffsbestimmungen 289 ff.
- Bußgeldvorschriften 326 ff.
- Erstanwendung 11
- Gliederung 307 ff.
- Inhalt 296 ff.
- Konzernzahlungsbericht 313 ff.
- Offenlegung 322 ff.
- Ordnungsgeldvorschriften 329 ff.
- Sachleistungen 303
- Schwellenwert 302
- Umgehungsverbot 306
- Wirtschaftliche Betrachtungsweise 305
- Zahlungen an staatliche Stellen 297 ff.